本报告的出版得到

国家重点文物保护专项补助经费资助

房县七里河

湖北省文物考古研究所　编著

文物出版社

北京·2008

责任编辑：楼宇栋
封面设计：周小玮
责任印制：王少华

图书在版编目（CIP）数据

房县七里河/湖北省文物考古研究所编著. —北京：
文物出版社，2008.9
ISBN 978 - 7 - 5010 - 2577 - 0

Ⅰ. 房… Ⅱ. 湖… Ⅲ. 文化遗址 - 发掘报告 - 房
县 Ⅳ. K878.05

中国版本图书馆 CIP 数据核字（2008）第 125327 号

房 县 七 里 河

湖北省文物考古研究所 编著

*

文 物 出 版 社 出 版 发 行

（北京市东直门内北小街 2 号楼）

http://www.wenwu.com

E-mail：web@wenwu.com

北京盛天行健印刷装订有限公司印刷

新 华 书 店 经 销

889×1194 1/16 印张：29.75

2008 年 9 月第 1 版 2008 年 9 月第 1 次印刷

ISBN 978 - 7 - 5010 - 2577 - 0 定价：280.00 元

Fangxian Qilihe

(WITH AN ENGLISH ABSTRACT)

by

The Hubei Provincial Institute of Cultural Relics and Archaeology

Cultural Relics Press

Beijing·2008

目　　录

表 格 目 录

插 图 目 录

彩 版 目 录

图 版 目 录

第一章　概　述

第一节　地理位置与自然环境及历史沿革

一、遗址地理位置与自然环境

房县，位于鄂西北十堰市（原郧阳地区）西南部，地处巫山、荆山、大巴山和武当山之间，跨东经 110°02′～111°15′，北纬 31°34′～32°31′。县境东接保康、谷城，北界丹北口市（原均县）和郧县，西毗竹山，南邻神农架林区。其地理位置西通川陕，东达江汉（图一）。县境四周山峦拱围，依凤凰山、二郎岗为天然屏障，山环水绕，山大林密，地势险要，为鄂西北边境之要隘，故有"秦楚锁钥之称"。

县境四周高山环绕，略成盆地形势。北部属武当山脉，大部海拔在 800～1000 米，南部属巫山山脉，地势高峻，海拔约在 1000 米以上。属北亚热带季风气候区，四季分明。境内地势西高东低，南陡北缓，多为高山区，平坝、丘陵仅占 17.1%，有大小河流 1261 条，汉水支流的渚河和南河即分别蜿蜒于本县西北和东南方位。中部丘陵平坝为县城所在地，以城关镇和马栏河谷地为中心的中部，海拔在 400～600 米间，河谷宽广，是该县农业最发达的地区。

幅员辽阔的房县，资源丰富，素有"天然宝库"之称。今日县境内，森林覆盖率仍占 56%，为湖北省林业基地县之一，林内动植物种类繁多[①]。县城东南面的二郎岗是丰富的动物化石产地，这里，自古以来就有人类生存繁衍。文物普查获知汉水支流南河及其分支水系的一、二级台地上，分布着不少古文化遗址。在县城城关一带的平坝上，即发现有七里河、羊鼻岭、兔子洼等多处新石器时代遗址和多处古墓群等文化遗存。新石器时代遗址中的羊鼻岭、七里河遗址，文化遗存均很丰富；在房县兔子洼、莲花湾和樟脑洞，还发现旧石器时代人类活动遗留下来的许多打制石器等遗存（文物普查资料）。樟脑洞等地旧石器时代晚期遗存的发现说明，至迟在距今 1 万 3 千多年以前，就有原始人类生活在房县这块土地上。

七里河遗址，位于房县县境中部平坝南沿，凤凰山北麓。东距县城 3.5 公里，西濒

---

① 湖北省房县志编纂委员会：《房县志》概述一、二，建置沿革一（一）、（二），中国文史出版社，1991 年。
湖北省革命委员会测绘局编绘：《湖北省分县地图册》（第 99～100 页房县文字介绍），武汉测绘学院地图印刷厂印刷，1979 年。

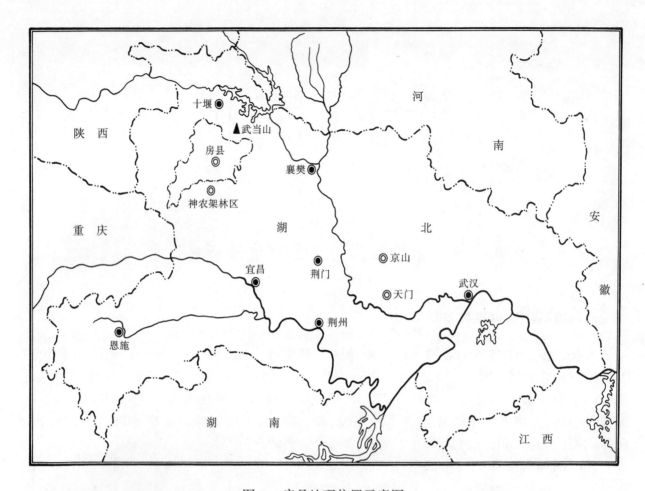

图一　房县地理位置示意图

　　七里河，南倚巫山山脉北麓的凤凰山二郎岗，北为宽阔平缓的河谷阶地。一条横贯县境内的大河——马栏河，从七里河遗址北面东西向流过，七里河河水绕遗址西面向北交汇入马栏河，马栏河东流汇入流经县境东南隅的汉水支流——南河后注入汉水。七里河遗址周围的自然环境，背山临水，避风向阳，水草丰茂，物产富饶，为人类生存繁衍提供了优越的生活环境和物资条件（图二）。

　　二、历史沿革与传说

　　《房县志》"建置沿革"载："房县古为彭氏族集居区。西周以前为彭部落方国，属梁州域。春秋为防渚，属麇、庸二国之地。战国为房陵，属楚。秦置房陵县，属汉中郡，西汉因之。东汉末，为房陵郡治所，改属荆州。三国魏黄初元年（公元220年）合房陵、上庸二郡置新城郡，房陵为治所，领房陵、沶乡、夷陵、上粉、秭归、昌魏等六县"。以后历史时期几度改动隶属，曾反复改用过房陵郡、房州等称谓。"明洪武十年（1377年）降房州为县，改称房县，省竹山入房县，属湖广布政使司襄阳府。洪武十三年复置竹山县。成化十二年（1476年）改属郧阳府"。"中华人民共和国成立后，房县隶属两郧专员公署。1950年，改属郧阳地区专员公署。1953年襄（阳）、郧（阳）合并，

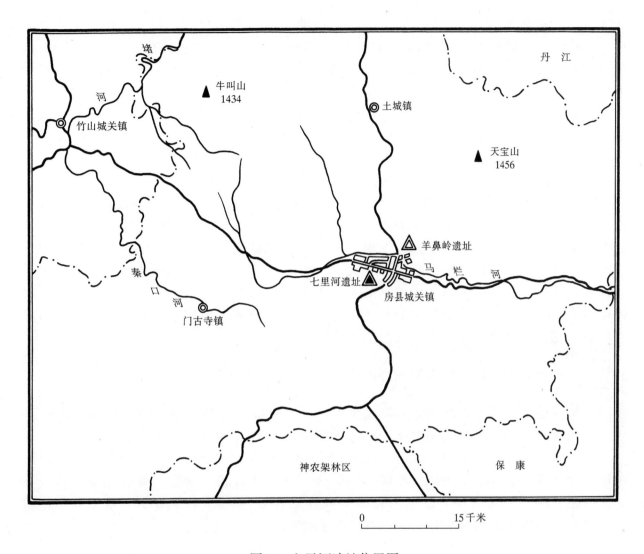

图二 七里河遗址位置图

隶属襄阳地区专员公署。1965 年襄、郧分设，隶属郧阳地区行政公署"，20 世纪 60 年代，兴建丹江水库后，建立了十堰市。房县现隶属十堰市。

相传这里曾是夏人活动的区域。《竹书纪年》载："唐尧一百年，帝徙于陶，帝子丹朱避舜于房陵，舜让弗克，遂封于房为虞宾，是为房子国"。《房县志》卷二"山川"载："二郎岗，城西五里，亦名二龙山……山麓有丹朱冢"。

第二节 遗址地貌与保存情况

一、遗址地貌及其周边地形

七里河聚落址，坐落在七里河畔东岸山谷阶地的土岗上。据文物普查时调查了解，遗址原为南北全长约 300 米，东西宽 215 米，总面积达 6 万余平方米的南高北低似缓坡状岗地，一条房竹公路（房县至竹山县）从遗址北部东西向穿过，将遗址切成了南北两片。公路以北的遗址上，建有现代村庄（系红塔公社第三生产队，亦称七河三队），故公路以北直至遗址北缘，其文化堆积已被现代人平地建房、平整禾场等活动而基本夷为平地，文化遗存已荡然无存，仅偶尔能见到零星新石器时代陶片。遗址北端有一条由西南向东北弯曲的干涸河道，河道底部遗存大量河卵石，据当地人说是七里河故道。公路以南的遗址上，是一片种植旱作物的旱地，保存情况较好，仅在遗址南缘筑有一条引七里河水灌溉农田的小渠。

现七里河遗址，仅存公路以南遗址的大半部。现存遗址地貌，为一近似不规则圆角方形矮岗，当地称之为'岭岗子'，岗地稍高于周边阶地农田。矮土岗海拔高程在 400 米以上，南部稍高于北部，最高处海拔近 500 米。遗址周边地形，北面和东面是连成大片的开阔平缓的山谷阶地；西面濒临七里河，河之西岸亦为一片较平缓的阶地；紧接遗址南面是逐渐增高的高坎农田。一条从城关（县城）经遗址南面的凤凰山、二郎岗，径直通往神农架林区的山区大路，沿着遗址东缘南北向切遗址东南隅穿过。七里河新石器时代聚落址，依山傍水、三面开阔的自然环境，为遗址上的先民们发展农业生产和进行渔猎活动，提供了极其优越的条件（彩版二）。

二、发掘前遗址保存状况及现存面积

七里河遗址，现存面积约为 4 万余平方米，文化堆积层厚约 2～3 米。20 世纪 70 年代，当地农民在遗址上挖腐殖酸土作肥料，使遗址西北部的文化遗存受到严重破坏。

发掘前，遗址北部尤以西北部，文化堆积层中的灰坑和墓葬，多已被扰乱或挖掉，遗址西北部位，已是挖成大坑、小坑，到处都有灰烬土堆积，暴露的红烧土块、陶片等文化遗迹、遗物一片狼藉。遗址东北部的破坏面积较西北部小，尚存少部分旱作物耕地，仅遗址南部保存情况较好，是一片种有农作物的旱地。

第三节　调查发现与发掘经过

一、调查发现

1958 年，湖北省文化厅为在全省开展文物普查工作（20 世纪 50 年代全省基层基本上没有文博单位），特派湖北省文物管理处文物考古队（当年文物、博物是两个单位），以襄阳地区（鄂西北一片当时全属襄阳地区管辖）为试点，与襄阳地区的地、县（市）文化干部联合组成的文物普查队，在该地区率先进行了我省的文物普查工作。房县七里河遗址，即是当年在文物普查中发现的新石器时代遗址之一。

二、发掘经过

七里河遗址，先后经过 1976、1977、1978 年连续三次考古发掘。

此遗址是因农民生产活动遭到破坏而开始发掘的。20 世纪 70 年代中叶，房县文化馆文物干部闫一然同志，得知农民为找农田肥源，在七里河遗址上挖腐殖酸土作肥料，使遗址遭到严重破坏的情况后，及时前往遗址现场向群众宣传保护文物的知识，制止农民的这一挖掘活动，同时将此情况向房县文化局作了汇报，房县文化局立即将此情况上报了湖北省文化厅。省文化厅文物处，当即通知湖北省博物馆派人前往房县调查了解情况，并指示，必要时可对七里河遗址进行抢救性清理发掘。

（一）第一次发掘

1976 年春，湖北省博物馆文物考古队王劲、李天元、王振行等赶赴七里河遗址，为在破坏面上抢救一部分文化遗存，借以探掘遗址的文化内涵，对遗址进行了抢救性小面积发掘。发掘组由湖北省博物馆文物考古队，联合郧阳地区（此时已增设郧阳地区）各县文物干部组成。发掘主持人王劲，发掘组成员有李天元、王振行（省考古队），闫一然（房县）、董啸哉（竹溪县）、孙水中（竹山县）和王家政（郧西县）等。为向当地群众传播文物保护知识、宣传贯彻文物保护法，结合七里河遗址考古发掘，为房县举办了一期亦工亦农考古训练班。参加发掘的农民学员 26 人，均是来自遗址附近公社各生产队的青年男女。他们既是学员也是民工，白天结合发掘学习发掘中的操作知识，晚上向他（她）们普及文物考古知识和文物政策法令。发掘工作，从四月中旬开始至六月中旬结束，为时两个月。

1. 发掘方法

遗址西北部文化堆积中的灰坑和墓葬较多，灰坑和墓葬里多是含有机物腐蚀的灰烬土，所以这里的灰坑和墓葬几乎多被农民挖腐殖酸土而扰乱，是遗址上的破坏严重区。为抢救一部分尚未扰动的文化遗存，必须及时清理发掘。

考虑到继续发掘的需要，发掘的探方采用了象限布方法。即以遗址中心为基点，将遗址划分为Ⅰ、Ⅱ、Ⅲ、Ⅳ四个象限（从东北方位逆时针编号）分成四大片，在 X 线上以阿拉伯数字编号，Y 线上用大写英文字母编号。将遗址上破坏面积最大的西北部，基本上控制在第Ⅱ象限内（图三）。

2. 发掘区域与发掘面积

此次发掘重点，即是遗址上暴露文化遗存最多的Ⅱ象限。这一区域内的文化遗迹比较丰富，上层的文化堆积扰乱情况较为严重，其中的建筑遗迹已被毁掉仅见红烧土残块，下层建筑遗迹仅残存一些小块黄土台面和零星的柱洞遗迹。建筑遗迹附近往往堆有大量的灰烬，可能是挖腐殖酸土毁掉的灰坑遗存。发掘点选在了Ⅱ象限内临近Ⅲ象限的部位，亦即遗址西半部的中心偏北部位，拟在所布探方内，结合清理发掘Ⅱ象限内已暴露的文化遗迹，了解遗址堆积层中的文化内涵。此次所开探方是Ⅱ T1A～3A、Ⅱ T1B～3B、Ⅱ T1C～4C、Ⅱ T1D、2D 和Ⅱ T1E、5E、6E 等，在这片范围内，计开 5×5 米探方 15 个，发掘面积为 375 平方米（图四）。

由于揭露出的一批墓葬中，人骨架多保存较好。发掘工作结束后，邀请同济医学院解剖教研室（现为华中科技大学同济医学院解剖教研室）主任张昌贤、教师吴海涛两位医学专家，赴七里河遗址工地，对十三座新石器时代墓葬中三十具人骨架的性别、年龄等作了鉴定；并发现了某些死者生前的拔牙现象。张、吴两医学专家，继而对七里河遗

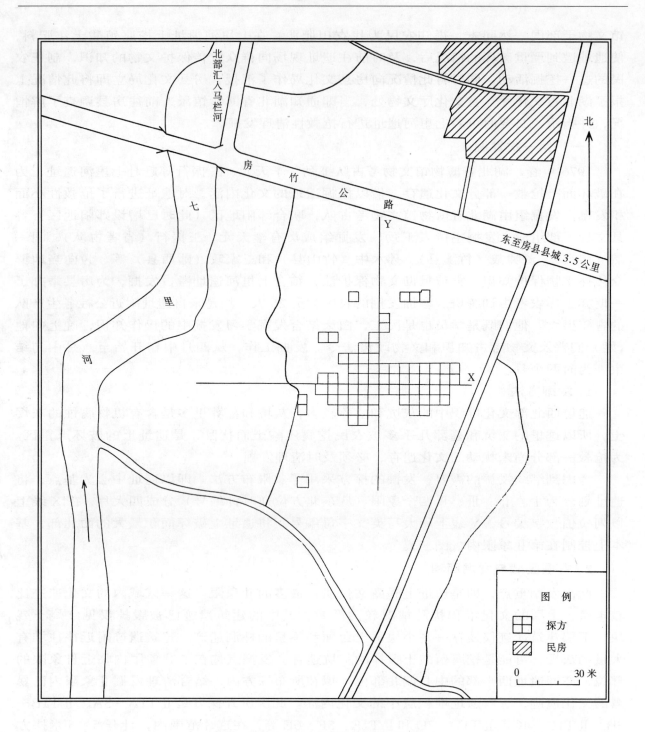

图三　房县七里河遗址发掘探方位置图

址石家河文化墓葬发现的拔牙现象，进行了专题研究。①

---

① 见本报告附录一：吴海涛、张昌贤《湖北房县七里河遗址新石器时代人骨研究报告》，原载《北京猿人第一头盖骨发现五十周年纪念会论文选编》，1979 年 12 月。

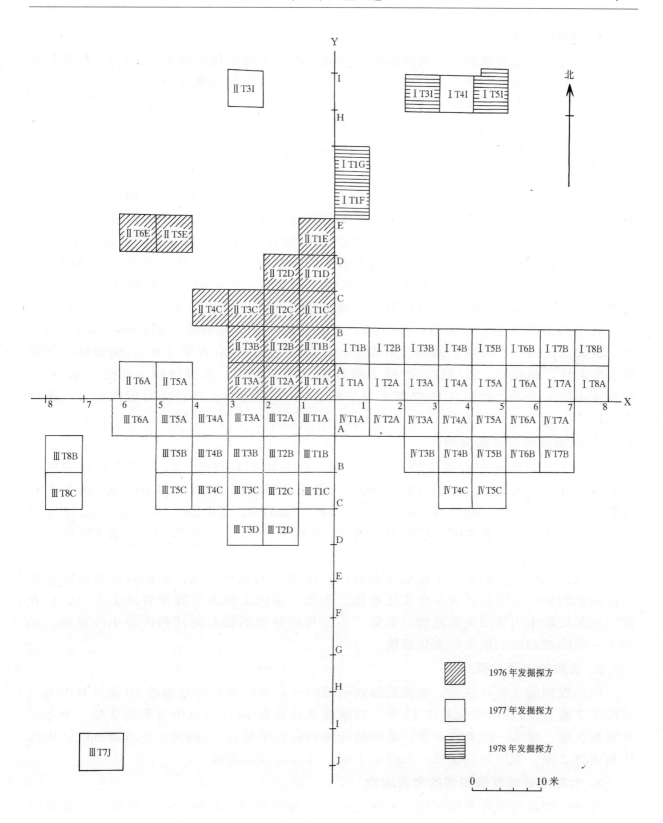

图四　房县七里河遗址发掘探方分布图

3．发掘的主要收获

这次发掘的主要收获是，发掘揭露新石器时代石家河文化灰坑 1 个，（残存的建筑遗迹因看不出形制未给予编号）。清理发掘了一批新石器时代的重要墓葬：计石家河文化墓葬 9 座，其中多人二次合葬墓 3 座、单人二次葬墓 5 座、单人一次葬 1 座，二次葬墓中的死者多发现有凿齿现象。另有葬狗坑 1 个。石家河文化之后的三房湾文化墓葬 3 座。清理东周时期残墓 1 座，西汉墓 6 座（以上墓葬均仅存墓底，少数为残墓底）。

（二）第二次发掘

1977 年，湖北省博物馆与武汉大学联合在历史系创办了考古专业。结合第一届考古专业学生田野考古实习教学活动，组成了七里河考古发掘队，对七里河遗址进行了第二次发掘。湖北省博物馆文物考古队参加此次发掘的有王劲、林邦存、全锦云、李桃元、陈树祥和邓蔚兰等。前三位参加了此次考古实习中的教学活动。武汉大学考古教研室教师有王光镐（田野考古教学带队人）、杨范中、李龙章、向绪成，王光镐参加了田野考古教学的前段活动，后期田野考古教学带队人为彭锦章。第一届 76 级考古专业学生 20 名，其中两名进修生，学员有：王红星、王然、刘华才、吴晓松、胡雅丽（女）、冯少龙、院文清、闫频、邓辉、张潮、朱吉平、丁美华（女）、余秀翠（女）、徐梦林、周厚强、李宏柱、崔兴社、杜国柱。进修生有孙绘（湖北利川）和吴泽明（湖北广水）。田野发掘主持人王劲。发掘自 1977 年 9 月下旬至 1978 年元月上旬，为时近四个月（图版一，1）。

1．发掘区域与发掘面积

发掘区选在遗址中心部位的 Ⅰ、Ⅱ、Ⅲ、Ⅳ 象限相连接处，探方的主要分布区在 Ⅰ、Ⅲ、Ⅳ 三个象限内。即 Ⅰ T1A～8A、Ⅰ T1B～8B 和 Ⅰ T4I，Ⅱ T5A～6A 和 Ⅱ T3I，Ⅲ T1A～6A、Ⅲ T1B～5B、Ⅲ T8B、Ⅲ T1C～5C、Ⅲ T8C，Ⅲ T2D、3D 和 Ⅲ T7J，Ⅳ T1A～7A、Ⅳ T3B～7B、Ⅳ T4C、5C，共开 5×5 米探方 55 个，其中 Ⅲ T6A、Ⅲ T7J 进行了扩方，发掘面积为 1385 平方米（图四；图版二）。

在发掘之余，我们走访了住地几家农户，发现有的农户家里，堆积着从七里河遗址上挖回家的灰烬土中包含有不少文化遗物。为此，室内工作人员曾带着民工去过几户农家，在灰烬堆土内寻找文化遗物，采集了不少可供修复的器形陶片和许多小件器物。追回了一些因遭破坏而损失的文化遗物。

2．发掘的主要收获

此次发掘的主要收获是，发掘揭露新石器时代石家河文化房址遗迹 19 座（其中有穴式房屋 2 座），石家河文化灰坑 10 个，石家河文化墓葬 14 座（其中合葬墓 3 座、单人二次葬墓 5 座、单人一次葬墓 6 座，墓中的骨架均保存不好）；三房湾文化墓葬 3 座。周代房基遗迹 2 座，东周灰沟 1 处；东汉墓 1 座（仅是清理的墓底）。

3．七里河遗址发掘期间的考古调查

此次田野发掘的作息制度是十天休息一天。发掘期间，武汉大学全体同学，欲在田野考古实习中增长田野考古实践知识，不辞辛苦提议利用休息天，去县城附近调查新石器时代羊鼻岭遗址，以了解类似七里河文化遗存的分布情况。羊鼻岭遗址，位于房县城关东北约 2.5 公里处，坐落在白窝河与高建河交汇的河谷阶地上。11 月 10 日，七里河考古队全队人员，在同学们的倡议下，利用假日，集体徒步河谷阶地的羊肠小道，在严寒的冬季，趟小河、涉浅滩，前往羊鼻岭遗址，进行了一次古文化遗址的考古调查活动①（图版一，2）。

4．来自神农架区科考活动的助兴

值得再书一笔的是，与此次发掘工作的同时，恰逢湖北省社会科学院组织的神农架奇异动物科考队（也称"野人"考察队），于武汉军区和郧阳地区宣传部及其人民武装部的配合下，在七里河遗址南临的神农架区，进行"野人"考察活动（当地群众称之为抓"野人"）。历年来，住在神农架区一带的居民，常有他们见到全身红毛（或白毛）直立行走的"野人"的许多离奇之说。为解此谜，湖北省社会科学院，决定组织社会科学工作者（湖北省博物馆文物考古队也派有人员参加）前往实地考察，拟取得一个正确的科学解释。紧临遗址南面神农架区的"野人"科考活动，给在这个宁静山村附近考古的考古队员们，增添了一份不寻常的活跃气氛。发掘期间，正在神农架进行奇异动物科学考察的科考队领导成员，郧阳地区宣传部李健部长和武汉军区王师长及随行的房县人民武装部王部长、魏主任等来发掘工地参观，宣传部李健部长还和武汉大学全体同学进行了座谈，同学们兴致勃勃地一致要求发掘结束后去神农架区看看，此要求已得到了科考队领导人王师长的支持，他给我们介绍情况说，神农架区多是原始大森林，森林里不见路，还有深潭，长期落下的树叶有的地方厚达1米多，看不见下面是什么，若不小心还可能掉入深潭，并欣然表态乐意给我们带路。不巧的是，发掘结束时，神农架区已大雪封山而未能成行，给大家留下了一个非常非常的遗憾。

（三）第三次发掘

1978年，湖北省博物馆文物考古队和武汉大学历史系考古教研室，联合组成七里河发掘组，继续七里河遗址上学生田野考古实习中未做完的发掘工作，对七里河遗址进行了第三次小面积的考古发掘。此次，在继续清理发掘七里河遗址1977年已揭露的文化遗迹和全面完成田野发掘记录任务的同时，进行了小面积的补充发掘，开了几个探方。发掘主持人王劲，参加此次发掘的人员有湖北省博物馆文物考古队林邦存、陈树祥和李桃元，武汉大学历史系考古教研室教师李龙章。发掘自1978年3月至7月，为时近5个月。

1．发掘部位与继续工作的区域

新开探方全在遗址的第Ⅰ象限内（即遗址的东北方位），具体的发掘部位是ⅠT1F、ⅠT1G、ⅠT3I、5I，计开5×5米探方4个（图四），其中ⅠT5I进行了扩方，发掘面积为104平方米。

同时，结束前段未做完的发掘工作。主要在第Ⅲ象限和Ⅳ象限内，继续清理发掘已揭露出的文化遗迹，完成三大记录的资料工作，如继续Ⅳ象限内F21大型地穴式房屋的穴室清理工作及田野发掘记录。继续F8大型红烧土台式房基遗迹的清理发掘，做完各项发掘记录；结束Ⅲ象限内个别未发掘完的探方，打了部分隔梁；重点测绘了F21、F8等房屋遗迹的形制、结构图；绘制揭露出的其他部分房屋遗迹图和各类遗迹的分布图、

---

① 湖北省博物馆等：《房县羊鼻岭遗址调查简报》，《江汉考古》1982年第1期。

关系图等，完成各类遗迹的照相记录等资料工作。

2. 发掘的主要收获

此次发掘收获是，发现石家河文化地穴式房址 2 座、灰坑 7 个，石家河文化墓葬 1 座；石家河文化残陶窑 1 座；三房湾文化灰坑 1 个。在石家河文化的穴式房屋、灰坑和陶窑内发现猎头遗迹和乱葬现象。清理西汉、东汉残墓各一座。

七里河遗址连续三次考古发掘，共布探方 74 个（图四），发掘面积总计为 1864 平方米。共发现石家河文化房屋遗迹共 21 处，石家河文化灰坑 18 个，石家河文化墓葬 24 座，葬狗坑 1 座；三房湾文化灰坑 1 个，三房湾文化墓葬 6 座。东周房基遗迹 2 座，东周灰沟遗迹 1 处，东周墓葬 1 座，西汉墓葬 7 座，东汉墓葬 2 座。出土了大量的新石器时代文化遗物。

第四节　资料整理经过

七里河遗址发掘资料的整理工作，共经历过三个阶段。

一、第一阶段

1977 年下半年至 1978 年初，在七里河遗址考古发掘工地，于发掘工作的同时，边发掘边整理。在工地室内清洗了发掘的全部陶片，拼找可修复的器形陶片，同时开展了陶器的修复工作，复原了部分陶生活用器；同学们在写探方记录的资料整理中，对各自探方出土的遗物进行了陶系统计等资料工作。此阶段参加整理工作的人员有邓蔚兰、陈树祥、李桃元和武汉大学考古专业的全体学生。

二、第二阶段

1978 年与田野考古发掘的同时，在发掘工地边发掘边整理修复了一批陶器。发掘结束从工地转入室内继续资料整理工作至 1979 年，在湖北省博物馆的七里河发掘资料整理室，继续修复陶生活用器，开始了器物绘图、制作器物卡片和田野考古记录资料的整理工作。此时，武汉大学历史系考古专业有四位同学，在湖北省博物馆七里河发掘资料整理室，整理编写考古发掘实习报告，根据他（她）们各自编写考古发掘实习报告的需要，重点地做了几个有关探方的资料整理工作。与此同时，通过各地层已修复的陶器和提出的器物标本的粗略观察类比、分期排队，以地层的层位为依据，将文化遗物进行了初步分期，明确了遗址上新石器文化遗存各期的文化性质。在此期间，林邦存将遗址发掘收获，写了篇简单报道。[①]

参加此次资料整理工作的人员有林邦存、陈树祥和王劲，陶器修复工作人员有邓蔚兰；武汉大学考古专业 76 级学生有胡雅丽（女）、吴晓松、丁美华（女）和李宏柱。武汉大学学生完成实习任务回校后不久，应三峡大坝大型水利工程淹没区考古工作的需要

---

① 湖北省博物馆等：《房县七里河遗址发掘的主要收获》，《江汉考古》1984 年第 3 期。

和因曾侯乙墓重大发现为全馆工作重点等种种原因，七里河遗址发掘资料的整理工作，无奈暂停。

2003 年，为着手整理编写七里河遗址发掘报告，初步拟定了《房县七里河》报告提纲，曾做过一些组织工作。由于七里河发掘资料整理室的搬迁，林邦存带领技工，正在清理搬动过的文物和清点核对实物资料工作之际，又因田野考古发掘工作的需要急赴三峡考古工地，其他参加人员亦因某些原因，一时不能投入此项任务，整理编写工作再次告停。七里河资料整理工作几度搁浅，发掘报告编写工作一直未能进行。

三、第三阶段

2006 年下半年，再次启动七里河遗址发掘报告的整理编写工作，这次对《房县七里河》报告提纲内容作了适当调整，编写组人员集体清理了七里河遗址田野考古发掘的全部实物和文字、照相记录等资料，核对了遗迹、遗物的地层与分期关系，绘制报告中所需的全部正式器物图和做各类统计资料，提出标本制卡和拍摄典型器物照等。编写组成员分头开始了七里河发掘报告的编写工作（彩版一）。此次参加整理编写的工作人员有陈树祥、冯小波、林邦存、王劲和冯务建。

第二章　地层堆积与文化分期

第一节　地层堆积

遗址上的文化堆积最厚处为 3 米多，最薄约 2 米左右。文化遗存的大堆积层一般有 5~6 层，最多 7 层。发掘伊始，为了解全遗址文化堆积层的土色变化情况，以利统一地层编号。即先在不同方位各开了一个探方，将土色基本相同的大地层统一了层位编号，土质或土色大致相近的小变化编为小层。各探方中的若干小片土质或土色变化，则由发掘者各自归进与之相近的关系层位的大层中，用小写英文字母为大层中的小层编号。

七里河遗址上文化堆积的大层土色大致为：第①层，耕土；第②层，灰黄土；第③层，灰黑褐土；第④层，褐黄红斑土（即夹红烧土碎块）；第⑤层，黄灰褐土（或褐黄土）；第⑥层，黑灰烬夹黄土（或黑灰褐土）；第⑦层，灰白色土带黄绿点（或灰褐土）。

遗址上的第②层或局部第②层为周代遗存。三房湾文化遗存和石家河文化遗存分别从第③层及第④层开始，但局部被后来的周代文化遗存所扰。下面拟以几个探方纵向和横向的地层剖面，将遗址上的文化堆积层分别举例介绍如下：

一、遗址东区地层堆积

以（Ⅰ、Ⅳ象限内）ⅠT4B、ⅠT4A、ⅣT4A、ⅣT4B 东壁（纵向）地层剖面为例（图五）：

第①层：农耕土，厚 0.05~0.20 米。含有现代瓷片和陶片等。ⅣT4B 南端一座现代墓打破 1~4 层。

第②层：灰黄土，厚 0.05~0.20 米。出土遗物有夹砂、泥质灰陶和绳纹陶片等。ⅠT4B 东北角有一扰乱坑，打破 2~4 层。出有少量绳纹陶片、绳纹瓦、汉砖和现代杂物等。

F1（东周时期）红烧土台基址。坐落于 2 层下，叠压在石家河文化二期 F5 之上。

第③层：灰黑褐土，厚 0.10~0.20 米。出土新石器时代陶片，多为夹细砂灰黑陶，泥质灰黑陶次之，较少泥质黑、灰陶和夹砂红、黄陶；纹饰以篮纹为主，次为方格纹，很少绳纹，极少划纹和凸弦纹；陶片中可辨器形的有鼎（鼎足）、折沿罐、高领罐、甑、圈足盘、豆、缸、器座和器盖等。

第④层：依褐黄土的小变化ⅠT4A、ⅠT4B 内分有三小层，此地层断面有 4a、4c 二小层。

第④a层，褐黄红斑土（夹红烧土碎块），厚0.20~0.55米。出土陶片以泥质和夹砂灰黑陶为主，次为夹砂和泥质黄、红陶，还有极少磨光陶；纹饰以篮纹为主，贴弦纹次之，还有方格纹、附加堆纹和刻划纹；陶片中可辨器形有鼎（鼎足）、甑、罐、瓮、鬶、豆、钵、杯、擂磨盆和漏斗形澄滤器等，并出有石斧和石锛。

第④c层，褐黄土，厚0.15~0.40米。仅出土陶片，陶质、陶色与上同。

F5（石家河文化二期）黄土台基。坐落于第⑤a层和F8之上。

第⑤层：按大片黄灰土中的小变化，ⅠT4B内分为若干小层。此地层断面有⑤a、⑤c、⑤d三小层。

第⑤a层，黄灰褐沙土，厚0.10~0.50米。出土陶片以泥质灰黑陶为多，泥质黑陶中较多磨光黑陶，灰陶次之，夹砂红黄陶和灰黑陶再次之，较少泥质红陶和黄陶。纹饰以篮纹为主，有贴弦纹、附加堆纹、方格纹（或网格纹）、刻划纹和镂孔；陶片中可辨器形有鼎（鼎足）、罐、豆、鬶、盆和钵等。

第⑤b层，灰黄红斑土，厚0.1~0.50。出土陶片与上同。

第⑤c层，黑灰烬土，厚0.1~0.35米。出土陶片与上同。

F20（石家河文化一期后段）红烧土台基，坐落在F8之上的南端。

F8（石家河文化一期后段）红烧土台式房屋遗迹，坐落在第⑥a层上。

第⑥层：按大片黑灰烬夹黄土中的小变化，分为⑥a、⑥b、⑥c三小层。

第⑥a层，黑灰烬夹黄土，厚0.05~0.45米。出土陶片不多，以泥质灰黑陶为主，泥质黑陶中以磨光黑陶为多，夹砂黑陶次之，夹砂灰陶再次之，少量黄陶和红陶，极少红衣细泥陶和蛋壳彩陶；纹饰有贴弦纹、凹弦纹和少量篮纹；陶片中可辨器形有鼎（鼎足）、罐、豆、钵和杯等。

第⑥b层，褐灰土，0.10~0.25米。出土很少的陶片与上同。

第⑥c层，黑灰烬土，厚0.40~1.15米。出土陶片与上同。

第⑦层：灰褐土，厚0.05~0.20米。出土陶片很少，陶系、纹饰等均与第6层基本相同。

F21（石家河文化一期前段）地穴式建筑遗迹，开口于⑥b层上。穴室口距地表深2米。

二、遗址西区地层堆积

以（Ⅲ象限内）ⅢT1B、ⅢT2B、ⅢT3B、ⅢT4B南壁（横向）地层剖面为例（图六）：

第①层：农耕土，厚0.10~0.16米。出有近代瓷片和布纹瓦等。

第②层：灰黄土，厚0.06~0.15米。陶片中可辨器形有鬲（鬲口沿残片、鬲足）和豆等。

第③层：灰黑褐土，厚0.10~0.35米。出土陶片多为夹细砂灰黑陶，泥质灰黑陶次之，较少泥质黑陶（有黑皮陶），泥质灰陶多于夹砂灰陶，有一定数量的泥质、夹砂橙黄和橙红陶；素面陶中有磨光陶，纹饰以篮纹为主，方格纹、附加堆纹次之，还有刻划纹和极少绳纹等；陶片中可辨器形有鼎（鼎足）、罐、鬶、高领罐、盆、钵和碗等。

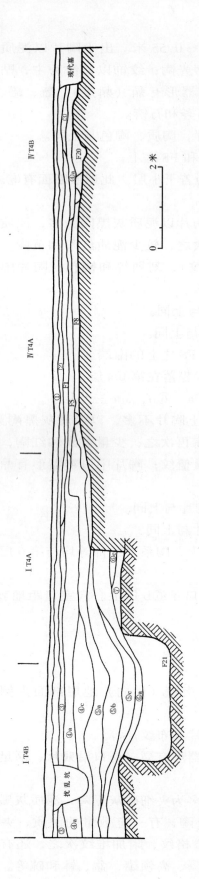

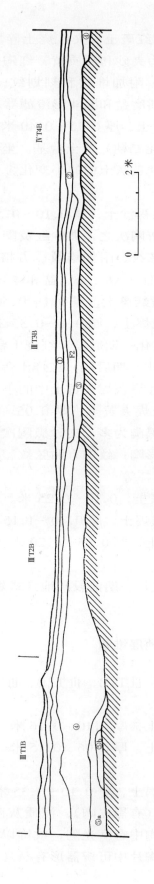

图五　ⅠT4B、ⅠT4A、ⅣT4A、ⅣT4B 东壁剖面图

说明：①层 农耕土　②层 灰黄土　③层 灰黑褐土　④a层 褐黄红斑土　④b层 灰黑褐土　④c层 褐黄土　⑤a层 黄灰褐砂土　⑤b层 灰黄红斑土　⑤c层 黑灰烬夹黄土　⑥a层 黑灰烬土台基　⑥b层 褐灰土　⑥c层 黑灰烬土台基　⑦层 灰褐褐土　F1 红烧土台基　F5 黄土台基　F8 红烧土台基　F20 红烧土台基　F21 地穴式建筑基址

图六　ⅢT1B、ⅢT2B、ⅢT3B、ⅢT4B 南壁剖面图

说明：①层 农耕土　②层 灰黄土　③层 灰黑褐土　④层 褐黄土夹红烧土碎块　⑤a层 黄灰褐砂土　⑤b层 灰黄红斑土

第④层：褐黄土夹红烧土碎块，厚 0.40～0.65 米。出土陶片较多，泥质陶多于夹细砂陶，以灰黑陶为主，灰陶次之，黑陶中有磨光黑陶，较少泥质红陶，红陶中有红衣陶；纹饰以篮纹为主，附加堆纹较多，还有弦纹、方格纹和刻划纹等；陶片中可辨器形有鼎（鼎足）、罐、盆、钵、碗、杯和器盖等。石器有斧、锛、铲和环等。

第⑤层：灰黄砂土，依土质、土色的小变化，Ⅲ T1B 内分有⑤a、⑤b 两小层。

第⑤a 层，黄灰褐砂土，厚 0.15～0.40 米。出土陶片，泥质陶多于夹细砂陶，以泥质灰黑陶为主，泥质黑陶中有磨光黑陶，夹砂灰陶次之，泥质灰陶和夹细砂黑陶再次之；纹饰陶中仅见弦纹和附加堆纹。陶片中可辨器形有高领罐和钵等。还有磨制精致的石刀和石铲。

第⑤b 层，灰黄红斑土，厚 0.15 米。出土极少陶片，陶质、陶色与上同。

F4（石家河文化二期）黄土台基。坐落在⑤a 层上。

第二节　文化遗存与分期

七里河遗址，主要是一处史前的原始社会聚落址，遗址内涵以新石器时代文化遗存为主。石家河文化时期的先民，在此居住的时间较长，延至石家河文化之后的三房湾文化居民居住的时间较短。故新石器时代的石家河文化遗存比较丰富，遍布遗址文化堆积的中、下层，之后的三房湾文化，分布范围显然缩小，文化堆积亦较薄。此后七里河土岗曾荒芜了很长一个时期，直到东周时，才有南迁的部分周人来此居住了一段时间。在遗址北面至中心部位的一片范围内，均发现有东周时期的房基等遗迹和文化堆积。其后七里河"岭岗子"即沦为了东周至汉代的墓地。遗址的西北部位多发现战国晚期和汉代的墓葬，东北方位亦有较少汉墓发现。晚期墓葬多已被农民挖腐殖酸土破坏。发掘时，遗址西南端和东南角均已成为现代墓地（表一）。

一、周代文化遗存的分布

遗址上的文化层，按大层计算，最厚处可分 7 大层，一般为 6 大层，文化堆积层最薄处有 5 大层（小层归入了大层内，各探方小层数不等，没另计层数）。从各地层堆积中的文化遗物观察，遗址的最上堆积层即第②层，出土有绳纹罐、陶鬲和铜镞等遗物，主要是东周时期文化遗存，它集中分布在遗址北面的第Ⅰ、Ⅱ象限至Ⅲ、Ⅳ象限 Y 线上的 A、B 范围内，即中心部位。在其分布范围内，有部分探方内周代遗迹打破第③层或④层；尤以Ⅰ象限内周代的一条灰沟 G1 打破第③层的面积较大。

二、新石器时代文化遗存的分布与分期

新石器时代文化堆积层，基本上从第③层开始，但部分探方内的第③层新石器文化层，被周人的遗迹所扰；遗址北面有极少探方内的第③层被汉墓扰乱。

七里河遗址上发现的新石器文化遗迹虽多，但遗迹中出土遗物并不多，能以遗迹中的出土遗物作为文化分期依据者较少。遗址上新石器时代文化的分期，主要是以观察文化层中出土遗物的变化为依据。运用地层学与类型学相结合的考古学方法进行的分期，

七里河遗址上的新石器文化遗存有两个不同性质的考古学文化，大致可分为三期。

表　一　　　　　　　　　　　　　七里河遗址文化分期对照表

文化分期 探方号 与层位	石家河文化			三房湾文化	东　周	汉　代
	一期前段	一期后段	二　期			
ⅠT1A	⑥	⑤a、⑤b	④a、④b	③	②	①
ⅠT2A	⑥	⑤	④a、④b、④c、④e	③	②	
ⅠT3A	⑥a、⑥b、⑦	⑤a、⑤b	④	③	②	①
ⅠT4A	⑥a、⑥b、⑥c、⑦	⑤、⑤a、⑤b、⑤c	④a、④b、④c	③	②	①
ⅠT5A	⑥a、⑥c、⑦	⑤a、⑤b、⑤c、⑤d、⑤e	④	③	②	①
ⅠT6A		⑤	④	③	②	①
ⅠT7A	⑥、⑦	⑤	④	③a、③b、③c、③d	②	①
ⅠT8A		⑤	④a、④b、④c	③a、③b		
ⅠT1B	⑥	⑤a、⑤b	④	③	②	①
ⅠT2B	⑥、⑦	⑤a、⑤b	④a、④b	③	②	
ⅠT3B	⑥、⑦	⑤a、⑤b、⑤c	④a、④b	③	②	
ⅠT4B	⑥a、⑥b、⑥c、⑦	⑤a、⑤b、⑤c、⑤d	④a、④b、④c	③	②	
ⅠT5B	⑥a、⑥b、⑥c、⑥d、⑦	⑤a、⑤b	④a、④b、④c	③	②	
ⅠT6B	⑥	⑤	④a、④b、④c	③a、③b	②	①
ⅠT7B		⑤a、⑤b、⑤c	④a、④b	③a、③b、③c	②	①
ⅠT8B		⑤a、⑤b、⑤c	④a、④b	③a、③b、③c、③d	②、②a	
ⅠT1F	⑥a、⑥b、⑥c	⑤a、⑤b	④a、④b、④c、④d	③a、③b	②	
ⅠT1G	⑥a、⑥b、⑥c、⑦	⑤	④a、④b、④c	③	②	①
ⅠT3I	⑥、⑦	⑤a、⑤b	④a、④b	③a、③b		
ⅠT4I	⑥、⑦	⑤	④a、④b、④c	③a、③b、③c、③d	②	
ⅠT5I	⑥a、⑥b、⑦	⑤a、⑤b	④a、④b、④c、④d	③	②	

续表一

文化分期 探方号与层位	石家河文化			三房湾文化	东 周	汉 代
	一期前段	一期后段	二 期			
ⅡT1A	⑥、⑦	⑤	④	③a、③b	②	
ⅡT2A	⑥、⑦	⑤	④	③	②	①
ⅡT3A	⑥、⑦	⑤	④	③	②	①
ⅡT5A		⑤	④	③	②	
ⅡT6A	⑥	⑤	④a、④b、④c	③		
ⅡT1B			④	③	②	
ⅡT2B			④	③	②a、②b、②c	
ⅡT3B			④	③	②	①
ⅡT1C			④	③	②	
ⅡT2C		⑤	④	③	②	
ⅡT3C		⑤	④	③	②	
ⅡT4C			④	③	②	
ⅡT1D			④	③	②	
ⅡT2D			④	③	②	
ⅡT1E	⑥	⑤	④	③	②	
ⅡT5E	⑥	⑤	④	③	②	
ⅡT6E	⑥、⑦	⑤	④	③	②	
ⅡT3I	⑥、⑦	⑤	④	③		
ⅢT1A	⑥	⑤	④a、④b、④c	③a、③b	②	
ⅢT2A		⑤	④	③	②	
ⅢT3A		⑤	④a、④b、④c	③	②a、②b	①
ⅢT4A			④	③	②	
ⅢT5A	⑥、⑦	⑤	④	③	②	
ⅢT6A	⑥、⑦	⑤	④a、④b	③		
ⅢT1B		⑤a、⑤b	④	③	②	
ⅢT2B			④	③a、③b	②	
ⅢT3B		⑤	④	③	②	

续表一

文化分期 探方号与层位	石家河文化			三房湾文化	东　周	汉　代
	一期前段	一期后段	二　期			
ⅢT4B			④	③	②	
ⅢT5B		⑤	④	③a、③b、③c	②	
ⅢT8B	⑥、⑦	⑤a、⑤b	④a、④b、④c	③		
ⅢT1C			④	③		
ⅢT2C		⑤	④a、④b	③	②	
ⅢT3C		⑤	④	③	②	
ⅢT4C		⑤	④	③a、③b	②	
ⅢT5C			④	③a、③b	②	
ⅢT8C	⑥、⑦	⑤	④a、④b、④c	③		
ⅢT2D		⑤	④			
ⅢT3D		⑤	④	③		
ⅢT7J	⑥、⑦	⑤	④a、④b、④c、④d	③a、③b		
ⅣT1A		⑤	④a、④b	③		
ⅣT2A			④a、④b、④c	③		
ⅣT3A		⑤	④	③	②	
ⅣT4A	⑥a、⑥b、⑥c	⑤、⑤a	④	③	②	
ⅣT5A		⑤	④a、④b、④c	③	②	
ⅣT6A		⑤	④	③	②	
ⅣT7A		⑤	④	③	②	
ⅣT3B			④	③		
ⅣT4B	⑥a	⑤	④	③	②	
ⅣT5B	⑥a	⑤	④	③	②	
ⅣT6B		⑤	④	③	②	
ⅣT7B		⑤	④	③a、③b	②	
ⅣT4C			④	③		
ⅣT5C			④	③a、③b	②	

注：没有第①层或①、②层或者①~③层者是在破坏面上开的探方。

（一）三房湾文化的分布

遗址上第③层即为新石器文化的第三期文化遗存，属三房湾文化。第③层中出有盘形高扁足鼎、尖圜底甑、卷折沿大圜底釜、有扉鬶、深腹大平底盆、浅腹粗圈足盘和高领溜肩（下腹急收）罐等，一批有别于石家河文化而具有三房湾文化特征的陶器群，它应属于石家河文化之后的三房湾文化[①]。此期文化堆积较薄，出土遗物不多，没有分期的可能。从发掘区揭露的三房湾文化遗存看，三房湾文化的分布范围，主要在遗址北面至遗址中心部位。

（二）石家河文化的分布与分期

第④层及其以下文化堆积，为石家河文化，分为一、二两期。第④层为石家河文化二期，亦即遗址上新石器文化遗存的第二期，第⑤、⑥、⑦层为石家河文化一期，石家河文化一期又可分为前、后两段，⑤层为一期后段，⑥、⑦层为一期前段。在遗址纵横各约 100 米的 10 000 平方米范围所布探方内，全发现有石家河文化遗存。由此可知，此聚落址最初由石家河文化形成。石家河文化的定性及其文化分期的依据是：

1．石家河文化一期的认定

七里河遗址上第⑤、⑥、⑦层（即遗址的下层）文化遗存，定为石家河文化一期的依据是：其陶器群中大量的陶生活用器，如罐形（三菱锥足）鼎，满饰戳印纹宽扁足鼎（通称扁平麻面足鼎）、细长颈鬶，厚胎斜直腹杯，较多的斜弧腹卷沿或折沿盆，以及大折沿或卷沿罐和高领罐，漏斗形澄滤器和擂磨盆等，都具有石家河文化器形特征。其中虽承袭有不少屈家岭文化因素，如具有屈家岭文化特色的薄胎喇叭形小杯、大口斜腹或喇叭口筒腹小杯，及小杯中的屈家岭文化蛋壳彩陶杯（即杯口内外壁各饰一周带状彩，有的器表饰有彩衣和许多蛋壳彩陶杯的残片），盆形圈足甑，以及双腹豆等屈家岭文化的器形，但其文化内涵中的主要因素是石家河文化，故应定为石家河文化。此三层当为遗址上的石家河文化一期。由于第⑤层出土的陶器与⑥、⑦层所出的陶生活用器相比，石家河文化因素有所增加，如出现厚胎束腰杯，大型翻沿（亦称垂沿）盆，垂腹罐，大型瓮，漏斗形澄滤器等。⑤层中屈家岭文化的薄胎喇叭形小杯数量大减，但仍有喇叭形薄胎小杯。其中有器表饰彩衣、器口内外各饰一周彩的彩陶杯、大口斜腹小杯薄胎和双腹豆等，故此将⑤层，作为一期后段，⑥、⑦层则为一期前段。

2．石家河文化二期（亦即遗址上新石器文化的第二期）

主要分布在第④层，此期石家河文化中的屈家岭文化因素基本消失，尚存的少数一期中承袭的屈家岭文化器形，也有所演变和发展。如薄胎大口斜腹平底小杯，多演变成厚胎斜直腹凹底杯，有的斜直腹杯底厚达 4 厘米，有的喇叭口斜腹或喇叭口筒腹杯，演变成大侈口筒腹大平底厚胎杯，并出有由屈家岭文化的高圈足杯演变而来的盂形高圈足杯，屈家岭文化的盆形圈足甑，多演变为极矮的圈足，有的圈足已近似饼状；此期的折沿罐有的折沿已起折棱，其中垂腹罐有所增多，出现了较多的大型瓮、缸等盛储器。

3．石家河文化遗迹早晚叠压或打破关系的组合与分期

石家河文化各类遗迹之间，有地层叠压关系和遗迹与遗迹间的早晚叠压、打破关系者较多，其中主要的组合为五组（'—'表示同期，'→'表示叠压、打破关系）。

---

① 王劲：《后石家河文化定名的思考》，《江汉考古》2007 年第 1 期。

　　第一组：（④层，石家河文化二期）F3—F5—H6—H18→（⑤层，石家河文化一期后段）F20→F8→（⑥、⑦层，石家河文化一期前段）F21—F23。

　　第二组：（④层，石家河文化二期）H5→（⑤层，石家河文化一期后段）F9—H2→（⑥、⑦层，石家河文化一期前段）F10。

　　第三组：（③层，三房湾文化）H13→（⑤层，石家河文化一期后段）H14。

　　第四组：（③层，三房湾文化）M27→（④层，石家河文化二期）M28→（⑤层，石家河文化一期后段）M22—M23—H4—F18→（⑥、⑦层，石家河文化一期前段）F12。

　　第五组：（③层，三房湾文化）M31→（④层，石家河文化二期）M33→（⑤层，石家河文化一期后段）M32→（⑥、⑦层，石家河文化一期前段）M40。

第三章　新石器时代文化遗存

第一节　石家河文化遗存

一、文化遗迹

石家河文化的遗迹比较丰富，已发现的文化遗迹，有各类房屋建筑、多形的灰坑和陶窑等遗迹（图七，表二）。

表　二　　　　　　　　　七里河遗址地层遗迹分期对照表

文化与期别		层　位	建筑遗迹	灰　坑	窑	灰沟	墓　葬
石家河文化	一期前段	⑥~⑦层	F7、F10、F13、F12、F15、F16、F19、F21、F22、F23	H10、H12、H16、H17、H19			M11、M19、M34、M40、M41、M35、M20
	一期后段	⑤层	F8、F9、F18、F20	H1、H2、H4、H8、H9、H14			M1、M3、M5、M6、M9（葬狗坑）、M12、M13、M22、M23、M26、M30、M32、M33
	二期	④层	F3、F4、F5、F6、F11、F14、F17	H3、H5、H6、H7、H11、H15、H18	Y1		M25、M28、M29、M21、M24
三房湾文化		③层		H13			M2、M6、M7、M8、M21、M27
东周		②层	F1、F2			G1	M10
西汉		①层下					M4、M14、M15、M16、M17、M18、M38
东汉		①层下					M37、M39

说明：层位皆指大层。

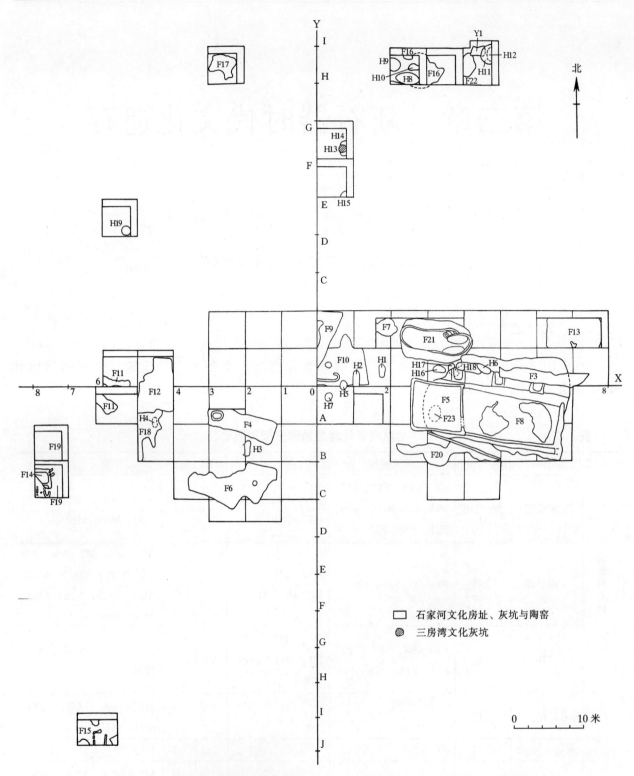

图七　七里河遗址石家河文化与三房湾文化房址、灰坑与陶窑分布图

　　石家河文化房屋遗迹 21 座，大多保存不好。按其建筑形制、结构的特点，可分为半
地穴式、浅穴式、地面式、台基式四种房屋建筑，其中半地穴式、浅穴式房屋建筑仅在
石家河文化一期前段发现，一期后段即已消失。地面式建筑和台基式建筑均在一期前段

出现，以后各期逐渐增多。

石家河文化灰坑 18 个，其中口大底小的锅状灰坑多在房子外面。口小底大的袋状灰坑多在房子里面。口小底大的袋状灰坑最初功能均应为储藏食物的窖穴，废弃后沦为灰坑。

石家河文化陶窑 1 座。

（一）石家河文化一期前段文化遗迹（表二）

一期前段有房屋遗迹 10 座，灰坑 5 个 ，分别发现于发掘区的 Ⅰ 、Ⅱ 、Ⅲ 象限内（表二）。

1．房 址

房屋遗迹 10 座（图七），其中半地穴式房屋建筑 1 座（F21），浅穴式房屋建筑 3 座（F7、F22、F23），地面式房屋基址 5 座（F10、F13、F15、F16、F19），台基式房屋基址 1 座（F12）。半地穴式和浅穴式房屋建筑保存较好，平面皆呈椭圆形，穴室口部均略大于底部。现残存的穴式建筑，口径最小者直径为 1.44 米，口径最大者直径达 9.8 米。现残存穴室最浅者 0.28 米，穴室最深者为 1.60 米。地面式和台基式房屋基址几乎都残缺不全，仅个别保存较好的。有的甚至仅存少数残柱子洞，大多房屋基址仅残存局部建筑遗迹，看不出房屋形制的全貌（表三）。分述如下。

表 三   石家河文化一期前段房址登记表

编号	所在探方	坐落或开口层位	形 制	面积（长、宽或径）（米）	方 向	门 道	灶坑（火塘）	居住面结构	柱洞数量	备 注
F7	IT2B IT3B	（开口）⑦	椭圆形浅穴式建筑	2.7～2.2 - 0.28	270°		灶台 1	白灰土居住面	3	门道 1 个 打破⑦层至生黄土
F10	IT1A IT2A IT1B	生黄土	地面式长方形建筑	残 6.5×6.7			1（椭圆形）	灰黄土居住面	17	未全部发掘，被 F9、H2、H5 打破，全貌不明
F12	ⅡT5A ⅢT5A	生黄土	台基式建筑	残 7.4×4				黄土台基、白灰土居住面。	6	未全部发掘，被 M22、M28、F18 严重打破，全貌不明

续表三

编号	所在探方	坐落或开口层位	形制	面积（长、宽或径）（米）	方向	门道	灶坑（火塘）	居住面结构	柱洞数量	备注
F13	I T7B I T8B	生黄土	地面式建筑	残7.6×4			1（瓢形）	褐黄土基础、灰白土居住面。	11	未全面发掘，被M30打破，残貌为长方形
F15	Ⅲ T7J	生黄土	地面式建筑	残6×4				黄灰土居住面	18	未全面发掘。被M29、汉墓等破坏严重，全貌不明
F16	I T3I I T4I	生黄土	地面式建筑	残7.5×4				黄灰土居住面	17	未全面发掘。被H9、H10、M41等破坏严重，全貌不明
F19	Ⅲ T8B Ⅲ T8C	生黄土	地面式建筑	残9×4			1（方形）	黄土居住面	6	未全面发掘，被F14叠压打破，全貌不清
F21	I T3A I T4A I T5A I T3B I T4B I T5B	（开口）⑥b	椭圆形半地穴式建筑	9.8～3.5－1.48	65°	北	1（椭圆形）	灰黄土居住面	8	打破⑥b、⑥c、⑦层至生黄土
F22	I T5I	（开口）⑦	椭圆形浅穴式建筑	3.1～1.8－0.55		南		灰黄土居住面	2	西部被破坏打破⑦屋至生黄土
F23	Ⅳ T4A	（开口）生黄土	椭圆形浅穴式建筑	1.44～2.05－0.30				黄土基址，白灰土居住面	1	挖筑在生黄土中

（1）半地穴式房屋遗迹

F21　半地穴式房子，位于 I T3A、 I T4A、 I T5A、 I T3B、 I T4B、 I T5B 之中，叠压在⑥a 层之下，开口于⑥b 层，打破⑥c 和⑦层直至生土层，居住面坐落在生黄土中。穴室面积跨六个探方。

发掘时揭开穴室口好似一个大灰坑（曾误作灰坑编号）。穴室居住面上部自上而下的堆积依土质土色和包含物可分为 5 层，分别是：①层，黑灰烬土；②层，黑灰烬夹黄土；③层，褐灰土；④层，黑灰烬土；⑤层，灰褐土。穴屋内堆积基本为灰烬层，总厚为 1.63 米。

F21 半地穴式房屋保存较好。平面呈不规则椭圆形。穴室口长径为 9.8、短径约 2.5～3.5 米。室空面积约为 30 余平方米。穴室深（即穴室底部至穴室口高度）约 1.2～1.48 米。穴室口略大于室内居住面。居住面长径为 9.1、短径为 2.3～2.66 米，面积为 24 平方米左右。穴室的出入口筑有台阶，穴室东部有火塘等遗存，穴室口外南北地面上尚残存有柱子洞（图八；图版三，1、2）。分别叙述如下：

台阶　设置于穴室北壁偏东部位，为穴室出入口，方向 65°。自穴室口至居住面计有台阶 5 级（从下而上编为 1～5 级台阶），垂直通高为 1.20 米。每级台阶的台面不甚规

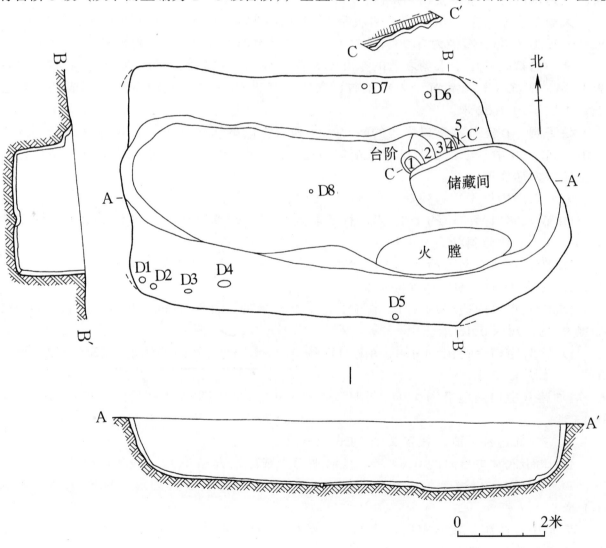

图八　石家河文化一期前段 F21 平、剖面图

D1～D8. 柱子洞　1～5. 台阶

整，形状和大小亦不一致，1级台阶，台面为椭圆形，长0.4、宽0.48、高0.04米；2级台阶，台面为不规则长方形，长0.7、宽0.25～0.34、高0.1米；3级台阶，台面为不规则长方形，长0.8、宽0.3、高0.2米；4级台阶，台面为不规则长条形，长0.3、宽0.2、高0.1米；5级台阶，台面近三角状，长0.3、宽0.1～0.2、高0.1米。1～5级台阶的台面均近倾斜面，有的呈坡状。台阶皆用黄白色土铺筑台面，台面厚约0.05米。

穴室周壁　室周壁略斜陡，内壁均用黄白色土涂抹成白灰面，壁面厚约0.05～0.1米。

穴室　穴室中部及其以西，为居室的起卧活动区，居住面较为平坦，亦为黄白色土涂抹而成的白灰面，厚约0.05米。穴室以东（即1级台阶下为界的东部）的穴室面上，遗存有呈东西向南北相对并列的两个大小近同的凹坑，北凹坑面为绿灰色土，应为有机物腐蚀后的遗迹；南凹坑为红黑烧土面夹炭末，应为用火后的遗存，此两凹坑的遗存现象，应是室内的火塘和食物储藏区。

火塘　位于穴室的东南部，凹坑呈不规则椭圆形，火塘壁面为红黑烧土夹木炭屑。火塘长径为3.05、短径为0.96、深约0.15、烧土壁厚约0.05米。壁质较硬。

食物储藏区　位于火塘之北的东北部，凹坑亦为不规则椭圆形，长径为2.72、短径为1.36、凹坑低于穴室面0.2米左右，表层为较薄的一层有机物腐蚀后形成的绿灰色土，表层厚约0.02米。

柱子洞　在室外穴室口周边的南北地面和穴室内的居住面上，发现残存柱子洞8个（D1～D8）。其中五个柱子洞位于穴室口南边地面，两个柱子洞位于穴室口北边地面，一个位于穴室居住面中部。

穴室口南边柱子洞，残存5个（D1～D5）：

D1 距穴室口西南边约1.12米，柱子洞近椭圆形，直径0.14、残深0.2米，柱子洞壁向穴室中心作倾斜状。

D2 距穴室口西南边沿约1.18、东距D1约0.3米。柱洞平面为圆形，直径0.12、深0.1米，柱洞壁向穴室中心作倾斜状。

D3 距穴室口南边沿约1.1、在D2之东0.8米处，柱洞平面为椭圆形。长径0.18、短径0.08、残深0.15米。

D4 距穴室口南边沿约0.8、东距D3约0.8米，柱洞平面椭圆形，长径0.3、短径0.14、残深0.12米。

D5 距穴室口南边沿约0.94、东距D4约3.9米，柱洞平面为圆形。直径0.12、残深0.13米。

穴室口北边柱子洞，残存2个（D6～D7）：

D6 北距穴室口台阶边0.64米。柱洞平面为圆形，直径0.14、残深0.08米。

D7 北距穴室口边1.10、西距D6约1.14米，柱洞平面为圆形，直径0.11、残深0.1米。

穴室中心柱洞，在穴室居住面的中心部位，仅发现1个（D8），保存不太好，残存柱洞底部呈圆形，残径0.08、残深0.1米。

穴室外活动面：位于穴室口南、北周边，皆残存一片近长方形灰黄土地面。穴室口北边的一片东西长8、南北宽1.24米；穴室口南边的一片地面长10.84、南北宽0.1～2

米。灰黄土层厚皆为 0.05～0.1 米，应为特意铺筑的室外活动场地。

（2）浅穴式房屋遗迹

F7　位于ⅠT2B、ⅠT3B探方之中，叠压在⑥层下，开口于⑦层，坐落于生黄土上。F7 平面近似椭圆形，穴室较浅，保存较好。穴室口北边局部被破坏，西边出入口道延伸处因被破坏未找到边（图九）。

穴室　周壁平整，穴室内居住面较完好，尚残存灶台、柱子洞和出入口等遗迹。

穴室较浅，穴口长径 2.7、短径为 2.2、穴室深约 0.28 米。室内居住面平坦，居住面周边略高，穴室周壁下斜收成平面，居室下部略小于口径，亦近椭圆形，面积 4.7 平方米。居住面边沿保存柱子洞 3 个（D1～D3），呈三角形排列，即北边 1 个，南边 2 个，间距 1.4～1.8 米。柱子洞皆为圆形，其中 D1 直径 0.12、深 0.1 米；D2 直径 0.26、深 0.18 米；D3 直径 0.25、深 0.12 米。柱洞内皆填灰褐土。

灶台　位于穴室口东边向外伸出的台面上，平面呈弧边长方形，犹如主室内的一个小间，台面低于室外原生地面 0.08 米，高于居住面 0.1 米，其南北长 0.8、东西宽 0.4 米，台面略呈斜坡状，东高西低，向居室倾斜。台面西北处及相邻的穴壁上残存两小块红烧土，一块平面为椭圆形，长 0.2、宽 0.18、厚 0.05 米；另一块平面为纺锤形，长 0.2、宽 0.08、厚 0.04 米，土质较硬。

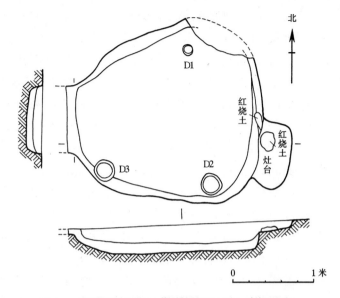

图九　石家河文化一期前段 F7 平、剖面图
D1～D3. 柱子洞

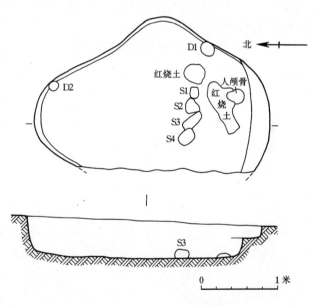

图一〇　石家河文化一期前段 F22 平、剖面图
D1～D2. 柱子洞　S1～S4. 石头

出入口　位于穴室的西面，出入口道及其延伸处已被破坏。残存出入口道南北宽 0.8、残长 0.1 米。出入口略低于穴室口上的地面，打破原生地面 0.07 米左右，高于穴室居住面 0.15 米左右。

穴室周壁、居住面、灶台台面、出入口皆涂有厚 0.06～0.1 米的白灰面，质地较硬。此浅穴式建筑废弃后即沦为扔置生活废弃物的垃圾坑。

F22　位于ⅠT5I西部。开口于⑦层，打破生黄土。西部近边缘处已被破坏。建筑遗迹保存不甚好，残存有穴室内的台阶、居住面、柱子洞等遗迹（图一〇）。

F22 为不规则的椭圆形浅穴式房屋，其长径为 3.1、残短径 1.8、残深 0.36～0.55 米，面积约 4.42 平方米。穴室口南部边缘保存有一级弧形台阶，宽 0.2、低于坑口 0.18 米，台阶平面高于居住面 0.2 米，应为居室出入口残存的台阶。穴室内居住面边沿发现圆形柱子洞 2 个（D1、D2）。D1 位于居住面东南边，直径 0.2、深约 0.4 米。D2 位于居住面北边沿，直径 0.09 米，深 0.14 米。两个柱子洞皆填褐灰土。居住面为灰黄土，较平整，周边略高。居住面中部有四块不规则长方形石块（编为 S1～S4），呈东西向排列，石块长 0.12～0.3、宽 0.1～0.2、厚约 0.06～0.1 米。在 S1 之东的居住面上有一圆形红烧土硬面，直径 0.25 米，其上堆积黑灰烬土，厚约 0.1 米。

穴室内灰烬土中出土了一些遗物。在出土的生产和生活遗物中，较完整及可复原的器物有石斧 2 件、梯形石刀 1 件、陶纺轮 1 件、陶鬶 1 件、喇叭形杯 2 件、斜直腹杯 2 件、碗 1 件、骨针（残）1 件。陶片中可辨认器形有筒形腹杯、直筒形豆圈足、喇叭形豆圈足、裙状豆圈足、卷沿盆、平折沿盆、高直领罐、高斜领罐、子母口穿系瓮、瓮底等。还出土了一些动物碎骨和一块鳖背壳。

不寻常的是，台阶下的略呈三角形、长约 0.5 米的一片红烧土上，放置有一个人的颅骨，此人颅骨应是房屋住户迁居时或迁居后的遗迹。

F23 位于Ⅳ T4A 的西南面，叠压于⑥c 层之下，开口并坐落于生黄土层。平面近似椭圆形，为浅穴式房屋（图一一）。

穴室周壁平整，穴室居住面尚存柱子洞遗迹。其椭圆形穴室口，长径为 2.05、短径 1.44 米，穴室深约 0.3 米。居住面平坦，穴室周壁向下渐斜收，居室内地面略小于口

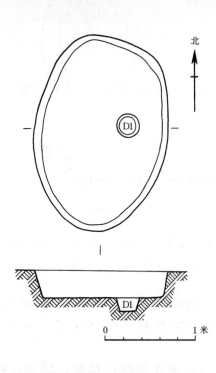

图一一 石家河文化一期
前段 F23 平、剖面图

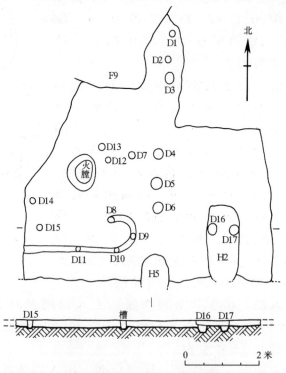

图一二 石家河文化一期前段 F10 平、剖面图
D1～D17. 柱子洞

径，亦为椭圆形，面积 2.4 平方米。居住面中部偏东残存柱子洞 1 个（D1），柱洞为圆形，直径 0.22、深 0.15 米。柱洞内填有灰黑斑土。

穴室周壁、居住面皆涂有厚 0.02 米的白灰面。由于原穴室口部已残，未见出入口遗迹。

此穴式房屋废弃后即沦为扔置生活废弃物的垃圾坑。

（3）地面式房屋遗迹

F10　位于ⅠT1A、ⅠT2A、ⅠT1B 之中，坐落于生黄土上。房屋基址四周皆被破坏，其中残存的居住面北部被 F9 打破而严重破坏，东南部分别被 H2、H5 打破（图一二）。

残存室内居住面、残墙基槽、部分柱子洞和火塘。房基南北残长 6.5 米，东西残宽 6.7 米。根据房基和柱子洞分布情况分析，F10 可能为长方形地面式建筑。房基为灰黄土，厚约 0.2 米，居住面较平整。居住面上的南面残存分间隔墙的基槽一段，其西部延伸处已被破坏，情况不明。间隔墙基的沟槽，残长 4、宽 0.15～0.2、深 0.1 米。墙基槽内尚存柱子洞 4 个（D8～D11），间距 0.5～1.1 米，残居住面上尚存柱子洞 13 个，排列不甚规律，南北向大致可分为 3 排，间距为 1.35～2 米，从东往西第 1 排有柱子洞 6 个（D1～D6），第 2 排 2 个（D12、D13），第 3 排 2 个（D14、D15），其它三个零星分布。柱子洞皆圆形，直径 0.1～0.3、深 0.1～0.2 米，柱洞内填褐黄土。居住面上保存火塘 1 个，平面为椭圆形，口大底小，口径 0.75～0.9、底径 0.4、深 0.2 米。火塘坑壁被烧烤成红烧土。

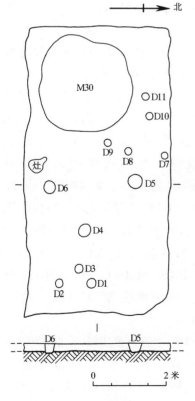

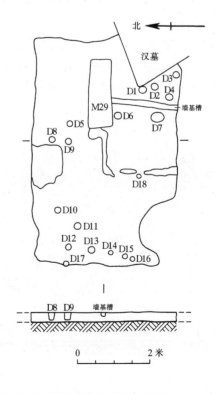

图一三　石家河文化一期前段 F13 平、剖面图　　图一四　石家河文化一期前段 F15 平、剖面图

　　　　　D1～D11. 柱子洞　　　　　　　　　　　　D1～D18. 柱子洞

F13　发现于ⅠT7B、ⅠT8B之中，坐落在生黄土上。房址四周均被破坏，居住面西部被 M30 严重破坏，残貌为长方形（图一三）。

房基东西残长 7.6、南北残宽 4 米。房基为褐黄土铺筑，厚约 0.15 米。室内居住面的白灰土层厚约 0.05 米。居住面上残存柱子洞 11 个（D1～D11）、灶坑 1 个。柱子洞排列不甚规律，南北向排列大致有 3 排，每排间距 0.8～2.5 米，从东向西第 1 排 2 个（D1、D2），第 2 排 2 个（D5、D6），第 3 排 3 个（D7～D9），其它四个则零星分布。柱子洞皆圆形，直径 0.15～0.4、深约 0.2 米，柱洞内填灰褐土。灶坑平面为瓢形，长 0.55、宽 0.4、深 0.2 米，坑内壁烧烤成青红色。

F15　位于ⅢT7J之中，坐落于生黄土上。房址四周及揭露出的居住面分别被 M29、残汉墓（未编号）等晚期墓严重破坏，全貌不明（图一四）。

房基为黄土铺筑，东西残长 6、南北残宽 4、厚约 0.15 米。铺筑的居住面为一层黄灰土，厚约 0.05 米，质较硬。

居住面上残存墙基槽和部分柱子洞。残居住面的南边，尚残存一间有东、西、北三面墙基槽的居室。从残存的墙基槽观察，东、西墙基槽长度相同，惜向南延伸的一段均被破坏，残长 2 米（西墙基槽保存不好）。北墙基槽长 2 米。墙基槽皆上宽下窄，基槽上宽 0.2、下宽 0.15、深 0.1 米，墙基槽内填以褐黄色沙土。

残居住面上尚存柱子洞 18 个（D1～D18），排列不甚规律，南北向排列大致有 5 排，每排间距约为 0.45～1.9 米，从东向西第 1 排 3 个（D1、D2、D4），第 2 排 3 个（D5～D7），第 3 排 2 个（D8、D9），第 4 排 2 个（D10、D11），第 5 排 5 个（D12～D16），其它三个则分布零散。柱子洞皆圆形，直径 0.12～0.35、深 0.12～0.2 米，柱子洞内填灰黄土，质较软。

F16　位于ⅠT3I、ⅠT4I之中，坐落在生黄土上。房址居住面分别被 H9、H10、M41 打破，房基四周延伸处亦被严重破坏，房址全貌不明（图一五）。

房屋基址为黄土铺筑，东西残长 7.5、南北残宽 4、厚约 0.1 米左右。残居住面上尚存柱子洞 17 个（D1～D17），除 D2、D5、D7 为椭圆形外，其它均为圆形，直径 0.1～0.3、深约 0.15～0.25 米。柱子洞排列不甚规律，东西向排列大致有 6 排，每排间距约为 0.3～0.45 米，从北向南第 1 排柱子洞有 3 个（D1～D3），第 2 排有 3 个（D4～D6），第 3 排 2 个（D8、D9），第 4 排 2 个（D10、D11），第 5 排 3 个（D13～D15），第 6 排 2 个（D16、D17），其它两个零星分布，柱子洞内填褐黄土。

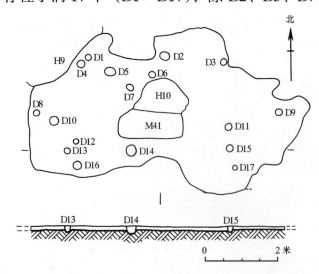

图一五　石家河文化一期前段 F16 平、剖面图
D1～D17. 柱子洞

F19　位于ⅢT8B、ⅢT8C之中，坐落于生黄土上。房基大部分被 F14 等上层房屋基址严重破坏，形制不明（图七，表三）。

居住面铺黄土，土质较硬。南北残

长9、东西残宽4米，厚约0.05～0.15米。残居住面上尚存柱子洞6个，火塘1个，残存"U"字形墙基槽1段。柱子洞为圆形，直径0.15～0.25米，深0.16～0.2米，内填褐黄土。柱洞零星分布，无排列规律。火塘位于居住面中部，西南边被F14东墙基叠压。火塘形制似为外方内圆，外围形状近方形，边长0.7米。火塘坑内平面形状近圆形，直径0.5、坑深0.2米。火塘坑壁较直，坑底平坦。火塘东北壁有一较规整的方形火门，宽0.28、高0.18米，应为添加燃料之入口。坑壁四周烧烤成红烧土，坑内堆积黑灰烬土。残存的"U"字形墙基槽两端向北延伸，两端间距0.7、墙基槽残长2.40、宽0.15、深0.1米，内填褐黄土，槽内东北拐角处保存柱子洞1个（D5），柱洞直径0.2、深0.16米。"U"字形墙基槽之西约0.9米处，残存一段南北向的墙基槽，残长0.8、宽0.2、深0.1米，内填褐黄土。

（4）台基式房屋遗迹

F12 位于ⅡT5A、ⅢT5A之中，坐落于生黄土之上。房址大部分被石家河文化一期后段的M22、石家河文化二期的M28和F18打破而破坏，全貌不明（图七，表三）。

已揭露的房基南北残长7.4、东西宽4米，房屋台基为黄土，厚0.4米。残居住面上尚存柱子洞6个，排列不甚规律，南北向大致可分2排，间距在0.7米左右，从东向西第一排有柱子洞2个（D1、D2）；第二排有柱子洞3个（D4、D5、D6）。D3紧邻D1之西。柱子洞皆圆形，直径0.1～0.37、深约0.15～0.3米，柱洞内填灰褐土。

居住面南部残存一层较薄的灰白土的白灰面，厚约0.05米。

2．灰 坑

5个（H10、H12、H16、H17、H19）。零星分布在遗址发掘区Ⅰ、Ⅱ、Ⅲ象限内的同期房子周围及室内，多被晚期遗迹叠压、打破，其形制、大小、深浅均有一定差别。依坑口平面形状可分为圆形和不规则形两类，其中以不规则形最多，次为圆形。依灰坑剖面又可分为口大底小的圜底锅状灰坑和口小底大的袋状灰坑两种。灰坑口径最小者0.6米，最大者为1.7米。灰坑大多较浅，最浅者为0.24米，最深者为1.4米。灰坑内堆积多为灰黑土，土质较软。灰坑中多出土陶片等遗物，有的灰坑中还出土了人的颅骨残片（表四；图七）。

（1）圆形灰坑

H19 灰坑位于ⅡT6E，开口于⑤层下⑥层上，打破⑥层，底部打破生黄土。坑口被晚期文化层所扰乱。坑口平面近圆形，直径1.25、底径为1.65、深1.4米（图一六）。

灰坑口小底大剖面呈袋状。底部凸凹不平。坑内填土依土质土色分为8层：

①层，黑土，厚0.4～0.5米。未发现包含物。②层，黑土夹红斑点，厚0.16～0.26米。出土黑、灰色陶片。③层，黄土，厚0.06～0.54米。未发现遗物。④层，黑土夹红烧土，厚0.06～0.24米。出土较多的陶片。⑤层，黄土，厚0.05～0.16米。出土较多陶片。⑥层，黑土夹黄土，厚0.06～0.14米。出土物为陶片。⑦层，黑灰烬土，厚0.04～0.18米。出土物同上。⑧层，黑土夹黄土，厚0.14～0.22米。出土物同上。

灰坑内出土陶片中未见器形陶片，但从陶质陶色看，均与一期文化层内出土陶片的陶系相同。灰坑最早功能应是窖穴，废弃后成为垃圾坑。

| 表　四 | | | | | | 石家河文化一期前段灰坑登记表 | 单位：米 |

编号	所在探方	开口层位	平面形状	面积（直径或长、宽）	坑　深	出土遗物	备　注
H10	ⅠT3I	⑦	不规则半椭圆形	1.46～0.84	0.24	盆、罐、豆、碗、钵、鼎、擂磨盆等残片，杯1、石斧1、人颅骨残片3块	打破F16
H12	ⅠT5I	⑥a	不规则椭圆形	0.70～1.92	0.40～0.60	罐、钵、豆、泥红彩陶杯、盆、擂磨盆等残片	打破⑥a、⑦层
H16	ⅠT4A	⑦	不规则半圆形	1.50	0.35		其上被F8叠压
H17	ⅠT4A	⑦	不规则瓢形	1.30～1.10	0.15～0.38		其上被F8叠压
H19	ⅡT6E	⑥	圆形	1.25	1.40		坑内堆积共8层土色

说明："出土遗物"栏中，器物名后有数字的，是已复原陶器，无数字的是器形陶片标本。

（2）不规则形灰坑

H10　位于ⅠT3I之中，开口在⑦层，打破F16，底部至生黄土层（图一七）。

灰坑平面为不规则半椭圆形（锅形）。坑口长径1.46、短径0.84、深0.24米。灰坑较浅，坑壁向内斜收，底部呈锅底状。坑内填有灰烬土，出土有石斧1件、斜直腹杯1件，其它多为陶片，共出陶片269片（表一二）。其中以灰黑陶为主，灰黑陶131片，占48.6%；次为灰陶88片，占32.8%；红、黄陶50片，占18.5%。陶片多泥质，可辨器形有盆、罐、豆、碗、钵、鼎、擂磨盆和盘等，大多为素面陶和器表磨光的磨光陶，部分饰有篮纹、方格纹、弦纹和宽带起棱纹等。

引人注意的是，H10坑口之下0.12米处的灰烬土上，不规则地放着三片人的颅骨。

H12　位于ⅠT5I东边，开口于⑤b层下⑥a层，灰坑上部被H11叠压和打破，西边被Y1叠压。H12打破⑥a、⑦层，底部已至生土层。灰坑东部和中上部已被破坏，残存灰坑已近底部（图一八）。

揭露出的残坑口，平面似为不规则椭圆形，现存坑口残长径1.92、残短径0.7、残深0.4～0.6米。坑壁斜弧下收，坑底小于坑口，灰坑底径约1.6米，底面较平。坑内堆积灰烬夹黄色土，出土物主要为陶片，共出陶片368片（表一二）。其中以灰黑陶为主，灰黑陶199片，占54%；灰陶91片，占24.7%；还有红、黄陶片78片，占21.2%。大多为素面陶和器表磨光的磨光陶计203片，占55.2%。纹饰多为篮纹，篮纹陶片88片，占24.2%，方格纹陶片47片，占13%，还有弦纹和划纹等。可辨器形有陶罐、钵、豆、盆、擂磨盆、泥红彩陶杯残片等。

H16　位于ⅠT4A中部偏南，开口于⑥a层下，⑦层上，底部已至生黄土。灰坑口南部因叠压在F8之下，未能发掘（图一九）。

仅能揭出半个灰坑口，呈半圆形，其东面与H17相距约0.5米。灰坑口直径为1.5、深约0.35米。坑壁向下斜收，口大底小，底部较平。灰坑内为灰黑色填土，出土陶片不多，难辨器形。

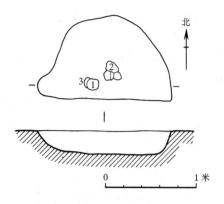

图一七　石家河文化一期
前段 H10 平、剖面图

1～3. 人颅骨碎片

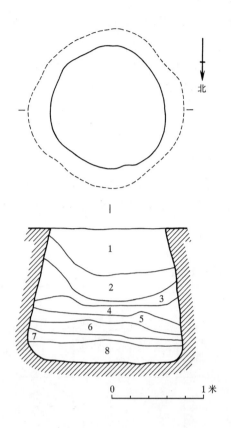

图一六　石家河文化一期
前段 H19 平、剖面图

1. 黑土　2. 黑土夹红斑点　3. 黄土
4. 黑土夹红烧土　5. 黄土　6. 黑土夹黄土
7. 黑灰烬土　8. 黑土夹黄土

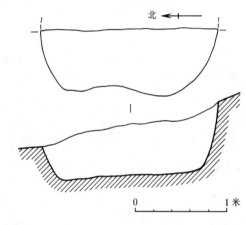

图一八　石家河文化一期
前段 H12 平、剖面图

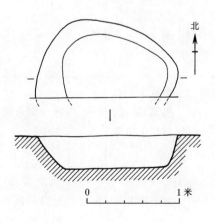

图一九　石家河文化一期
前段 H16 平、剖面图

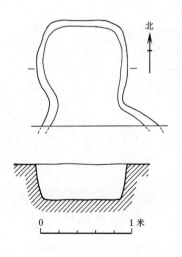

图二〇　石家河文化一期
前段 H17 平、剖面图

H17　位于ⅠT4A中部偏东，开口于⑥a层下⑦层上，底部已至生黄土。灰坑口南部之上因有F8叠压，未能发掘（图二〇）。

平面形状疑为瓢形。长径为1.3、短径为1.1、深0.15～0.38米。坑壁向下斜收，口大底小，底部较平坦。灰坑内为灰黑色填土，出土物情况与H16同。

（二）石家河文化一期后段文化遗迹

一期后段发现房址4座，灰坑6个（表二）。

1．房　址

本期发现的四座房子遗迹，均为台基式房屋建筑基址（F8、F9、F18、F20）。除F8保存较好外，其它房屋基址保存均较差，看不出全貌。房屋基址形制皆为长方形（表五；图七）。

表　五　　　　　　　　　　　　石家河文化一期后段房址登记表

编号	所在探方	坐落层位	形　制	尺寸（米）	方向	门道	灶坑（火塘）	居住面结构	柱洞数量	备　注
F8	ⅠT4A ⅠT5A ⅠT6A ⅠT7A ⅣT3A ⅣT4A ⅣT5A ⅣT6A ⅣT7A ⅣT4B ⅣT5B ⅣT6B ⅣT7B	⑥a、F21、F23	长方形红烧土台基式建筑	19.6×12.5	北偏东10°	3		红烧土居住面	103	被F1、F3、F5、F20、H18、H6打破。有门道3个，前廊，部分墙基槽和南护墙，为分间房子
F9	ⅠT1A ⅠT1B	F10	台基式建筑	残7×3.25				灰黄土夹红黑斑基址，白灰土居住面	11	未全部发掘，全貌不明
F18	ⅢT5A ⅢT5B	F12	黄土台基式建筑	残7.1×3.45				黄土居住面	1	未全面发掘，被M23打破严重，全貌不明。窖穴一个

续表五

编号	所在探方	坐落层位	形　制	尺寸（米）	方　向	门　道	灶坑（火塘）	居住面结构	柱洞数量	备　注
F20	ⅣT3B ⅣT4B ⅣT5B ⅣT6B	F8	台基式建筑	残 13.3 × 2.8				红烧土居住面	10	未全面发掘，被 F5、汉墓打破，全貌不清

F8　位于ⅠT4A、ⅠT5A、ⅠT6A、ⅠT7A、ⅣT3A、ⅣT4A、ⅣT5A、ⅣT6A、ⅣT7A、ⅣT4B、ⅣT5B、ⅣT6B、ⅣT7B 等十三个探方之中，为一大型台基式房屋遗迹，保存较好，尚能看出房屋基址全貌。红烧土台基面被晚期遗存扰乱严重。F8 坐落在⑥a层，其北部室外红烧土活动场地下，叠压着石家河文化一期前段的 F7、F21 及 F23。在 F8 房屋遗迹上被叠压、打破的扰乱处较多。主要有：1．台基上分别被晚期 F3、F5、F20 及周代建筑（F1）叠压，局部被扰。2．北面西门道与中门道及室外活动场地之上，被晚期的 H18、H6 所扰。3．东、中、西三个门道之间和东门道之东的建筑结构，被四个扰乱坑和一个扰乱沟打破。4．在一室和二室的居住面上，有两个较大的扰乱坑（图二一；图版四）。

　　F8 为红烧土台基式房屋遗迹，依南高北低的地势而建，坐南朝北，方向北偏东 10°。台基平面呈长方形，东端遭到破坏，东西残长 19.6、南北宽 12.5 米。台基现存总面积为 245 平方米。房屋平面布局为四开间居室。居室北（外）有前廊，廊外有三个门道，四室墙壁为木骨泥墙，残存有墙基槽和柱子洞。房屋后墙外砌筑有一道护墙，台基上东、西、北三面筑有散水，房屋门前铺筑有一片活动场地，是一座大型台式房屋建筑。残存柱子洞 103 个（表六）。台形居住面较高，其面阔 18.57 米，进深 5.75 米。台基高于当时四周地面约 0.3～0.6 米。台基外四周的地形南高北低。

　　现将 F8 台基上下各部位建筑遗迹分述如下：

　　东墙基槽　即 F8 东外墙。残存墙基槽和柱子洞，南北走向的东基槽，其东南角与南墙基槽相连，西南角与北墙基相接，基槽上部遭到破坏。墙基槽上宽下窄，横截面呈倒梯形。南北长约 6 米，上宽约 0.5～0.6 米，底部宽约 0.4～0.5 米，基槽残深 0.25 米，基槽内残存柱子洞 11 个（D1～D11）。其中 D5、D11 柱子洞的平面为椭圆形，其它是圆形，直径为 0.15～0.2、深约 0.18～0.4 米。以柱子洞中心计，其间距约为 0.3～0.85 米，柱洞内填有灰褐土（图版五，2）。

　　南墙基槽　即 F8 南外墙。残存墙基槽和柱子洞，西端被破坏。东西走向的南基槽，东南角与东墙基槽相连。墙基槽上宽下窄，横截面呈倒梯形，东西残长 16.1、上宽约 0.3～0.5、底部宽约 0.25～0.3 米。基槽深 0.1～0.15 米，基槽内残存柱子洞 28 个（D12～D39）。D29 柱子洞平面为椭圆形，其它为圆形，直径为 0.15～0.2、深约 0.2～0.35 米。以柱子洞中心计，其间距约为 0.32～0.9 米，柱洞内填有灰褐土（图版五，

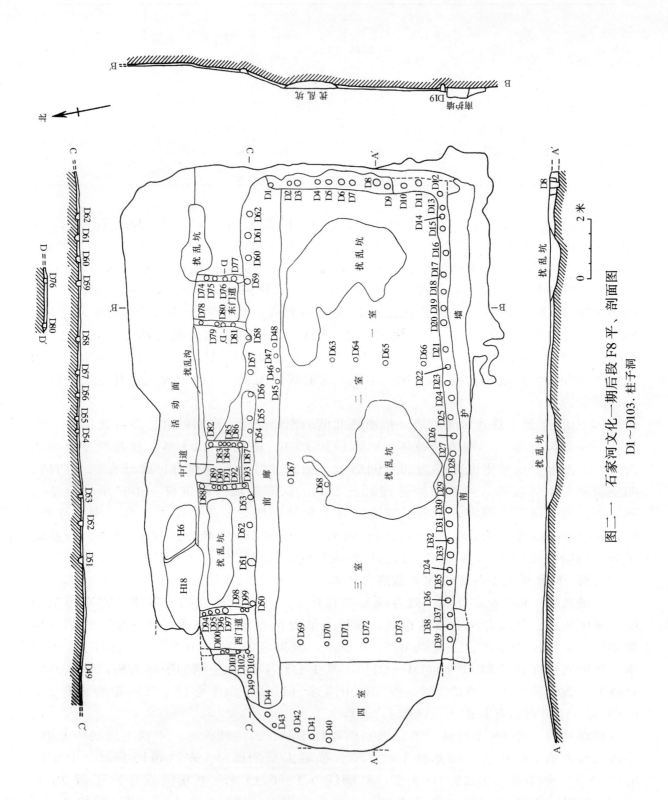

图二一　石家河文化一期后段 F8 平、剖面图
D1～D103. 柱子洞

3)。

南护墙　位于 F8 四室南墙外，墙体为红烧土构筑。倚南墙外与南墙基槽并列平行，残存一道倒塌的红烧土墙垛，尚存的残墙体东高西低，西端无存。残墙体宽窄不一，墙体南侧立面较陡，墙面已遭破坏，墙体残长 16.4、宽约 0.3~0.9、残高约 0.2~0.4 米。在残存的南护墙外侧东段和东墙体南端，遗存有一片相连的红烧土堆积。东墙基边的红烧土堆积长约 3.8、南护墙边的红烧土堆积长约 9.7、最宽处 1.27、厚约 0.2 米，系红烧土南护墙坍塌形成的堆积（图版五，4）。

西墙　墙基槽破坏无存，仅在靠近斜坡边缘西北部的红烧土台基面上，发现五个柱子洞（D40~D44）。柱子洞呈南北向排列，柱洞平面皆为圆形，直径 0.15~0.16、深约 0.10~0.17 米。柱洞内填灰黄土。

北墙　基槽亦荡然无存，即 F8 居室北外墙，在 F8 台基北缘台面上，残存东西排列的柱子洞 4 个（D45~D48）。因破坏严重，柱穴仅存底部，未发现墙基槽。以柱穴中心为计，柱穴间距为 0.35~0.5 米，柱子洞平面为圆形，直径在 0.11~0.15 米左右，深 0.12~0.18 米，内填灰黄土。

前廊　即四室外（北面）之走廊。位于 F8 居室北墙与门道之间，前廊东西向呈长条状，长 17.3 米，以廊檐柱与北墙柱子洞中心计，廊宽约 1 米。南高北低略呈斜面状，与居室地面平均高差为 0.35 米。红烧土铺筑地面，厚约 0.1 米。前廊北边残存一排东西向的柱子洞，共 14 个（D49~D62），即为廊之檐柱，柱洞间距为 0.72~2.2 米。柱子洞平面皆为圆形，直径 0.12~0.25、深约 0.12~0.2 米。在 D53~D56 之间，尚残存有一段廊墙基槽的底部，残长 3.5、宽约 0.35~0.45、残深 0.05 米。廊之檐柱间隔稀疏。

四室的形制与结构　四室分布于台基上，东西向排列，总面阔 18.57、进深 5.75 米，面积为 106.77 平方米。由于晚期房屋和墓葬的破坏，部分红烧土居住面与台基面和间隔墙柱子洞被毁，尤以西部毁坏为甚，故残存的红烧土居住面凹凸不平。居住面上仅见三行间隔柱，未见间隔墙基槽，分隔的四室面积大小不一，从东往西编号为一至四室，其中一、三两室面积较大，二、四两室面积较小，居室皆为长方形。以柱子洞中心计，其面阔分别为：第一室面阔 5.85 米，面积 33.63 平方米；第二室面阔 4.1 米，面积 23.57 平方米；第三室面阔 5.3 米，面积 30.47 平方米；第四室面阔 3.35 米，面积 18.26 平方米。居住面为坚实的红烧土铺筑，厚约 0.1 米左右。

四室隔墙中残存南北走向的三排间隔柱，尚存柱子洞 11 个，皆为圆形，大部分柱洞直径为 0.15 米左右，深约 0.1~0.18 米。各室残存间隔柱子洞遗迹情况如下：

第一室，居室东墙即 F8 东外墙。西间隔墙未发现墙体遗迹，仅见残存柱子洞。因室内有一个扰乱坑，至少破坏了北边一个柱子洞，仅清理出南北向排列的柱子洞 4 个，其间距约为 0.8~1.3 米。

第二室，居室东壁即第一室西壁。西间隔亦未发现墙体遗迹，因室内也有一个大扰乱坑，残存两个柱子洞，南北走向排列，南边可能有三个柱子洞被毁，柱子洞平面为圆形，柱子洞间距为 1.25 米左右。

第三室，居室东壁亦即第二室西壁，西间隔墙亦未发现墙体遗迹，仅存柱子洞 5 个，柱洞平面为圆形，南北向排列，柱子洞间距约 0.62~1.15 米。

第四室，居室东壁即第三室西壁，未发现墙体遗迹。西墙南面未发现柱子洞，北面残存柱子洞5个。该室残存的居住面已不在同一平面上，东半部在台基平面上，西半部则为斜坡面。同室东西高差竟有0.4米。

四室之间是否设有互通的门，因台基面上破坏扰乱处较多，未见门的遗迹而情况不明。四室对外之门，亦无遗迹现象可察，分析应是开在北边通向前廊与三个门道相通。

门道形制与结构 在前廊檐柱之北的斜坡上，分布着三个残存的门道建筑遗迹。三个门道东西向排列，间距基本相等，门道长宽基本一致。从东往西依次编为东门道、中门道和西门道。每个门道两侧都有沟槽遗迹，门道铺以红烧土路面，残厚0.1米左右。长条形门道略呈斜坡状，南高北低，高差约为0.2米。三个门道两侧的沟槽内，均残存有柱子洞遗迹，各门道基槽内发现的柱洞遗迹情况如下：

东门道 东距F8东外墙基槽内D1向北垂直水平相交距离3.05米。门道长1.55、宽1.50米（门道内实宽1.25米）。门道东、西两侧残存有墙基槽和柱子洞，门道南端有一小扰乱坑。门道东侧墙基槽上宽下窄，呈倒梯形。墙基槽长1.7、宽0.2米～0.18、深约0.08～0.1米，墙基槽内南北向排列柱子洞4个（D74～D77），柱洞平面为圆形，直径0.15～0.2、深约0.13～0.2米。柱洞间距0.3～0.37米。西侧墙基槽上宽下窄，基槽长1.8、上宽0.15～0.2、底宽0.13～0.18、深0.1米。基槽内南北向排列柱子洞4个（D78～D81），与门道东侧墙基槽内的柱子洞基本对称。柱子洞直径在0.12米左右，深约0.16～0.2、柱洞间距约0.25～0.55米。柱洞内填灰黄土。

中门道 位于东门道之西，以两门道相邻的东、西墙基槽中心为计，两门道相距3.9米。门道入口外被一条小扰乱沟破坏。门道长1.5、宽1.45米左右（门道内实宽1.2米）。门道东西两侧亦皆残存有墙基槽和柱子洞。东墙基槽上宽下窄，基槽残长1.4、宽0.2～0.15、深约0.07米。基槽内残存柱子洞6个（D82～D87），皆为圆形，直径0.15～0.12、深约0.12～0.17米。柱洞间距为0.2～0.35米。西侧基槽残长1.8、上宽0.15～0.2、底宽0.13～0.18、深约0.05米。基槽内南北向排列柱子洞6个（D88～D93），柱子洞平面为圆形，直径0.1～0.15、深约0.09～0.14米。柱洞间距在0.25～0.4米之间，柱洞内填灰黄土（图版五，1）。

西门道 位于中门道之西，以两门道相邻的东、西墙基槽为中心，西门道距中门道约4.1米左右。西门道入口的西北角被破坏。门道长1.6、宽1.45米（门道内实宽1.2米）。门道东、西两侧墙基槽均上宽下窄，基槽内分布有柱子洞呈南北向排列。门道东侧基槽长1.75、上宽0.2～0.25、底宽0.18～0.2、深0.08米左右。基槽内有柱子洞6个（D94～D99），柱子洞皆圆形，除D97直径为0.2米外，其它柱洞直径为0.12米左右，深0.16～0.18米。柱洞间距为0.2～0.6米。西侧基槽破坏严重，基槽残长1、宽0.15米左右，深约0.05米。基槽南北向排列柱子洞4个（D100～D103），柱子洞直径0.08～0.1、深约0.12～015米。柱子洞内填灰黄土。

散水 F8房屋建筑墙基槽外的东、西、北三面台基周边，有向外延伸的斜坡散水，散水面上皆铺筑以红烧土，其东、西两面散水宽0.3米左右，北面宽1.7米，红烧土厚0.05～0.1米，土质坚硬以起散水作用。

门道前活动场地 在三个门道出口处（北面），残存用红烧土铺筑的一大片场地，南北残宽1.5～2.25、东西残长15.1、厚0.05～0.1米，地面土质坚实，地表不甚平整，应为房屋门前的活动场地。

表　六		石家河文化一期后段 F8 柱子洞统计表			单位：米
柱子洞编号	直　径	残　深	间　距	形　制	备　注
D1	0.15	0.3		圆形	东墙基槽内
D2	0.15	0.28	0.65	圆形	东墙基槽内
D3	0.2	0.28	0.3	圆形	东墙基槽内
D4	0.15	0.35	0.75	圆形	东墙基槽内
D5	0.15~0.2	0.35	0.4	椭圆	东墙基槽内
D6	0.2	0.4	0.42	圆形	东墙基槽内
D7	0.2	0.25	0.37	圆形	东墙基槽内
D8	0.25	0.3	0.85	圆形	东墙基槽内
D9	0.2	0.35	0.4	圆形	东墙基槽内
D10	0.2	0.25	0.6	圆形	东墙基槽内
D11	0.18~0.2	0.28	0.5	椭圆	东墙基槽内
D12	0.16	0.25	0.83	圆形	南墙基槽内
D13	0.15	0.25	0.5	圆形	南墙基槽内
D14	0.15	0.32	0.32	圆形	南墙基槽内
D15	0.16	0.27	0.4	圆形	南墙基槽内
D16	0.18	0.27	0.85	圆形	南墙基槽内
D17	0.2	0.27	0.7	圆形	南墙基槽内
D18	0.16	0.3	0.6	圆形	南墙基槽内
D19	0.16	0.27	0.57	圆形	南墙基槽内
D20	0.2	0.3	0.5	圆形	南墙基槽内
D21	0.2	0.27	0.9	圆形	南墙基槽内
D22	0.15	0.3	0.6	圆形	南墙基槽内
D23	0.15	0.3	0.5	圆形	南墙基槽内
D24	0.16	0.31	0.55	圆形	南墙基槽内
D25	0.15	0.35	0.65	圆形	南墙基槽内
D26	0.2	0.27	0.65	圆形	南墙基槽内

续表六

柱子洞编号	直　径	残　深	间　距	形　制	备　注
D27	0.2	0.27	0.6	圆形	南墙基槽内
D28	0.2	0.27	0.8	圆形	南墙基槽内
D29	0.18～0.21	0.35	0.45	椭圆	南墙基槽内
D30	0.2	0.27	0.65	圆形	南墙基槽内
D31	0.2	0.3	0.45	圆形	南墙基槽内
D32	0.2	0.32	0.6	圆形	南墙基槽内
D33	0.21	0.32	0.5	圆形	南墙基槽内
D34	0.17	0.3	0.5	圆形	南墙基槽内
D35	0.15	0.2	0.4	圆形	南墙基槽内
D36	0.2	0.2	0.6	圆形	南墙基槽内
D37	0.15	0.2	0.5	圆形	南墙基槽内
D38	0.15	0.2	0.4	圆形	南墙基槽内
D39	0.15	0.2	0.45	圆形	南墙基槽内
D40	0.15	0.2		圆形	西墙柱
D41	0.16	0.1	0.6	圆形	西墙柱
D42	0.15	0.1	0.55	圆形	西墙柱
D43	0.15	0.1	0.8	圆形	西墙柱
D44	0.16	0.17	0.45	圆形	西墙柱
D45	0.15	0.16		圆形	北墙柱
D46	0.11	0.18	0.4	圆形	北墙柱
D47	0.15	0.15	0.5	圆形	北墙柱
D48	0.15	0.12	0.35	圆形	北墙柱
D49	0.12	0.12		圆形	前廊檐柱
D50	0.16	0.2	2.45	圆形	前廊檐柱
D51	0.25	0.15	1.4	圆形	前廊檐柱
D52	0.2	0.15	1.25	圆形	前廊檐柱

续表六

柱子洞编号	直 径	残 深	间 距	形 制	备 注
D53	0.16	0.11	0.9	圆形	前廊檐柱
D54	0.15	0.15	2.2	圆形	前廊檐柱
D55	0.16	0.1	0.45	圆形	前廊檐柱
D56	0.2	0.2	0.77	圆形	前廊檐柱
D57	0.2	0.17	0.75	圆形	前廊檐柱
D58	0.16	0.15	1.15	圆形	前廊檐柱
D59	0.2	0.15	1.9	圆形	前廊檐柱
D60	0.2	0.18	0.8	圆形	前廊檐柱
D61	0.2	0.2	0.75	圆形	前廊檐柱
D62	0.2	0.15	0.72	圆形	前廊檐柱
D63	0.11	0.1		圆形	第一、二室间隔柱
D64	0.15	0.12	0.8	圆形	第一、二室间隔柱
D65	0.16	0.12	1	圆形	第一、二室间隔柱
D66	0.16	0.15	1.3	圆形	第一、二室间隔柱
D67	0.15	0.15		圆形	第二、三室间隔柱
D68	0.15	0.15	1.25	圆形	第二、三室间隔柱
D69	0.16	0.16		圆形	第三、四室间隔柱
D70	0.15	0.12	0.9	圆形	第三、四室间隔柱
D71	0.17	0.15	0.62	圆形	第三、四室间隔柱
D72	0.2	0.18	0.7	圆形	第三、四室间隔柱

续表六

柱子洞编号	直　径	残　深	间　距	形　制	备　注
D73	0.15	0.18	1.15	圆形	第三、四室 间隔柱
D74	0.15	0.13		圆形	东门道 东墙基槽柱
D75	0.16	0.15	0.3	圆形	东门道 东墙基槽柱
D76	0.15	0.16	0.37	圆形	东门道 东墙基槽柱
D77	0.2	0.2	0.35	圆形	东门道 东墙基槽柱
D78	0.12	0.16		圆形	东门道 西墙基槽柱
D79	0.11	0.15	0.55	圆形	东门道 西墙基槽柱
D80	0.15	0.17	0.25	圆形	东门道 西墙基槽柱
D81	0.12	0.2	0.35	圆形	东门道 西墙基槽柱
D82	0.15	0.17		圆形	中门道 东墙基槽柱
D83	0.12	0.12	0.35	圆形	中门道 东墙基槽柱
D84	0.12	0.12	0.2	圆形	中门道 东墙基槽柱
D85	0.12	0.13	0.2	圆形	中门道 东墙基槽柱
D86	0.12	0.13	0.2	圆形	中门道 东墙基槽柱
D87	0.15	0.13	0.2	圆形	中门道 东墙基槽柱
D88	0.15	0.14		圆形	中门道 西墙基槽柱
D89	0.1	0.11	0.4	圆形	中门道 西墙基槽柱

续表六

柱子洞编号	直　径	残　深	间　距	形　制	备　注
D90	0.12	0.09	0.2	圆形	中门道 西墙基槽柱
D91	0.14	0.09	0.25	圆形	中门道 西墙基槽柱
D92	0.14	0.11	0.35	圆形	中门道 西墙基槽柱
D93	0.12	0.12	0.35	圆形	中门道 西墙基槽柱
D94	0.12	0.17		圆形	西门道 东墙基槽柱
D95	0.12	0.16	0.2	圆形	西门道 东墙基槽柱
D96	0.12	0.16	0.25	圆形	西门道 东墙基槽柱
D97	0.2	0.18	0.3	圆形	西门道 东墙基槽柱
D98	0.1	0.16	0.6	圆形	西门道 东墙基槽柱
D99	0.1	0.16	0.2	圆形	西门道 东墙基槽柱
D100	0.1	0.12		圆形	西门道 西墙基槽柱
D101	0.08	0.12	0.2	圆形	西门道 西墙基槽柱
D102	0.08	0.12	0.35	圆形	西门道 西墙基槽柱
D103	0.1	0.15	0.35	圆形	西门道 西墙基槽柱

　　说明：1. 柱子洞（穴）编号从 F8 东墙北起，依顺时针方向开始。2. 柱洞间距以相邻两柱洞中心起计算。

　　F9　位于ⅠT1A、ⅠT1B 之中，坐落、打破 F10。其西被挖腐殖酸土严重破坏，房址的北面亦被扰乱，全貌不明（图七）。

　　残存有房基、东面局部居住面和柱子洞遗迹。房基南北残长 7、东西残宽 3.25 米，根据房基和柱子洞遗迹观察，F9 房屋结构应为台式建筑。台基为灰黄夹黑斑土，台基高约 0.5 米。居室地面用白灰土铺了一层白灰面，厚约 0.02 米。居住面上残存柱子洞 11 个，排列不甚规律，南北向大致可分 3 排，间距 0.5～1.1 米，从东往西第 1 排 2 个（D1、D2），第 2 排 4 个（D3～D6），第 3 排 5 个（D7～D11）。柱洞平面皆圆形，直径 0.1～0.3、深 0.15～0.2 米，柱洞内填有黄褐土。建筑形制不明。

　　F18　位于Ⅲ T5A、Ⅲ T5B 之中，坐落在 F12 之上（图七）。房屋基址被 M23 严重破坏，仅残存局部，形制不明。房基南北残长 7.1 米，东西残宽 3.45 米。黄土台基厚约 0.5 米。在居住面上发现窖穴（灰坑）一个（H4），柱子洞一个（D1）。窖穴（灰坑）平面似瓢形呈口小底大的袋状坑（H4）。D1 平面为圆形，直径 0.35、深约 0.3 米。未见房屋建筑的其它部位遗迹。

　　F20　位于Ⅳ T3B、Ⅳ T4B、Ⅳ T5B、Ⅳ T6B 等探方之中，坐落并打破 F8 房屋基址（图七）。

　　房屋基址保存不好，居住面被 F5 和汉墓严重破坏。房屋基址东、南、西部均被毁，形制不明。残存墙基一段、柱子洞 10 个和局部红烧土居住面。墙基东西残长 11、宽 0.25～0.2、基槽深约 0.1 米，基槽呈倒梯形，墙基槽内填有褐黄土，基槽东段内残存柱子洞 8 个（D1～D8），柱子洞排列有序，间距 0.2～0.7 米，柱子洞皆圆形，直径 0.15～0.2、深 0.18 米左右，柱子洞内填灰褐土。残台基高 0.1 米左右。红烧土居住面较平整，东西残长 13.3、南北残宽 2.8、厚约 0.25 米。居住面东部，残存柱子洞 2 个（D9、D10），柱洞平面为圆形。D9 直径 0.2、深 0.2 米。D10 直径 0.1、深 0.15 米。柱洞内皆填灰黄土。

2. 灰　坑

　　本期发现灰坑 6 个，零星分布在遗址发掘区的Ⅰ、Ⅲ 象限，依坑口形状可分为圆形、长方形和不规则形三类，其中不规则椭圆形（葫芦形、半圆形）灰坑 3 个（H4、H8、H14），长方形灰坑 2 个（H1、H2），圆形灰坑 1 个（H9）。口径最小者 0.6 米，最大的 3.3 米。大部分为浅坑，最浅的只有 0.32、最深的约 1.4 米。坑内堆积土主要为黑灰烬土，土质较软，多数坑壁未见明显加工的痕迹。灰坑内皆出土陶片，个别灰坑出土较完整的骨、石、陶器和动物遗骸（表七；图七）。

表　七				石家河文化一期后段灰坑登记表			单位：米
编号	所在探方	开口层位	平面形状	面积（直径或长、宽）	坑深	出土遗物	备注
H1	Ⅰ T2A	⑤	长方形	1.70×0.75	0.75	碗 1	坑内堆积 3 层土色
H2	Ⅰ T2A	⑤	长方形	0.80×2	0.45	甑、杯、碗、高领罐、盘、动物骨片。	
H4	Ⅲ T5A	F18	不规则葫芦形	0.60～0.66	1.05	羊下颌骨 1 个	为 F18 的袋状窖穴，坑壁上有一台阶

续表七

编号	所在探方	开口层位	平面形状	面积（直径或长、宽）	坑 深	出土遗物	备注
H8	ⅠT3I	⑤a	不规则椭圆形	3.30～1.70	1.4	梯形有孔石刀1、锛形石凿1、石钻1、砺石1、陶纺轮4、陶罐形鼎1、细长颈鬶1、碗3、擂磨盆1、有流擂磨盆1、器盖1、骨笄1及大量器形陶片。动物骨头。	打破⑤a、⑥层
H9	ⅠT3I	⑤b	圆形	1.90	0.85～1.20	鼎、杯、盆、罐、擂磨盆、器座，狗下颌骨1个	打破⑤b、⑥a、⑦a层、F16，坑壁上有2个脚窝
H14	ⅠT1G	⑤	不规则半圆形	1.64～0.80	0.32～0.36	碗、钵、盘	口部被H13打破

说明："出土遗物"栏中，器物名后有数字的，是已复原的陶器和完整器物，无数字的是器形陶片标本。

（1）圆形灰坑

H9　位于ⅠT3I西部，开口于④a层下⑤b层上，打破⑤b、⑥、⑦层和F16，其坑口西边延伸探方外未发掘，底部已至生黄土层（图二二）。

坑口平面为不规则圆形，最大直径1.9、底径2.06、坑深0.85～1.2米，为底径大于口径的袋状灰坑。坑底不平呈南高北低的两个平底面，高差为0.2米。在坑口东北边向下0.2米之处的坑壁上遗存有两个圆形便于上下的脚窝，其中偏西北的一个脚窝直径0.22米，偏东的一个直径0.1米，水平深皆为0.16米。两脚窝相距0.12米。坑底南边发现早期建筑遗迹的两个柱子洞（D1、D2），D1为长方形，部分被扰，残长0.2、宽约0.16、深0.28米。D2平面为圆形，直径0.2、深约0.2米。

灰坑内堆积黑灰烬土，土质较松。出土物主要为陶片，共计215片，陶片中以灰黑陶为主，灰黑陶92片，占42.8%。灰陶63片和红陶60片，分别占29.3%和28%。灰黑陶和灰陶表面有30%打磨光亮。陶片中可辨认的器形有折沿罐、高领罐、盆、杯、器座、擂磨盆和鼎等。陶片中一半有纹饰，以篮纹为多，次为弦纹、划纹、按窝附加堆纹

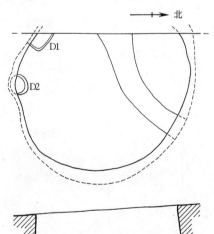
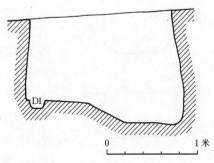

图二二　石家河文化一期
后段H9平、剖面图
D1～D2.柱子洞

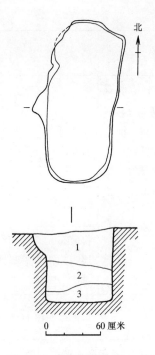

图二三　石家河文化一期
后段 H1 平、剖面图
1. 黑灰烬土　2. 灰烬土
3. 黑褐色灰烬土

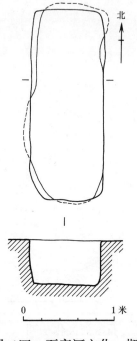

图二四　石家河文化一期
后段 H2 平、剖面图

和绳纹。还出土有数块动物骨骼，能辨认的有狗的下颌骨。此灰坑应原为窖穴，废弃后沦作垃圾坑。

（2）长方形灰坑

H1　位于 I T2A 东部，开口在④a 层下⑤层上，打破⑤层，坑底部已至生土。坑口平面近长方形，南北长 1.7、宽约 0.75、深 0.75 米。坑口之北、西边沿有明显崩塌现象，坑壁陡直，口大底略小，底部平坦（图二三）。

坑内堆积依土色分为三层：①层，黑灰烬土，厚 0.3～0.4 米，土质较软。出土陶片以泥质灰黑陶为多，灰陶次之，黄、红陶较少。陶片以素面为主，少量篮纹。较完整的器形有弧腹卷边形圈足碗。②层：灰烬土，厚 0.14～0.34 米。出土陶片以泥质黑陶为多，灰陶次之；陶片均为素面，看不出器形。③层：黑褐色灰烬土，厚 0.1～0.2 米，土质稍硬。出土陶片以泥质黑陶为主，灰陶次之。主要为磨光素面陶，少数有篮纹、方格纹、划纹和宽带起棱纹。陶片较碎，除有一件碗能复原外，其它看不出器形。

H2　位于 I T2A 的西南面，开口在④a 层下⑤层上，打破⑤层，坑底部打破、叠压在 F10 上（图二四）。

坑口平面呈长方形，南北长 2、东西宽 0.80 米。底部略大于口部，底长 2.08、宽 0.76～0.83、坑深 0.45 米。坑直壁微弧，坑底平坦。在灰坑底部东西两侧发现 F10 的两个柱洞（D16、D17）。灰坑内为黑灰烬填土，质较软。出土物主要是陶片，以泥质灰黑陶为主，灰陶次之。夹砂灰陶较多，红陶少，陶片皆为素面。可辨认的器形有甑、红陶杯、盘、碗和高领罐等。还出土有少量的动物骨头碎片和一颗兽牙。

（3）不规则形灰坑

H4　位于 Ⅲ T5A 内南面，灰坑南端被扰，坑边不明。开口在④层下，底部叠压在 F18 上（图二五）。

坑口平面呈连弧状葫芦形。残长径 0.66、短径 0.60、坑最深处 1.05 米。坑口北壁向下有一级台阶，低于坑口 0.4 米，台阶平面似弯月状，长约 0.6、最宽处 0.14

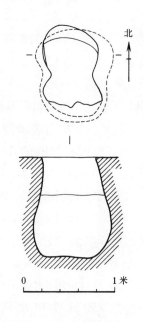

图二五　石家河文化一期
后段 H4 平、剖面图

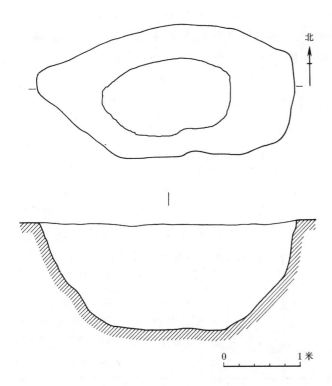

图二六　石家河文化一期后段 H8 平、剖面图

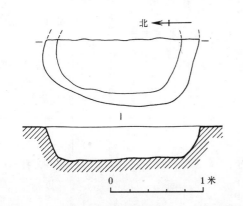

图二七　石家河文化一期后段 H14 平、剖面图

米。灰坑底径大于口径，呈口小底大的袋状，底径约 0.8 米。坑底部较平坦。坑内填有黑灰土。出土物有羊下颌骨一块和少量陶片。陶片较碎，难以辨认器形。灰坑最初功能应是 F18 的窖穴，废弃后成为垃圾坑。

H8　位于 I T3I 东北部，开口在④a 层下⑤a 层上，打破⑤a、⑥层，底部叠压在⑦层（图二六）。

灰坑平面为不规则椭圆形，残长径 3.3、残短径约 1.7、坑深约 1.4 米。坑斜壁，坑底较平整。灰坑内为黑灰烬夹灰黄色填土。出土遗物较多，以陶片为主，共出土 950 片。其中灰黑陶 480 片，占 50.6%，多为磨光灰黑陶；红黄陶 285 片，占 30%；灰陶 185 片，占 19.5%。纹饰陶有 442 片，占陶片中的 46.5%，以篮纹为主，方格纹次之，还有划纹，绳纹、按窝附加堆纹和镂孔等。出土器物为有孔石刀 1 件、石凿 1 件、石钻 1 件、砺石 1 件、陶纺轮 4 件和骨笄 1 件。复原或半复原的陶器有罐形鼎 1 件、细长颈鬶 1 件、斜弧腹碗 3 件、平折沿擂磨盆 1 件、有流擂磨盆 1 件和器盖 1 件。陶片中能辨认器形的有：宽扁状鼎足、窄扁状鼎足、柱状鼎足、裙状豆圈足、平折沿敛口盆、卷沿罐、折沿罐、穿系方腹罐、盘口罐、高直领罐、高斜领罐和矮领罐等。此外，还出土了较多的动物头骨碎片和兽牙等。H8 应为一窖穴沦为灰坑，出土遗物较多。

H14　位于 I T1G 之东，灰坑开口于④a 层下⑤层上，底部至⑥a 层，其中灰坑东部延伸探方外未发掘，坑口部被 H13 严重破坏（图二七）。

残坑口平面呈半圆形，口径为 1.64、底径为 1.26、深 0.32～0.36 米。坑壁斜弧，坑底平整。坑内为黑灰烬填土。出土物为陶片，以灰黑陶为主，灰陶次之。可辨认器形有碗、钵、盘等，主要为磨光素面陶，少数为有篮纹、宽带起棱纹陶。

（三）石家河文化二期文化遗迹（表二；图七）

本期发现房屋基址遗迹 7 座，灰坑 7 个，陶窑 1 座。

1．房　址

发现的 7 座房基遗迹，均保存不好（表八；图七）。其房屋结构有地面式房屋基址 3 座（F3、F11、F17），黄土台基式房屋建筑 4 座（F4、F5、F6、F14）。

表　八　　　　　　　　　　　石家河文化二期房址登记表

编号	所在探方	坐落层位	形　制	尺寸（米）	方　向	门道	灶坑（火塘）	居住面结构	柱洞数量	备　注
F3	IT6A IT7A IT8A ⅣT7A	F8	长方形地面式建筑	残 12.5 × 1.9				红烧土基址，褐黄土居住面	7	被 G1、F1 及汉代文化层破坏。为分间式房子
F4	ⅢT2A ⅢT3A ⅢT3B	⑤	长方形黄土台基式建筑	残 9.1×3			1（椭圆形）	黄土台基，红黄土居住面	1	未全面发掘，被 M37 严重打破。全貌不明
F5	IT3A IT4A IT5A ⅣT2A ⅣT3A ⅣT4A ⅣT5A	⑤a、F8	长方形黄土台基式建筑	残 7.25 × 6.6	北扁东 10°		1（瓢形）	灰黄土居住面	15	被 F1 打破，有墙基槽，为分间式房子。全貌不明
F6	ⅢT2C ⅢT3C ⅢT4C ⅢT2D ⅢT3D	⑤	长方形红烧土台基式建筑	残 12.3 × 5.2			1（圆形）	红烧土居住面	33	被 F2 打破，破坏严重
F11	ⅡT6A ⅢT6A	⑤	地面式建筑					红烧土居住面		未全部发掘，打破严重，全貌不明
F14	ⅢT8C	F19	台基式建筑	残 2.2×2.6				灰黄土居住面		未全面发掘，破坏严重，全貌不明
F17	ⅡT3I	④	地面式建筑	3.5×3.1			1（长方形）	黄土基址，白灰土居住面	2	未全面发掘，破坏严重，形制不明

（1）地面式房屋遗迹

F3　位于ⅠT6A、ⅠT7A、ⅠT8A、ⅣT7A 中，房基上分别叠压着③、③a、④a 层，房屋基址局部坐落在 F8 东北部之上。房基东、西、北分别被周代灰沟（G1）、F1 和汉代墓葬等严重破坏，仅存房基南面残部与部分柱子洞和室内残存的居住面（图二八）。

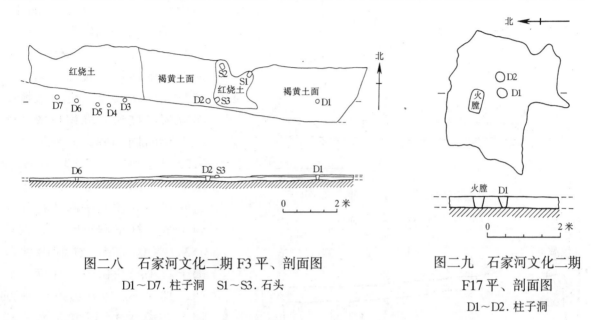

图二八　石家河文化二期 F3 平、剖面图
D1～D7. 柱子洞　S1～S3. 石头

图二九　石家河文化二期
F17 平、剖面图
D1～D2. 柱子洞

平面残长 12.5、残宽 1～1.9 米。房基为红烧土铺筑，厚约 0.1～0.2 米。其上铺一层褐黄色土作为居住面，褐黄土厚 0.02 米。居住面上及其边缘残存柱子洞 7 个（D1～D7）。其中两个柱子洞（D1、D2）在居住面上，另外五个柱子洞（D3～D7）位于居住面外南边缘西段，呈东西向排列，柱子洞间距为 0.4～0.8 米。柱子洞皆圆形，直径 0.15～0.2、深 0.15～0.2 米，柱洞内填灰褐土。在红烧土居住面中部，遗存有较规整的石块 3 个（S1～S3），呈三角形分布，石块平面为长方形，长 0.2、宽 0.15、厚 0.1 米。石块间距 1～1.5 米，应为室内柱础石。

F11　位于ⅡT6A、ⅢT6A 中，坐落在⑤层。仅残存房屋的局部红烧土基址，红烧土厚约 0.25～0.3 米。房址严重破坏，房屋遗迹形制及建筑结构等情况不明（图七）。

F17　位于ⅡT3I 中，坐落在④层。房基四周破坏严重，形制不明。仅残存局部居住面与零星柱子洞和火塘。居住面东西残长 3.5、南北残宽 3.1 米。房基为黄土，厚约 0.2～0.35 米。居住面上铺有一层白灰面，厚约 0.01 米。居住面较平坦，其上残存柱子洞 2 个，火塘 1 个。柱子洞分布于火塘南边，东西向排列，间距约为 0.4 米。柱子洞平面皆圆形，直径 0.25 米，深 0.3 米，柱洞内填褐黄土。火塘平面呈圆角长方形，长 0.65、宽 0.35、深 0.36 米。火塘北壁陡直，南壁斜弧，底部平坦，其四周及底部经火烧烤呈浅红色。火塘内外堆积黑灰烬土，出土磨光黑陶小罐 1 个（图二九）。

（2）台基式房屋遗迹

F4　位于ⅢT2A、ⅢT3A、ⅢT3B 中，坐落于⑤层。仅残存局部黄土台基，南面被汉墓（M37）打破，东、西、北面均破坏严重，房址全貌不明（图三〇）。

房基为黄土构筑，东西残长 9.1、南北残宽 3、厚约 0.3～0.5 米。残居住面上铺筑

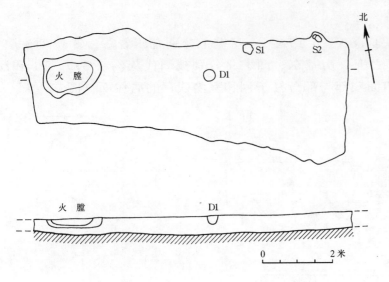

图三〇　石家河文化二期 F4 平、剖面图
D1.柱子洞　S1～S2.柱础石

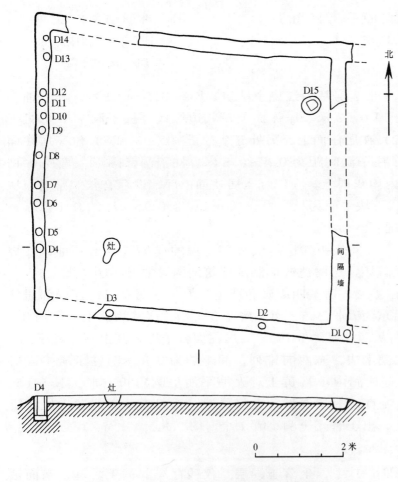

图三一　石家河文化二期 F5 平、剖面图
D1～D15.柱子洞

一层红黄土，厚约 0.03～0.05 米。居住面上尚残存火塘 1 个、柱子洞 1 个，小石块 2 处（S1、S2）。火塘位于居住面西部，开口于居住面上，平面为不规则椭圆形，长径 1.3、短径 0.7、深 0.2 米。火塘内壁斜弧，底部平坦，内壁及底部烤成黑灰色。火塘平面有久经烧烤后堆积形成的红烧土硬面椭圆圈，宽约 0.1～0.25 米。火塘内外均堆积有灰烬土，出土陶罐 1 件及擂磨盆残片。居住面中部残存柱子洞 1 个，柱子洞近圆形，直径 0.3、深 0.2 米，柱洞内填灰褐土。小石块位于居住面西北部，其中 S1 为五边形，平面朝上，长 0.3、厚 0.1 米。S2 为长方形，长 0.2、宽 0.15、厚 0.1 米，皆应为柱础石。

F5　位于ⅠT3A、ⅠT4A、ⅠT5A、ⅣT2A、ⅣT3A、ⅣT4A、ⅣT5A 等七个探方中，坐落并打破⑤、⑤a 层和 F8。F5 东部居室被 F1 叠压破坏严重，房址全貌不明（图三一）。

F5 应为长方形多间台式建筑，残长 7.25、东西宽 6.6 米。房屋方向为 10°。门的朝向不明。F5 是在 F8 台形基址上，加铺一层黄土作为室内居住面，黄土地面厚约 0.1～0.2 米，居住面高于室外四周活动面 0.25 米左右。

台基上仅残存有一间西室的西墙与南、北墙和间隔墙的残段，有柱子洞 15 个（D1～

D15），火塘 1 个。墙基槽的柱洞内皆有桩础石（表九）。

表　九			石家河文化二期 F5 柱子洞（础）统计表			单位：米
柱子洞编号	直　径	深 （残深）	间　距	形　制	础石情况	备　注
D1	0.15	0.3		圆形	内置小石块	南墙基内
D2	0.15	0.31	1.95	圆形	内置小石块	南墙基内
D3	0.2	0.4	3.5	圆形	内置小石块	南墙基内
D4	0.15	0.35		圆形	内置小石块	西墙基内
D5	0.15	0.35	0.4	圆形	内置小石块	西墙基内
D6	0.14	0.35	0.65	圆形	内置小石块	西墙基内
D7	0.15	0.35	0.4	圆形	内置小石块	西墙基内
D8	0.1	0.45	0.65	圆形	内置小石块	西墙基内
D9	0.15	0.45	0.55	圆形	内置小石块	西墙基内
D10	0.1	0.35	0.65	圆形	内置小石块	西墙基内
D11	0.1	0.35	0.3	圆形	内置小石块	西墙基内
D12	0.15	0.35	0.25	圆形	内置小石块	西墙基内
D13	0.15	0.35	0.8	圆形	内置小石块	西墙基内
D14	0.1	0.2	0.4	圆形	内置小石块	西墙基内
D15	0.4	0.2		圆形		西室内

说明：1. 柱子洞（础）编号从 F1 南墙东起，依顺时针方向开始。2. 柱子洞（础）间距以相邻两柱子洞（础）中心起计算。

西室　平面近方形。西室由东间隔墙和房屋的南、西、北面的主体墙构成，皆用褐黄土构筑，仅残存墙基槽，基槽上宽下窄，呈倒梯形，槽深约 0.25 米。西室居住面为黄土，较平坦，质地坚硬。以墙的中心为计，其面阔 6.7、进深 6 米，面积 40.2 平方米。西室西南角遗存火塘一个，平面为瓢形，长径 0.6、短径 0.4、深约 0.2 米。火塘坑壁呈斜弧状，坑壁及底部烧烤成红烧土。西室东北角遗存柱穴 1 个，柱子洞中心距东间隔墙边 0.4 米。柱子洞口圆底方，口径 0.4、底长 0.25、宽 0.2、残深约 0.2 米。

西室与东室（东室已毁）之间的间隔墙基槽　墙基中段被毁，墙基槽残长 5.9、基槽宽 0.4 米。残墙基槽内未发现柱子洞。

南墙基槽　即 F5 南外墙基槽，残长 7.3、宽约 0.3～0.35、深约 0.25～0.3 米。南墙基址与西墙相接处被破坏一段，残长 1.3 米。基槽内残存柱础穴 3 个（D1～D3），东西向排列，柱础穴平面为圆形，直径 0.15、深 0.3～0.4 米，底部铺垫较规整的小石块作为础石，石块厚约 0.08 米。以相邻两柱础穴中心计，间距为 1.95～3.5 米。

　　西墙基槽　即 F5 西外墙基槽，残长 6.3、墙基上宽 0.25～0.3、底宽 0.22～0.28、基槽深 0.3 米左右。墙基槽中残存柱础穴 11 个（D4～D14），柱础穴沿墙基槽呈南北向排列。柱础穴为圆形，口径为 0.1～0.15、深约 0.2～0.45 米。柱穴底部铺小石块，石块厚约 0.06 米左右。柱础穴间距为 0.25～0.8 米（图版六）。

　　北墙基槽　即 F5 北外墙基槽，西边一段与东边延伸处被破坏，仅残存一段，残长 7.25、基槽宽 0.3～0.35 米。基槽内未发现柱穴。

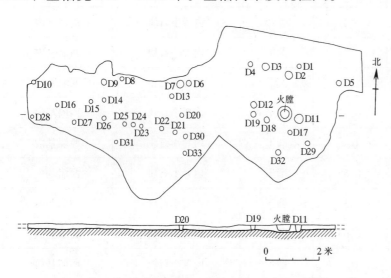

图三二　石家河文化二期 F6 平、剖面图
D1～D33. 柱子洞

　　F6　位于 ⅢT2C、ⅢT3C、ⅢT4C、ⅢT2D、ⅢT3D 中，坐落在⑤层。房基西北部被周代 F2 破坏，东南部和西南被晚期文化遗迹严重破坏。仅存房屋居住面残部、火塘和部分柱子洞（图三二）。

　　房基平面为不规则长方形，东西残长 12.3 米，南北残宽 5.2 米，残存面积为 63 平方米。根据残存房基上的柱子洞分布情况了解，其平面结构应为长方形红烧土台式建筑，红烧土厚约 0.15 米，台基土质坚实，居住面较平整。

　　居住面上残存柱子洞 33 个，分布密集，其排列不甚规律，东西向大致可分 7 排，柱洞间距最大 1.45、最小 0.3 米。从东向西第 1 排 4 个（D1～D4）；第 2 排 6 个（D5～D10）；第 3 排 5 个（D12～D16）；第 4 排 4 个（D11、D18～D20）；第 5 排 9 个（D17、D21～D28）；第 6 排 3 个（D29～D31）；第 7 排 2 个（D32、D33）。柱子洞皆为圆形，直径 0.12～0.3、深 0.15～0.2 米，柱洞内填褐黄色土，质较松软。

　　残居住面东部保存火塘 1 个，平面为圆形，直径 0.55、深约 0.2 米。火塘底部平坦，火塘壁及底部烧烤成灰黑色。火塘内外堆积灰烬土。

　　F14　位于 ⅢT8C，坐落 F19 之上，为台基式房屋。房基西、南两面遗迹严重破坏，仅见两间被不同程度破坏的残居室，全貌不明（图三三）。

　　仅残存北墙基槽、东墙基槽、间隔墙基槽各一段及二居室局部。墙基槽皆呈倒梯形，基槽内未发现柱穴，均填以质地较硬的褐黄土。

　　北墙基槽　东西残长 2.2 米，中间破坏一段，基槽上宽下窄，上宽 0.4～0.5、下宽 0.28、深 0.2 米。

　　东墙基槽　南北残长 2.6、基槽上宽 0.32～0.46、下宽 0.24 米。墙基槽深 0.2 米。

　　北居室　似为长方形居室，西面被破坏，北为残存的北墙基槽一段，东为东墙基槽，南为残存的间隔墙基槽一段。居住面为灰黄土，东西残长 0.8～1.88、南北残宽 1.5、厚约 0.1 米。

间隔墙基槽　东西残长 0.8、基槽上宽 0.26、下宽 0.19、基槽深 0.1 米。

南居室　西、南面居住面严重破坏，仅存呈三角形的残居住面东南角。居室北为残存的间隔墙基槽一段，东为残存的东墙基槽一段。居住面为灰黄土，东西残长 0.8、南北残宽 0.5、厚约 0.1 米。

2. 灰　坑

本期共发现灰坑 7 个，分布在遗址发掘区四个象限内（表一〇；图七）。按坑口平面形状分为圆形、椭圆形、长方形和不规则形等。以不规则形最多，次为圆形、椭圆形和长方形。其中不规则形灰坑 4 个（H6、H11、H15、H18），圆形灰坑 1 个（H7），为底径大于口径的袋状灰坑。椭圆形灰坑 1 个（H5），长方形灰坑 1 个（H3）。灰坑口径

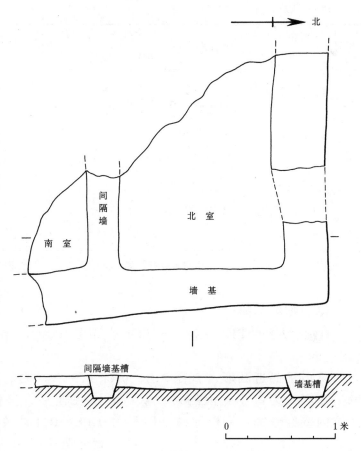

图三三　石家河文化二期 F14 平、剖面图

最小者 0.55、最大者 3.42 米。灰坑深浅不一，最浅的 0.39、深者达 1.5 米。现分述如下：

表一〇　　　　　　　　　　　　　　　　石家河文化二期灰坑登记表　　　　　　　　　　　　　　　单位：米

编号	所在探方	开口层位	平面形状	面积（直径或长、宽）	坑深	出土遗物	备注
H3	Ⅲ T2B	④	长方形	0.60×2.05	0.74	有孔石刀 1	
H5	Ⅰ T1A Ⅳ T1A	④b	椭圆形	0.74～1.13	1.36	鬶、碗、钵、盘、豆、罐	打破④b 层和 F10，坑壁呈袋状
H6	Ⅰ T5A	④、F8	不 规 则形	0.99×2.19	0.39	钵 1、折沿罐 1，盆、碗、杯	打破 H18、F8、⑤b、⑥c
H7	Ⅳ T1A	④a	圆形	0.80	1.30	钵、盘、盆、罐	坑壁呈袋状

续表一〇

编号	所在探方	开口层位	平面形状	面积（直径或长、宽）	坑深	出土遗物	备注
H11	ⅠT5I	④b、Y1	不规则椭圆形	1.70～2.42	0.45	鼎、鬶、碗、钵、盆、豆、罐、擂磨盆，骨镞1	打破Y1、④b、⑤a、H12
H15	ⅠT1F	④b	不规则形	0.55	1.50	鼎、碗、钵、罐、缸1	打破⑤a、⑥a、⑥c
H18	ⅠT4A ⅠT5A	④c、F8	不规则形	残长径2.61～3.42，短径1.14	0.66	杯、碗、罐	打破④c、F8、⑤b、⑥c、⑦层

说明："出土遗物"栏中，器物名后有数字的，是已复原陶器和完整器物。无数字的是器形陶片标本。

（1）圆形灰坑

H7　位于ⅣT1A东部，开口于第③层下、④a层上，打破④a、⑤层，坑底至生土层（图三四）。

坑口平面近圆形，直径0.8、坑深1.3米。坑壁上部垂直，距坑口0.6～0.8米处坑壁呈弧形，为口小底大的袋状灰坑。坑底较平，呈椭圆形，长径1.36、短径1.14米。灰坑内壁经修饰，周壁涂抹一层厚约0.08～0.1米左右的黄白土光滑面。坑内堆积黑灰烬夹黄土，出土遗物为陶片，可辨器形有钵、盘、盆和罐等。此灰坑最初功能应是窖穴。

（2）椭圆形灰坑

H5　位于ⅠT1A东南角与ⅣT1A东北角之间，开口于③层下④b层上，打破④b、F10，底部已至生黄土层。

坑口平面为椭圆形，长径1.13、短径0.74、深1.36米。坑壁上部垂直，距坑口0.66米处坑壁呈弧形，为口小底大的袋状灰坑。坑底近平坦，底径0.93～1.2米。坑周壁涂抹一层厚约0.08～0.1米黄色土，形成光滑面。坑内堆积土为灰黄土夹灰烬，出土物主要是陶片，以黑灰陶为主，灰陶次之，红陶多夹砂。可辨器形有：鬶、碗、钵、盘、豆和罐等。灰坑最初的功能应为储存食物的窖穴，废弃后作为垃圾坑（图三五）。

（3）长方形灰坑

H3　位于ⅢT2B西边，开口于③a层下④层上，打破④层，底部已至生黄土层。坑口西部延伸处被破坏（图三六）。

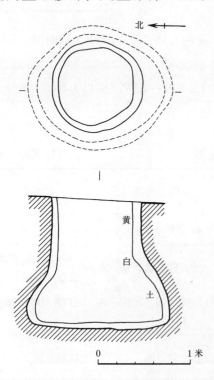

图三四　石家河文化二期 H7平、剖面图

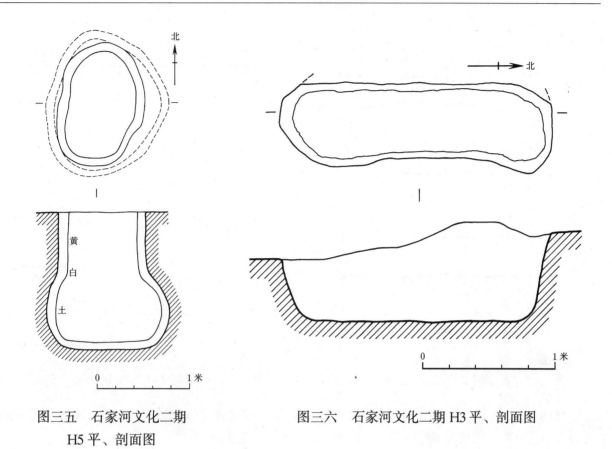

图三五　石家河文化二期　　　　　图三六　石家河文化二期 H3 平、剖面图
　　　H5 平、剖面图

　　坑口平面近长方形，南北残长 2.05、东西残宽约 0.6、坑最深处 0.74 米。坑壁斜直，底径略小于口径，坑底南北长 1.9、东西宽 0.58 米。底部平坦。坑内堆积灰烬土，出土陶片较多，以黑灰色为主。素面较多，篮纹次之，还有弦纹、镂孔和绳纹等。陶片破碎，器形难辨。出土有孔石刀 1 件。

（4）不规则形灰坑

　　H6　位于 I T5A 东部，开口于第③层下④层上，分别打破④层、F8 北边红烧土活动区与 H18、⑤b、⑥c、⑦层，底部已至生土层（图三七）。

　　灰坑平面为不规则近似椭圆形，口大底小，坑口长径 2.19、短径 0.99、深约 0.39 米。坑底凹凸不平。坑内堆积灰黑土，质较松。出土物主要为陶片，可辨的器形有杯、碗、钵、盘和罐等。以素面陶为主，部分陶片有篮纹。

　　H11　位于 I T5I 东边，开口于③层下④b 层上，打破 Y1、④b 层、⑤a 层及 H12 上部，底部至 H12 中。H11 的中上部已破坏，残存灰坑已近底部。灰坑残口东部延伸处未发掘（图三八）。

　　从已揭露的残坑口平面看，似为不规则椭圆形。现存坑口长径 2.42 米，短径为 1.7 米，残深 0.45 米，灰坑底部南高北低呈斜坡状，底径 1.6 米左右。灰坑内堆积黑灰烬土。出土物以陶片为多，共出陶片 228 片，其中以灰黑陶为主计 154 片，占 67.5%，灰陶次之计 44 片，占 19.3%，红、黄陶 30 片，占 13.1%。纹饰以篮纹为主（55 片），占 24.1%，方格纹（24 片）占 10.4%，还有宽带棱纹、划弦纹和绳纹等。可辨器形有鼎、鬶、碗、钵、盆、豆、罐和擂磨盆等。还出土有骨镞 1 件、兽牙床、猪下颌骨等。

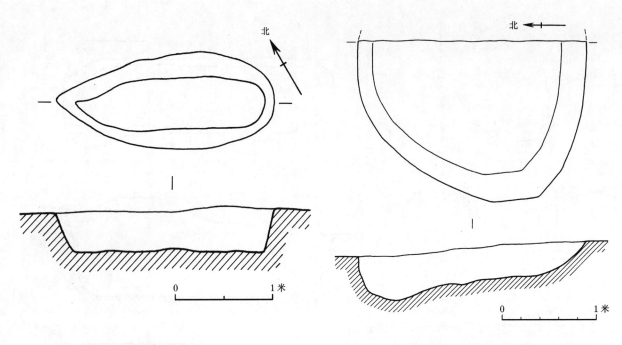

图三七 石家河文化二期 H6 平、剖面图　　　图三八 石家河文化二期 H11 平、剖面图

H15 位于ⅠT1F 东南角，开口于③a 层下④b 层上，打破④d、⑤a、⑥a、⑥c 层。坑底至生土层。灰坑东南部延伸探方外未发掘（图七）。

依揭露出的半弧形坑口推测，H15 似为圆形，残口径为 0.55 米，残底径 0.6 米，坑深 1.5 米。灰坑周壁近筒状，坑底较平。

坑内的不同堆积可分两层：①层，褐色灰烬土，厚 0.75～0.8 米，出土物为陶片，以灰黑陶为主，次为灰陶、磨光黑陶，少量黄、红陶。纹饰以篮纹为主，次为方格纹和弦纹等。可辨认的器形有鼎、盆、罐和缸等。②层，黑灰烬土，厚 0.63～0.74 米。出土物主要是陶片，以黑陶为主，灰陶次之，其中有磨光陶。纹饰以宽带起棱纹为主，还有附加堆纹和凹弦纹。可辨器形有碗、钵和罐等。还出土了兽牙。

H18 位于ⅠT4A 东部和ⅠT5A 西部，开口于③层下④c 层上，打破 F8 的西门道与门道外的红烧土活动区和④c、⑤b、⑥c、⑦层。H18 中上部被破坏，残存灰坑已近底部。坑口东部被 H6 打破，坑底部已至生土层（图三九）。

残坑口平面呈不规则的椭圆形，残长径 2.61～3.42、短径 1.14、残深约 0.66 米。灰坑口大底小，坑壁向下斜

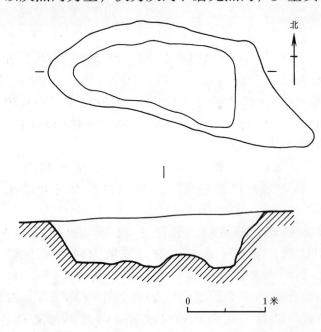

图三九 石家河文化二期 H18 平、剖面图

收，坑底凸凹不平，底部长径 2.04、短径 0.96 米。坑内堆积黑灰烬夹黄土。出土物主要为陶片，可辨器形有红陶杯、碗和罐等。

3. 陶　窑

在发掘区的第 I 象限内，发现烧制陶器的竖式残陶窑一座（Y1，图七）。

Y1　位于 I T5I 中部，叠压于④b 层之下，叠压打破⑤b 层和 H12（图版七，1）。陶窑上部的窑室及东部被 H11 等遗迹严重破坏，故陶窑上部窑室已毁，仅存残窑室算底以下窑体，残窑上有窑壁坍塌的烧结块堆积和灰烬堆积（图四〇）。

窑体平面近椭圆形，东西长径 1.54、南北残短径 0.8、残高 0.52 米。窑体残存的结构有窑室算底与火眼、火膛、火口、火道和投薪口等遗迹。残窑体北高南低，窑室、火膛位于东，火道位于西。

残窑室　窑室顶部与周壁已破坏无存，仅存残窑室算底，残存窑室底面为不规则椭圆形，东西长径 0.8、南北残短径 0.58、窑室算底残厚为 0.16～0.2 米。窑室位于火膛之上，依靠算孔直通火眼（算孔下即火眼），将火膛里的火焰直接传送至窑室。窑室底面残存算孔 7 个（编号 1～7），算孔排列基本规则，间距 0.16～0.24 米。算孔平面皆圆

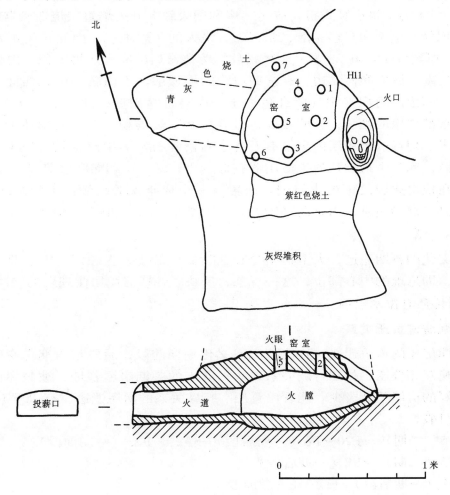

图四〇　石家河文化二期 Y1 平、剖面图

1～7. 算孔及算孔下火眼

形，直径为 0.04～0.08 米。

火眼　火眼与算孔相接，剖面呈直筒状，火眼残长 0.12～0.14 米。火眼周壁为紫红色烧土，发掘时其中填满了红烧土。火眼上接窑室算孔通向窑室，下通火膛（图版七，2）。

火膛　位于窑室下面，与西面的火道相通，低于火道，火膛穴呈椭圆形，东西长径 0.9、南北短径 0.66、膛穴深 0.23～0.3 米，火膛底面呈凹弧形，壁厚 0.06～0.1 米。火膛内残存很多红烧渣瘤及细砂，底部为烧黑土。

火口　火口亦有称为通风口或排烟道的，紧贴火膛东南壁外，体似直筒状椭圆形口，口长径 0.38、短径 0.16、通高 0.20 米，火口筒体圈底，底部与火膛近底处的一孔相通，口部已达窑室底部。

火道　位于投薪口与火膛之间，为卧式长筒形，上壁微凸弧，全长 0.66 米，宽 0.4 米，高 0.18 米。底壁布满层层叠叠的红黑烧结土。

投薪口　位于火道西端，呈拱门状，东西宽 0.4、净高 0.12～0.18 米，为添加柴薪之入口（图版七，3）。

Y1 残窑体的火道、火眼及火膛内壁，均被烧烤成紫红色坚硬的烧土。从残存窑体下部结构观察，Y1 为土筑小竖式窑，应是一座利用火膛上升火焰直接烧造陶器的直焰窑。

灰烬堆积处，位于陶窑东、南、北三面，最大的灰烬堆积，南北长约 1.86、东西最宽处约 1.2、厚约 0.16～0.28 米，土质松软。为烧窑后的废弃灰烬堆积，内含碎陶片。

在窑体的南、西面和西北边，有窑壁坍毁的堆积层，土质较坚硬，西面坍毁堆积为青灰色烧土，南边的坍塌堆积为紫红色烧土，应是窑室周壁残块；下层土色为褐色土，可能为窑室顶部坍塌的堆积，土质较硬，皆叠压在灰烬堆积土上和残窑体旁，堆积层一般厚约 0.5 米。坍塌的堆积层内出土有石斧、石锛和石凿等生产工具，还出土了不少陶片和动物遗骸，陶片中可辨认的生活用器有杯、豆、盆、罐和擂磨盆等。

另外，在残窑火膛之南的火口内，放置有一个成年人的头颅，头朝东北，面朝上。人颅骨上未见有烧烤痕迹，当是此窑废弃后某种祭祀活动的遗存（图版七，4）。

（四）小　结

石家河文化的各期遗迹，大多集中分布在发掘区的 Ⅰ、Ⅳ象限与 Ⅱ、Ⅲ象限之间的这一范围内，即遗址的中心部位，这一现象，反映了各期居民居住理念的趋同性。

1．房屋特色与技术水平

（1）房屋遗迹叠压关系

由于各期房屋的重叠建造，致使石家河文化一期前段、后段与二期房屋基址，呈现出复杂的早晚互相叠压、相互打破关系，故揭露出的各期房屋基址，被破坏情况均较严重，保存较好的房屋基址极少。能看出叠压、打破关系的房屋遗迹，有以下五组（"→"表示叠压或打破，"－"表示同期）：

1 组　F5（二期）→F20→F8（一期后段）→F21－F23（一期前段）

2 组　F3（二期）→F8（一期后段）

3 组　F9（一期后段）→F10（一期前段）

4 组　F14（二期）→F19（一期前段）

5 组　F18（一期后段）→F12（一期前段）

以上五组房址叠压打破关系中，以 1 组叠压打破关系较为复杂，该组有早晚关系的 5 座房址，其中石家河文化二期的 F5 不仅打破了一期后段的 F20，且与石家河文化一期后段 F8 的房基部位、方向重合，F5 房屋基址上的柱穴，也往往与下层 F8 房基上的局部柱穴，呈现出叠压或打破的现象。此外，一期后段 F20 叠压打破同期稍早的 F8。F8 台基的北边和下边还分别叠压着一期前段 F21 与 F23。

归纳石家河文化二十一座房屋建筑的发展与变化是，四座穴式窝篷房屋仅出现在一期前段，地面式房屋一期前段发现 5 座，二期发现 3 座；台基式房屋一期前段仅发现 1 座，一期后段发现 4 座，二期发现 4 座。石家河文化的穴式房屋在一期后段即全消失，台基式房屋由一期前段 1 座发展到 9 座，居住条件明显大大改善。

（2）房屋遗迹反映的地域特色及其建筑水平

第一，房屋遗迹反映的地域特色。七里河遗址中发现的石家河文化房屋遗迹，其建筑形制结构，有着不见于石家河文化其它类型的如下几个特点：①由于遗址南面倚山，东、西、北三面为开阔的河谷阶地，遗址地貌南部略高于北部，其房屋建筑依地形、地势而建，平地式和台基式房址多坐南朝北，门多开在北面；②七里河遗址地处海拔 400 米以上的平坝岗地，石家河文化一期前段，还存在地穴式房屋，穴式窝篷房屋的出入口亦多设在东北面或西面；③台基式房屋中有的建筑比较讲究，多间居室前面设置前廊和多个门道，每个门道均有雨篷设施。

第二，房屋建筑技术水平进步。七里河遗址石家河文化房屋建造技术体现了实用性，尤以一期后段的 F8，集房屋建筑防风、防雨、防雪、保暖、防山洪和防潮等诸多建造技术于一体。F8 位于遗址的南面，房屋坐南朝北，现存建筑总面积为 245 平方米。居室的墙体系木骨泥墙，为了防御南面山洪对房屋的冲刷和侵蚀，在房屋的南墙（即居室后墙）外，紧贴南墙体，用红烧土垒筑了一垛防山洪的防护矮墙；为了防潮，其室内居住面与东、西两侧的散水和房前门外的活动场地均采用红烧土铺筑；由于门向朝北，为抵御冬天北风和雨、雪的袭击，以及室内防寒保暖的需要，居室之外设置了一道长跨四室的前廊，廊外的门铺设门道并置雨篷。在房屋建造中，可谓石家河文化房屋建筑水平之代表作。

近年来，在江汉平原的应城县门板湾遗址屈家岭文化中发现的 F1，与七里河 F8 的台式大房子相类似。F1 也是一座四开间台式房屋建筑，屋外周边筑有散水，四室外有前廊，走廊设有两个门通屋外。建筑总面积达 115.5 平方米。门板湾 F1 遗存罕见的完好程度，令人惊讶。其残墙尚存高度，最高处竟达 2.2 米。故室内的小窗、落地窗以及其中三个室内的火塘均保存了下来。七里河 F8 保存情况很差，仅存房基上建筑遗迹。巧合的是，这两座房屋建筑，七里河 F8 在山间河谷盆地，门板湾 F1 在江汉平原，两者处在决然不同的地理环境，可是两座房屋的朝向却都是坐南朝北。也许不是巧合，石家河文化的 F8，即是屈家岭文化 F1 的继承与发展。[1] 七里河的石家河文化二期房屋建筑中的台式建筑，如 F5 等房屋的柱子下面已有了柱础石，房屋建筑技术和木构建筑的防潮等质量又有所提高。有的房屋基址，不仅墙体内的木柱下已有了防潮的础石，室内还出现了明柱，明柱下面亦有础石。在 F14 的墙基槽内未发现柱穴，墙基较宽，可能此时已掌

---

① 李桃元：《应城门板湾遗址大型房屋建筑》第 96 页转接 71 页（封面，应城门板湾 F1），《江汉考古》2001 年第 1 期。

握了版筑技术，似采用版筑技术建筑的厚大墙体。

　　总之，七里河遗址石家河文化的居民，在房屋建筑上，融汇了南、北方建筑技术的精华，如石家河文化一期前段 F21 地穴式房屋的居住面和穴室周壁，光滑的白灰面，使穴室内壁和居住面显得整洁、美观，显而易见，这种技术是吸收了北方早期和同期房屋居住面加涂一层白灰（黄）面的技术。在 F8 房屋防潮、防水中则采用了江汉地区铺筑红烧土散水等建筑技术。

　　此外，F22 台阶下红烧土上，放置的一个人颅骨，分析应是猎头遗迹。

2．灰坑的特点

　　石家河文化的灰坑形状较多，其平面形状有圆形、椭圆形、不规则椭圆形、葫芦形，长方形等。

　　平面为圆形和椭圆形、剖面呈口小底大的袋状坑，多数位于地面式或台基式房屋内，如 H4 位于 F18 居室内的此类灰坑，在石家河文化中发现 5 个，其中一期前段 1 个，即 H19；一期后段 2 个，即 H4、H9；二期 2 个，即 H7、H5。袋状式灰坑一般较深，其深度约在 1.05～1.40 米，灰坑内壁多数经过修整，周壁用黄褐土（泥浆）涂抹成光滑的壁面，少数保存较好的灰坑，如 H9 可见坑壁设置有以便上下的台阶或脚窝，说明该类灰坑的最初功能均应为房屋内储藏什物或食物的窖穴，废弃后才沦为垃圾坑。

　　遗址内发现的石家河文化十八个灰坑中，出现了两组早晚打破关系：第一组，H6→H18；第二组，H11→H12。这两组具有打破关系的灰坑皆位于房基附近。多数灰坑的堆积层中，出土了一些人们遗弃的生活用品和生产工具及动物遗骸等。

　　在一期前段 H10 的堆积层中，还发现了三块人颅骨碎片，亦应是猎头遗迹。

3．遗址北面陶窑的启示

　　石家河文化二期 Y1 所在的遗址北面，曾是石家河文化一期前段的居住区，这里居住的先民，一期后段已向遗址南面迁移。遗址北面发掘的几个探方内，均未发现有石家河文化一期后段及其以后的房屋遗迹。石家河文化二期的陶窑虽仅发现一座，但给了我们一个信息，即遗址北面在石家河文化二期，可能已成为烧制陶器的手工业区。这里不会只有一座窑址，只是囿于发掘面积小，只揭露了一座而已。

　　陶窑火膛南壁的火口内，发现的一具人颅骨，亦应是陶窑废弃后的猎头遗迹，与窑址本身无关。

二、墓　葬

　　石家河文化时期墓葬共发现 25 座，其中一座是葬狗坑（原编为 M9），实际数为 24 座墓。多分布在发掘区Ⅰ、Ⅱ、Ⅲ象限内，Ⅳ象限内未发现墓葬。这些墓葬分别分布在房址的附近（表二；图四一）。具体情况如下：

　　Ⅰ象限发现墓葬 7 座，分布的探方为ⅠT2A：M21；ⅠT5A、ⅠT6A、ⅠT5B、ⅠT6B：M32；ⅠT5B 与ⅠT6B：M40、M33；ⅠT6A、ⅠT6B、ⅠT7A、ⅠT7B：M36；ⅠT7B：M30；ⅠT3I：M41。

　　Ⅱ象限发现墓葬 10 座，分布的探方为ⅡT1A 与ⅡT2A：M1；ⅡT2A 与ⅡT3A：M11；ⅡT3A：M19、M20；ⅡT5A：M28；ⅡT1E：M5、M6、M12、M13；ⅡT5E：M3。

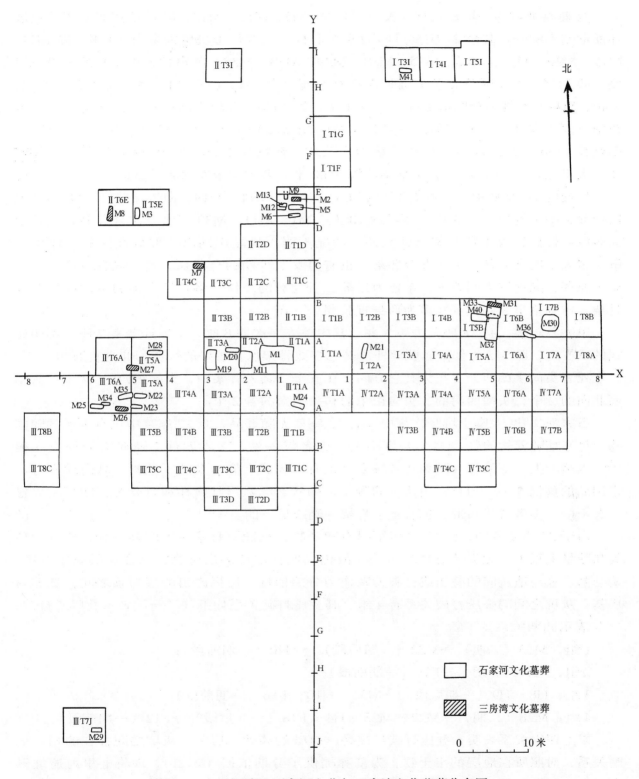

图四一　七里河遗址石家河文化与三房湾文化墓葬分布图

　　Ⅲ象限发现墓葬 7 座，分布的探方为Ⅲ T1A：M24；Ⅲ T5A：M22、M23；Ⅲ T5A 与
Ⅲ T6A：M35；Ⅲ T6A：M25、M34。Ⅲ T7J：M29。

24 座墓葬皆为土坑竖穴墓（表一一），除 M5、M12、M13、M36 等四座墓遭严重破坏而形制不明外，其余 21 座墓可归为四种形状。长方形土坑竖穴墓有 10 座，即 M11、M19、M20、M21、M23、M25、M28、M29、M33、M35。圆角长方形土坑竖穴墓有 1 座，即 M34。不规则长方形土坑竖穴墓有 8 座，即 M1、M3、M6、M22、M24、M32、M40、M41。不规则椭圆形土坑竖穴墓 1 座，即 M30。墓坑方向以正东西向为主，少数东南－西北或南－北向。墓坑一般长 1.80、宽 0.50～0.80 米。最大墓为二次合葬墓，墓坑长 4.30、宽 2.47 米。最小的墓为小孩墓，墓坑长 1.26、宽 0.37 米。墓坑一般较浅，大多在 0.10～0.40 米，个别墓坑深 0.60 米。墓内均未发现葬具遗址。

发现的 24 座墓中，二次合葬墓有 6 座（M1、M11、M19、M30、M32、M33），二次合葬墓中人骨架少者 3 具，多者达 10 人。M1、M11、M30 三座二次合葬墓，人骨架大多保存较好，仅少数骨架保存较差，情况不明。从能辨别出一部分性别的个体中了解，多人二次合葬墓均为男女合葬墓，也有男女老少幼的合葬墓。其中多有一具男性骨架为原葬，除性别不明者外，余皆为迁葬。所迁葬的个体，多是按人体的生理部位摆放骨架，排列基本有序，葬式多为仰身直肢葬。

单人墓较多，有 18 座墓为单人葬，其中单人一次葬 8 座，单人迁葬墓 7 座，不明葬式的墓 3 座。除 M5 为仰身屈肢葬外，其它多数骨架保存较好的墓皆为仰身直肢葬。

死者头向多朝西，少数为其它方向。在五十二具人骨架中，头朝正西的 44 个，头朝西北向的 2 个，头向西南的、头向正东的和头朝南的各 2 个。

石家河文化 24 座土坑竖穴墓中，有 13 座墓无随葬品，余 12 座墓中仅有少量的随葬物。每座墓随葬物的数量多少差别不大，少者仅一件，多者四件。随葬物的种类亦很少，以猪的上、下颌骨为随葬物者较多，也有极少葬有鹿角及鹿下颌骨。墓内随葬有日常用品的墓仅 3 座，为日常用器中的陶釜、陶钵、喇叭形红陶杯和石斧等。随葬品放置位置不一，多数置于头部，也有置于骨架一侧或足下的。

由于 24 座墓葬中，仅有 12 座墓里有随葬物，且随葬日常用器的墓极少，器物的种类和数量也很少，无类比分期的可能。故仍以所在层位的出土物，结合地层叠压关系、墓与墓、墓与遗迹间的叠压或打破关系作为分期依据。已揭露出的墓与墓之间，墓葬与房基、灰坑之间的叠压打破关系有 4 组。其叠压打破关系如下（'→'表示叠压或打破，'－'表示同期关系）：

1 组，M33（二期）→M32（一期后段）→M40（一期前段）；

2 组，M29（二期）→F19（一期前段）；

3 组，H8－H9（一期后段）→M32－H10－F16（一期前段）；

4 组，M28（二期）→M22－M23－H4－F18（一期后段）→F12（一期前段）。

以上四组关系表明，叠压打破与被叠压打破的墓葬、房基、灰坑之间存在的相对早晚关系，对照所在地层的出土物，为墓葬提供了分期依据（表二）。现将七里河遗址石家河文化各期的墓葬分述如下：

（一）石家河文化一期前段墓葬

一期前段共发现墓葬 7 座（表一一），其中多人二次合葬墓有 2 座（M11、M19），单人一次葬有 3 座（M34、M40、M41），单人二次葬 2 座（M35、M20）。

表一　石家河文化墓葬登记表

墓号	所在探方	开口	下	形状结构	墓口尺寸 长×宽-深（米）	墓底尺寸 长×宽（米）	人骨架号与头向	葬式	性别	年龄	随葬器物	期别	备注
M11	ⅡT2A、ⅡT3A	⑦	生土	长方形	2.2×1.65-0.14		一号 270°	仰身直肢二次葬	男	51~55		一期前段	四人合葬
							二号 270°	仰身直肢一次葬	男	成年人	猪下颌骨1		
							三号 270°	仰身直肢一次葬	男	成年人			
							四号 270°	?	?	?			
M19	ⅡT3A	⑦	生土	长方形	2.50×1.36-0.12		一号 270°	二次葬	男	41~45	喇叭形红陶杯3	一期前段	七人合葬，一~三、五号有拔牙
							二号 90°		男	36~40	猪下颌骨1		
							三号 270°		男	56~60			
							四号 270°		男	36~40	猪下颌骨1		
							五号 270°		男	31~35			
							六号 270°		男	51~55			
							七号 270°		女	成年人			
M20	ⅡT3A	⑦	生土	长方形	1.95×0.67-0.16		270°	仰身直肢二次葬	男	31~35	猪下颌骨1件	一期前段	拔牙
M34	ⅢT6A	⑦	生土	圆角长方形	1.26×0.37-0.25	1.15×0.35	270°	仰身直肢一次葬	男	6		一期前段	单人一次葬
M35	ⅢT5A	⑦	生土	长方形	2.13×0.70-0.05		256°		男			一期前段	单人二次葬
M40	ⅠT5B	⑥d	生土	不规则长方形	2.30×1.03-0.40		270°	仰身直肢一次葬	男		猪上、下颌骨2付，鹿角一段。	一期前段	缺失人头骨
M41	ⅠT3I	⑦	F16	不规则长方形	1.75×0.72-0.37		270°	仰身直肢一次葬	男	16	乳猪下颌骨1件、人颅骨1具	一期前段	单人一次葬

续表一

墓号	所在探方	层位关系 开口	层位关系 下	形状结构	墓口尺寸 长×宽-深(米)	墓底尺寸 长×宽(米)	人骨架号与头向	葬式	性别	年龄	随葬器物	期别	备注
M1	ⅡT1A	⑥	生土	不规则长方形	4.55×2.47-0.15		一号 270°	仰身直肢二次葬	?	4~5	猪下颌骨1件	一期后段	十人合葬，五人一组
							二号 270°	仰身直肢一次葬	男	36~40	猪下颌骨1件		
							三号 270°	仰身直肢一次葬	女	56~60	鹿下颌骨1件		
							四号 270°	仰身直肢二次葬	男	36~40	猪下颌骨1件		
							五号 270°	仰身直肢二次葬	男	31~35			二、五、七、八号有拔牙现象
							六号 270°	仰身直肢二次葬		5~10			
							七号 270°	仰身直肢二次葬	女	56~60			
							八号 270°	仰身直肢二次葬	女	36~40			
							九号 90°	仰身直肢二次葬	男	41~45	猪下颌骨1件		
							一〇号 270°	仰身直肢二次葬	?	3~5			
M3	ⅡT5E	⑥	F18	不规则长方形	1.45×0.64-0.10		180°	仰身直肢二次葬	男	35~40	猪下颌骨1、陶釜1、陶钵1、石斧1	一期后段	单人二次葬
M5	ⅡT1E	⑥	⑥	不规则长方形	1.90×0.80-0.17		270°	仰身屈肢一次葬	女	51~55	猪下颌骨1件	一期后段	拔牙
M6	ⅡT1E	⑥	⑥	不规则长方形	1.67×0.50-0.16		260°	二次葬	女	36~40		一期后段	单人二次葬
M12	ⅡT1E	⑥	⑥	不明		残长0.98×残宽0.48	270°	仰身直肢二次葬	?	?		一期后段	单人二次葬
M13	ⅡT1E	⑥	⑥	不明		残长0.95×残宽0.42	270°	仰身直肢二次葬	女	成年人		一期后段	单人二次葬
M22	ⅢT5A	⑥	F12	不规则长方形	1.72×0.55-0.21	1.60×0.45	270°	仰身直肢二次葬		成年人		一期后段	单人二次葬
M23	ⅢT5A	⑥	F18	长方形	1.50×0.44-0.11	1.48×0.38	270°	仰身直肢二次葬				一期后段	单人二次葬

续表一

墓号	所在探方	层位关系 开口	层位关系 下	形状结构	墓口尺寸 长×宽-深（米）	墓底尺寸 长×宽（米）	人骨架号与头向	葬式	性别	年龄	随葬器物	期别	备注
M30	ⅠT7B	F13	生土	不规则椭圆形	2.48×2.25 -0.35		一号 270°	仰身直肢二次葬			填土中发现褐陶臼 1	一期后段	五人合葬
							二号 270°	仰身直肢二次葬					
							三号 270°	仰身直肢二次葬					
							四号 90°	仰身直肢二次葬					
							五号 270°	仰身直肢二次葬					
M32	ⅠT5A	⑥a	⑥c	不规则长方形	3.50×1.75 -0.10		一号 270°	不明				一期后段	六人合葬
							二号 270°	不明					
							三号 270°	仰身直肢二次葬					
							四号 270°	仰身直肢二次葬					
							五号 270°	仰身直肢二次葬			喇叭形彩陶杯 1		
							六号 270°	仰身直肢二次葬			猪下颌骨 3件		
M33	ⅠT5B	⑤b	M32	长方形	1.94×1.83 -0.10		一号 270°	仰身直肢二次葬				一期后段	三人合葬
							二号 270°	仰身直肢二次葬					
							三号 270°	仰身直肢二次葬					
M36	ⅠT6B	⑤b,⑥	生土	不明		残 1.73×0.52	280°	仰身直肢一次葬				一期后段	单人一次葬
M21	ⅠT2A	⑤	⑥a	长方形	1.92×0.70 -0.58	1.82×0.66	183°			少年		二期	似为单人二次葬
M24	ⅢT1A	④b	⑤	不规则长方形	1.80×0.72 -0.28	1.74×0.70	292°				猪下颌骨 1件	二期	似为单人二次葬
M25	ⅢT6A	④b	M34	长方形	1.85×0.50 -0.35		270°	仰身直肢一次葬	男	30~35		二期	单人一次葬
M28	ⅡT5A	⑤	F12	长方形	2.11×0.50 -0.43	19.8×0.43	270°	仰身直肢一次葬				二期	单人一次葬
M29	ⅢT7J	⑤	F15	长方形	1.80×0.52 -0.28	1.78×0.48	278°	仰身直肢一次葬				二期	单人一次葬

说明：一个墓葬跨两个以上探方的，只登记了其中一个。

1. 多人二次合葬墓

M11　位于ⅡT2A、ⅡT3A之间，残墓口开口在⑥层下⑦层上，打破⑦层，墓底至生土层，墓坑西部及墓底中间的两具人骨架被汉墓（M18）破坏。墓口距地表破坏面深1.1米。平面呈东西向长方形，东、北坑边不直，西边遭破坏，为东西向土坑竖穴墓。墓口长2.13～2.20、残宽1.45～1.65、墓口至墓底深0.14米。墓壁较直，墓底平坦。墓底有四具人骨架，南北向排列，从北往南数骨架编为一～四号，为多人二次合葬墓，（图四二，图版八，1）。

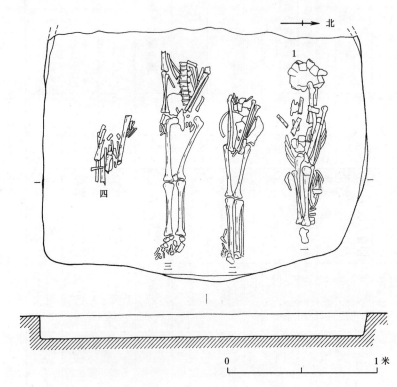

一号骨架为成年男性个体，迁葬。骨架放置较散乱，葬式为仰身直肢，颅骨破碎，头向朝西。年龄约在51～55岁，身高1.74米。

二号骨架成年男性个体，原葬。葬式仰身直肢，骨架头部被汉墓破坏无存，身高约为1.67米，年龄不明。

三号骨架成年男性个体，迁葬。胸上部骨架被汉墓破坏而缺颅骨。身高约为1.63米，年龄不明。

四号骨架严重破坏，仅存少许散骨，似亦应为迁葬。人骨的性别、年龄、身高均不明。

墓内在一号骨架的头骨顶侧下置有一副猪下颌骨。

图四二　石家河文化一期前段M11平、剖面图
一～四．人骨架　1．猪下颌骨

M19　位于ⅡT3A探方西部，墓南上部略被西汉墓（M16）打破，开口在⑥层下⑦层上，打破⑦层，墓底叠压在生土层上。平面呈长方形，四周坑边不直，为南北向土坑竖穴墓。墓口长2.48～2.5、宽1.25～1.36、墓口距墓底墓深0.12米。墓壁较直，墓底平坦。为多人二次合葬墓，墓室内有七具人骨架，骨架保存不太好，人骨架南北向排列有序，从北往南数骨架编为一～七号（图四三，图版八，2）。

一号骨架为一个成年男性个体，骨架保存尚好，小腿骨与大腿骨摆放有距离，且肱、胫骨特大，可能非此人原骨。身高1.73米，年龄约41～45岁。

二号骨架为成年男性个体，骨架保存不好，身高1.69米，年龄约36～40岁。

三号骨架为老年男性个体，颅骨破碎。身高1.63米，年龄约56～60岁。

四号骨架为成年男性个体，骨架摆放散乱，颅骨破碎，不见手、足骨。身高1.66米，年龄约36～40岁。

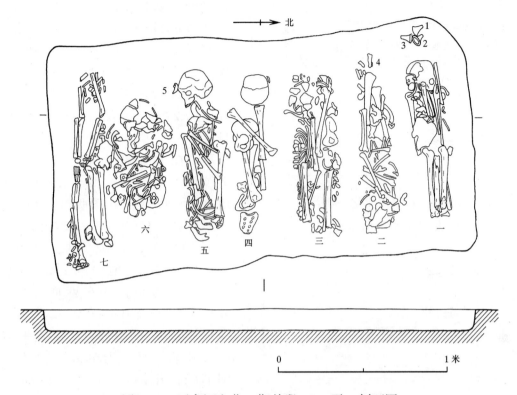

图四三　石家河文化一期前段 M19 平、剖面图

一~七.人骨架　1~3.喇叭形小杯　4、5.猪下颌骨

五号骨架为成年男性个体，头骨破碎，其它骨架保存尚好。身高 1.75 米，年龄约 31~35 岁左右。

六号骨架为老年男性个体，骨架摆放散乱，身高不明。年龄 50~55 岁。

七号骨架为女性个体，骨架摆放散乱，身高 1.69 米，年龄不明。

墓内七具人头骨向大多一致，除二号头骨朝正东，方向为 90° 外，其余六具头骨均朝西，方向为 270°，七具人骨架皆为迁葬。

墓内随葬物有 5 件，其中一号骨架的头骨顶部放置三件喇叭形红陶小杯；二号骨架的脚部放置有一副猪下颌骨；五号骨架的头骨右边放有一副猪下颌骨。

其中有四具人骨架存在拔牙现象：一号骨架右犬齿可能拔除，二号骨架外侧门齿、犬齿皆拔，三、五号骨架外侧门牙拔除。

2.单人一次葬墓

M34　位于ⅢT6A 中部，墓西南角被 M25 叠压，开口在⑥层下⑦层上，打破⑦层，墓底已至生土。坑口距地表深 1.75 米。平面为圆角长方形，为东西向土坑竖穴墓。墓口长 1.26、宽 0.37、墓口至墓底深 0.25 米；墓底长 1.15、宽 0.35 米。墓内填土为黑灰烬。骨架保存较好，为单人一次葬墓，骨架为男性小孩，年龄约 6 岁，身高 0.90 米。头朝西面向东，方向为 270°。仰身直肢葬。没有随葬器物（图四四）。

M40　位于ⅠT5B，开口在⑥c 层下⑥d 层上，墓底至生土层，东部被 M32 叠压。坑口距地表深 1.70 米。平面呈不规则长方形，为东西向土坑竖穴墓，北部墓边较清楚，西

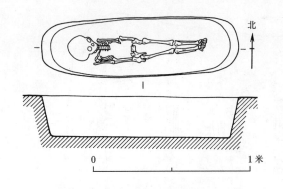

图四四　石家河文化一期
前段 M34 平、剖面图

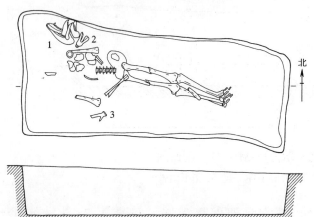

图四五　石家河文化一期前段 M40 平、剖面图
1、2.猪上、下颌骨　3.鹿角

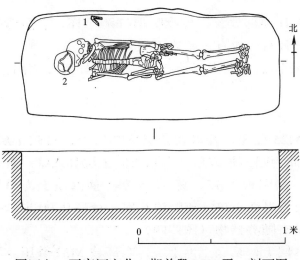

图四六　石家河文化一期前段 M41 平、剖面图
1.猪下颌骨　2.人头骨

宽东窄。墓长 2.30、宽 0.8~1.03、墓口至墓底深 0.33~0.4 米。墓壁斜直，墓底平坦。墓内填土夹炭粒和红烧土块。墓底有单人一次葬骨架 1 具，为一男性骨架，头骨缺失，身躯朝西，脚朝东，方向为 270°。死者为仰身直肢葬，年龄、身高不明。墓内随葬物主要为动物骨骼 3 具，在人骨架头部北侧，放有猪上、下颌骨 2 副；在右肱骨南侧，放有残鹿角一段（图四五；图版九，1）。

M41　位于 I T3I 东部，开口在⑥层下⑦层上，打破⑦层，墓底叠压在 F16 上。坑口距地表深 1.85 米。平面呈不规则长方形，为东西向土坑竖穴墓。墓长 1.75、宽 0.64~0.72、墓口至墓底深 0.37 米。墓壁较直，墓底平坦。墓里有人骨架一具，为单人一次葬，骨架性别不明，年龄约 16 岁，身高 1.30 米。头朝正西，方向为 270°。葬式为仰身直肢（图四六）。

此墓在葬俗和殉葬物上，除在人骨架头部北侧墓边，与左肩齐平处随葬了一件乳猪下颌骨外，还出现了一些特有的现象，一是在死者胸椎骨上放有一层很薄的红色矿粉；二是在死者头部右上方的部位，殉葬了一具人头颅。

3.单人二次葬墓

M35　位于 III T5A 与 III T6A 之间，开口在⑥层下⑦层上，打破⑦层，墓底叠压生土。坑口距地表深 1.65 米，平面呈长方形，为东西向土坑竖穴墓。墓口长 2.13~1.96、宽 0.52~0.7、墓口至墓底深 0.05 米。墓内填土为灰黑土。骨架保存不好，仅存一个顶盖骨、一排牙齿和两段肢骨。应为单人二次葬。骨架性别、年龄、身高不明。头朝西南，方向为 256°。葬式不明。无随葬物（表一一）。

M20　位于 II T3A 东北部，开口在

⑥层下⑦层上，打破⑦层，墓底在生土层上。墓坑北边、南边分别被西汉墓（M17、M18）叠压破坏。平面呈长方形，为东西向土坑竖穴墓。东西残长1.95、南北残宽0.58～0.67、墓口至墓底深0.16米。头骨破碎，骨架保存尚好，为单人二次葬，骨架为一个成年男性个体，年龄约31～35岁，身高1.76米。骨架腰部垫有一层厚0.05米左右的红烧土。头朝西，方向为270°。葬式为仰身直肢。在人骨架头部右边，随葬有一副乳猪下颌骨（图版九，2）。

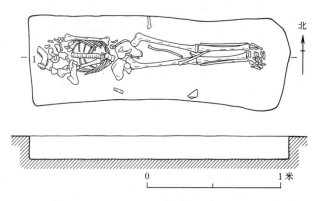

图四七　石家河文化一期前段M20平、剖面图
1. 乳猪下颌骨

经观察死者有拔牙现象，生前已拔掉外侧门齿（图四七）。

（二）石家河文化一期后段墓葬

本期后段发现墓葬12座（表一一），其中多人合葬的墓有4座（M1、M30、M32、M33），单人一次葬有2座（M5、M26），单人二次葬（迁葬）6座（M3、M6、M12、M13、M22、M23）。

另有狗墓坑1座（M29）。

1. 多人二次合葬墓

M1　位于ⅡT1A西部与ⅡT2A东部，开口在⑤层下⑥层上，打破⑥层，墓底坐落生土层。坑口距地表深1.20米。平面呈不规则长方形，为东西向土坑竖穴墓。墓口长4.55、宽2.1～2.47、墓口至墓底深0.15米。坑壁斜直，墓底平整。为多人二次合葬，墓内计有10具人骨架，可分为东、西（或上、下）两排（图四八；图版一○），每排人骨架5具，排列较有序。西排（上排）的人骨架从北向南编为一～五号，东排（下排）的人骨架从北向南编为六～十号。

一号人骨架为一幼年个体，迁葬。骨架保存情况较差，性别、身高不明，年龄约4～5岁。

二号人骨架为成年男性个体，原葬。颅骨破裂成碎片状，身高1.65米，年龄36～40岁。

三号人骨架为老年女性个体，迁葬。颅骨破碎，骨架摆放散乱，身高1.64米，年龄约56～60岁。

四号人骨架为成年男性个体，迁葬。骨架保存较好，身高1.72米，年龄约36～40岁。

五号人骨架为成年男性个体，迁葬。颅骨破碎，身高1.66米，年龄约31～35岁。

六号人骨架为幼年个体，迁葬。骨架腐朽，5～10岁，性别、身高0.80米。

七号人骨架为老年女性个体，迁葬。骨架保存不甚好，身高1.68米、年龄约56～60岁。

八号人骨架为成年女性个体，迁葬。骨架保存不甚好，身高1.61米，年龄约36～40岁。

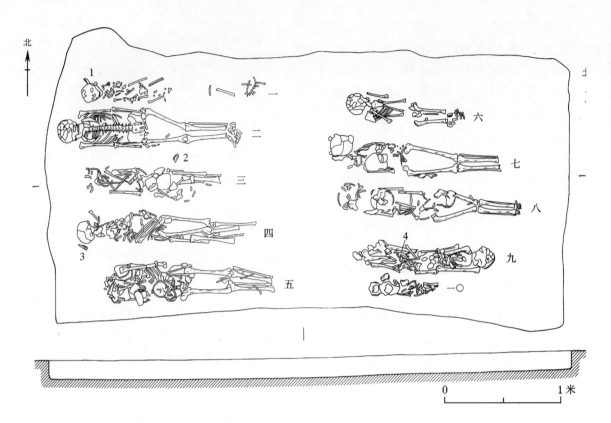

图四八　石家河文化一期后段 M1 平、剖面图

一～一〇. 人骨架　1、3、4. 猪下颌骨　2. 鹿下颌骨

九号人骨架为成年男性个体，迁葬。骨架摆放散乱，保存不甚好，身高 1.71 米，年龄约 41～45 岁；

一〇号人骨架为幼年个体，迁葬。颅骨破裂成碎片，骨架保存不甚好，性别不明，年龄 3～5 岁。

M1 墓内十具死者头向，除九号人骨架头朝正东，方向为 90°外，其余九具人骨架皆头朝正西，均为 270°。

墓内仅随葬有三副猪下颌骨、一副鹿下颌骨。即在一号骨架的头骨左侧放有一副猪下颌骨；二、三号骨架的下肢骨之间放有一副鹿下颌骨；四号骨架的头部右侧放有一副猪下颌骨；九号骨架的下肢骨左侧有一副猪下颌骨。

墓内七个成年个体中，有六具人骨架存在拔牙现象，其中二号、三号、五号、七号死者，皆为拔除一颗外侧门齿，四号死者拔除两颗上外侧门齿，八号死者亦有拔牙现象。

M30　位于ⅠT7B 探方之中，开口在⑤c 层下⑥层上，打破 F13，墓底至生土层。墓口距地表深 1.1 米。平面为不规则椭圆形，为东西向土坑竖穴墓，墓口东西长 2.26～2.48、南北宽 1.88～2.25、墓口至墓底深 0.35 米。墓壁斜直，墓底平坦。为多人二次合葬墓，墓内有五具人骨架，从北向南编为一～五号。骨架保存皆不好，一号、二号、三号三具人骨架尚保存有或多或少的骨骼，四号仅存头骨残迹。五号仅存一头骨、一根股骨部分。墓中人骨架的年龄、性别、身高均不明。死者头向，除四号人骨架头朝正

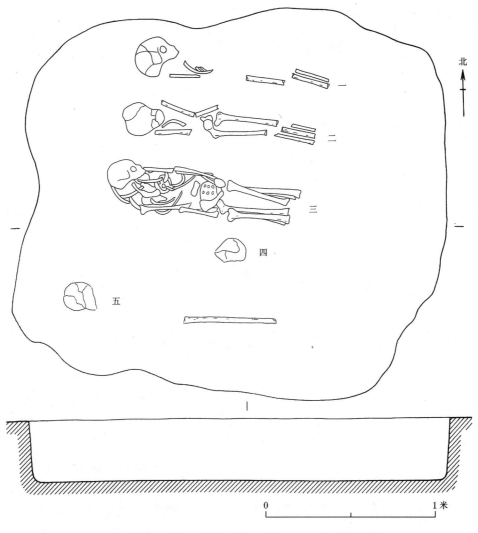

图四九　石家河文化一期后段 M30 平、剖面图

一～五．人骨架

东，方向为 90°外，其余四具人骨架头均朝正西，方向为 270°。葬式皆为仰身直肢葬，根据墓底留下的骨架遗痕并结合尚存的骨骼观察，除二号人骨架为原葬外，其余均为二次迁葬。

　　墓内未见随葬物，但在墓穴填土中出有一件较完整的陶臼和一件残石环（图四九；图版一一，1）。

　　M32　位于ⅠT5A、ⅠT6A、ⅠT5B、ⅠT6B 之中，墓口距地表深 1.3 米，墓口北部被 M33 叠压、打破，墓西北边叠压着 M40。墓开口在⑤a 层下⑥a 层上，底部至⑥c 层。平面呈不规则长方形，为东西向土坑竖穴墓。墓南北长 3.48～3.5、东西宽 1.47～1.75、墓口至墓底深 0.10 米。墓壁较直，墓底平坦。墓内填土为灰黄土夹白斑。为多人二次合葬墓，墓内葬有六具人骨架，皆保存不好，从北向南骨架编为一～六号。墓中人骨架的年龄、性别、身高均不明。人骨架头向均朝正西，方向为 270°。一、二号人骨架保存很差，葬式不明，其余四具骨架皆为仰身直肢二次迁葬。

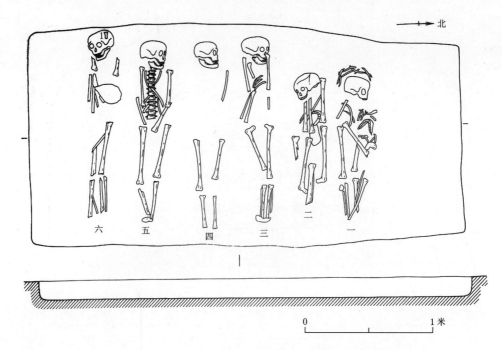

图五〇　石家河文化一期后段 M32 平、剖面图
一~六 . 人骨架　1. 喇叭形彩陶杯

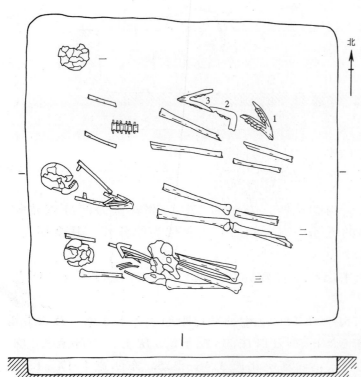

图五一　石家河文化一期后段 M33 平、剖面图
一~三 . 人骨架　1~3. 猪下颌骨

墓内有随葬品，在六号人骨架的头部随葬有喇叭形彩陶小杯 1 件（图五〇）。

M33　位于ⅠT5B、ⅠT6B 中，开口在⑤a 层下⑤b 层上，墓口被晚期建筑遗迹打破，墓底南部叠压并打破 M32。坑口距地表残深 1.40 米。平面呈长方形，为东西向土坑竖穴墓。墓长 1.91 ~ 1.94、宽 1.79~1.83、墓口至墓底深 0.10 米。墓壁较直，墓底平坦。为多人二次合葬墓，墓内葬有三具人骨架，保存不好，骨架从北向南编为一~三号。墓中人骨架的年龄、性别、身高均不明。头向皆朝正西，方向为 270°。葬式皆似为仰身直肢葬，均为二次迁葬。

墓内随葬有三副猪下颌骨，皆集中放在一号人骨架左肢骨的北边。墓坑填土为褐灰色土（图五一）。

2．单人一次葬墓

M5　位于ⅡT1E探方内，开口在⑤层下⑥层上，打破并坐落⑥层。墓底东北角被扰。墓残平面形状呈不规则长方形，为东西向土坑竖穴墓。长1.8～1.9、宽0.66～0.8、墓口至墓底深0.17米。为单人一次葬墓。墓内人骨架保存较好，为一个老年女性个体，年龄51～55岁，身高1.64米。头朝正西，方向为270°。葬式为仰身直肢，下肢向北略曲。

墓内有随葬品，在人骨架头顶部随葬有一副猪下颌骨。经观察死者有拔牙现象，生前上两外侧门齿已拔，根孔已愈合（图五二）。

M36　位于ⅠT6B、ⅠT7A、ⅠT7B之间，墓开口在⑤a层下⑤b、⑥层上，墓底坐落在生土层。M36被晚期遗迹扰乱严重，残墓底距地表深1.7米。仅存残墓底，平面为不规则长方形，似为土坑竖穴墓。墓底残长1.73、残宽0.3～0.52米。墓底平坦，墓内一具人骨架，保存不好，缺失颅骨及许多肢骨。人骨架的年龄、性别、身高均不明。可能为单人一次葬墓，头朝西北，方向280°。仰身直肢葬。未见随葬物（表一一）。

3．单人二次葬墓

M3　位于ⅡT5E西南部，开口在⑤层下⑥层上，墓底打破并坐落在F18上。墓口距地表深1.10米。平面呈不规则长方形，为南北向土坑竖穴墓，墓口南北长1.4～1.45米，东西宽0.48～0.64米，墓口至墓底深0.1米，坑壁较直，墓底平整。墓内一具成年男性个体，人骨架保存不好。为二次迁葬，身高1.69米，年龄35～40岁。仰身直肢葬，头朝正南，方向为180°。在头骨上可见三处砍痕：一处在颧骨右侧，为长2.5、宽0.5、

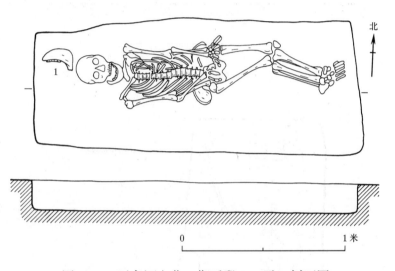

图五二　石家河文化一期后段M5平、剖面图
1.猪下颌骨

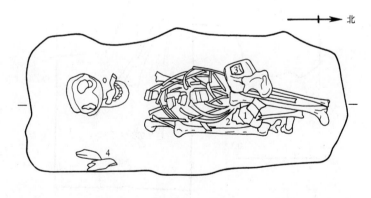
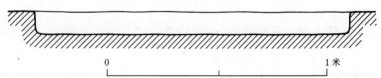

图五三　石家河文化一期后段M3平、剖面图
1.陶釜　2.陶钵　3.石斧　4.猪下颌骨

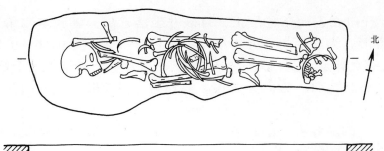

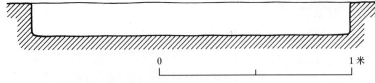

图五四　石家河文化一期后段 M6 平、剖面图

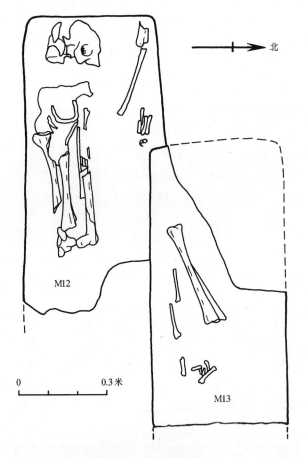

图五五　石家河文化一期后段 M12、M13 平面图

深 0.3 厘米的一道砍痕，似用石斧类器多次砍伤的痕迹；一处在枕突右上侧，为一道长 2、宽 0.5、深 0.1 厘米的戳痕，似用锐器由上斜向刺戳伤痕；一处在顶骨的矢状缝与冠状缝的交汇处，似用利器由前向后一次平砍造成的伤痕。

随葬物有 4 件：右腿骨上放置陶釜 1 件（M3:1）和陶钵 1 件（M3:2），陶钵底部凿有一孔，仰盖于陶罐的口部。石斧 1 件（M3:3）放在左手边。猪下颌骨 1 件（M3:4）放置在头骨的右侧边（东部）（图五三）。

M6　位于 II T1E 中，开口在⑤层下⑥层上，墓底打破第⑥层。平面呈不规则长方形，为土坑竖穴墓，长 1.67、宽 0.31～0.50、墓口至墓底深 0.16 米。单人二次迁葬墓。墓内人骨架保存不好，为一成年女性个体，年龄 36～40 岁，身高不明。头朝西南，方向为 260°。葬式不明。无随葬物（图五四）。

M12　位于 II T1E 西北面，开口似在⑤层下⑥层上，墓底坐落在第⑥层。此墓被农民挖腐殖酸土时严重破坏，残墓底已暴露地表，墓底北部被 M13 叠压和打破，仅残存墓底局部，似为土坑竖穴墓，底面为不规则长方形，残长 0.98、残宽 0.48 米。人骨架散乱保存不好，应为单人二次葬墓，人骨架的性别、年龄、身高均不明。头朝正西，方向为 270°（图五五）。

M13　位于 II T1E 西北面，此墓被农民挖腐殖酸土时严重破坏，残墓底已暴露地表，开口似在⑤层下⑥层的破坏面上，仅存墓底局部。墓底南部叠压、打破 M12 和⑥层。墓平面形状不明。墓底残长 0.95、残宽 0.42 米，墓底较平。墓内人骨架仅残存有下牙床和部分上、下肢骨，为二次迁葬墓，性别、身高均不明。头朝正西，方向 270°（图五五）。

M22　位于ⅢT5A 中，开口在⑤层下⑥层上，墓底打破和坐落在 F12 上。墓口距地表深度不明。平面呈不规则长方形，为东西向土坑竖穴墓。墓口长 1.64～1.72、宽 0.46～0.55 米；墓底长 1.60、宽 0.36～0.45、墓口至墓底深 0.21 米。墓壁斜直，墓底平坦。人骨架保存不好，残存一个颅骨和一段肢骨，应为单人二次迁葬墓，葬式、性别、年龄、身高均不明。头朝正西，方向为 270°。无随葬物（图五六）。

M23　位于ⅢT5A 西南部，开口在⑤层下⑥层上，打破并坐落在 F18 中。墓口平面呈不规则长方形，为东西向土坑竖穴墓。墓口东西长 1.50、南北宽 0.38～0.44 米；墓底长 1.48、宽 0.35～0.38、墓口至墓底深 0.11 米。墓壁斜直，墓底平坦。墓内填土为黑灰烬土。人骨架保存不好且散乱，为单人二次迁葬墓。残存头骨和下肢骨，葬式、性别、年龄、身高均不明。头朝西，方向为 270°。无随葬物（图五七）。

4．葬狗坑

M9　位于遗址西北面ⅡT1E 有一狗坑。开口在⑤层下，坑底至⑥层。坑口上部被严重破坏，仅见坑底面。平面为长方形，长 0.77、宽 0.48 米。坑内埋有一具狗骨架，保存不甚好，骨架比较散乱，头朝北，方向为 0°（图五八）。

（三）石家河文化二期墓葬

本期发现墓葬 5 座（表一一），其中单人一次葬有 3 座（M25、M28、M29）；单人二次葬墓 2 座（M21、M24）。

1．单人一次葬墓

M25　位于ⅢT6A，开口在④a 层下④b 层上，打破④b 层，墓底叠压于 M34 之上。墓口距地表深 0.85 米。平面呈长

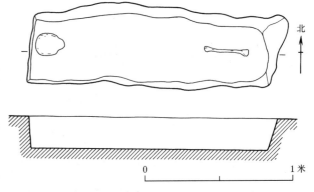

图五六　石家河文化一期后段 M22 平、剖面图

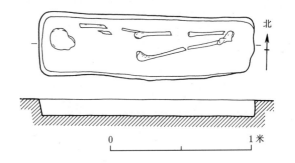

图五七　石家河文化一期后段 M23 平、剖面图

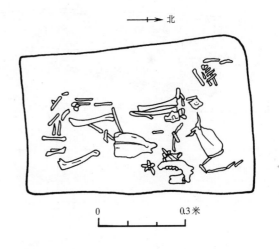

图五八　石家河文化一期后段 M9 平面图

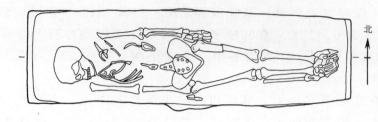

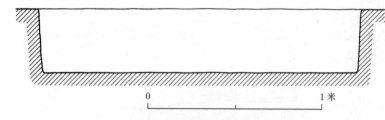

图五九　石家河文化二期 M25 平、剖面图

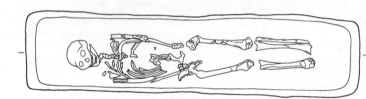

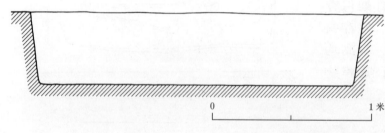

图六〇　石家河文化二期 M28 平、剖面图

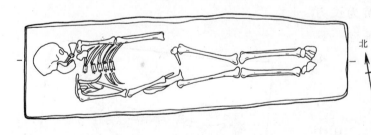

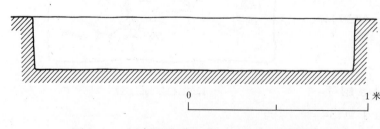

图六一　石家河文化二期 M29 平、剖面图

方形，为东西向土坑竖穴墓。墓口东西长 1.85、南北宽 0.44～0.50、深 0.35 米。墓壁较直，墓底平坦。为单人一次葬墓。人骨架保存较好，为一成年男性个体，年龄 30～35 岁，身高约 1.55 米。头朝正西，方向为 270°。葬式为仰身直肢。墓内没有随葬物（图五九；图版一一，2）。

M28　位于 Ⅱ T5A 中，墓坑开口在④层下⑤层上，打破⑤层，墓底坐落在 F12 上。墓坑口距地表深 1.30 米。墓口平面呈长方形，为东西向土坑竖穴墓。墓口长 2.11、宽 0.45～0.50 米；墓底长 1.98、宽 0.40～0.43、墓口至墓底深 0.43 米。墓壁斜直，墓底平坦。墓内有一成年人骨架，单人一次葬墓。人骨架保存较好，但下肢骨缺失踝、趾骨，无掌骨、指骨，疑为被人所砍。死者的性别、年龄未作鉴定，身高 1.55 米。头朝正西，方向为 270°。葬式为仰身直肢。墓内没有随葬物（图六〇）。

M29　位于 Ⅲ T7J 中，墓开口在④a 层下⑤层上，打破⑤层，墓底坐落于 F15 上。墓口距地表深 0.93 米。墓口平面呈长方形，为东西向土坑竖穴墓。墓口长 1.8、宽 0.42～0.52 米；墓底长 1.78、宽 0.39～0.48、墓口至墓底深 0.28 米。为单人一次葬墓。人骨架保存不好，死者的性别、年龄未作鉴定，身高 1.60 米。头朝西，方向为 278°。葬式为仰身直肢。墓内没有随葬物（图六一）。

2．单人二次葬墓

M21　位于ⅠT2A北部，开口在④a层下⑤层上，打破⑤层，墓底坐落在⑥a层。墓口距地表深1.25米。墓口平面呈长方形，为一南北向土坑竖穴墓。墓口长1.92、宽0.70米；墓底长1.82、宽0.66、墓口至墓底深0.58米。墓坑填土褐灰色。墓壁斜直，墓底平坦。墓内人骨架保存不好，仅存三段肢骨，应为单人二次葬，死者似为一少年个体，性别、年龄、身高均不明。头朝南，方向为183°。葬式不明。墓内未发现随葬物（图六二）。

M24　位于ⅢT1A东南边，开口在④a层下④b层上，墓底坐落在⑤层。墓口距地表深1.30米。墓口平面呈不规则长方形，为东西向土坑竖穴墓。墓口东西长1.74～1.80、宽0.41～0.72米；墓底长1.70～1.74、宽0.36～0.70、墓口至墓底深0.23～0.28米。墓壁斜直，墓底平坦。人骨架保存不好，摆列散乱，应为单人二次迁葬墓葬。死者的性别、年龄、身高均不明。头向北偏西，方向为292°。葬式不明。在头部左上方随葬有一副乳猪下颌骨（图六三，图版一一，3）。

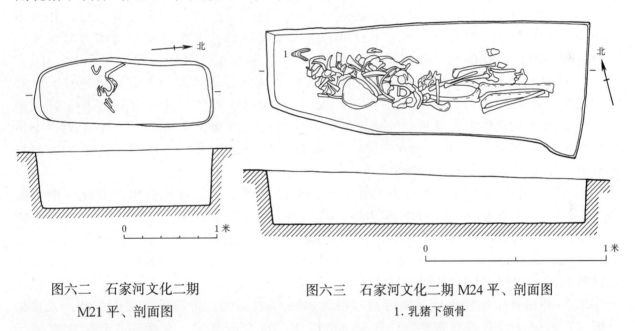

图六二　石家河文化二期　　　　　图六三　石家河文化二期M24平、剖面图
　　　M21平、剖面图　　　　　　　　　　1.乳猪下颌骨

（四）小　结

石家河文化24座墓皆为土坑竖穴墓，墓坑一般较浅，未见葬具遗迹，埋葬形式有单人一次葬、单人二次葬和多人二次合葬等，归纳起来有如下特点：

1．墓区。根据已发现墓葬，其分布情况是，墓葬比较集中的大体可以看出有三个墓区，一是分布在发掘区东边Ⅰ象限内的ⅠT2A、ⅠT5A、ⅠT6A、ⅠT5B、ⅠT6B、ⅠT7B的一片探方之中；二是位于发掘区西边的Ⅱ、Ⅲ象限内的ⅡT1A、ⅡT2A、ⅡT3A、ⅢT5A、ⅢT6A等探方之中；三是位于北边的ⅡT1E等探方之中。但东、北两个墓区的范围均较小，从埋葬时间上看，少有石家河一期的墓葬，多为石家文化一期后段的墓葬。西边Ⅱ、Ⅲ象限内的几个探方内发现的墓葬跨度时间较长，起止时间为石家文化一期前段至二期。由于东、西两个墓区选在了遗址中心最好部位，随着时间的推移，却出现了不同时段的房屋建造与墓葬交叉使用同一区域的状况，因此，也就出现了墓葬与房屋基址早晚相互叠压打破的现象。可以看出，石家河文化的墓区，皆为阶段性，并未完全形成早晚期相承的固定墓地。

2．小孩葬俗与成年人墓葬。发现的 16 岁以下小孩个体共 5 具，尚未发现瓮棺葬，皆实行土坑葬，或单葬或与成年人合葬，一次葬与二次葬共存。死者的头向多朝西，个别为西南向。成年人墓葬中石家河文化一期多迁葬，一次葬较少。石家河文化二期单人一次葬增多，占 60%，单人二次葬占 40%。头向多朝西，少数朝东，极少头朝南的。七里河遗址石家河文化的埋葬习俗，与位于汉水中上游、丹江流域一带的郧县青龙泉遗址石家河文化（青龙泉三期）墓葬，河南淅川下王岗遗址的同期墓葬不尽相同，后两者的埋葬习俗多为单人一次葬，极少二次迁葬墓。青龙泉石家河文化，小孩均实行瓮棺葬①。下王岗龙山文化，小孩单独土坑葬者很少，亦多为瓮棺葬②。

3．多人二次合葬墓。此葬俗仅出现于遗址中石家河文化一期。合葬墓中的原葬者皆为男性（已知性别的遗骨），墓内其它骨架多为迁葬，合葬中的性别皆男多女少。随葬品多放置于男性骨架旁，女性身旁基本不见随葬品。多人二次合葬墓葬俗一般流行于仰韶文化的母系氏族社会时期，在龙山文化中已极少见，是一种消亡的埋葬习俗，相当于黄河流域龙山文化时期的石家河文化，早已进入了父系社会，在此却仍保留着母系氏族社会的埋葬遗俗，亦仅七里河遗址。

4．墓葬的猎头遗迹。在石家河文化的墓葬和遗迹里，多处发现人的头颅遗骨。如石家河文化一期前段 M41，墓主是一个年龄仅 16 岁的男性青年，其头部殉葬有一具人颅骨，应是本族人或墓主人所猎的外族人颅骨。而在石家河文化一期前段 M40 中的一个男性尸体上（一次葬），不见颅骨的死者，分析其头颅当是被外族人所猎走，墓主人虽身首异处，埋葬时也给予了一些随葬物。

墓葬中，同时也留下了石家河文化时期频繁战斗的痕迹。如在石家河文化一期后段的 M3 墓中，一个 40 岁左右的壮年男性，其颅骨上留下三处被砍、刺的伤痕，分析可能是一个战斗中的牺牲者，由于对本氏族有贡献，人们在迁葬中给予了一些随葬物品。石家河文化二期 M28 墓内的一成年个体的踝骨、趾骨断失，掌、指骨被砍无存，死者可能是异族的战士被俘虏后的悲惨遭遇。

5．墓葬遗骨中发现拔牙（凿齿）习俗。1976 年发掘的一批石家河文化墓葬，人骨架一般保存较好。经有关专家鉴定，在发现的三座二次合葬墓里，有两座人骨架中有拔牙现象，另有两座单人葬墓中亦有拔牙现象。四座墓中共有十二个成年个体生前曾经拔过牙，其中成年男性 8 人，成年女性 4 人（见表一二）。这一现象说明，七里河聚落上的石家河文化先民，生前有着拔牙习俗，拔牙形成一种风俗，在七里河聚落址上，似仅流行于石家河文化的一期前、后段，二期尚未发现。

6．埋葬中有普遍殉猪颌骨现象。石家河文化 24 座土坑墓中，13 座墓里空无一物，在有随葬物的 11 座墓里，其中随葬猪颌骨的墓多达 10 座。除仅随葬猪颌骨无其它物的6 座墓外，与之组合的有两类：（1）猪颌骨与鹿角或鹿颌骨一起随葬的有 2 座墓；（2）猪颌骨与日常用器一起随葬的有 2 座墓。

①　中国社会科学院考古研究所：《青龙泉与大寺》，科学出版社，1991 年。
②　河南省文物研究所、长江流域规划办公室考古队河南分队：《淅川下王岗》，文物出版社，1989 年。

此外，M20 的人骨架腰部垫有一层红烧土，M40 的人骨架胸椎上铺放一层红色矿粉，这两座墓的主人皆为青、壮年，在埋葬时，可能举行过某种原始宗教仪式。

三、文化遗物

七里河遗址石家河文化堆积，出土遗物最为丰富，共出土陶片约为一万二千多片。本报告选用石家河文化一、二期遗物标本 688 件，其中石器标本 143 件，陶器标本 530 件（完整和能复原的陶器 164 件），骨器标本 9 件，其它标本 6 件。按用途分为生产工具、生活用具和其它三大类。

生活用具有陶器和骨器，生产工具有石器、陶器和骨器等多种质地。

遗址里出土的石家河文化石器，一般可分为以下三大类：（一）石器（包括砍伐、农业和渔猎等生产工具）。（二）非人工制作而有一定形制和使用痕迹的石器；加工工具（包括砺石、敲琢器和钻孔器等）。（三）石器的石坯和余料（包括加工过程中未用完的石料及余料石芯等）等。

本报告器物标本直接采用以器物的形制定名法。如石斧、石锛、石刀等，即根据石器的整体器形及其刃缘形制的特征定器名。

陶纺轮采用器物平面形状与折边特征相结合进行定器名。

陶器依口沿、颈、肩、腹、底等综合特征定器名。

（一）石家河文化一期前段遗物

一期前段出土遗物不多。生产工具以石器为主，生活用具少有能复原的。共选用遗物标本 135 件，其中石器标本 19 件，陶器标本 112 件（完整和能复原的陶器标本 32 件），骨器及其它标本 4 件。按生产工具、生活用具和其它三大类分述。

1．生产工具

生产工具标本 29 件，其中石器 19 件，陶纺轮 10 件。

石器绝大部分为磨制，极少打制。本期遴选的十九件石生产工具标本，其质地皆为沉积岩大类中的泥质岩，其中灰色泥质岩石器有 10 件，占 52.6％；黑色泥质岩石器有 9 件，占 47.4％。石器大多有使用痕迹，观察其制作过程，大致是经过选料、打片、磨制或兼以琢制、钻孔等若干加工工序而形成成品。

陶生产工具主要为陶纺轮一类。现按器类叙述如下：

（1）砍伐、农业和狩猎工具

本期石器有石斧、石刀和石镞等，以石斧和石刀为多。

① **石斧**　4 件。器型不大。有梯形弧刃斧、长方形直刃斧和方形斧。

梯形弧刃斧　1 件。标本 ⅢT8C⑥：8，泥质岩，黑色。平面呈梯形，柄部平视呈弧状，刃缘弦长与柄部弦长不平行，成 8°夹角。两面刃，刃缘平视为斜刃，侧视呈直刃。全长 7.3、宽 4.8、厚 1.5 厘米。柄部弧长 3.4、刃缘弧长 5 厘米。重 82 克。刃角 54°（图六四，1；图版一二，1）。

长方形直刃斧　1 件。标本 ⅢT8C⑥：9，泥质岩，灰色。平面略呈长条形，柄部平直，刃缘弦长与柄部弦长不平行，略成 6°夹角。两面刃，刃缘平视为斜刃，侧视呈直刃。全长 9、宽 3.2、厚 2.1 厘米。柄弧长 2.8、刃缘弧长 3.3 厘米。重 50 克。刃角 70°

（图六四，2；图版一二，2）。

　　方形斧　2件。平面形状近方形，刃缘平视器形可分直刃和弧刃。

　　方形直刃斧　1件。标本ⅠT7A⑦：4，泥质岩，灰色，通体磨制。平面近方形，柄部及两侧边均留有加工的小疤，柄部斜直，刃缘弦长与柄部弦长平行。两面刃，刃缘平视为直刃微弧，侧视呈直刃，上有破碎的小疤。全长6、宽5.9、厚1.2厘米。柄部弧长

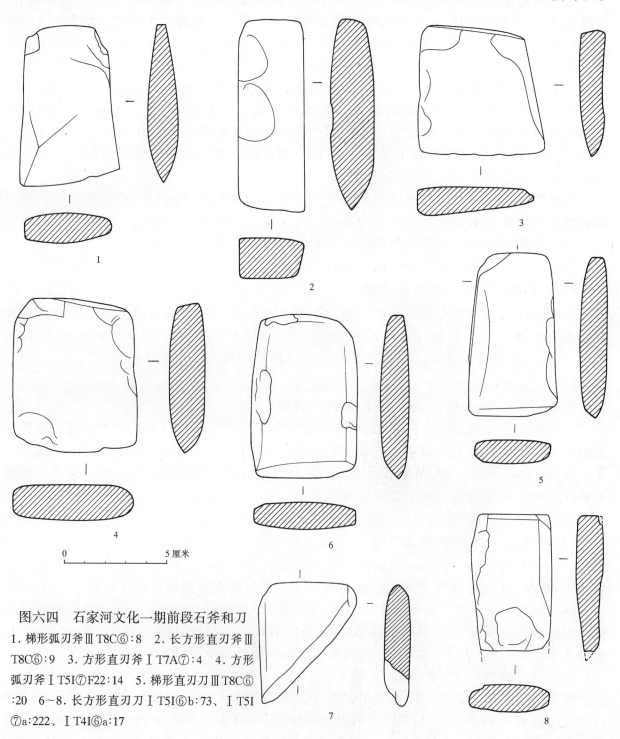

0　　　　　　　　　　5厘米

图六四　石家河文化一期前段石斧和刀

1.梯形弧刃斧ⅢT8C⑥：8　2.长方形直刃斧Ⅲ
T8C⑥：9　3.方形直刃斧ⅠT7A⑦：4　4.方形
弧刃斧ⅠT5I⑦F22：14　5.梯形直刃刀ⅢT8C⑥
：20　6～8.长方形直刃刀ⅠT5I⑥b：73、ⅠT5I
⑦a：222、ⅠT4I⑥a：17

4.9、刃缘弧长 5.9 厘米。重 86 克。刃角 60°（图六四，3；图版一二，3）。

　　方形弧刃斧　1 件。标本 ⅠT5I⑦F22：14，泥质岩，灰色，通体磨制。平面近方形。柄部平视略凸弧，刃缘弦长与柄部弦长平行。两面刃，刃缘平视为弧刃，侧视呈直刃，上有破碎的小疤。全长 7、宽 6、厚 1.7 厘米。柄部弧长 5.5、刃缘弧长 5.8 厘米。重 144 克。刃角 75°（图六四，4；图版一二，4）。

　　② **石刀**　8 件。有梯形直刃刀、长方形直刃刀和有孔刀。

　　梯形直刃刀　1 件。标本 ⅢT8C⑥：20，泥质岩，黑色，通体磨制。平面呈梯形，柄部平视呈平弧状，刃缘弦长与柄部弦长平行。一面刃，刃缘平视为直刃微弧，侧视呈直刃。全长 7.6、宽 4.2、厚 1.3 厘米。柄部弧长 3.1、刃缘弧长 4 厘米。重 78 克。刃角 59°（图六四，5；图版一二，5）。

　　长方形直刃刀　4 件。均直刃微弧。标本 ⅠT5I⑥b：73，泥质岩，灰色，通体磨制。平面呈长方形，柄部平视呈凸弧状，刃缘弦长与柄部弦长平行。一面刃，刃缘平视为直刃微弧，侧视呈直刃。全长 7.5、宽 5、厚 1.4 厘米。柄弧长 4.3、刃缘弧长 4.7 厘米。重 93 克。刃角 70°（图六四，6；图版一二，6）。标本 ⅠT5I⑦：222，泥质岩，黑色，通体磨制。仅存一段刃缘一面刃，刃缘平视为直刃微弧，侧视呈直刃。残长 5.5、宽 4.7、厚 1.2 厘米。刃缘弧长（残）4.8 厘米。重 41 克。刃角 73°（图六四，7）。标本 ⅠT4I⑥a：17，泥质岩，黑色，通体磨制。平面略呈长方形，两侧磨制，左侧有两面破碎的小疤，柄部平直，刃缘或断或未加工成。残长 6.3、宽 3.8、厚 1.3 厘米。柄部弧长 3.4 厘米。重 65 克（图六四，8）。标本 ⅢT8B⑥：19，条带状硅质岩，黑色，通体磨制。仅存器之一半，残段刃缘一面刃，刃缘平视直刃微弧，侧视呈直刃。残长 5～2.1、宽 7、残厚 0.8 厘米。残刃缘弧长 6 厘米。重 51 克。刃角 66°（图六五，1）。

　　有孔石刀　3 件。均为残器。残刀平面皆为横长方形。

　　长方形有孔刀　1 件。标本 ⅠT3I⑥：87，泥质岩，黑色，通体磨制。器身薄平。仅存半段。残柄部平视直微弧，刃缘弦长与柄部弦长平行，尚存残孔。一面刃，刃缘平视为直刃微弧，侧视呈直刃。残长 3.4、宽 6.1、厚 0.6 厘米。柄部（残）弧长 5.5、刃缘残弧长 5.8 厘米。重 22 克。刃角 54°（图六五，2；图版一三，1）。

　　长方形有孔两刃刀　1 件。标本 ⅢT6A⑥：15，泥质岩，灰色，通体磨制，器身扁薄。刀有两刃，横、竖面一侧各磨制一刃，亦即两用刀。平面呈横长方形，横、竖刃缘平面形状皆直刃微弧。均为一面刃，侧视皆呈直刃。一半断失，仅存残孔及另半部。横刃缘上有残损小疤。残横长 4.5、竖宽 2.8、厚 0.6 厘米。竖刃缘弧长 2.5 厘米。重 15 克。刃角 60°（图六五，3）。

　　长方形有孔三刃刀　1 件。标本 ⅠT3I⑥：86，泥质岩，灰色，通体磨制。器身薄平，横长方形刀。仅存半段。刀的上、下缘及一侧皆为双面刃，刃平视皆直微弧，侧视呈直刃。上、下刃缘弦长平行，尚存残孔。侧视呈直刃。残长 3.5、残宽 4、厚 0.6 厘米。上刃缘（残）弧长 3.3、下刃缘（残）弧长 3.4、侧刃缘（残）弧长 1.1 厘米。重 15 克。下刃角 40°（图六五，4；图版一三，2）。

　　③ **石镞**　4 件。有长柳叶形镞和树叶形镞。

　　长柳叶形镞　3 件。标本 ⅠT1F⑥a：40，泥质岩，黑色，通体磨制。平面呈柳叶形，横剖面呈扁六边形。镞身扁薄，中为平面，两侧双刃，镞身后段残，锋尖略残。残长

3.9、宽1.8、厚0.3厘米。重3克。（图六五，5）。标本ⅠT5Ⅰ⑥a:170，泥质岩，灰色，通体磨制。平面呈柳叶形，横剖面呈扁梭形。镞身扁薄，中为平面，两侧缘为双面弧刃，锋尖与末端残。残长5、宽2.2、厚0.3厘米。重3克。（图六五，6）。标本ⅠT3Ⅰ⑥:83，泥质岩，灰色，通体磨制。平面近柳叶形，横剖面呈扁椭圆形。镞似未加工完成。锋尖略残。残长5、宽1.8、厚0.4厘米。重5克（图六五，7）。

树叶形镞　1件。标本ⅠT1F⑥a:41，泥质岩，黑色，通体磨制。平面呈树叶形，横

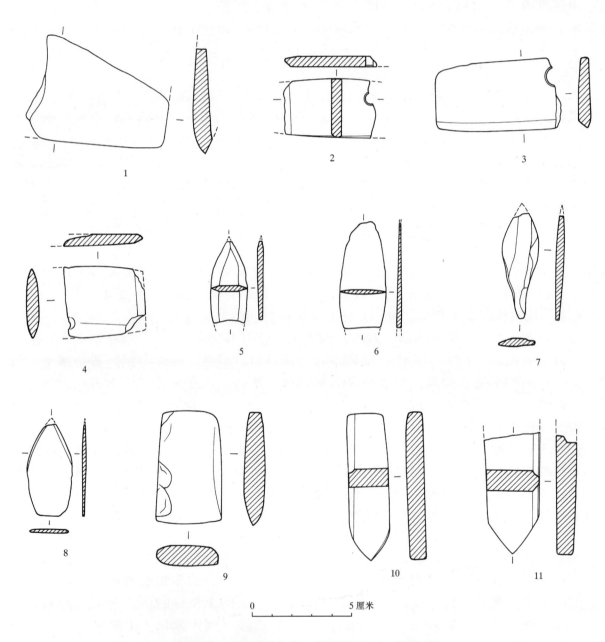

图六五　石家河文化一期前段石刀、镞和凿

1.长方形直刃刀ⅢT8B⑥:19　2.长方形有孔两刃刀ⅢT6A⑥:15　3.长方形有孔刀ⅠT3Ⅰ⑥:87

4.长方形有孔三刃刀ⅠT3Ⅰ⑥:86　5~7.长柳叶形镞ⅠT1F⑥a:40、ⅠT5Ⅰ⑥a:170、ⅠT3Ⅰ⑥:83

8.树叶形镞ⅠT1F⑥a:41　9.锛形凿ⅠT5Ⅰ⑥:181　10、11.圭形凿ⅠT5Ⅰ⑥a:160、ⅠT3B⑥:8

剖面扁长条形。镞身扁薄且平，锋尖略残。残长 4.4、宽 2.2、厚 0.2 厘米。重 2 克（图六五，8；图版一三，3）。

（2）手工艺工具

本期手工艺工具仅有石凿。

石凿　3 件。平面形状有锛形和圭形。

锛形凿　1 件。平面器形似锛状。标本ⅠT5Ⅰ⑥a：181，泥质岩，灰色，通体磨制。刃端略宽于柄端，柄部平直微弧，刃缘弦长与柄部弦长平行。一面刃，刃缘平视为弧刃，侧视呈直刃。全长 5.5、宽 3.3、厚 1 厘米。柄部弧长 2.6、刃缘弧长 3.4 厘米。重 34 克。刃角 57°（图六五，9；图版一三，4）。

圭形凿　2 件。平面形状呈圭形。标本ⅠT5Ⅰ⑥a：160，泥质岩，黑色，通体磨制。平面呈长条圭形，器身扁平，一侧边有一纵向凹槽，可能是石材原有的切割痕。形成刃缘的两个面长度分别为 1.6、1.7 厘米，刃侧缘宽 0.8 厘米。全长 7、宽 2、厚 0.9 厘米。重 29 克。刃角 72°（图六五，10；图版一三，5）。标本ⅠT3B⑥：8。泥质岩，黑色，通体磨制。平面呈长条圭形，器身扁平，一侧有凸棱，刃缘两面长度分别为 2.2 厘米、2 厘米，刃侧缘宽 0.8 厘米。残长 5.8、宽 2.6、厚 1 厘米。重 35 克。刃角 75°（图六五，11；图版一三，6）。

（3）纺织工具

仅有圆饼状陶纺轮一类。均为泥质陶，手制。

陶纺轮　10 件。本期纺轮全为两面平面（简称"平面"）。依纺轮周边边侧器形有弧边和折边两种。陶色有褐、黄、黑、红褐色。

平面弧边纺轮　5 件。弧边。标本ⅠT1G⑥a：31，泥质褐陶。保存完整，制作较规整。两面平面，边侧弧边。素面。直径 4、孔径 0.3、厚 0.6 厘米（图六六，1；图版一四，1）。标本ⅠT1F⑥c：29，泥质黑陶。边缘略残破，中部横断成两半，制作较规整。两面平面，周边边侧为弧边。素面。直径 4.5、孔径 0.5、厚 0.6 厘米（图六六，2；图版一四，2）。标本ⅠT5Ⅰ⑥a：54，泥质黄陶。保存完整，制作较规整。两面平面，孔周围略凸起一圆圈，周边边侧为弧边。素面。直径 4.2、孔径 0.5、厚 1.1 厘米（图六六，3；图版一四，3）。标本ⅠT5Ⅰ⑦F22：8，泥质黑陶。保存完整，制作较规整。两面平面，一面有一周棱边，一面中间微凸弧。边侧为弧边。一面上有一由单直线型划道交叉组成的"十"字形划纹，另一面上有一由单直线型划道交叉组成的"米"字形划纹。直径 3.6、孔径 0.2、厚 0.5 厘米（图六六，4；图版一四，4）。标本ⅠT1G⑥a：30，泥质红陶。保存完整，制作不规整。两面平面，边侧为折边。孔周围略凸起一圆台。素面。直径 3.7、孔径 0.4、厚 0.9 厘米（图六六，5；图版一四，5）。

平面折边纺轮　5 件。折边状。标本ⅠT3Ⅰ⑥：181，泥质红褐陶。保存完整，制作较规整。两面平面，边侧为折边。孔周围略凸起一圆台。素面。直径 3.2、孔径 0.4、厚 1 厘米（图六六，6；图版一四，6）。标本ⅠT3Ⅰ⑥：172，泥质红陶。保存完整，制作较规整。两面平面，边侧折边。一面上有一由双直线型划道交叉组成的"十"字形划纹。直径 3.2、孔径 0.2、厚 0.5 厘米（图六六，7；图版一四，7）。标本ⅠT5Ⅰ⑥a：53，泥质红陶。边缘略残破，制作较规整。两面平面，边侧为折边。素面。直径 3.7、孔径 0.7、厚 0.6 厘米（图六六，8；图版一四，8）。标本ⅠT5Ⅰ⑦：9，泥质红褐陶。保存完整，制作

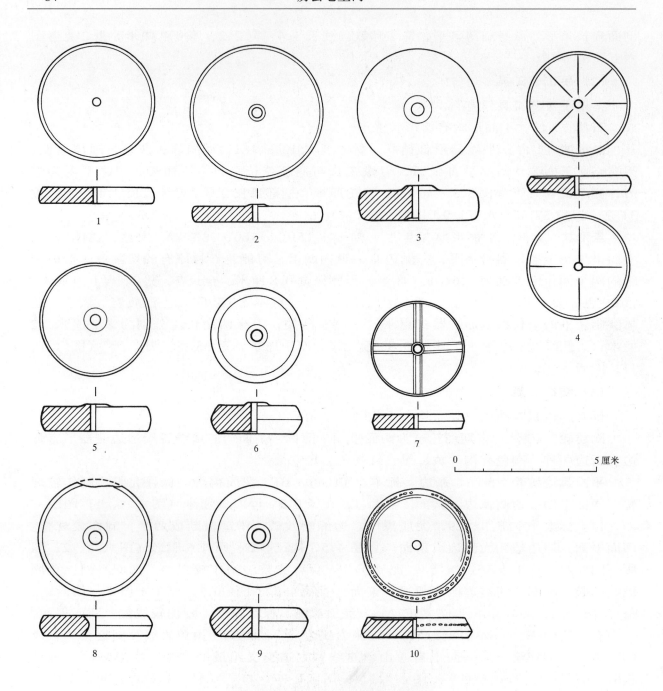

0　　　　　　　　　　　　　5 厘米

图六六　石家河文化一期前段陶纺轮
1～5．平面弧边陶纺轮ⅠT1G⑥a：31、ⅠT1F⑥c：29、ⅠT5I⑥a：54、ⅠT5I⑦F22：8、ⅠT1G⑥a：30
6～10．平面折边陶纺轮　ⅠT3I⑥：181、ⅠT3I⑥：172、ⅠT5I⑥a：53、ⅠT5I⑦：9、ⅠT5I⑥a：55

较规整。两面平，边侧为折边。素面。直径 3.4、孔径 0.3、厚 1 厘米（图六六，9；图版一四，9）。标本ⅠT5I⑥a：55，泥质红褐陶。保存完整，制作较规整。两面平面，一面有一周棱边，边侧为斜折边。斜折边上有一周箅点状戳印纹。直径 3.9、孔径 0.4、厚 0.6 厘米（图六六，10；图版一四，10）。

2．生活用具

生活用器全为陶器。本期选用陶器标本 102 件，其中完整器和复原器的标本 22 件，大部分出自文化层和灰坑中。

七里河遗址石家河文化一期前段的陶器质地分泥质、夹细砂陶两大类，个别陶夹陶末。陶质与部分器形保留屈家岭文化遗风，以泥质为主，夹细砂陶次之，有部分为夹细陶末的粗陶。泥质陶器的陶土一般经过淘洗，质地较细腻、纯净。依 H10、H12 两个灰坑统计（表一二），陶色大多不太纯正，以灰黑色陶为主，灰陶次之，少量红、黄陶。红、黄色陶多属杯、钵类器，少量彩陶。陶器多为素面，部分泥质陶器外表打磨光亮（俗称磨光陶）。常见的纹饰陶以篮纹为多，还有方格纹、宽带凸弦纹和镂孔，少量划纹、弦纹、戳印纹和指窝纹，极少刻划符号等。各种纹饰装饰陶器情况如下：

表一二　　　　　　　　　　　石家河文化一期前段部分单位陶系纹饰统计表

单 位	陶片数量与百分比	泥质陶				夹细砂陶				纹 饰					
		灰黑	灰	黄	红	灰黑	灰	黄	红	素面（磨光）	篮纹	方格纹	弦纹	划纹	宽带起棱纹
H10	269	93	42	20		38	46	30		160	66	29	6		8
	100%	34.6	15.6	7.4		14.1	17.2	11.1		60	24.5	10.7	1.5		2.3
H12	368	110	47	19	9	89	44	31	19	203	88	47	26	4	
	100%	29.89	12.79	5.2	2.4	24.18	11.96	8.3	5.28	55.2	24.18	13.04	7.2	1.1	

篮纹大多为拍印，分横篮纹和竖篮纹，多饰于罐、擂磨盆等器表。

弦纹可分为凹弦纹和凸弦纹，多饰于豆、罐、盆和瓮等器表。

方格纹可分为方格状和网状，纹饰较规整，多拍印于盆等器表。

镂孔分圆形和三角形，多在高圈足豆座上镂饰。

篦纹、戳印纹和指窝纹，多混合成组装饰在鼎足正面。

磨光装饰，多用于陶钵、碗、豆等饮食器的外表。

划纹，多饰于纺轮、擂磨盆等器表。

彩陶，数量较少，一般为红彩或黑色陶衣，纹样皆为晕彩、带彩，多施于斜腹杯等器表或口沿上。

刻划符号，个别罐底出现简单的刻划符号。

轮制陶器较少，大多陶器的制作方法以泥条盘筑为主，辅以慢轮修整，器口、腹表多留下轮痕，器内有泥条盘痕，此类器多为罐、盆、瓮等较大器型，器形大多不甚规整。器物多为手制。

生活用器可分为炊煮、饮食、盛贮器，及加工器具和附件三大类。现按器类分述于下：

（1）炊煮、饮食和盛贮器

炊煮、饮食、盛贮等生活用器中，已复原的陶器及陶片中可辨器形的器类有鼎、甑、鬶、杯、碗、钵、盘、豆、盆、罐和瓮等。

① **陶鼎**　没有能复原的。出土的鼎足较多。多为夹细砂陶，手制。

鼎足　14件。足形多样，依足面可分为锥状鼎足、窄扁状鼎足、宽扁状鼎足和柱状鼎足。

锥状鼎足　1件。标本ⅠT5I⑥a：70，夹砂红陶。足呈圆锥状。素面。足高7.7、宽2.6、厚1.9厘米（图六七，1）。

窄扁状鼎足　6件。依其中段横剖面的形状分椭圆状或三角状。

窄扁椭圆状鼎足　5件。标本ⅠT3I⑥：14，夹砂红陶。足呈扁平铲状，上窄下宽。足上端残存一个圆形按窝，足下端一角残。足高10.6、宽4.9、厚2.6厘米（图六七，2）。标本ⅠT3I⑥：15，夹砂黑陶。仅存足上半段。扁状足。足上端有两个横向排列的圆形按窝。残高4.9、宽5.6、厚1.8厘米（图六七，3）。标本ⅠT3I⑦H10：96，夹砂红陶。仅存足下半段。扁平铲状足，内外弧面，上窄下宽。素面。残高6.8、残宽3.2、残厚1.8厘米（图六七，4）。标本ⅠT5I⑥a：198，夹砂红陶。足下部残。足外面微弧，内为弧面。素面。残高8.2、宽5.2、厚2.8厘米（图六七，5）。标本ⅠT5I⑦：199，夹砂灰黑陶。仅存足上部。扁足外平面内为弧面。足上端有两个横向排列的扁圆形按窝，其下中部有一残按窝，两侧分别各饰一列竖向不规则小按窝和齿状按窝纹。手制。残高5、宽2.2、厚7.9厘米（图六七，6）。

窄扁三角状鼎足　1件。标本ⅠT5I⑦：227，夹砂红陶。足较高，足外面扁平内为角面，横剖面呈三角形。下端略窄。足上端有二个方圆形按窝，足面饰竖向错落不齐的戳印纹。足高14.6、宽5、厚3.3厘米（图六七，7）。

宽扁状鼎足　5件。依其中段横剖面的形状分为椭圆状或凹槽状。

宽扁椭圆状鼎足　4件。标本ⅠT3I⑦H10：5，夹砂红陶。足上部残。宽扁状足，足横剖面近椭圆形，两侧边缘较中部薄，外平面内面微弧。足面满饰竖向排列的戳印纹。足高9.8、宽7.6、厚1.8厘米（图六七，8）。标本ⅠT3I⑥：13，夹砂红陶。足下部残。足呈宽扁平状，上宽下窄。足表饰有黑色陶衣。残高8.9、宽7.7、厚8.6厘米（图六七，9）。标本ⅠT5I⑦：32，夹砂红陶仅存足中段。足呈宽扁平状。足面饰有五道竖向凹弦纹。手制。足高6.6、宽6.6、厚1.5厘米（图六七，10）。标本ⅠT5I⑥a：69，夹砂灰黑陶。足下部残。足呈宽扁平状，上宽下略窄。足上端起一横凸棱，足之中间有一垂直竖向凸棱，竖向凸棱上部有一按窝，两侧各有一按窝，足两侧边缘分别饰有纵向的齿状划纹。残足高9.7、宽7.3、厚1厘米（图六七，11）。

宽扁凹槽状鼎足　1件。标本ⅠT3I⑥：11，泥质灰陶。仅存足的上部，足大部残。足呈宽扁状，外平面、内面呈长方浅凹槽形。足上端有横向排列的三个按窝，足面满饰戳印纹。残高6.6、宽7.6、厚2.3厘米（图六七，12）。

柱状鼎足　2件。依其中部横剖面的形状分为方形柱状和椭圆形柱状。

方形柱状鼎足　1件。ⅠT3I⑦H10：6，夹砂红陶。足下部残。足呈长方形柱状，横剖面为正方形。足上端有一个扁圆形按窝。手制。残高5.9、宽3.2、厚2.4厘米（图六七，13）。

椭圆柱状鼎足　1件。标本ⅠT3I⑥：12，夹砂红陶。足下部残。足面饰竖向凸棱两个。足呈弧面柱状，横剖面似竖椭圆形，内为尖弧面。足上端有一个圆形按窝。残高

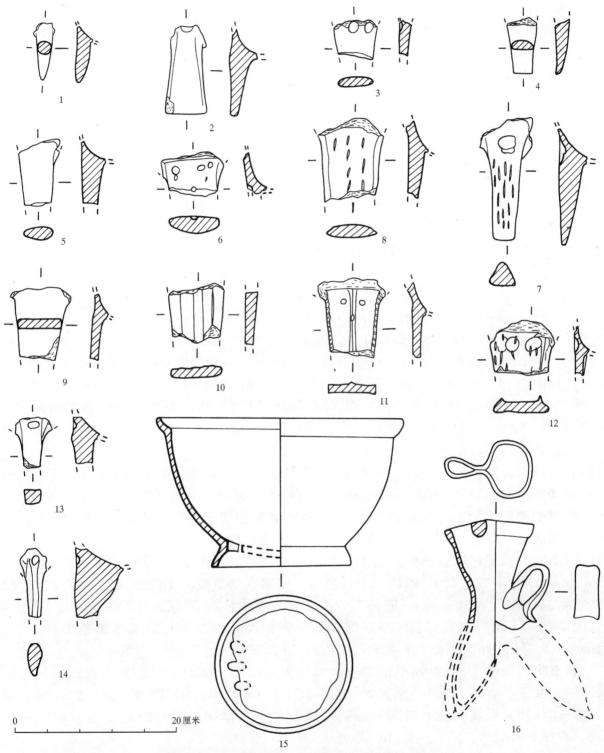

图六七　石家河文化一期前段陶鼎足、甑和鬹

1.锥状鼎足ⅠT5I⑥a:70　2～6.窄扁椭圆状鼎足ⅠT3I⑥:14、ⅠT3I⑥:15、ⅠT3I⑦H10:96、ⅠT5I⑥a:198、

ⅠT5I⑦:199　7.窄扁三角状鼎足ⅠT5I⑦:227　8～11.宽扁椭圆状鼎足ⅠT3I⑦H10:5、ⅠT3I⑥:13、ⅠT5I⑦:32、

ⅠT5I⑥a:69　12.宽扁凹槽状鼎足ⅠT3I⑥:11　13.方形柱状鼎足ⅠT3I⑦H10:6　14.椭圆柱状鼎足ⅠT3I⑥:12

15.盆形圈足甑ⅠT5I⑦:2　16.细长颈鬹ⅠT5I⑦F22:1

9.1、宽2.6、厚6.2厘米（图六七，14）。

②陶盆形圈足甑　1件。ⅠT5I⑦：2，泥质磨光黑陶，褐胎。敞口，宽折沿上仰，沿面下凹弧，圆唇，深弧腹下斜收成圜底，底部残存椭圆形箅孔3个，粗圈足外撇。素面。手制。高17.2、口径30、足径16.8厘米（图六七，15；图版一五，1）。

③陶细长颈鬶　1件。标本ⅠT5I⑦F22：1，夹陶末粗泥灰黑陶。仅残存器之上半部。瘦体。扁圆形敞口，水滴形捏流近管状，细口颈较高如喇叭状，束腰，颈部与残袋足上端一侧附有一宽带状环形鋬。鋬下三袋足残。素面。手制，上部经慢轮加工。火候高，质较硬。残高10、口径5～5.5、流径2.5、鋬宽2、鋬径2～4厘米（图六七，16；图版一五，2）。

④陶小杯　14件。以石家河文化一期为多。完整器和能复原器较多。杯多为经过陶洗的细泥陶，胎为橙红、橙黄色。有的刷有陶衣，有的绘晕彩，彩色多为黑色和红色，少有绘褐色彩的。小杯有器身似喇叭形腹、斜直腹、筒形腹和高圈足等器形。

喇叭形凹底杯　6件。标本M19：1，泥质红陶，薄胎。喇叭形口，尖唇，斜凹弧腹呈喇叭状，小平底微凹。素面。通高5.8、口径6.4、底径2.6厘米（图六八，1；图版一五，3中）。标本M19：2，泥质红陶，薄胎。喇叭形口，尖唇，斜凹弧腹呈喇叭状，小平底微凹。素面。通高5.8、口径6.3、底径2.2厘米（图六八，2；图版一五，3左）。标本M19：3，泥质红陶，胎薄。喇叭形口，尖圆唇，斜凹弧腹呈喇叭状，小平底微凹。素面。通高7、口径6.8、底径2.5厘米（图六八，3；图版一五，3右）。标本ⅠT5I⑦：5，泥质红陶，薄胎。喇叭形口，尖唇，斜凹弧腹呈喇叭状，小平底微凹。素面。通高6、口径6、底径2.6厘米（图六八，4）。标本ⅠT5I⑦F22：6，夹砂红陶，薄胎。喇叭形口，尖唇，斜凹弧腹呈喇叭状，小平底微凹。素面。通高5.8、口径6.2、底径2.4厘米（图六八，5；图版一五，4左）。标本ⅠT5I⑦F22：212，泥质橙黄陶。仅存残口及口下部分残腹。似为喇叭形口，残凹斜腹。腹部刷有红衣。残高3.6厘米（图版一五，4右）。

斜直腹陶杯　5件。胎壁厚薄不一，大致以底部的变化分为小平底和凹底。

斜直腹小平底杯　3件。标本ⅠT5I⑦：4，泥质红陶。敞口，方圆唇，斜直腹，小平底。腹部饰有淡黑色晕彩。通高8.4、口径6.1、底径2.6厘米（图六八，6；彩版三，1）。标本ⅠT5I⑦F22：159，泥质红陶。敞口，圆唇，斜直腹，小凹平底。上腹部饰有红色晕彩。通高7.7、口径5.4、底径2.6厘米（图六八，7；彩版三，2）。标本ⅠT5I⑦：3，泥质红陶。敞口，尖方唇，斜直腹，小平底特厚。腹部饰有数道淡黑色带状晕彩。通高8.6、口径6.6、底径2.9厘米（图六八，8；彩版三，3）。

斜直腹凹底杯　2件。标本ⅢT7J⑥：11，泥质红陶。敞口，尖圆唇，斜直腹，大平底微凹。素面。通高8.5、口径8.2、底径4厘米（图六八，9；图版一五，5）。标本ⅠT3I⑦H10：70，泥质红陶。口部残。斜直腹，小平底微凹。腹部饰有红色晕彩。残高8.6、底径2.9厘米（图六八，10；彩版三，4）。

筒形腹杯底　2件。标本ⅠT5I⑦F22：49，泥质灰陶。仅存杯下腹与底。筒形腹底外撇，大平底。近底处饰有一周凹弦纹。手制。残高4.7、底径7.4厘米（图六八，11）。标本ⅢT2C⑦：4，泥质黄陶。仅存杯下腹与底。筒形腹底外撇，大平底，底径略大于腹径。素面。手制。残高2.7、底径6.2厘米（图六八，12）。

高圈足杯底　1件。标本ⅠT5I⑥a：65，泥质灰陶。仅存杯圈足。筒形高圈足外撇

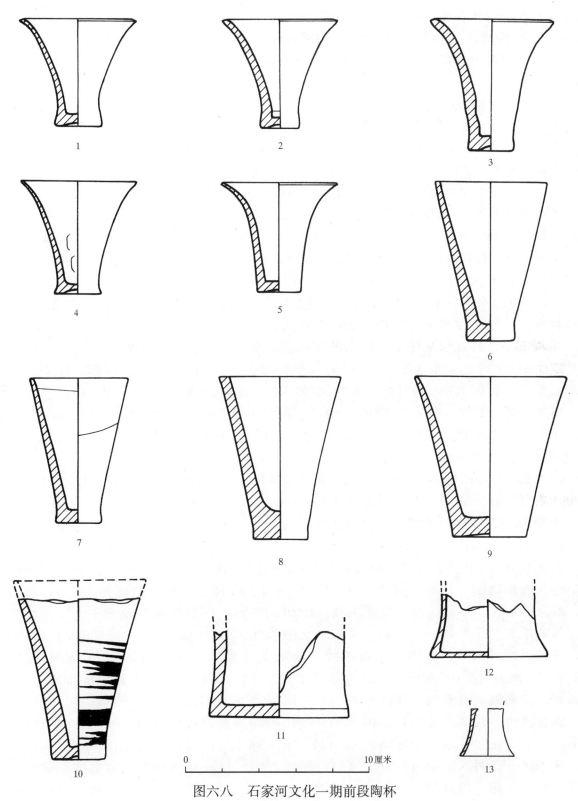

图六八　石家河文化一期前段陶杯

1~5.喇叭形凹底杯 M19:1、M19:2、M19:3、ⅠT5I⑦:5、ⅠT5I⑦F22:6　6~8.斜直腹小平底杯ⅠT5I⑦:4、
ⅠT5I⑦F22:159、ⅠT5I⑦:3　9、10.斜直腹凹底杯ⅢT7J⑥:11、ⅠT3I⑦H10:70
11、12.筒形腹杯底ⅠT5I⑦F22:49、ⅢT2C⑦:4　13.高圈足杯底ⅠT5I⑥a:65

素面。手制。残高 5.4、足径 6 厘米（图六八，13）。

⑤ **彩陶杯残片**　7 件。胎极薄，似为斜直腹杯残片。标本 ⅠT5A⑥a:16，泥质橙黄陶。仅存口残部。敞口，尖圆唇，斜直腹以下残。杯口内壁饰有两周横向宽带状黑彩，杯口外表至腹部饰有横向宽带状黑彩。残高 3.5、口径 9 厘米（彩版四，1）。标本 ⅠT5I⑦a:213，泥质橙黄陶。仅存口残部。敞口，圆唇，斜直腹以下残。杯口内壁饰有横向宽带状黑彩，杯口外表至腹部饰有横向宽带状黑彩。残高 4、口径 13 厘米（彩版四，2）。标本 ⅠT5I⑦:214，泥质橙黄陶。仅存口残部。敞口，圆唇，斜直腹以下残。口内外有横向宽带状黑彩，腹部刷有红衣，腹外有不规则黑彩。残高 7、口径 12 厘米（彩版四，3）。标本 ⅠT5I⑦F22:215，泥质橙黄陶。仅存腹残部。斜直腹以下残。腹部外刷有横向宽带状红衣。残高 5.6 厘米（彩版四，4）。标本 ⅠT5I⑥a:216，泥质橙黄陶。仅存口残部。敞口，方唇，斜直腹以下残。唇上有红衣，杯口外表饰有横向宽带状黑彩。残高 3.2、口径 9.6 厘米（彩版四，5）。标本 ⅠT3I⑦:169，细泥橙黄陶。陶片器形似为杯之斜直腹片。腹表刷有红衣，红衣上饰有 5～6 周条带状（宽窄不一）黑彩。残长 3.6、残宽 3、胎厚 0.2 厘米（彩版四，6）。标本 ⅠT5I⑦:212，泥质橙黄陶。仅存口残部。口略残斜直腹以下残。腹部刷有红衣。手制。残高 3.6 厘米（彩版四，7）。

⑥ **陶碗**　3 件。仅复原了一件。依碗的腹部变化，有双腹和斜弧腹。

双腹碗　1 件。标本 ⅠT1G⑥a:56，泥质灰陶。仅存口沿及沿下残腹。敞口，尖圆唇，双腹，下腹以下残。素面。手制。残高 5.2、口径 24 厘米（图六九，1）。

斜弧腹碗　1 件。标本 ⅠT5I⑦F22:7，泥质灰黑陶。敞口微侈，圆唇，小平折沿，深斜弧腹，矮直圈足。下腹饰有一周凸弦纹。手制。通高 9.5、口径 24、圈足径 8 厘米（图六九，2；图版一六，1）。

碗圈足　1 件。标本 ⅠT5I⑦:52，泥质灰陶。仅存腹底残部与圈足部分。碗圜底，花瓣状圈足极矮。素面。手制。残高 2.8、足径 9 厘米（图六九，3）。

⑦ **陶钵**　5 件。均为泥质陶，有的经过打磨，器表光亮。手制。器形规整。口缘较薄，依钵的腹部变化，分为斜弧腹和斜直腹。

斜弧腹钵　4 件。标本 ⅠT4A⑥a:4，泥质红陶。敞口微敛，圆唇，深斜弧腹下收成圜平底，底部微凹。素面。通高 7.1、口径 16.4、底径 6.4 厘米（图六九，4；图版一六，2）。标本 ⅠT1F⑥a:27，泥质黑陶。敞口，圆唇，深斜弧腹下收成平底。素面。手制。通高 7.8、口径 16.4、底径 6.4 厘米（图六九，5；图版一六，3）。标本 ⅠT1F⑥a:28，泥质黑陶。敞口，圆唇，深斜弧腹下收成大平底。素面。通高 6、口径 16、底径 6.8 厘米（图六九，6；图版一六，4）。ⅠT5I⑦:41，泥质黑陶。下腹至底部残。敞口，尖圆唇，深斜弧腹。素面。残高 6.4、口径 16.4 厘米（图六九，7；图版一六，5）。

斜直腹钵　1 件。标本 ⅠT4I⑥:20，泥质黑陶。底部残。敞口，圆唇，斜直腹。唇内部有一周凹弦纹。素面。残高 8.8、口径 14.8 厘米（图六九，8；图版一六，6）。

⑧ **陶盘**　1 件。标本 ⅠT5I⑦:155，泥质灰陶。仅存口腹局部，底部残。敞口，厚缘唇，斜弧浅腹，腹底微收。素面。残高 5、口径 21.6、底径 17.2 厘米（图六九，9；图版一七，1）。

⑨ **陶豆**　11 件。以泥质陶为主，极少夹砂陶。多为灰黑色和灰色陶，极少红陶和褐衣陶。手制。均为残器，没有能复原全器的。有的仅存豆盘，残存的豆圈足较多。豆

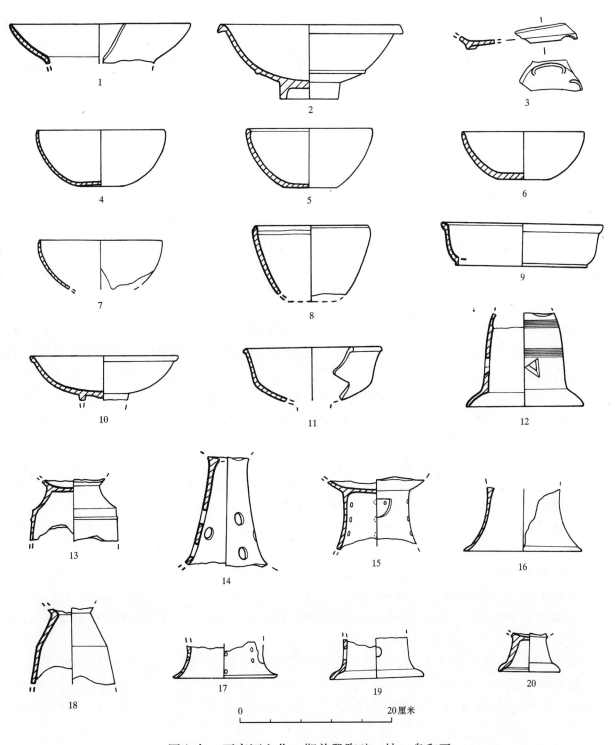

图六九　石家河文化一期前段陶碗、钵、盘和豆

1. 双腹碗ⅠT1G⑥a:56　2. 斜弧腹碗ⅠT5I⑦F22:7　3. 碗圈足ⅠT5I⑦:52　4~7. 斜弧腹钵ⅠT4A⑥a:4、ⅠT1F⑥
a:27、ⅠT1F⑥a:28、ⅠT5I⑦:41　8. 斜直腹钵ⅠT4I⑥:20　9. 盘ⅠT5I⑦:155　10. 浅盘豆ⅠT5I⑥a:68　11. 钵形
豆ⅠT5I⑦:48　12. 覆钟形豆圈足ⅠT5I⑥a:67　13. 折筒形豆圈足ⅠT5I⑦:46　14~17. 喇叭形豆圈足ⅠT1F⑥a:
32、ⅠT5I⑦F22:43、ⅠT5I⑦F22:44、ⅠT5I⑥a:66　18. 裙状豆圈足ⅠT5I⑦F22:45　19、20. 直筒形豆圈足ⅠT5I
⑦F22:42、ⅢT6A⑥:10

盘有斜弧浅盘豆和钵形豆两种器形。豆圈足中有直筒形、喇叭形、折筒形和覆钟形等器形。

浅盘豆　1件。标本ⅠT5I⑥a:68，泥质灰陶，有褐衣。仅存豆盘。敞口，圆唇，带状厚口缘。斜弧腹浅盘，高圈足残。素面。残高5.2、口径19厘米（图六九，10）。

钵形豆　1件。标本ⅠT5I⑦:48，泥质灰陶。仅存豆盘。敞口，沿微卷，圆唇，深钵形腹下折弧收，腹部以下残。素面。豆盘高6.5、口径17.6厘米（图六九，11）。

豆圈足　9件。圈足有粗有细，高矮不一。有的既粗且矮。按其器壁外形分为覆钟形、折筒形、喇叭形、裙式和直筒形等。

覆钟形豆圈足　1件。标本ⅠT5I⑥a:67，泥质灰陶。仅存残圈足。圈足粗大呈覆钟状。圈足上半部饰有两组凸弦纹，每组有三周凸弦纹，下半部周身饰有三个对称的三角形镂孔。残高11.8、足径15.6厘米（图六九，12）。

折筒形豆圈足　1件。标本ⅠT5I⑦:46，泥质灰陶。仅存盘底和残圈足中部。豆盘圜底，圈足上斜凹弧折成直筒腹，中部以下残。圈足上饰一周宽带状凸弦纹。残高8厘米（图六九，13）。

喇叭形豆圈足　4件。标本ⅠT1F⑥a:32，泥质灰黑陶，褐胎。圈足下部残。高圈足上细下渐粗呈喇叭状，圈足底部残。圈足周身饰三组镂孔，每组由两个竖向圆形镂孔其间中心夹一圆形镂孔组成，尚残存九个镂孔。残高13.7厘米，镂孔孔径1.5厘米（图六九，14）。标本ⅠT5I⑦F22:43，泥质黑陶，褐胎。仅存盘底与圈足中部。豆盘为圜平底，喇叭状粗圈足外撇，下残。圈足周身饰四组镂孔，三组由三个竖向圆形小镂孔组成，一组为一个半月形大镂孔。残高9.2厘米（图六九，15）。标本ⅠT5I⑦F22:44，泥质灰陶。仅存圈足下部。残圈足呈喇叭状外撇。素面。残高8.4、足径16厘米（图六九，16）。标本ⅠT5I⑥a:66，泥质灰陶。仅存残圈足下部。圈足外撇。圈足上饰不规则形状小镂孔。残高6.8、足径14厘米（图六九，17）。

裙式豆圈足　1件。标本ⅠT5I⑦F22:45，泥质灰陶。仅存圈足上部。圈足似裙状，上细下弧粗，底部残。素面。残高9厘米（图六九，18）。

直筒形豆圈足　2件。标本ⅠT5I⑦F22:42，泥质灰陶。仅存残圈足。圈足直壁外撇。圈足上饰一个圆形镂孔。残高6.5、足径12.4厘米（图六九，19）。标本ⅢT6A⑥:10，夹细砂红陶。仅存盘底与圈足。盘圜底，圈足直筒形，足跟外撇呈大斜面座。素面。足高5.7、足径8厘米（图六九，20）。

⑩ **陶盆**　11件。主要为泥质陶，多为灰黑色陶，灰陶次之。手制。有的经慢轮加工，器表多经磨光，器形规整。绝大多数是素面，极少纹饰陶。多为器口至上腹残部，极少能复原的，仅复原一件。器形可分为卷沿盆、小折沿盆、平折沿盆、厚口缘盆和双腹盆。

卷沿盆　2件。标本ⅠT5I⑦F22:164，泥质灰黑陶。残存口沿及腹大部。沿微卷，口微侈，斜弧腹下残。素面。手制。残高6.4、口径24厘米（图七〇，1）。标本ⅠT5IF22:165，泥质灰黑陶。仅存口沿及沿下残腹。卷沿，敞口斜腹。素面。残高4.4、口径30.4厘米（图七〇，2）。

小折沿盆　1件。标本ⅠT3I⑦:75，夹陶末的泥质灰黄陶，局部呈黑色。尚存口沿及残腹部。小折沿，敞口尖唇，深弧腹，下腹近底处残。器表磨光，素面。残高8、口径 18 厘米（图七〇，3）。

　　平折沿盆　4 件。标本ⅠT5I⑦：10，夹砂黑陶。敞口，平折沿，沿面上有一周浅凹槽，圆唇，斜弧腹下收成平底。盆底略残。腹部满饰网格纹。手制。高 16.7、口径 32.4、底径 9 厘米（图七〇，4；图版一七，2）。标本ⅠT5I⑦F22：35，泥质灰黑陶。仅

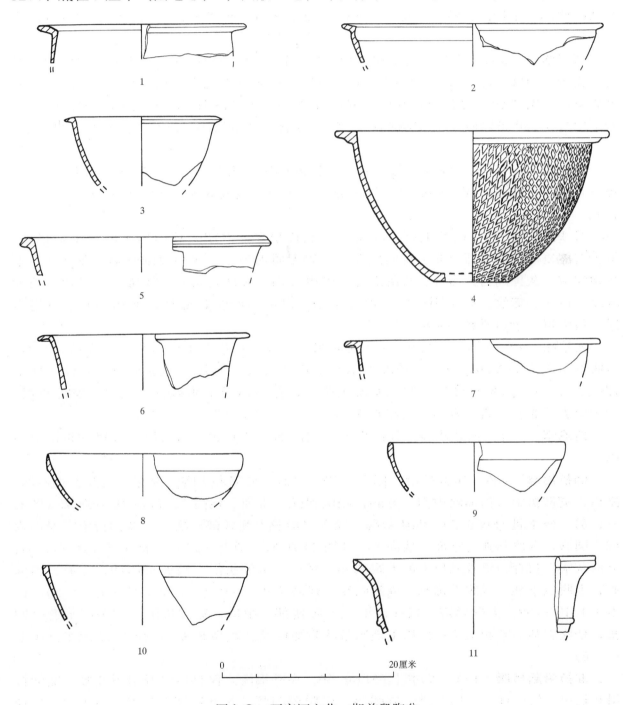

图七〇　石家河文化一期前段陶盆

1、2. 卷沿盆ⅠT5I⑦F22:164、ⅠT5I⑦F22:165　3. 小折沿盆ⅠT3I⑦:75　4～7. 平折沿盆ⅠT5I⑦:10、
ⅠT5I⑦F22:35、ⅠT5I⑦:167、ⅠT5I⑦:37　8～10. 厚口缘盆 1 T1G⑦:1、ⅠT1F⑥a:35、ⅠT5I⑦:156
11. 双腹盆ⅠT5I⑥a:61

存口沿及腹残部。敞口，平折沿，沿面略凸弧，圆唇，唇面有一周浅凹槽，斜弧腹以下残。器表磨光，素面。残高 4.5、口径 28.8 厘米（图七〇，5）。标本ⅠT5I⑦:167，泥质灰黑陶。仅存口沿及沿下残腹。平折沿，敞口圆唇，斜腹微弧。器表磨光，素面。残高 6、口径 24.8 厘米（图七〇，6）。标本ⅠT5I⑦:37，粗泥黑皮陶（夹陶末）。仅存口沿及腹残部。平折沿，敞口圆唇，斜直微弧腹。素面。残高 3.2、口径 29.5 厘米（图七〇，7）。

厚口缘盆　3件。器口外有带状厚缘。均为斜弧腹。素面。标本1T1G⑦:1，粗泥黑陶。宽带状厚缘，敞口尖唇。残高 4.4、口径 22 厘米（图七〇，8）。标本ⅠT1F⑥:35，夹砂灰陶。宽带状厚缘，敞口圆唇。残高 4.4、口径 16.8 厘米（图七〇，9）。标本ⅠT5I⑦:156，粗泥黑陶。窄带状厚缘，敞口方唇。残高 5.6、口径 24 厘米（图七〇，10）。

双腹盆　1件。标本ⅠT5I⑥a:61，粗泥灰黑陶（夹陶末）。仅存口沿及沿下残腹。敞口斜方唇，双弧折腹。唇面有一周凹弦纹。素面。残高 8.8、口径 28 厘米（图七〇，11）。

⑪ **陶罐**　21件。遗址里石家河文化出土罐很多，本期除墓内出土的完整陶罐外，极少有能复原的罐类器。多为罐的残器口。以泥质陶为主，次为夹细砂陶，较少夹陶末的粗泥陶。灰黑陶为大多数，灰陶次之，极少红陶。大部是素面，纹饰有凸弦纹、附加堆纹、篦纹、篮纹，有个别绳纹。均为手制，口部多经慢轮修整，器形规整。有卷沿罐、折沿罐、盘口罐和有领罐。

卷沿罐　2件。标本ⅠT3I⑥:9，泥质黑陶。仅存口沿及上腹残部。大卷沿，圆唇，残腹壁斜直，上腹部以下残。残腹上饰有 2 周凸弦纹。手制。残高 5、口径 24.4 厘米（图七一，1）。标本ⅠT5I⑦:20，泥质黑陶。仅存口沿及上腹残部。敞口，宽仰折沿，卷圆唇，残腹壁斜直。素面。残高 6.6、口径 24.8 厘米（图七一，2）。

折沿罐　7件。依其器形可分仰折沿（或沿面下凹）罐、仰折沿起棱罐和折沿穿系罐。

仰折沿罐　4件。宽仰折沿。标本ⅠT5I⑦:24，夹陶末灰陶。仅存口沿及上腹残部。敞口，宽仰折沿，沿面略内凹，方唇，残腹斜弧。素面。残高 7、口径 19.6 厘米（图七一，3）。标本ⅢT8B⑥:30，泥质灰陶。仅存口沿及上腹残部。敞口，宽仰折沿，沿面内凹，圆唇，残腹斜弧。素面。残高 8、口径 24 厘米（图七一，4）。标本ⅠT1G⑥a:34，夹砂灰陶。仅存口沿及其以下的上腹残部。敞口，宽仰折沿，沿面略内凹，方唇，斜弧腹，上腹以下残。残腹上饰有一周凸弦纹。残高 7.4、口径 15.2 厘米（图七一，5）。标本ⅠT5I⑥a:58，夹砂黑陶。仅存口沿及上腹残部。敞口，宽仰折沿，方圆唇上有一凹槽，残腹斜弧。残腹上饰有两周不规则带状附加堆纹。残高 8.4、口径 19.2 厘米（图七一，6）。

仰折沿起棱罐　1件。标本ⅠT5I⑥a:56，夹砂褐陶。仅存口沿及沿下残腹。宽仰折沿有折棱，沿凹面有三周凹槽，方圆唇，残腹壁圆弧。腹部饰竖向篮纹。残高 4、口径 22.4 厘米（图七一，7）。

折沿穿系罐　2件。标本ⅠT5I⑦:25，泥质灰陶。仅存口沿及上腹残部。宽仰折沿，沿面略内凹，残口沿沿面上残存一个圆穿，方唇，残腹斜弧，上腹部以下残。残腹上饰

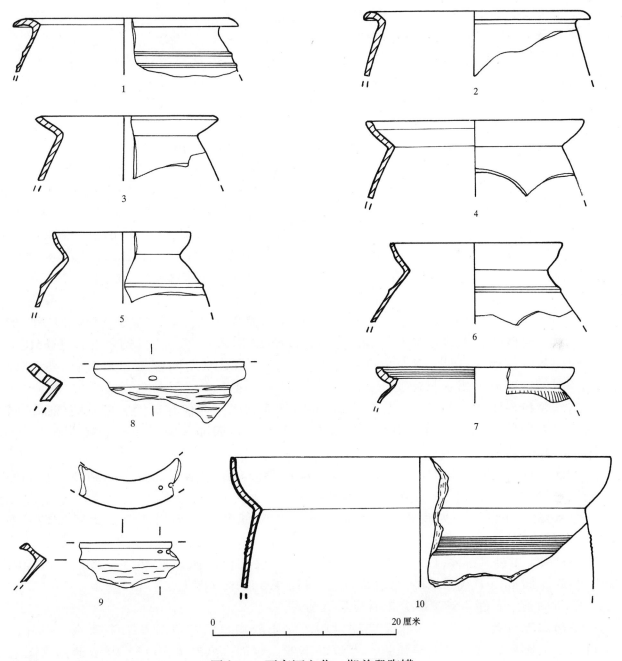

图七一　石家河文化一期前段陶罐

1、2. 卷沿罐ⅠT3I⑥:9、ⅠT5I⑦:20，3~6. 仰折沿罐ⅠT5I⑦:24、ⅢT8B⑥:30、ⅠT1G⑥a:34、ⅠT5I⑥a:58

7. 仰折沿起棱罐ⅠT5I⑥a:56　8、9. 折沿穿系罐ⅠT5I⑦:25、ⅠT5I⑦:223　10. 盘口罐ⅠT1F⑥a:31

有间断横篮纹。残高5厘米（图七一，8）。标本ⅠT5I⑦:223，夹砂灰陶。仅存口沿及上腹残部。宽仰折沿，残口沿沿面上残存一个小圆穿，残腹斜弧，上腹以下残。残腹上饰有间断横篮纹。残高5.2厘米（图七一，9）。

盘口罐　1件。标本ⅠT1F⑥a:31，泥质黑陶。仅存口沿及上腹残部。敞口，宽仰折沿，沿面内凹似盘口，圆唇，残直腹壁微弧。残腹上饰有4~5周凸弦纹，器表磨光。残高 13.6、口径 41.6 厘米（图七一，10）。

有领罐　9 件。分高直领和高斜领。

高直领罐　2 件。标本ⅠT1F⑥a:33，泥质黄灰陶。仅存口沿、领及肩残部。直领，斜弧肩，肩以下残。器表磨光，素面。残高 6.6、口径 11.6 厘米（图七二，1）。标本ⅠT5I⑦F22:50，泥质灰胎红皮陶。中腹以下残。口微侈，直领，残腹圆鼓。素面。残高 10.5、口径 9.8 厘米（图七二，2）。

高直领折沿罐　4 件。标本ⅢT8B⑥a:18，泥质红陶。仅存口沿及上腹残部。直领口有宽折沿，圆弧肩，鼓腹，中腹部以下残。肩部、残腹上各饰有三周一组的凸弦纹。残高 11.6、口径 18、腹径 33.2 厘米（图七二，3）。标本ⅠT5I⑦:28，泥质灰陶。仅存口沿、领及肩残部。直领口有宽仰折沿，弧肩，上腹部弧，肩以下残。素面。残高 6.8、口径 12.8 厘米（图七二，4）。标本ⅠT5I⑦:29，泥质黄灰陶。仅存口沿及领残部。直领口有宽仰折沿，颈部以下残。素面。残高 4.6、口径 12 厘米（图七二，5）。标本ⅠT5I⑦:30，泥质黑陶。仅存口沿、领及肩残部。直领口有宽仰折沿，弧肩，肩以下残。素面。残高 6.3、口径 11 厘米（图七二，6）。

高斜领罐　2 件。标本ⅠT5I⑦F22:26，泥质灰黑陶。仅存口沿部分。斜领似喇叭形口，广肩，肩及其以下残。素面。残高 6.3、口径 12 厘米（图七二，7）。标本ⅠT5I⑦:27，泥质灰陶。仅存口沿、领及肩残部。侈口，口内缘有一周凹弦纹，溜弧肩，肩部以下残。肩部饰四周垂弧状凸弦纹。残高 8.8、口径 12.4 厘米（图七二，8）。

高斜领折沿罐　1 件。标本ⅠT1F⑥a:36，泥质灰黑陶。仅存口沿、领及肩残部。斜直领微弧，领口有宽仰折沿，斜肩，肩及其以下残。肩部饰一周凸弦纹。残高 6.3、口径 14.4 厘米（图七二，9）。

罐底　1 件。标本ⅠT5I⑦:22，泥质灰陶，褐胎。仅存罐底部分。凹圜底。底部外有刻划符号"∨"。残高 2、底径 6.8 厘米（图七二，10）。

⑫ **陶瓮**　4 件。均为残器口和瓮底，没有能复原的。多为粗泥陶，火候较高。手制，口部经慢轮修整，器形规整。其器形有小口瓮和子母口瓮。

小口瓮　1 件。标本ⅠT3I⑦:3，泥质黑陶。仅存口沿及残腹部。小敛口，口缘略厚，斜腹，腹部以下残。素面。残高 3.2、口径 9.6 厘米（图七二，11）。

子母口瓮　2 件。斜颈部分为有穿和无穿。

子母口无穿瓮　1 件。标本ⅠT5I⑦:19，泥质灰陶。仅存口沿及沿下残腹。口外为子母口，尖圆唇，敛口。残斜弧腹，上腹以下残。素面。残高 6、口径 19.6 厘米（图七二，12）。

子母口有穿瓮　1 件。标本ⅠT5I⑦F22:18，泥质黑陶。仅存口沿及沿下残腹。口外为子母口，圆唇，子母口上残存两个圆形小穿孔，弧腹。素面。残高 3、口径 22.8 厘米（图七二，13）。

瓮底　1 件。标本ⅠT5I⑦F22:23。泥质黑陶。仅存残下腹部至底部。下腹斜直，平底内凹。素面。残高 2.8、底径 10.4 厘米（图七二，14）。

（2）加工器具

本期仅见擂磨盆类器。

陶擂磨盆　7 件。多为器口，仅一件复原器。多为夹细砂陶，极少泥质陶。手制，

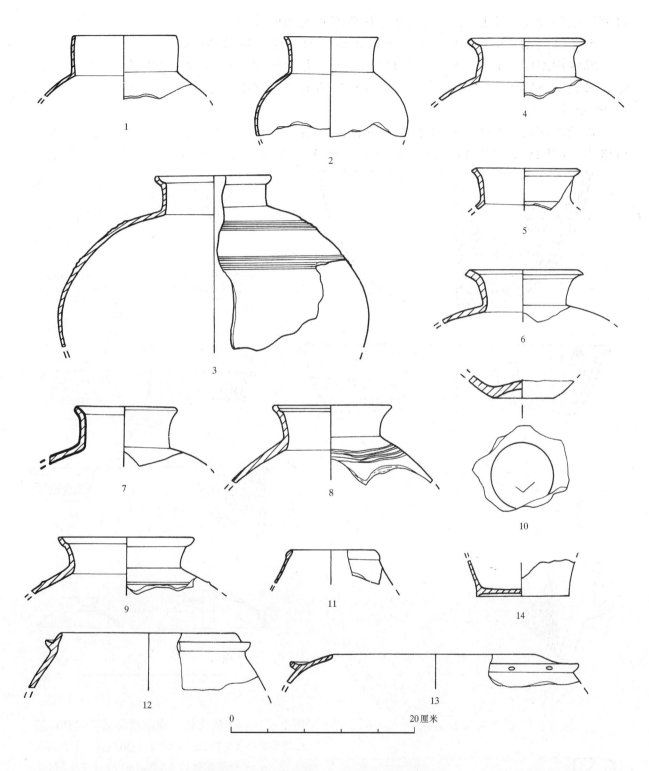

图七二　石家河文化一期前段陶罐和瓮

1、2. 高直领罐Ⅰ T1F⑥a∶33、Ⅰ T5I⑦F22∶50　3～6. 高直领折沿罐　Ⅲ T8B⑥a∶18、Ⅰ T5I⑦∶28、Ⅰ T5I⑦∶29、
Ⅰ T5I⑦∶30　7、8. 高斜领罐Ⅰ T5I⑦F22∶26、Ⅰ T5I⑦∶27　9. 高斜领折沿罐Ⅰ T1F⑥a∶36　10. 罐底Ⅰ T5I⑦∶22
11. 小口瓮Ⅰ T3I⑦∶3　12. 子母口无穿瓮Ⅰ T5I⑦∶19　13. 子母口有穿瓮Ⅰ T5I⑦F22∶18　14. 瓮底Ⅰ T5I⑦F22∶23

口部经慢轮加工。火候高，质地硬。有带流和无流两大类。

　　无流擂磨盆　6 件。依器物口部特征分为厚口缘、卷沿和平折沿。

　　厚缘擂磨盆　1 件。标本ⅠT1F⑥c：26，夹砂灰陶。口微敛，方唇略下凹，口缘略厚，弧腹，下腹弧收成平底。盆内壁有竖斜道刻槽。素面。手制。通高 17、口径 36、底径 10 厘米（图七三，1）。

　　卷沿擂磨盆　1 件。标本ⅠT5I⑥a：63，夹砂黑陶。仅存口沿及沿下残腹。小卷沿，口略侈，厚圆唇，残斜腹。盆内壁有竖道刻槽。素面。残高 7、口径 24 厘米（图七三，

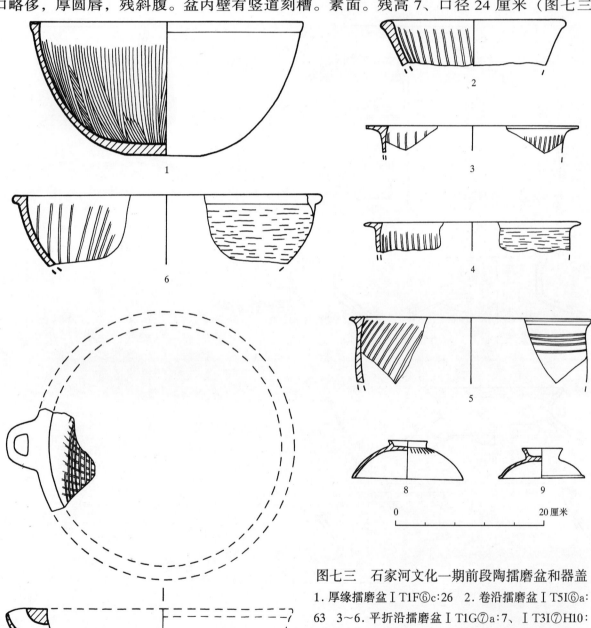

图七三　石家河文化一期前段陶擂磨盆和器盖
1.厚缘擂磨盆ⅠT1F⑥c：26　2.卷沿擂磨盆ⅠT5I⑥a：63　3～6.平折沿擂磨盆ⅠT1G⑦a：7、ⅠT3I⑦H10：8、ⅠT3I⑦H10：38、ⅠT5I⑥a：64　7.带流擂磨盆ⅠT1G⑥a：32　8.圈形纽器盖ⅠT5I⑦：12　9.盅形纽器盖ⅠT5I⑦：11

2）。

平折沿擂磨盆　4件。标本ⅠT1G⑦a：7，夹砂红陶。仅存口沿及沿下残腹。平折沿，口微敛，方唇，残斜直腹。盆内壁有竖道刻槽。腹表饰有细竖篮纹。残高3.3、口径28厘米（图七三，3）。标本ⅠT3I⑦H10：8，夹砂灰黄陶。仅存口沿及沿下残腹。敛口，平折沿略下垂，圆尖唇，残斜弧腹。盆内壁有竖道刻槽。腹表满饰横篮纹。残高4、口径29.2厘米（图七三，4）。标本ⅠT3I⑦H10：38，夹砂橙黄陶。仅存口沿及沿下残腹。敛口，平折，尖圆唇，残腹直壁微弧。盆内壁有斜竖道刻槽。腹表饰有四周凹弦纹。残高8.8、口径32.8厘米（图七三，5）。标本ⅠT5I⑥a：64，夹砂黑陶。仅存口沿及腹残部。口微敛，平折沿，圆唇，残斜弧腹。盆内壁有竖道刻槽。唇上饰有戳印纹，腹表饰横向篮纹。残高9.5、口径42厘米（图七三，6）。

带流擂磨盆　1件。标本ⅠT1G⑥a：32，夹砂黑陶。仅存口流及口沿下残腹。敞口，厚缘，缘边带一勺形流，残斜弧腹。盆内壁有横竖斜道刻槽。素面。残高8.6、口径34.6厘米（图七三，7）。

（3）附　件

仅有陶器盖一类。

陶器盖　2件。均为泥质陶，手制。依盖纽特征可分圈形纽和盅形纽器盖。

圈形纽器盖　1件。标本ⅠT5I⑦：12，泥质灰陶。矮圈纽，盖面圆弧，盖底敞口，底唇面有一周凹槽。圈纽周边的盖面上饰有放射状刻划纹。通高5.2、圈纽径5、底径15厘米（图七三，8；图版一七，3）。

盅形纽器盖　1件。标本ⅠT5I⑦：11，泥质黑褐陶。盖纽似小盅，盖面斜弧，敞口出小平沿。素面。通高4、盅形纽径5、底径12厘米（图七三，9；图版一七，4）。

3．其　它

选用骨生活用器和骨、陶质装饰品共4件。

① **骨针**　2件。标本ⅠT5I⑥a：74，器身呈细长扁圆锥体，上段残。针尖亦略残。骨质呈褐黄色，通体磨光。残长7、直径0.4厘米。重1克（图七四，1；图版一七，5左）。标本ⅠT5I⑦F22：16，器身呈细长扁圆锥体，上段残。骨质呈灰色，通体磨光。残长5.6、直径0.4厘米。重1克（图七四，2）。

② **骨笄**　1件。标本ⅠT1G⑥a：33，器身扁平呈长梭形。骨质呈褐色，通体磨光。长9.1、宽1.2、厚0.4厘米。重6克（图七四，3；图版一七，5右）。

③ **陶环**　1件。标本ⅢT8B⑥：20，泥质磨光黑陶，灰胎，仅存残段。残长6.4、直径6.8、宽1.7

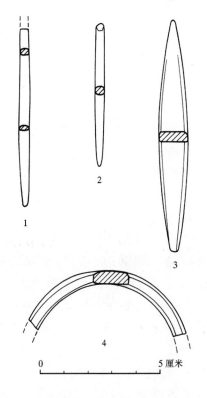

图七四　石家河文化一期前段
骨针、笄和陶杯

1、2．骨针ⅠT5I⑥a：74、ⅠT5I⑦F22：16

3．骨笄ⅠT1G⑥a：33　4．陶环ⅢT8B⑥：20

厘米，厚 0.6 厘米（图七四，4；图版一七，6）。

（二）石家河文化一期后段遗物

本期选用遗物标本 203 件。主要是石器和陶器，有极少的骨器。陶器复原的器物不多，大多为残器或器形标本。按用途分为生产工具、生活用具和其它三大类。

1．生产工具

生产工具有 51 件，其中石器（料）27 件，陶纺轮 22 件，骨器 2 件，按用途可分为砍伐、农业、渔猎工具，手工艺工具和纺织工具几类。

石器绝大部分为磨制，只有一、二件为打制。石生产工具中，其质地可分为沉积岩和变质岩两大类。沉积岩中，灰色和黑色泥质岩的石器有 22 件，占整个石器的 81.48%；灰色砂岩、灰色粉砂岩、黑色粉砂质泥岩和灰色砾石石器各有一件，分别占整个石器的 3.7%。变质岩中的石英云母片岩石器仅一件，占整个石器 3.7%。现按器类分述如下：

（1）砍伐、农业和狩猎工具

此大类中，有石斧、石锛、石锄、石刀、有孔石刀和石镞等。其中以斧、石刀为多。

① **石斧** 5 件。全为磨制。有梯形斧、方形斧和长方形斧。

梯形斧 3 件。梯形或近梯形。依刃缘的不同特征可分直刃（直刃微弧）和弧刃石斧。

梯形直刃斧 1 件。标本 ⅣT4A⑤：2，泥质岩，灰色。平面略呈梯形，左右两侧有破损小疤。柄部平视凸弧，刃缘弦长与柄部弦长平行。两面刃，刃缘平视为直刃微弧，侧视呈直刃。全长 7、宽 6.1、厚 2.1 厘米。柄部弧长 4.5、刃缘弧长 6.3 厘米。重 176 克。刃角 71°（图七五，1；图版一八，1）。

梯形弧刃斧 2 件。标本 ⅠT8B⑤a：4，泥质岩，灰色。平面略呈梯形，柄部有破损小疤，两侧面及下部皆磨制成刃缘，两面刃。下部仅存部分刃缘，刃缘平视为弧刃，侧视呈弧刃。残长 15、残宽 8.3、厚 1.9 厘米。柄部弧长 5.8 厘米，下部刃缘弧长不明。重 339 克。刃角 52°（图七五，2）。标本 M3：3，粉砂质泥岩，黑色。平面呈梯形，有磨制的痕迹。两面刃，刃缘平视为弧刃，侧视呈直刃。长 7.1、宽 5.3、厚 1.8 厘米。柄部弧长 4.2、刃缘弧长 5.5 厘米。重 170 克。刃角 75°（图七五，3）。

方形斧 1 件。标本 ⅢT1B⑤a：8，粉砂岩，灰色。平面呈不规则方形，四周有破损疤痕。柄部平视凸弧，刃缘弦长与柄部弦长平行。两面刃，刃缘平视为直刃，侧视呈直刃。全长 7.9、宽 7.1、厚 1.4 厘米。柄部弧长 6.6、刃缘弧长 6.5 厘米。重 152 克。刃角 74°（图七五，4；图版一八，2）。

长方形斧 1 件。标本 ⅢT8B⑤a：21，泥质岩，黑色，通体磨制。残平面呈梯形，柄部断失，仅存一段刃缘。两面刃，刃缘平视为直刃微弧，侧视呈直刃。残长 4.7、宽 8.4、厚 1.8 厘米，刃缘残弧长 5.7 厘米。重 127 克。刃角 70°（图七五，5）。

② **石锛** 1 件。标本 ⅠT5I⑤a：125，泥质岩，黑色，通体磨制。平面略呈梯形。柄部平视微弧，刃缘弦长与柄部弦长不平行，成 8°夹角。一面刃，刃缘平视斜刃，侧视呈直刃。全长 4.6、宽 2.9、厚 1 厘米。柄部弧长 2.4、刃缘弧长 2.8 厘米。重 26 克。刃角

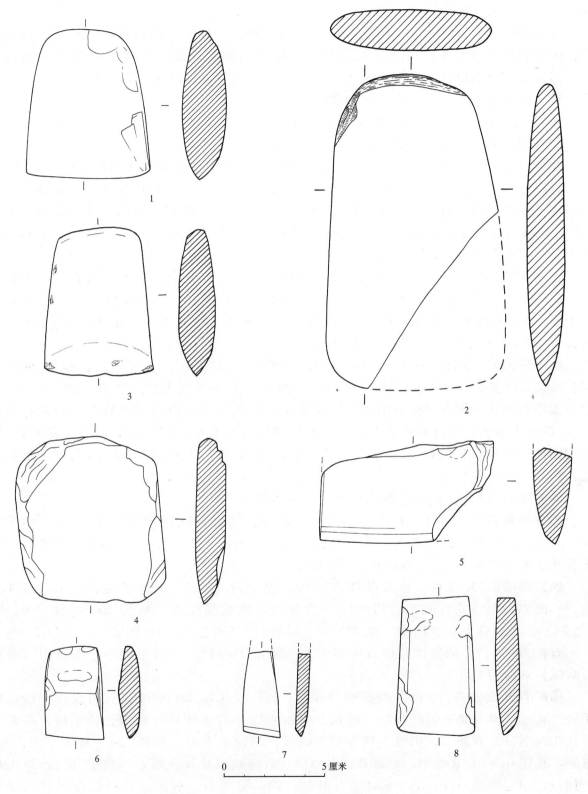

图七五　石家河文化一期后段石斧、锛和刀

1. 梯形直刃斧Ⅳ T4A⑤:2　　2、3. 梯形弧刃斧Ⅰ T8B⑤a:4、M3:3　　4. 方形斧Ⅲ T1B⑤a:8　　5. 长方形斧Ⅲ T8B⑤a:21

6. 锛Ⅰ T5I⑤a:125　　7. 梯形直刃刀Ⅰ T4B⑤a:16　　8. 梯形斜直刃刀Ⅰ T5I⑤a:180

63°（图七五，6；图版一八，3）。

③ **石锄**　1件。标本ⅠT4B⑤a：19，砂岩，灰色。打制，石材为一石片。平面呈梯形，两侧略加工出肩部。柄部平视凸弧，刃缘正向加工而成，刃缘弦长与柄部弦长平行。刃缘平视直刃微弧，侧视呈直刃。全长13.7、宽8.5、厚1.9厘米。柄部弧长4.1、刃缘弧长9.4厘米。重242克。刃角40°、38°（图版一八，4）。

④ **石刀**　10件。全为通体磨制。石刀分无孔石刀和有孔石刀。

无孔刀　5件。依平面器形有梯形刀和长方形刀。

梯形刀　3件。依刃缘平面形状分梯形直刃刀、梯形斜直刃刀和梯形弧刃刀三种。

梯形直刃刀　1件。标本ⅠT4B⑤a：16，泥质岩，灰色。平面略呈梯形，柄部有加工的小疤，柄部平视呈直缘，刃缘弦长与柄部弦长平行。一面刃，刃缘平视为直刃，侧视呈直刃。全长6.7、宽3.8、厚1.1厘米。柄部弧长3.3、刃缘弧长3.8厘米。重66克。刃角60°（图七五，7；图版一八，5）。

梯形斜直刃刀　1件。标本ⅠT5I⑤a：180，泥质岩，灰色。柄部平视直，刃缘弦长与柄部弦长不平行，成15°夹角。一面刃，刃缘平视为斜直刃，侧视呈直刃。全长4.1、宽1.8、厚0.6厘米。柄部弧长1、刃缘弧长1.9厘米。重8克。刃角54°（图七五，8；图版一八，6）。

梯形弧刃刀　1件。标本ⅠT8A⑤：9，泥质岩，黑色。刀平面呈横向梯形，柄部平视直弧，刃缘弦长与柄部弦长基本平行。一面刃，刃缘平视为直刃微弧，侧视呈直刃。刀一面靠近柄端中部有一似太阳的圆形未穿孔，圆孔下有一弯月形未穿孔。圆形孔直径0.3、深0.1厘米；弯月形孔长1.1、宽0.3、深0.05厘米。全长2.6～3.3、宽5.9、厚0.7厘米。柄部弧长5.8、刃缘弧长5.7厘米。重33克。刃角78°（图七六，1；图版一九，1）。

长方形刀　2件。依刃缘平面形状有直刃和弧刃。

长方形直刃刀　1件。标本ⅠT8A⑤：12。泥质岩，黑色。平面呈长方形，柄部断失。一面刃，刃缘平视为直刃微弧，侧视呈直刃。残长3.3、宽3.6、厚0.8厘米。刃缘弧长3.5厘米。重18克。刃角66°（图七六，2）。

长方形弧刃刀　1件。标本ⅢT8C⑤：10，泥质岩，黑色。残平面呈长方形，柄部断失。一面刃，左角处有破损，刃缘平视为弧刃，侧视呈弧刃。残长10.5、宽7.6、厚1.6厘米。刃缘弧长7.5厘米。重213克。刃角56°（图七六，3；图版一九，2）。

有孔刀　5件。依平面器形有梯形刀和长方形刀两种。刀缘平面形状有直刃（或直刃微弧）和弧刃。

梯形有孔直刃刀　2件。残器形呈梯形。标本ⅠT3I⑤aH8：88，石刀仅存半段。泥质岩，灰色。器身薄平近横梯形。残柄部平视直缘，刃缘弦长与柄部弦长平行，尚存残孔，孔两面钻。双面刃，刃缘平视为直刃微弧，侧视呈直刃。残长3.1、宽5.2、厚0.7厘米。孔径0.6～0.8厘米。柄部残弧长4.7、刃缘残弧长4.9厘米。重17克。刃角30°（图七六，4；图版一九，3）。标本ⅠT3I⑤a：89，泥质岩，灰色。石刀仅存半段。器身薄平呈横梯形。残柄部平视呈弧状，刃缘弦长与柄部弦长平行，残孔尚存，未穿透。一面刃，刃缘平视为直刃微弧，侧视呈直刃。残长4.5、残宽3.5、厚0.8厘米。孔径0.9～1.1厘米。柄部残弧长3.5、刃缘残弧长3.2厘米。重22克。刃角41°（图七六，5）。

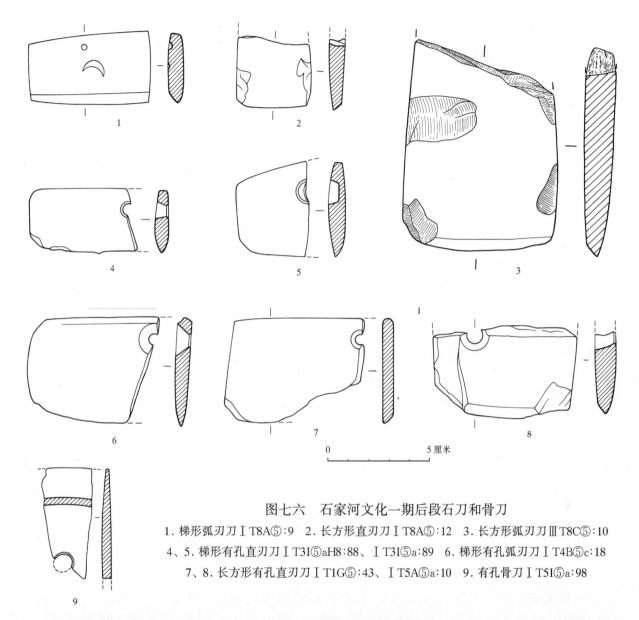

图七六　石家河文化一期后段石刀和骨刀

1. 梯形弧刃刀Ⅰ T8A⑤:9　2. 长方形直刃刀Ⅰ T8A⑤:12　3. 长方形弧刃刀Ⅲ T8C⑤:10

4、5. 梯形有孔直刃刀Ⅰ T3I⑤aH8:88、Ⅰ T3I⑤a:89　6. 梯形有孔弧刃刀Ⅰ T4B⑤c:18

7、8. 长方形有孔直刃刀Ⅰ T1G⑤:43、Ⅰ T5A⑤a:10　9. 有孔骨刀Ⅰ T5I⑤a:98

梯形有孔弧刃刀　1件。标本Ⅰ T4B⑤c:18，仅存半段。泥质岩，灰色。残平面呈横梯形，器身薄平。残柄部平视直，刃缘弦长与柄部弦长平行，尚存残孔，孔两面钻。双面刃，刃缘平视为弧刃，侧视呈直刃。残长5、宽6.2、厚0.7厘米。孔径0.6～1.5厘米。柄部残弧长5.6、刃缘残弧长4.6厘米。重36克。刃角34°（图七六，6；图版一九，4）。

长方形有孔直刃刀　2件。均为横长方形，直刃。标本Ⅰ T1G⑤:43，仅存半段。泥质岩，灰色。器身薄平。残柄部平视直，刃缘弦长与柄部弦长平行，尚存残孔，孔为单面钻。一面刃，刃缘平视为直刃，侧视呈直刃。残长4.9、宽6.6、厚0.5厘米。柄部残弧长6.1、刃缘残弧长3厘米。重31克。刃角50°（图七六，7）。标本Ⅰ T5A⑤a:10，仅存一段刃缘和残孔。泥质岩，黑色。器身薄平呈长方形。残孔两面钻。残段刃缘平面为直刃。残长4.3、宽7、厚1厘米。残孔径0.4～0.7厘米。刃缘残弧长5.3厘米。重54

克。刃角 64°（图七六，8）。

⑤ **有孔骨刀**　1件。标本ⅠT5I⑤a:98，孔以下及一侧残。器身为一骨片磨制而成，通体磨光，褐色。残刀平面呈长方形，大孔单面钻。刃缘平视为直刃，侧视呈弧刃，刃较钝。残长 5.1、残宽 2.5、厚 0.5 厘米。孔径 0.9～1 厘米。刃缘弧长 2.1 厘米。重 8 克。刃角 23°（图七六，9；图版一九，5）。

⑥ **石镞**　1件。标本ⅢT5A⑤:10，仅存镞之中部残段。泥质岩，黑色，通体磨制。器身中部残段为扁薄平面，横剖面呈扁平微弧。锋尖残。残长 1.7、宽 2、厚 0.2 厘米。重 1 克。（图七七，1）。

⑦ **骨镞**　1件。标本ⅠT4A⑤a:3，磨制。镞平视呈四菱形，器身两面为平面，锋端前段有边刃，锋尖较钝，横断面为六边形。骨质呈灰褐色，器表光滑。全长 6.2、最宽处 1.6、厚 0.4 厘米。重 4 克。锋刃角 60°、58°（图七七，2；图版二○，1）。

（2）手工艺工具、加工工具和余料

器类有石凿、工艺刀和石钻等。器形大多较小，器身全为通体磨制，有的制作精致。

① **石凿**　3件。石凿平视有斧形凿和锛形凿。

斧形凿　1件。标本ⅢT5B⑤:23，泥质岩，灰色。平面呈长方斧形，两侧有加工的小疤。柄部断失。两面刃，刃缘上有小疤，刃缘平视直刃微弧，侧视呈直刃。长 6.8、宽 4.4、厚 1.5 厘米。刃缘弧长 4.2 厘米。重 76 克。刃角 56°（图七七，3；图版二○，2）。

锛形凿　2件。标本ⅣT4B⑤:1，泥质岩，灰色。器身扁平。平面呈长方形，柄部及两侧有加工的小疤，柄部平直，刃缘弦长与柄部弦长平行。一面刃，刃缘平视直刃微弧，侧视呈直刃。全长 5.7、宽 4、厚 1.5 厘米。柄部弧长 3、刃缘弧长 3.6 厘米。重 65 克。刃角 66°（图七七，4；图版二○，3）。标本ⅠT3I⑤aH8:79，泥质岩，黑色，平面呈长条锛形，柄部平直，刃缘弦长与柄部弦长平行。一面刃，刃缘平视为斜直刃，侧视呈直刃。全长 5.3、宽 1.6、厚 1.3 厘米。柄部弧长 1.5、刃缘弧长 1.4 厘米。重 22 克。刃角 51°（图七七，5；图版二○，4）。

② **石工艺小刀**　1件。标本ⅢT5A⑤:9，泥质岩，灰色。平面呈长方形，左右两侧有破损的小疤。一端断失。残器上缘、下缘及一侧皆磨成刀刃，刃缘平视皆为弧刃，侧视呈弧刃。残长 2.1、残宽 2、厚 0.2 厘米。重 1 克。刃角 35°（图七七，6）。

③ **石钻**　1件。标本ⅠT3I⑤aH8:84，泥质岩，黑色。平面似树叶形，器身扁平。柄部平视呈圆弧状有残破疤痕。钻头平视呈圆形，应为圆锥钻，钻尖残断。残长 5.8、宽 2.2、厚 0.7 厘米。残钻头直径 0.2 厘米。重 12 克（图七七，7；彩版五，1）。

④ **砺石**　2件。均呈不规则长方形，四边不甚规整，全是凹缺疤痕。标本ⅢT5B⑤:32，砾岩（沉），灰色。一面为磨制器物使用过留下的光滑凹面，另一面有破损疤痕。光滑凹面上有一浅凹槽。长 5.3、宽 0.7、深 0.6 厘米。砺石残长 8、宽 4、厚 0.4 厘米。重 25 克（图七七，8）。标本ⅠT3I⑤aH8:90，器面一角缺损。石英云母片岩（变质岩），棕色。一面为磨制器物留下的光滑凹面，另一面为破损面。最长 11.8、最宽 7 厘米。残长 13.2、宽 8.6、厚 2.1 厘米。重 316 克（图七七，9）。

⑤ **石芯**　2件。标本ⅠT4B⑤c:11，泥质岩，灰色。圆形，中部有凸棱，应为两面

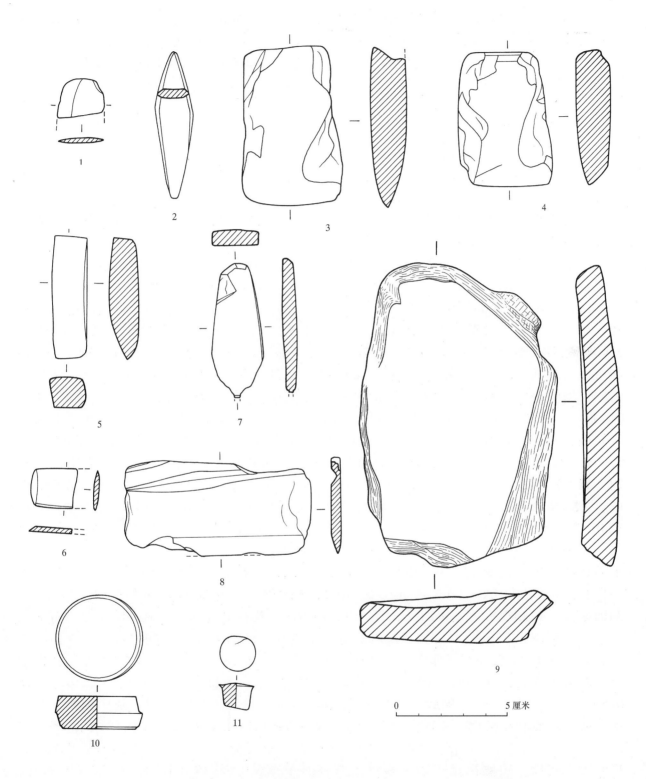

图七七　石家河文化一期后段石镞，骨镞，石凿、刀、钻、芯和砺石
1.石镞Ⅲ T5A⑤:10　2.骨镞Ⅰ T4A⑤:3　3.石斧形凿Ⅲ T5B⑤:23　4、5.石锛形凿Ⅳ T4B⑤:1、Ⅰ T3I⑤aH8:79
6.石工艺刀Ⅲ T5A⑤:9　7.石钻Ⅰ T3I⑤aH8:84　8、9.砺石Ⅲ T5B⑤:32、Ⅰ T3I⑤aH8:90
10、11.石芯Ⅰ T4B⑤c:11、Ⅰ T1F⑤a:47

钻的石芯。器为磨制石器的钻孔中留下的石钻芯，两面光滑，周边斜直，一面直径为3.5～3.6厘米，另一面直径为3.3～3.6厘米。重42克（图七七，10；图版二〇，5）。标本ⅠT1F⑤a:47，泥质岩，黑色。圆形，较厚，厚薄不均。为磨制石器的钻孔中留下的石钻芯，两面光滑，周边斜直，直径为1.2～1.4厘米，应为一面钻的石芯。重4克（图七七，11；图版二〇，6）。

（3）纺织工具

仅纺轮一类，全为陶制品。

陶纺轮　22件。均为泥质陶，手制。本期纺轮平面器形，有两面平面、一平面一弧面（简称"单弧面形"）和双弧面纺轮。

两面平面（简称平面）陶纺轮　16件。均为泥质陶。依纺轮周边边侧特征可分直边（或斜直边）、弧边和折边。

平面直边纺轮　7件。直边。标本ⅠT1B⑤a:7，泥质黑陶。残存器之小部分，制作不规整。两面平面，周边边侧为直边。素面。直径4.7、厚0.7、孔径0.4厘米（图七八，1）。标本ⅠT4A⑤:9，泥质灰陶。制作较规整。两面平面，边侧为直边。中心有双孔，呈"∞"形。素面。直径3.8、厚0.8、孔径皆0.4厘米（图七八，2）。标本ⅢT6A⑤:9，泥质红陶。仅存一半，制作较规整。两面平面，一面直径略大于另一面，边侧为斜直边。素面。直径4、厚0.4、孔径0.3厘米（图七八，3）。标本ⅢT8C⑤:6，泥质黑陶。边缘略破损，制作较规整。两面平面。边侧视直边。素面。直径4、厚0.6、孔径0.4厘米（图七八，4）。标本ⅣT7B⑤:1，泥质红陶，制作较规整。两面平面。平面边缘起棱，边侧直边。素面。直径4.1、厚0.5、孔径0.4厘米（图七八，5；图版二一，1）。标本ⅠT3I⑤b:175，泥质褐陶。保存完整，制作较规整。两面平面，边侧视为直边。素面。直径3、厚0.5、孔径0.2厘米（图七八，6）。标本ⅠT8A⑤:3，泥质红褐陶。一面略有破损。制作较规整。两面平面，边侧视直边。素面。直径4.6、厚0.8、孔径0.5厘米（图七八，7；图版二一，2）。

平面折边纺轮　6件。折边。标本ⅢT5A⑤:5，泥质红陶。制作较规整。两面平面，平面边缘起棱，边侧视折边。素面。直径3、厚1、孔径0.4厘米（图七八，8；图版二一，3）。标本ⅢT5A⑤:6，泥质红陶。边缘略破损。中间横断成两半，制作较规整。两面平面，边侧视折边。素面。直径3.1、厚0.8、孔径0.4厘米（图七八，9；图版二一，4）。标本ⅢT5B⑤:22，泥质灰陶。制作不规整。两面平面，边侧视折边。素面。直径3.4、厚0.9、孔径0.4厘米（图七八，10）。标本ⅢT8B⑤a:14，泥质红陶。制作规整。两面平面，一面中间凸起呈小圆台。边侧视折边。素面。直径3.1、厚0.9、孔径0.5厘米（图七八，11；图版二一，5）。标本ⅣT4A⑤a:3，泥质红陶。制作较规整。两面平面。边侧视略折边。素面。直径4.5、厚0.5、孔径0.4厘米（图七八，12；图版二一，6）。标本ⅠT1F⑤a:50，泥质红陶。仅残存一小部分，制作较规整。两面平面，一平面边缘起棱，边侧视呈折边。素面。直径4.1、厚0.6、残孔径0.2厘米（图七九，1）。

平面弧边纺轮　3件。弧边，一平面周边略起棱。标本ⅠT1F⑤a:21，泥质红陶。制作较规整。一面中心凸起呈小圆台。边侧视略弧边。素面。直径3.6、厚0.6、孔径0.4厘米（图七九，2；图版二一，7）。标本ⅣT4A⑤:1，泥质灰陶。制作较规整。两面平

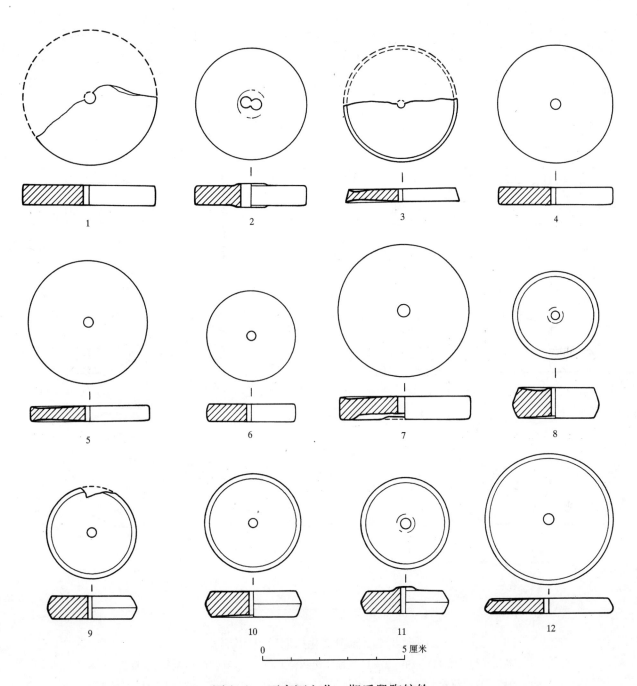

0　　　　　　　　　　　　　　5厘米

图七八　石家河文化一期后段陶纺轮

1~7. 平面直边纺轮 I T1B⑤a:7、I T4A⑤:9、Ⅲ T6A⑤:9、Ⅲ T8C⑤:6、Ⅳ T7B⑤:1、I T3I⑤b:175、I T8A⑤:3
8~12. 平面折边纺轮 Ⅲ T5A⑤:5、Ⅲ T5A⑤:6、Ⅲ T5B⑤:22、Ⅲ T8B⑤a:14、Ⅳ T4A⑤a:3

面。边侧视弧边。素面。直径 3.7、厚 0.9、孔径 0.4 厘米（图七九，3）。标本 Ⅲ T7J⑤:
8，泥质红陶。制作较规整。两面平面。一面中心凸起呈小圆台。边侧视弧边。素面。
直径 3.4、厚 0.8、孔径 0.3 厘米（图七九，4；图版二一，8）。

　　单弧面直边纺轮　　4 件。周边边侧器形均为直边。标本 I T3I⑤aH8:179，泥质黑
陶。制作不规整。一面平，一面弧面。边侧为直边。素面。直径 3.9、最厚 0.7、孔径

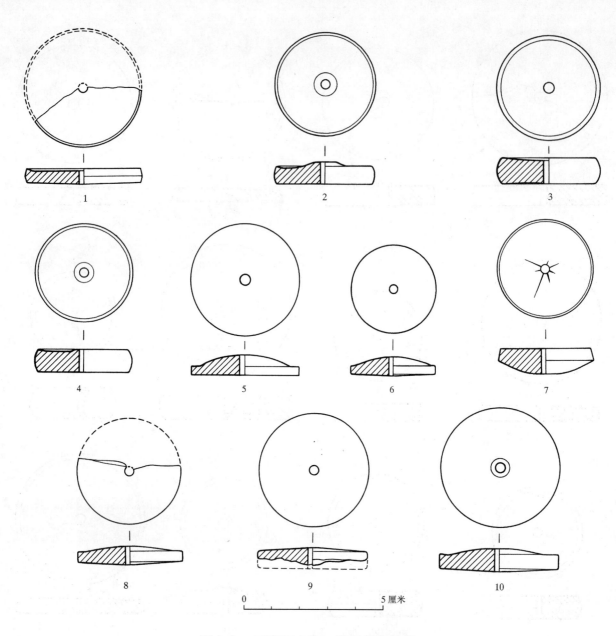

图七九　石家河文化一期后段陶纺轮
1.平面折边纺轮ⅠT1F⑤a:50　2~4.平面弧边纺轮ⅠT1F⑤a:21、ⅣT4A⑤:1、ⅢT7J⑤:8
5~8.单弧面直边纺轮ⅠT3I⑤aH8:179、ⅠT3I⑤aH8:180、ⅠT5I⑤a:92、ⅠT3I⑤aH8:178
9、10.双弧面直边纺轮ⅠT3I⑤a:174、ⅠT3I⑤aH8:177

0.4厘米（图七九，5）。标本ⅠT3I⑤aH8:180，泥质黑陶。制作较规整。一面平面，一面弧面。边侧为直边。素面。直径3、最厚0.6、孔径0.2厘米（图七九，6；图版二一，9）。标本ⅠT5I⑤a:92，泥质黑陶。制作较规整。一面平面，一面弧面。边侧视为直边。平面上有一单直线交叉组成的"米"字形划纹。直径3.4、最厚0.9、孔径0.3厘米（图七九，7；图版二一，10）。标本ⅠT3I⑤aH8:178，泥质黑陶。制作不规整。残存一面，另一面破损。一面平面，另一面不明。边侧为直边。素面。直径3.9、残厚0.4、孔径

0．2厘米（图七九，8）。

双弧面纺轮　2件。两面弧型，直边。标本ⅠT3I⑤a：174，泥质黑陶。制作较规整。两面呈弧状，一面周边缘起棱。边侧为直边。素面。直径4.1、最厚0.8、孔径0.3厘米（图七九，9；图版二一，11）。标本ⅠT3I⑤aH8：177，泥质黑陶。制作较规整，仅保存一半。两面弧面。边侧直边。素面。直径3.7、最厚0.7、孔径0.3厘米（图七九，10）。

2．生活用具

生活用具主要是陶器，比前段有所增加，选用陶器标本149件，其中较完整和复原的陶器有38件。

陶质分泥质和夹细砂陶两类。依H1、H14两个灰坑陶片的统计（表一三），质地仍以泥质陶为主，夹砂陶较一期前段有所增加。陶色仍以灰黑色陶为主，灰陶次之，较少黄陶和红陶。陶器仍以素面陶和磨光陶为主，纹饰仍以篮纹为多，还有方格纹、弦纹、附加堆纹、镂孔和宽带起棱纹等。新出现拍印绳纹、在鼎足上穿孔和在器座上饰链式圆圈附加堆纹，此三种纹饰发现极少，未单独立项统计。

表一三　　　　　　　　　　石家河文化一期后段部分单位陶系纹饰统计表

单位	陶片数量与百分比	泥质陶				夹细砂陶				纹　饰					
		灰黑	灰	黄	红	灰黑	灰	黄	红	素面（磨光）	篮纹	方格纹	弦纹	划纹	宽带起棱纹
H1	106	25	20	5	4	13	27	2	4	84	9	1	1	1	4
	100%	24.7	18.8	5.8	4.3	13.1	26.2	2.8	4.3	79.7	9.8	2.1	2.2	1.2	6.1
H14	79	22	12	2	5	27	6	5		61	8	2	2		6
	100%	27.8	15.3	2.3	6.3	34.2	7.6	6.3		77.9	10.1	2.2	2.2		7.6

本期发现彩陶，只是在部分斜腹杯口沿涂有一周带状红彩。

陶器制作技术仍沿袭前段以手制为主，钵等器具多采用泥条盘筑法，较大或大型器物口沿多经慢轮修整。生活用器可分为炊煮、饮食、盛贮器，加工器具和附件三大类。现分述如下：

（1）炊煮、饮食和盛贮器

本期的生活用具有陶鼎、釜、甑、鬶、杯、碗、钵、豆、盆、罐、瓮和缸等。其中以杯、罐数量最多。

①陶鼎　15件。包括鼎足在内，复原鼎仅一件，残存鼎足很多。均为夹细砂的夹砂陶。手制。

罐形鼎　1件。标本ⅠT3I⑤aH8：16，夹砂深灰陶。罐形鼎，仰折沿，沿面下凹，口略敛，尖圆唇，斜直深腹，大圜底。足横剖面近三角形，三棱锥形足尖略残。腹部至底部满饰网格纹，腹部与足相交处饰一周宽带状附加堆纹。足上端饰一个横向椭圆形按窝纹，按窝下饰竖向划纹。通高24.2、口径17.4、腹径22厘米（图八〇，1；彩版五，2）。

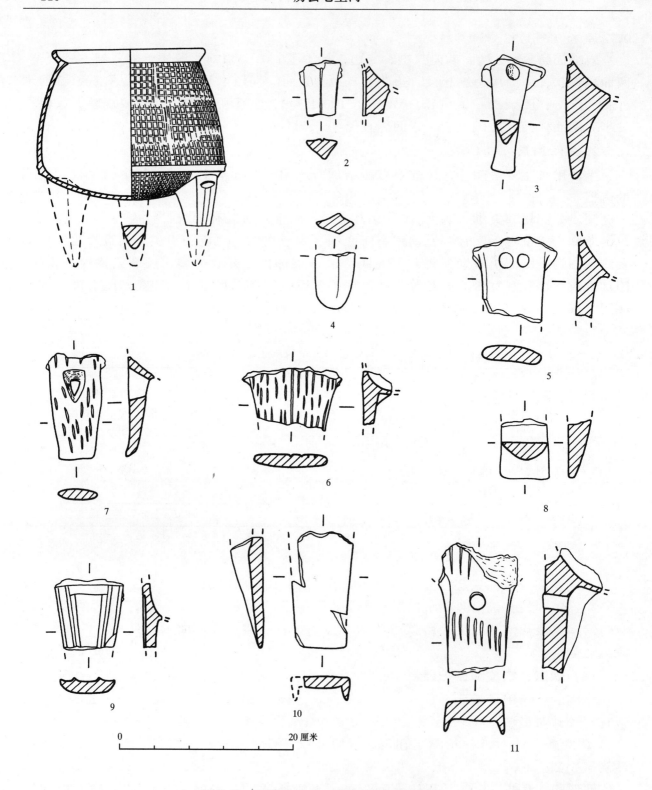

图八〇　石家河文化一期后段陶鼎和鼎足

1. 罐形鼎Ⅰ T3I⑤aH8:16　2、3. 窄扁三角状鼎足Ⅰ T1G⑤:23、Ⅰ T3I⑤aH8:42　4. 窄扁菱状鼎足Ⅰ T3I⑤aH8:44

5~7. 宽扁椭圆状鼎足Ⅲ T8B⑤a:17、Ⅰ T5I⑤a:93、Ⅰ T5I⑤a:95　8. 宽扁半圆状鼎足Ⅰ T3I⑤a:97

9. 宽扁起棱状鼎足Ⅰ T5I⑤a:97　10、11. 宽扁凹槽鼎足Ⅰ T3I⑤aH8:39、Ⅰ T5I⑤a:96

鼎足　14件。足平面形状有窄扁状、宽扁状和柱状。

窄扁状鼎足　3件。依其中段的横剖面形状分为窄扁三角状鼎足和窄扁菱状鼎足。

窄扁三角状鼎足　2件。标本ⅠT1G⑤:23，夹砂灰陶。足下部残。足正视呈窄条状，足外为平面，内为角面，横剖面呈三角状。足上端正中有一个扁圆形按窝。足面中部饰一竖向划纹。残高6.6、宽4.8、厚3.1厘米（图八〇，2）。标本ⅠT3I⑤aH8:42，夹砂红陶。足正视呈窄长铲状，上宽下窄。外为平面，内为角形，横剖面呈三角状。足上端正中有一个椭圆形按窝。足高13.2、宽6.4、厚4.8厘米（图八〇，3）。

窄扁菱状鼎足　1件。ⅠT3I⑤aH8:44，夹砂红陶。存足下半段。足正视有凸棱，横剖面呈菱形。素面。残高5.6、宽4.4、厚2.1厘米（图八〇，4）。

宽扁状鼎足　7件。依其中段的横剖面形状分为宽扁椭圆状鼎足、宽扁半圆状鼎足、宽扁起棱状鼎足和宽扁凹槽鼎足。

宽扁椭圆状鼎足　3件。标本ⅢT8B⑤a:17，夹砂灰陶。足下部残。足呈宽扁状，内外均为平面。足上端有两个横向排列的圆形按窝。残高8.8、宽9.2、厚2.4厘米（图八〇，5）。标本ⅠT5I⑤a:93，夹砂灰陶。仅存足上半部。足呈扁平状。足面满饰竖向戳印纹。残高6.4、宽11.2、厚1.6厘米（图八〇，6）。标本ⅠT5I⑤a:95，夹砂红陶。足正视呈宽扁铲状，上宽下窄，足跟外撇。内外两面均微弧，横剖面呈梭状扁圆形。足上部正中饰有一个三角形镂孔，足面满饰不规则的戳印纹。足高10.3、宽6.1、厚2.3厘米（图八〇，7）。

宽扁半圆状鼎足　1件。标本ⅠT3I⑤a:97，夹砂红陶。残存足下半段。足宽扁正视似铲状，外为平面，内为弧面，横剖面近半圆形。素面。残高6.4、宽5.2、厚2.9厘米（图八〇，8）。

宽扁起棱状鼎足　1件。标本ⅠT5I⑤a:97，夹砂灰陶。足下部残。足正视呈宽扁状，上宽下略窄，外为凹弧面起两道竖向平行凸棱，内平面微弧。残高7.6、宽7.2、厚1.6厘米（图八〇，9）。

宽扁凹槽鼎足　2件。标本ⅠT3I⑤aH8:39，夹砂红陶。足上部残。足正视似宽扁形铲状，上宽下略窄，外为平面，内凹面呈方槽形。素面。残高12.8、宽6、厚1.7厘米（图八〇，10）。标本ⅠT5I⑤a:96，夹砂灰陶。足下部残。足外面呈宽平状，内为凹面似方槽。足上部正中饰有一个圆形镂孔，镂孔上下各有一组不规则竖向戳印纹。残高14、宽8.9、厚6.4厘米（图八〇，11）。

柱状鼎足　4件。依其中部横剖面的形状分为圆形柱状鼎足、椭圆柱状鼎足、方形柱状鼎足和三角形柱状鼎足。

圆柱状鼎足　1件。标本ⅠT3I⑤aH8:40，夹砂红陶。足尖略残。足正视呈圆柱状。足上端正中有一个圆形按窝。残高11.1、宽4.4、厚3.1厘米（图八一，1）。

椭圆柱状鼎足　1件。标本ⅡT6E⑤:7，夹砂红陶。足正视呈扁柱状，上下基本同宽。横剖面呈圆角方形。足上端正中有一个圆形按窝。残高18、宽5.2、厚4.3厘米（图八一，2）。

方柱状鼎足　1件。标本ⅠT5I⑤a:94，夹砂红陶。足下部残。足呈方柱状，横剖面呈近方形。足上端饰一道横向链式附加堆纹，其下正中有一个圆形按窝。残高7.6、宽4.2、厚3.2厘米（图八一，3）。

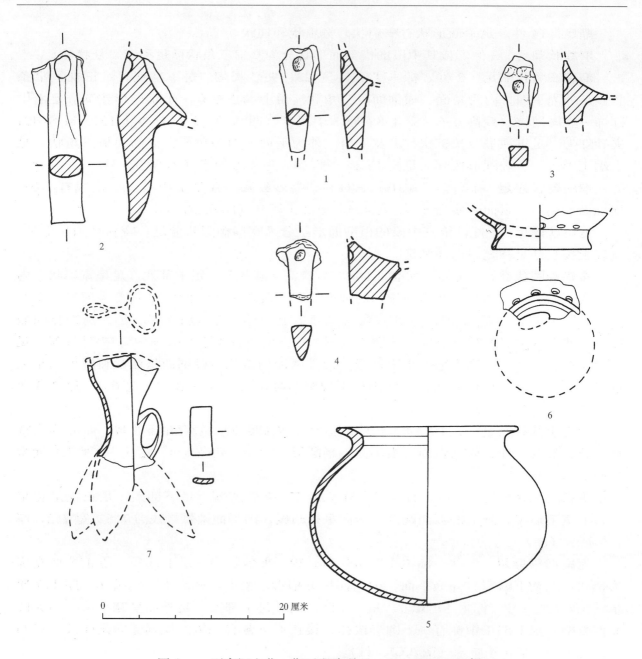

图八一　石家河文化一期后段陶鼎足、釜、甑圈足和鬶

1. 圆柱状鼎足 Ⅰ T3I⑤aH8：40　2. 椭圆柱状鼎足 Ⅱ T6E⑤：7　3. 方柱状鼎足 Ⅰ T5I⑤a：94
4. 三角柱状鼎足 Ⅰ T3I⑤a：43　5. 卷沿釜 M3：1　6. 甑圈足 Ⅲ T7J⑤：9　7. 细长颈鬶 Ⅰ T3I⑤aH8：35

三角柱状鼎足　1件。标本 Ⅰ T3I⑤a：43，夹砂灰陶。足下部残。足正视呈长条状。足外为平面，内面为尖弧形，横剖面呈角状。足上端正中有一个扁圆形按窝。残高 6.3、宽 2.2、厚 4.8 厘米（图八一，4）。

②**陶卷沿釜**　1件。标本 M3：1，夹砂红褐陶。敞口，圆唇，大卷沿，颈略束，圆弧垂腹，圜底。素面。手制。高 19.5、口径 19.4、腹径 24.5 厘米（图八一，5；图版二二，1）。

③**陶甑圈足**　1件。标本 Ⅲ T7J⑤：9，泥质黑皮陶，红陶胎。仅存甑底部与圈足。

弧腹下收成圈底，与圈足交界的腹壁上残存四个扁圆形小箅孔，底部残存一个近椭圆形箅孔，矮粗圈足外撇。素面。残高 4、足径 11.2 厘米（图八一，6）。

④ **陶细长颈鬶**　1 件。标本 I T3I⑤aH8：35，泥质红褐陶。口沿略残，三袋足残。瘦体，扁圆形敞口，扁圆形捏流近管状，漏斗形细颈，束腰上及残袋足上端附一宽带状半环形鋬，环鋬呈耳状附着于腰足间。素面。残高 11.5、口径 6、流径 2.4 厘米（图八一，7，图版二二，2）。

⑤ **陶小杯**　23 件。全是小型陶杯（不含彩陶杯残片）。有细泥橙红、橙黄陶和灰黑陶，有的器表刷有红或黑色彩衣。小杯有喇叭形、斜腹形、束腰形、钵形、有流形、单把和高圈足杯等七类。多为手制。杯胎壁厚薄不一。依底部变化分为平底（或平底微凹）、凹底和高圈足。

喇叭形杯　4 件。标本 I T6A⑤：8，泥质红陶。口部残。薄胎，杯呈喇叭形，斜凹弧腹，小平底微凹。素面。手制。残高 6、底径 2.5 厘米（图八二，1，图版二二，3）。标本 I T5I⑤a：82，泥质红陶。杯呈喇叭形，尖唇，斜凹弧腹呈喇叭状，小平底微凹。口沿内、外各有一周黑色晕彩。通高 5.8、口径 6.1、底径 2.2 厘米（图八二，2）。标本 M32：1，泥质红陶。杯呈喇叭形，尖唇，斜凹弧腹，小平底微凹。器身满饰红彩。通高 5.4、口径 7.8、底径 2.6 厘米（图八二，3；彩版五，3）。标本 IV T6B⑤：5，泥质黄陶。薄胎。杯呈喇叭形，尖唇，斜凹弧腹，小平底。素面。通高 8.6、口径 8.7、底径 3.5 厘米（图八二，4；图版二二，4）。

斜腹杯　5 件。均为平底或平底微凹杯。标本 I T4B⑤a：9，泥质红陶。敞口，尖圆唇，斜直腹，大平底。素面。通高 9.4、口径 7、底径 3 厘米（图八二，5；图版二二，5）。标本 I T8A⑤：4，泥质灰陶。下腹至底残。直口，尖唇，直腹下缓收。素面。残高 6.6、口径 8 厘米（图八二，6）。标本 I T5I⑤a：77，泥质红陶。侈口，尖唇，斜直腹，小平底微凹。素面。通高 6.5、口径 4.8、底径 2.2 厘米（图八二，7，图版二二，6）。标本 III T5B⑤：15，泥质红陶。侈口，尖唇，斜直腹，大平底微凹。口内、腹部饰有红衣。通高 10.6、口径 7.4、底径 3.3 厘米（图八二，8；图版二二，7）。I T5I⑤a：78，夹砂红陶。大敞口微侈，圆唇，斜直腹，平底微凹。素面。通高 8.7、口径 8、底径 3.7 厘米（图八二，9；图版二三，1）。

束腰形杯　1 件。标本 I T5I⑤a：79，夹砂红陶。厚胎。侈口，尖圆唇，斜直腹，大平底内凹似方槽。素面。手制，胎壁从上向下渐厚，至底部特厚。残高 7.4、口径 6.2、底径 3.4 厘米（图八二，10；图版二三，2）。

钵形杯　2 件。依腹部与口沿的不同分斜直腹和斜折腹。

钵形斜直腹杯　1 件。标本 I T4B⑤c：1，泥质灰陶。底部略残。敞口，方唇，钵形，斜直腹壁，圜平底。素面。残高 4.4、口径 6.4 厘米（图八三，1；图版二三，3）。

钵形斜折腹杯　1 件。标本 III T5A⑤：4，泥质灰陶。胎很薄。敞口，带状厚口缘，钵形斜折腹，底残。素面。残高 5.8、口径 5.4 厘米（图八三，2；图版二三，4）。

有流杯　1 件。标本 I T5I⑤a：81，泥质灰陶。大敞口，圆唇，口部捏流，斜直腹，大平底微凹。素面。手制。高 7.2、口径 7.7、底径 4.4 厘米（图八三，3；图版二三，5）。

单把杯　1 件。标本 I T5I⑤a：80，泥质红陶。手制。侈口，尖唇，波浪式直腹壁，

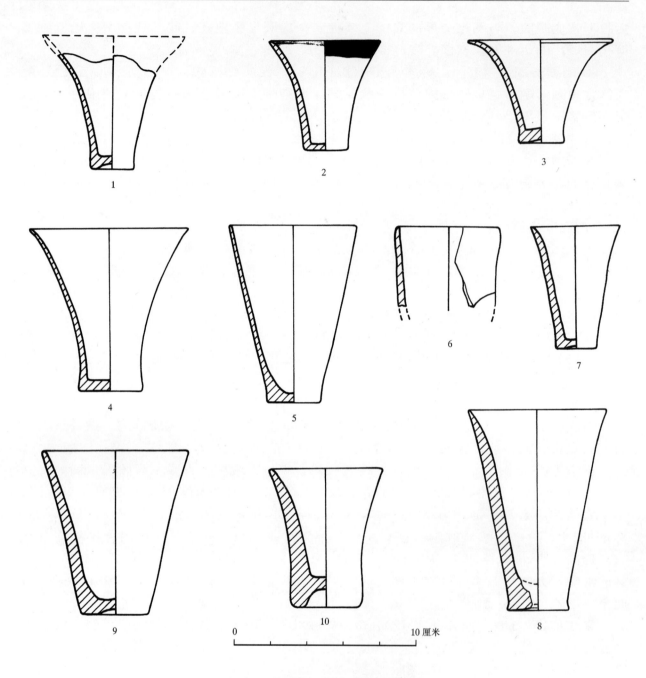

图八二　石家河文化一期后段陶杯

1～4. 喇叭形杯ⅠT6A⑤:8、ⅠT5Ⅰ⑤a:82、M32:1、ⅣT6B⑤:5　5～9. 斜腹杯ⅠT4B⑤a:9、
ⅠT8A⑤:4、ⅠT5Ⅰ⑤a:77、ⅢT5B⑤:15、ⅠT5Ⅰ⑤a:78　10. 束腰形杯ⅠT5Ⅰ⑤a:79

下腹折收成平底，杯身一侧附有一把，仅存把下端附着杯身的残段。素面。残高 6.7、口径 8.3、底径 3.9 厘米（图八三，4；图版二三，6）。

　　高圈足杯　8 件。均为泥质陶。手制。标本皆为残器，依杯腹的不同，有盂形高圈足杯、壶形高圈足杯、罐形高圈足杯和折腹高圈足杯。

　　盂形高圈足杯　3 件。标本ⅢT5B⑤:40，泥质灰陶。底与圈足残。厚胎，敛口，小

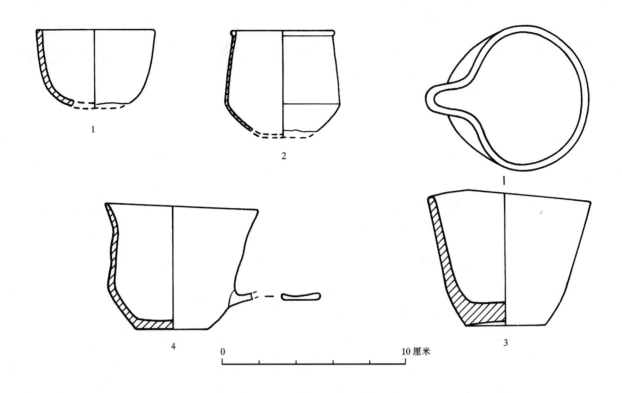

图八三 石家河文化一期后段陶杯

1. 钵形斜直腹杯 I T4B⑤c:1 2. 钵形斜折腹杯 III T5A⑤:4 3. 有流杯 I T5I⑤a:81 4. 单把杯 I T5I⑤a:80

平折沿，尖唇，浅盂形扁腹，圈足残。素面。残高 4、口径 10、腹径 12 厘米（图八四，1）。标本 I T5A⑤a:23，泥质灰陶。仅存杯的中部。厚胎，浅盂形扁腹。粗圈足残。素面。残高 4.9 厘米（图八四，2）。标本 III T5B⑤:16，圈足残。泥质灰陶。厚胎，小平折沿，尖唇，浅盂形扁腹，腹与圈足分界不明显。粗圈足下部残。素面。残高 4.7、口径 9.6、腹径 10.4 厘米（图八四，3）。

壶形高圈足杯 3 件。依圈足的不同可分壶形粗高圈足杯和壶形细高圈足杯两种。

壶形粗高圈足杯 2 件。标本 I T4B⑤c:31，泥质灰陶。仅存杯的中部。小口细颈壶形腹。粗高圈足下残。素面。残高 10.2 厘米（图八四，4）。标本 I T4B⑤a:36，泥质灰陶。口沿残。小口细颈壶形腹，粗高圈足外撇似裙状。素面。残高 14、腹径 7.5、足径 10.4 厘米（图八四，5）。

壶形细高圈足杯 1 件。标本 I T5A⑤:24，泥质灰陶。仅存杯的中部。侈口残，壶形腹，细直高圈足。素面。残高 14、腹径 6.6 厘米（图八四，6）。

罐形高圈足杯 1 件。标本 III T3B⑤:42，泥质灰陶。仅存杯的中部。罐形腹，腹和圈足相交处明显。粗直圈足大部残。素面。残高 7.8、腹径 7.2 厘米（图八四，7）。

折腹高圈足杯 1 件。标本 I T5A⑤a:25，泥质灰陶。口沿残。小口细颈，杯腹扁折起凸棱。细直高圈足，足跟外撇呈覆喇叭状。素面。残高 13、腹径 6.9、足径 7.6 厘米（图八四，8）。

⑥ **彩陶杯残片** 7 件。均为斜直腹杯残片。标本 I T5I⑤a:17，泥质橙黄陶。仅存

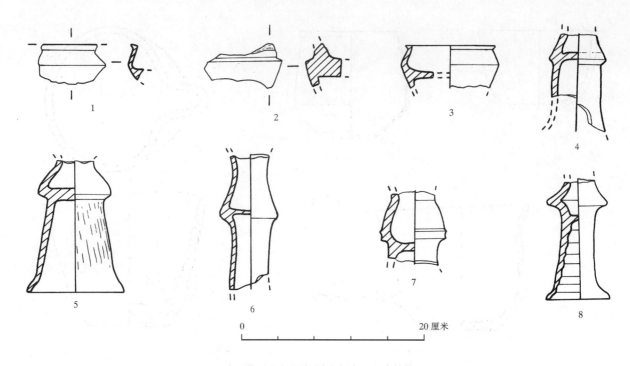

图八四　石家河文化一期后段陶杯

1～3. 盂形高圈足杯Ⅲ T5B⑤:40、Ⅰ T5A⑤a:23、Ⅲ T5B⑤:16　4、5. 壶形粗高圈足杯Ⅰ T4B⑤c:31、Ⅰ T4B⑤a:36

6. 壶形细高圈足杯Ⅰ T5A⑤:24　7. 罐形高圈足杯Ⅲ T3B⑤:42　8. 折腹高圈足杯Ⅰ T5A⑤a:25

口沿，腹残部。敞口，尖圆唇，斜直腹以下残。口沿内壁和外表各饰有横向宽带状黑彩，腹上亦饰有黑彩。残高 5.3、口径 10 厘米（彩版六，1）。标本Ⅰ T4A⑤a:12，泥质橙黄陶。仅存口沿，腹残部。敞口，尖唇，斜直腹以下残。口沿内壁饰有一周红彩。残高 1、口径 8 厘米（彩版六，2）。标本Ⅰ T5I⑤a:217，泥质橙黄陶。仅存口沿、腹残部。敞口，圆唇，斜直腹以下残。口沿内壁饰有一周宽带状红彩，口沿外表饰有一周宽带状黑彩，腹表刷有红衣和宽带状黑彩。残高 4.3、口径 11 厘米（彩版六，3）。标本Ⅲ T5A⑤a:14，泥质橙黄陶。仅存口沿、腹残部。敞口，尖唇，斜直腹以下残。口沿内壁饰有两周和口沿外饰有一周宽带状红彩，腹上饰有一周宽带状红彩。残高 4、口径 10 厘米（彩版六，4）。标本Ⅰ T3I⑤b:168，泥质橙黄陶。仅存口沿、腹残部。敞口，尖圆唇，斜直腹以下残。口内、外饰有横向条带状黑彩，腹上饰有黑彩。手制。（残）高 3.1、口径 10 厘米（彩版六，5）。标本Ⅰ T3I⑤a:170，泥质橙黄陶。仅存口沿、腹残部。敞口，圆唇，斜直腹以下残。口内外饰有横向宽带状黑彩，腹上饰有横向宽带状黑彩。残高 1.7、口径 10 厘米（彩版六，6）。标本Ⅲ T5A⑤a:13，泥质橙黄陶。仅存腹残部。斜直腹。腹表饰有一周宽带状红彩。残高 4.2 厘米（彩版六，7）。

　　⑦ 陶碗　7 件。根据碗腹部的变化有双腹、弧腹、斜弧腹、斜直腹、折腹等器形。均为泥质陶。手制。

　　双腹碗　1 件。标本Ⅰ T8A⑤:6，泥质灰陶。仅存碗上半部分。敞口，圆唇，器身为上下相连接的双弧腹。素面。残高 6.8、口径 24.6 厘米（图八五，1）。

　　弧腹碗　2 件。标本Ⅰ T2B⑤a:1，泥质灰黄陶。敞口，尖唇，深弧腹弧收成圈平底，

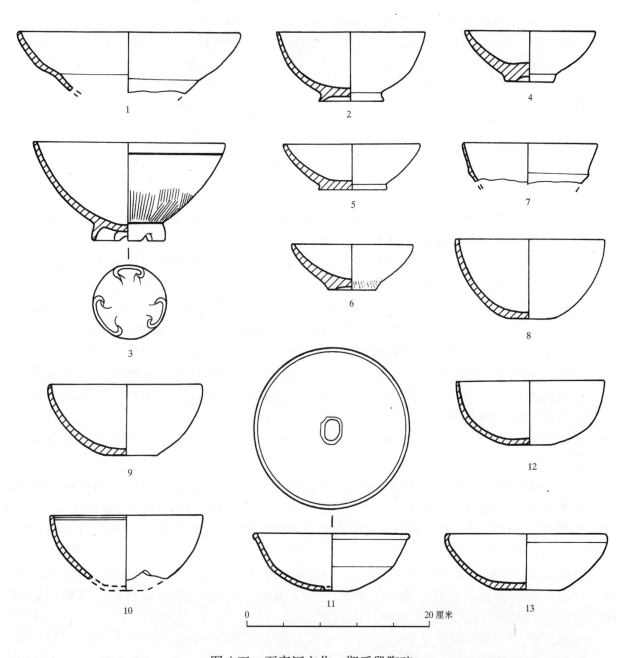

图八五　石家河文化一期后段陶碗

1. 双腹碗ⅠT8A⑤:6　2、3.弧腹碗ⅠT2B⑤a:1、ⅠT2A⑤H1:11　4~6.斜弧腹碗ⅠT3I⑤aH8:19、
ⅠT3I⑤aH8:20、ⅠT3I⑤aH8:21　7.折腹碗ⅠT1G⑤:26　8~11.敞口弧腹钵ⅠT 4B⑤d:7、ⅠT1F⑤a:20、
ⅢT6A⑤:23、M3:2　12.直口弧腹钵ⅠT5I⑤a:76　13.敛口斜弧腹钵ⅠT1G⑤:17

矮圈足略外撇。素面。通高 7.2、口径 16.4、足径 7.1 厘米（图八五，2；图版二四，1）。标本ⅠT2A⑤H1:11，泥质橙黄陶。敞口，圆唇，深弧腹圈底。三卷弧花瓣形圈足。下腹部饰竖向粗疏篮纹。手制。通高 10.4、口径 21、足径 8 厘米（图八五，3；图版二四，2）。

斜弧腹碗　3 件。标本ⅠT3I⑤aH8:19，夹砂红陶。敞口，尖圆唇，浅斜弧腹下收成平底，厚平底凹弧成圈足。素面。通高 5.5、口径 15.5、足径 5.5 厘米（图八五，4；图版二四，3）。标本Ⅰ T3I⑤aH8：20，夹砂黑陶。敞口，圆唇，浅斜弧腹下收成直平底，平底微凹似假圈足。素面。通高 4.8、口径 14.8、足径 7.6 厘米（图八五，5；图版二四，4）。标本Ⅰ T3I⑤aH8：21，夹砂灰陶。敞口，圆唇，厚胎。浅斜弧腹下收成直平底，平底微凹似圈足。素面，底部外侧有不规则划纹。通高 4.5、口径 13.2、足径 5.2 厘米（图八五，6；图版二四，5）。

折腹碗　1 件。标本Ⅰ T1G⑤：26，泥质黑陶。仅存碗的上半部分。敞口，尖圆唇，斜腹微弧，腹中下部折收，折棱不明显。腹中部有一道凸弦纹。素面。残高 4.4、口径 14.8 厘米（图八五，7）。

⑧ **陶钵**　6 件。根据钵的口、腹部变化有敞口弧腹钵、直口弧腹钵、敛口斜弧腹钵等器形。均为粗泥质陶。手制，多用泥条盘筑法制成。

敞口弧腹钵　4 件。标本Ⅰ T4B⑤d：7，泥质红陶。敞口，圆唇，深弧腹下收成圜平底。素面。通高 8.2、口径 16.3、底径 5.5 厘米（图八五，8；图版二四，6）。标本Ⅰ T1F⑤a：20，泥质黑陶。敞口，圆唇，深弧腹下收成平底。素面。通高 7.6、口径 16.4、底径 6 厘米（图八五，9；图版二五，1）。标本Ⅲ T6A⑤：23，泥质灰陶。底部残。敞口，圆唇，深弧腹下急收。素面。残高 6.8、口径 16.6 厘米（图八五，10）。标本 M3：2，泥质灰褐陶。器形不规整。敞口，圆唇，带状厚口缘，斜弧腹下弧收成圜平底。底部凿有一个不规则圆孔。下腹部有一周凸弦纹。素面。手制。高 6.3、口径 17.4、底径 4.5 厘米（图八五，11；图版二五，2）。

直口弧腹钵　1 件。Ⅰ T5I⑤a：76，泥质黑陶。直口，圆唇，深弧腹下弧收成圜平底。素面。通高 6.6、口径 16.4、底径 5 厘米（图八五，12；图版二五，3）。

敛口斜弧腹钵　1 件。标本Ⅰ T1G⑤：17，泥质灰黑陶。敛口，圆唇，斜弧腹下收成大平底。素面。通高 6、口径 17.6、底径 7.4 厘米（图八五，13；图版二五，4）。

⑨ **陶豆**　10 件（包括豆圈足）。没有能复原成全器的。都是残器，其中有五件仅存豆圈足。均为泥质陶，手制。根据豆腹部的变化有双腹形、钵形、浅盘形和折腹形。

双腹豆盘　1 件。标本Ⅰ T3B⑤a：21，泥质灰陶。仅存残豆盘，盘底及其以下残。敞口，口沿微折，圆唇，双腹形盘，上弧腹大于下弧腹，下腹已近豆盘底部，双腹弧折明显。素面。残高 8.4、口径 26 厘米（图八六，1）。

钵形豆盘　2 件。标本Ⅲ T8C⑤：7，泥质黑陶。仅存残豆盘，底部及其以下残。侈口，圆唇，斜弧腹钵形，下腹饰有两周凸弦纹。残高 10 厘米，口径 25.5 厘米（图八六，2）。标本Ⅱ T5E⑤：5，泥质灰陶。豆盘腹中部以上残。残豆盘弧腹似钵形，圜底，矮圈足斜壁外撇。素面。残高 6.8、足径 8.4 厘米（图八六，3）。

浅盘豆　1 件。标本Ⅰ T5I⑤a：87，泥质灰陶。仅存豆盘和部分圈足。敞口，平折沿，浅盘，粗高圈足外撇，圈足下部残。残圈足上可见两组对称小镂孔，每组镂孔由中间一个圆形镂孔和两边各一排竖向四个圆形镂孔组成。残高 16.7、口径 25.2 厘米（图八六，4；图版二五，5）。

折腹豆　1 件。标本Ⅰ T4I⑤：10，泥质灰陶。仅存豆盘及圈足上部。圈足中部及其以下残。敞口，尖圆唇，直折腹圜底盘，细高圈足，残圈足上残存一个圆形小镂孔。残高 11.8、口径 16.5 厘米（图八六，5）。

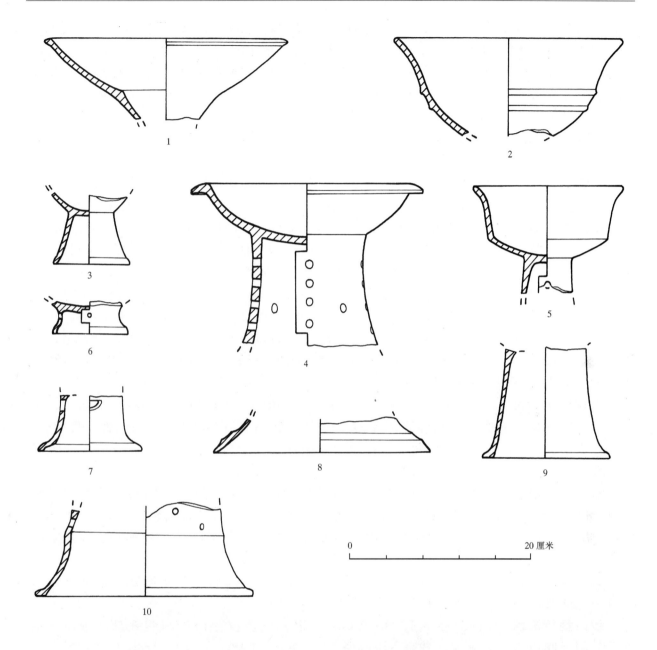

图八六　石家河文化一期后段陶豆和豆圈足

1. 双腹豆盘Ⅰ T3B⑤a:21　2、3. 钵形豆盘Ⅲ T8C⑤:7、Ⅱ T5E⑤:5　4. 浅盘豆Ⅰ T5I⑤a:87　5. 折腹豆Ⅰ T4I⑤:10
6、7. 斜筒形豆圈足Ⅰ T1B⑤a:8、Ⅰ T1G⑤:20　8~10. 喇叭形豆圈足Ⅰ T1G⑤:21、Ⅰ T3I⑤aH8:45、Ⅰ T5I⑤b:88

豆圈足　5件。依圈足形状可分为斜筒形豆圈足和喇叭形豆圈足。

斜筒形豆圈足　2件。标本Ⅰ T1B⑤a:8，泥质灰陶。仅存残底和圈足。圜平底，圈足极矮，直壁下外弧呈弧座。圈足上饰四个圆形镂孔。残高3.6、足径8.4厘米（图八六，6）。标本Ⅰ T1G⑤:20，泥质灰陶。仅存圈足残部。圈足直筒形下外撇成座状。圈足上残存一个半圆形镂孔。残高6、足径11.6厘米（图八六，7）。

喇叭形豆圈足　3件。标本Ⅰ T1G⑤:21，泥质红陶。仅存圈足残部。圈足呈喇叭状外撇。圈足上饰两周凸弦纹。残高 3.5、足径 24 厘米（图八六，8）。标本 I T3I⑤aH8：45，泥质红陶。仅存部分圈足。圈足斜直壁渐粗，足跟外撇平伸成窄座。素面。残高 11.4、足径 14 厘米（图八六，9）。标本 I T5I⑤b：88，泥质灰陶。仅存部分圈足。粗圈足斜壁向下渐粗形成折状，足跟外撇平伸呈座状。圈足上半部饰有两个圆形镂孔，镂孔下有一周凸棱。残高 9.2、足径 24 厘米（图八六，10）。

⑩ **陶盆** 15 件。仅复原 2 件，多是盆的口沿残部。均为泥质陶，手制。有敞口、敛口和子母口。

敞口盆 10 件。依口沿不同可分为厚缘、卷沿、仰折沿和平折沿盆。

敞口厚缘盆 2 件。标本 I T4B⑤a：6，泥质黑陶。敞口，方圆唇，宽带状厚口缘，深斜腹微弧缓收成平底。素面。通高 14.5、口径 28.6、底径 8.4 厘米（图八七，1，图版二五，6）。标本 I T1F⑤a：19，泥质灰陶。敞口，尖圆唇，宽带状厚口缘，深斜弧腹，大平底。素面。手制。高 10.8、口径 26、底径 10.6 厘米（图八七，2；图版二六，1）。

敞口卷沿盆 3 件。标本 I T4B⑤c：24，泥质灰黑陶。仅存口沿与腹残部。敞口，卷沿，斜腹以下残。素面。残高 5.8，口径 24 厘米（图八七，3）。标本 Ⅲ T3B⑤：39，泥质灰陶。仅存口沿与腹残部。敞口微侈，小卷沿，斜腹以下残。素面。手制。残高 4、口径 24 厘米（图八七，4）。标本 I T3I⑤b：185，泥质黑陶。仅存口沿与腹残部。敞口，卷沿，尖圆唇，直腹略弧。素面。残高 6、口径 24.6 厘米（图八七，5）。

敞口仰折沿盆 2 件。标本 I T4B⑤a：14，泥质灰陶。仅存口沿与腹残部。敞口，宽仰折沿，沿面微弧，圆唇，斜弧腹以下残。素面。残高 7.6、口径 33.2 厘米（图八七，6）。标本 I T1G⑤：27，泥质灰陶。仅存口沿与腹残部。敞口，宽仰折沿，圆唇，斜弧腹以下残。素面。残高 5.5、口径 23.6 厘米（图八七，7）。

敞口平折沿盆 3 件。标本 Ⅱ T6E⑤：6，泥质黑陶。仅存口沿与腹残部。敞口，窄平折沿略下垂，尖唇，斜弧腹以下残。素面。残高 9.6、口径 24.8 厘米（图八七，8）。标本 I T1G⑤：25，泥质灰陶。仅存口沿与腹残部。敞口，宽平折沿，尖圆唇，斜弧腹以下残。沿面上有两道浅划纹。残高 3.2、口径 28.8 厘米（图八七，9）。标本 I T5I⑤a：83，泥质黑陶。仅存口沿与腹残部。敞口，小平折沿，尖圆唇，斜腹微弧。素面。残高 6、口径 24.2 厘米（图八七，10）。

敛口垂折沿盆 3 件。标本 I T8A⑤：7，泥质灰陶。仅存口沿与腹残部。敞口，垂折沿，斜弧腹以下残。素面。残高 3、口径 22.4 厘米（图八八，1）。标本 I T3I⑤a：37，泥质黑陶。仅存口沿与腹残部。敛口，窄平折沿略下垂。尖唇，斜弧腹以下残。腹表饰有竖向细篮纹。残高 5.2、口径 24 厘米（图八八，2）。标本 I T3I⑤a：68，泥质黑陶。仅存口沿与腹残部。敛口，宽平折沿略下垂，沿面略凸弧有两周凹槽，方唇，斜腹微弧。沿下饰有一周凸弦纹。残高 8、口径 48 厘米（图八八，3）。

子母口盆 2 件。标本 I T8A⑤：8，夹砂黑陶。仅存口沿与腹残部。子母敛口，斜弧腹残。素面。残高 3.9、口径 39 厘米（图八八，4）。标本 I T1F⑤a：23，夹砂黑陶，仅存口沿与腹残部。褐胎。子母口，斜弧腹残。素面。残高 6、口径 42.8 厘米（图八八，5）。

⑪ **陶罐** 44 件。陶质有泥质陶和夹砂陶，其中夹细砂陶增多。手制，多采用泥条盘筑法，口部都经慢轮修整，有的器内壁留有手捏痕迹。但器形仍较规整。火候较高，质

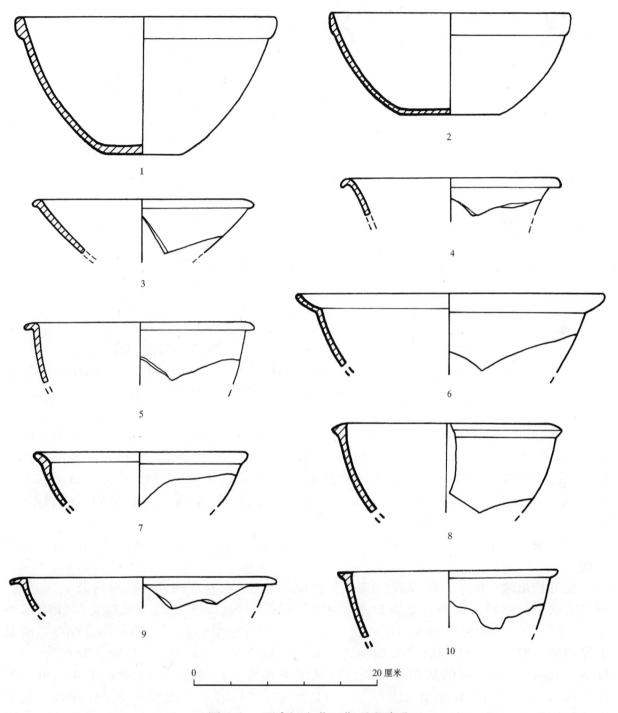

图八七　石家河文化一期后段陶盆

1、2. 敞口厚缘盆ⅠT4B⑤a:6、ⅠT1F⑤a:19　3~5. 敞口卷沿盆ⅠT4B⑤c:24、ⅢT3B⑤:39、ⅠT3I⑤b:185

6、7. 敞口仰折沿盆ⅠT4B⑤a:14、ⅠT1G⑤:27　8~10. 敞口平折沿盆ⅡT6E⑤:6、ⅠT1G⑤:25、ⅠT5I⑤a:83

较坚硬。以素面陶为主，纹饰以篮纹为多，还有贴弦纹、方格纹、附加堆纹等。有卷沿罐、折沿罐、穿系罐、钩系罐、折沿小罐、盘口罐、子母口罐和有领罐等不同器形。

卷沿罐　3件。均为残器，没有能复原的。标本ⅡT6E⑤:15，泥质红陶。仅存口沿

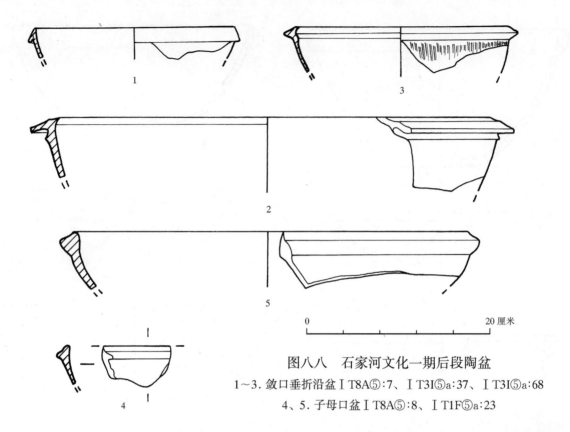

图八八　石家河文化一期后段陶盆
1~3. 敛口垂折沿盆 ⅠT8A⑤:7、ⅠT3I⑤a:37、ⅠT3I⑤a:68
4、5. 子母口盆 ⅠT8A⑤:8、ⅠT1F⑤a:23

及沿下残腹部。卷沿，圆唇，束颈，上腹斜壁。素面。残高 4.7、口径 16 厘米（图八九，1）。标本ⅠT3I⑤aH8:23，夹砂红陶。仅存口沿及上腹残部。敞口，小卷沿，尖圆唇，束颈，弧腹。上腹饰交错篮纹。残高 6.8、口径 18.8 厘米（图八九，2）。标本ⅠT3I⑤b:29，泥质黑陶。仅存口沿及沿下残腹部。卷折沿，沿面凸弧，圆唇，残腹斜壁。素面。残高 4.4、口径 23.6 厘米（图八九，3）。

　　折沿罐　13 件。多为残口部。依沿面状况分为宽仰折沿罐、平折沿罐和仰折沿起折棱罐。

　　宽仰折沿罐　8 件。仰折沿。标本ⅠT3B⑤a:17，夹砂灰陶。仅存口沿及上残腹部。宽卷沿微折，圆唇，束颈，上腹斜弧，中腹以下残。上腹饰三周不规则宽带状附加堆纹。残高 11.2、口径 18 厘米（图八九，4）。标本ⅠT5B⑤a:14，泥质灰陶。仅存口沿及上腹残部。仰折沿，尖圆唇，残腹斜弧。素面。残高 8.7、口径 24 厘米（图八九，5）。标本ⅠT5A⑤a:19，泥质灰陶。仅存口沿及沿下残腹。宽仰折沿，方唇，上腹弧壁。素面。残高 4.1、口径 22 厘米（图八九，6）。标本ⅠT8A⑤:5，泥质灰陶。仅存口沿及上腹残部。宽仰折沿，沿面微凹，方唇，上腹壁斜直弧。素面。残高 9.3、口径 31.6 厘米（图八九，7）。标本ⅠT8B⑤a:8，泥质灰陶。仅存口沿及沿下残腹。宽仰折沿，沿面略凹，圆唇，残斜腹壁。素面。残高 5.8、口径 22 厘米（图八九，8）。标本ⅠT4B⑤d:12，泥质灰陶。下腹残缺一段。敞口，宽仰折沿，圆唇，弧腹，最大腹径在中部。下腹缓收成小平底，平底部微凹。上腹饰二周凸弦纹。按腹的弧度补缺复原。通高 38、口径 32.4、最大腹径 35.8、底径 8.4 厘米（图九〇，1；图版二六，2）。标本ⅠT4B⑤d:25，夹砂灰陶。仅存口沿及上腹残部。宽仰折沿下凹，方唇，束颈，上腹壁斜弧，中腹及其

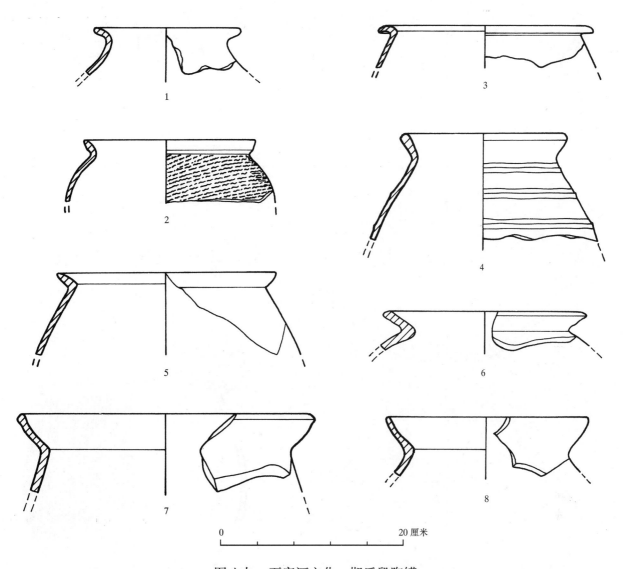

图八九　石家河文化一期后段陶罐

1~3.卷沿罐 Ⅱ T6E⑤:15、Ⅰ T3I⑤aH8:23、Ⅰ T3I⑤b:29　4~8.宽仰折沿罐 Ⅰ T3B⑤a:17、Ⅰ T5B⑤a:14、
Ⅰ T5A⑤a:19、Ⅰ T8A⑤:5、Ⅰ T8B⑤a:8

以下残。上腹饰有三周凸弦纹。残高 13.6、口径 22.4 厘米（图九〇，2）。标本Ⅲ T5B⑤:37，夹砂灰陶。仅存口沿及上腹残部。宽仰折沿，沿面下凹，方唇，上腹斜弧。素面。残高 11.6、口径 24 厘米（图九〇，3）。

平折沿罐　3 件。平折沿。标本Ⅰ T1G⑤:51，泥质黑陶。仅存口沿及上腹残部。敛口，平折沿，斜腹壁。素面。残高 3.4、口径 18.6 厘米（图九〇，4）。标本Ⅱ T6E⑤:14，泥质红陶。仅存口沿及沿下残腹。平折沿，沿面微弧，尖唇，上残腹斜壁。素面。残高 4.3、口径 24 厘米（图九〇，5）。标本Ⅲ T7J⑤:20，泥质灰陶。仅存口沿及上腹残部。宽平折沿，沿面微弧，尖圆唇，斜腹。素面。残高 4.3、口径 22 厘米（图九〇，6）。

仰折沿起棱罐　2 件。标本Ⅰ T3I⑤aH8:22，泥质灰陶。下腹以下残。宽仰折沿，

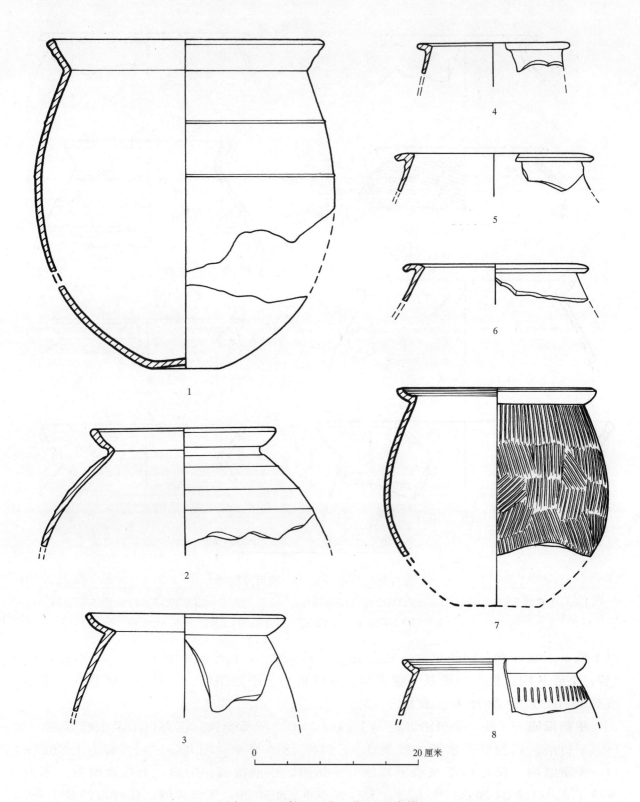

图九〇　石家河文化一期后段陶罐

1～3.宽仰折沿罐ⅠT4B⑤d:12、ⅠT4B⑤d:25、ⅢT5B⑤:37　4～6.平折沿罐ⅠT1G⑤:51、ⅡT6E⑤:14、
ⅢT7J⑤:20　7、8.仰折沿起棱罐ⅠT3I⑤aH8:22、ⅠT3I⑤aH8:27

沿面下凹起折棱，凹沿内有四周凸棱，方唇，上腹最大腹径在中部，下腹以下残。腹部饰竖、斜交错篮纹。残高 20、口径 24.4、最大腹径 26.8 厘米（图九〇，7；图版二六，3）。标本ⅠT3I⑤aH8：27，泥质黑陶。仅存口沿及上腹残部。折沿沿面下凹起折棱，凹沿内有四周凹弦纹，方唇，斜弧腹。上腹饰竖向篮纹。残高 6.4、口径 22 厘米（图九〇，8）。

穿系仰折沿罐　1 件。ⅠT3I⑤a：5，泥质灰陶。仅存口沿及上腹残部。宽仰折沿，圆唇，沿面边缘残存两个圆形小穿，残上腹斜弧。素面。残高 5.5、口径 20 厘米（图九一，1）。

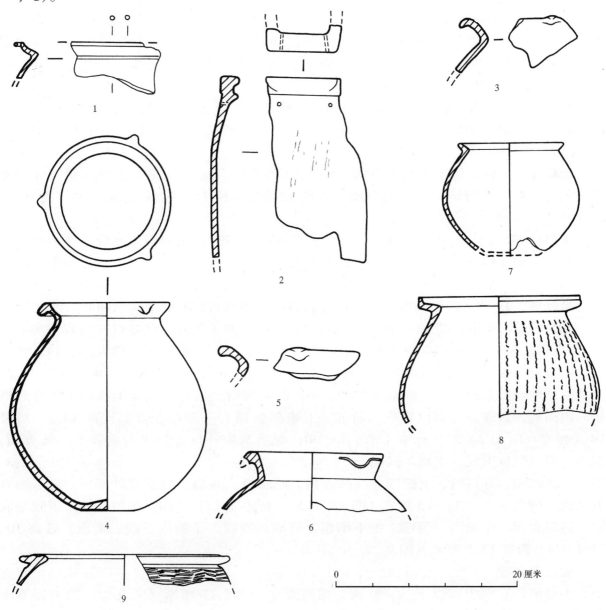

图九一　石家河文化一期后段陶罐

1. 穿系仰折沿罐ⅠT3I⑤a：5　2. 穿系方口罐ⅠT3I⑤aH8：188　3~6. 钩系折沿罐ⅠT7B⑤a：7、ⅠT4B⑤a：10、
ⅠT3B⑤a：18、ⅢT5B⑤：26　7. 折沿小罐ⅠT3I⑤a：28　8. 盘口罐ⅠT3I⑤aH8：26　9. 子母口罐ⅠT1G⑤：29

穿系方口罐　1件。标本ⅠT3I⑤aH8：188，夹砂灰陶。仅残存口沿至上腹部分。敛口，宽带状厚缘，缘内壁有一周方形刻槽，方直腹微弧，中腹至底残。口缘下有两个小圆穿。残高19、口径8.1厘米（图九一，2）。

钩系折沿罐　4件。标本ⅠT7B⑤a：7，夹砂灰陶。仅存口沿及上腹残部。宽仰折沿下卷，卷圆唇，唇边缘残存一鹰嘴状钩系，上残腹斜弧。素面。残高5.4、口径24厘米（图九一，3）。标本ⅠT4B⑤：10，泥质灰黄陶。仰折沿，沿面微下凹，圆唇，唇周边缘有排列匀称的三个鹰嘴状钩，圆弧垂腹，下腹缓收成小平底。素面。通高22.4、口径13.8、最大腹径21.2、底径6.4厘米（图九一，4；彩版七，1）。标本ⅠT3B⑤a：18，泥质灰陶。仅存口沿及沿下残腹。卷沿，圆唇，唇边缘残存一鹰嘴状钩，残腹斜壁。素面。残高3厘米，口径18厘米（图九一，5）。标本ⅢT5B⑤：26，泥质灰陶。仅存口沿及沿下残腹。宽仰折沿，圆唇，唇边缘残存一鹰嘴状钩，残腹圆弧。素面。残高6.4、口径15厘米（图九一，6）。

折沿小罐　1件。标本ⅠT3I⑤a：28，泥质灰陶。底部残。小仰折沿，尖圆唇，鼓腹，腹部最大径在中部，底部残。素面。残高11、口径12、最大腹径15厘米（图九一，7；图版二六，4）。

盘口罐　1件。标本ⅠT3I⑤aH8：26，夹砂灰陶。下腹以下残。宽平折沿下凹呈盘状，斜弧垂腹。上腹饰有浅竖向篮纹。残高12.2、口径18、腹径22.4厘米（图九一，8；图版二六，5）。

子母口罐　1件。标本ⅠT1G⑤：29，夹砂灰陶。仅存口沿及沿下残腹。宽平折沿上矮直口，形似子母口。方圆唇，上腹斜直微弧。素面。残高3.2、口径23.2厘米（图九一，9）。

有领罐　19件。皆为残陶器片，依罐的领口分为高直领、卷沿高领和仰折沿高领。

高直领罐　6件。直领较高。标本ⅠT1G⑤：28，泥质灰陶。仅存口领与肩残部。侈口，高直领，斜弧肩，肩部以下残。素面。残高4.4、口径10厘米（图九二，1）。标本ⅠT3I⑤aH8：38，仅存口领残部。泥质灰陶。高直领，肩及其以下残。素面。残高6、口径7.6厘米（图九二，2）。标本ⅡT3A⑤：6，泥质灰陶。仅存口领至上腹残部。直领略矮，斜弧肩，鼓腹。上腹以下残。肩部、上腹部各饰有一周凸弦纹。残高13.2、口径14.4厘米（图九二，3）。标本ⅠT3I⑤a：30，泥质灰陶。仅存口领与肩残部。矮直领，溜肩，肩及其以下残。素面。残高4.5、口径24厘米（图九二，4）。标本ⅠT3I⑤aH8：34，夹砂红陶。存口沿、上腹部分。高直领，厚缘沿，溜肩，肩及其以下残。肩部饰有方格纹。残高8.8、口径12厘米（图九二，5）。标本ⅢT7J⑤：10，泥质灰陶。下腹至底残。高斜直领，厚缘沿，领部上细下渐粗，溜肩，鼓腹，下腹以下残。素面。残高10、口径8.4、腹径13.2厘米（图九二，6）。

卷沿高领罐　5件。卷沿领。标本ⅠT1G⑤：52，泥质灰陶。仅存口领残部。残直领，小卷沿，直领中部以下残。素面。残高2.4、口径11厘米（图九二，7）。标本ⅠT5I⑤a：90，泥质红陶。仅存口领与肩残部。直领，沿略卷，肩部及其以下残。素面。残高5、口径11.2厘米（图九二，8）。标本ⅠT5I⑤b：91，泥质红陶。仅存口领残部。直领，卷沿，领部以下残。素面。残高4.5、口径10.8厘米（图九二，9）。标本ⅢT8B⑤b：16，泥质灰陶。仅存口领与肩残部。喇叭口直领，卷沿。肩部以下残。肩部饰有两

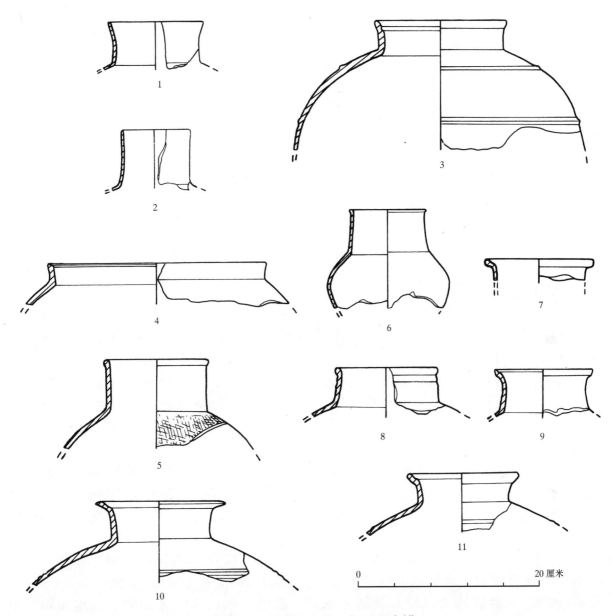

图九二　石家河文化一期后段陶罐

1~6.高直领罐 Ⅰ T1G⑤:28、Ⅰ T3I⑤aH8:38、Ⅱ T3A⑤:6、Ⅰ T3I⑤a:30、Ⅰ T3I⑤aH8:34、Ⅲ T7J⑤:10

7~11.卷沿高领罐 Ⅰ T1G⑤:52、Ⅰ T5I⑤a:90、Ⅰ T5I⑤b:91、Ⅲ T8B⑤b:16、Ⅰ T1G⑤:47

周凹弦纹。残高8.4、口径14厘米（图九二，10）。标本 Ⅰ T1G⑤:47，泥质灰陶。仅存口领与肩残部。口领似喇叭状卷沿，肩及其以下残。素面。残高5、口径12.8厘米（图九二，11）。

仰折沿高领罐　8件。仰折沿，高领。标本 Ⅰ T3B⑤a:13，泥质灰陶。中腹以下残。矮直领微弧，仰折沿，圆鼓腹。中腹饰有一周不规则附加堆纹。残高10、口径10.4厘米（图九三，1）。标本 Ⅲ T5B⑤:20，泥质灰陶。仅存口领与肩残部。矮直领，仰折沿，斜肩上端微折，肩部以下残。素面。残高6.4、口径11.2厘米（图九三，2）。标本 Ⅲ T5B⑤:21，泥质灰陶。仅存口领与肩残部。矮直领，仰折沿，肩部以下残。肩部饰有两

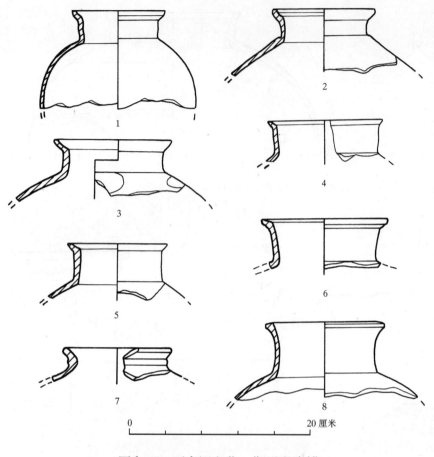

图九三　石家河文化一期后段陶罐

1~8.仰折沿高领罐 I T3B⑤a:13、Ⅲ T5B⑤:20、Ⅲ T5B⑤:21、Ⅱ T6E⑤:13、
I T1G⑤:22、I T3I⑤a:184、I T3I⑤aH8:24、Ⅱ T3A⑤:5

周圆弧状凸弦纹。残高5.6、口径13.2厘米（图九三，3）。标本Ⅱ T6E⑤:13，泥质灰陶。仅存口领残部。直领，小仰折沿。素面。残高4.4、口径12.4厘米（图九三，4）。标本 I T1G⑤:22，泥质灰陶。仅存口领与肩残部。直领，小仰折沿，肩部以下残。素面。残高6、口径11.2厘米（图九三，5）。标本 I T3I⑤a:184，泥质灰陶。仅存口领与肩残部。直领，小仰折沿，肩及其以下残。素面。残高5.8、口径13.6厘米（图九三，6）。标本 I T3I⑤aH8:24，泥质灰陶。仅存口领与肩残部。矮领，口微侈，仰折沿，方唇，残广肩，腹部以下残。素面。残高3.5、口径

12厘米（图九三，7）。标本Ⅱ T3A⑤:5，泥质灰陶。仅存口领与肩残部。直领，小折沿，厚口缘，溜弧肩，肩部以下残。残高8、口径12.8厘米（图九三，8）。

⑫ **陶瓮**　9件。均为残器口及部分残腹。器壁一般较厚，为夹陶末的粗泥陶，手制。口领部位都经慢轮加工修饰。分敛口瓮、小口有领瓮和子母口瓮。

敛口瓮　3件。无领。标本Ⅲ T8B⑤a:1，泥质黑陶。仅存口沿及残腹。小敛口，圆唇，带状厚口缘，斜直腹，中腹以下残。素面。残高6.5、口径10.8厘米（图九四，1）。标本Ⅱ T6E⑤:17，夹砂黑陶。仅存口沿及残腹。敛口，圆唇，带状厚口缘，斜腹，腹部以下残。素面。残高4.8、口径26.8厘米（图九四，2）。标本 I T1F⑤a:25，泥质黑陶。仅存口沿及残腹。敛口，厚口缘，尖唇，斜弧腹，腹部以下残。素面。残高8.8、口径20.8厘米（图九四，3）。

小口有领瓮　1件。标本 I T1F⑤a:34，泥质褐陶。腹中部残缺。小敛口，尖唇，斜直领，弧肩，下腹斜弧，小凹平底。肩与腹部满饰交错竖、斜篮纹。复原高46、口径19.6、底径10.8厘米（图九四，4）。

子母口瓮　3件。标本 I T5A⑤a:6，泥质红陶。仅存口沿及残腹。子母口微敛，斜

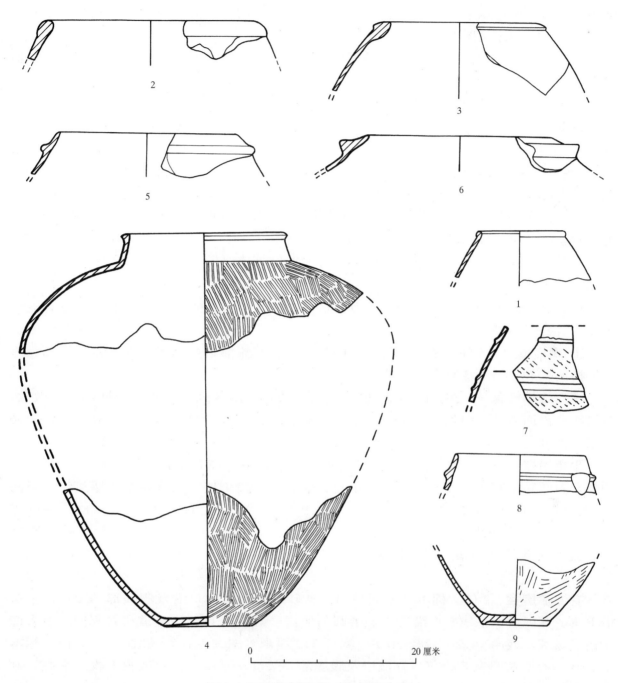

图九四 石家河文化一期后段陶瓮

1~3.敛口瓮Ⅲ T8B⑤a:1、Ⅱ T6E⑤:17、Ⅰ T1F⑤a:25 4.小口有领瓮Ⅰ T1F⑤a:34 5~7.子母口瓮Ⅰ T5A⑤a:6、
Ⅲ T6A⑤:27、Ⅰ T1G⑤:18 8.钩系子母口瓮Ⅰ T5A⑤a:7 9.瓮底Ⅰ T5I⑤a:31

腹，腹部以下残。素面。残高5.2、口径22厘米（图九四，5）。标本Ⅲ T6A⑤:27，泥
质灰陶。仅存口沿及残腹。子母口，斜腹，腹部以下残。素面。残高4.2、口径22厘米
（图九四，6）。标本Ⅰ T1G⑤:18，泥质红陶。仅存口沿及残腹。子母口，方唇，斜弧腹，
腹部以下残。上腹饰有篮纹及1周宽带状凸弦纹。残高7.8厘米（图九四，7）。

钩系子母口瓮 1件。标本Ⅰ T5A⑤a:7，泥质黄陶。仅存口沿及残腹。子母口，尖圆唇，斜腹，腹部以下残。残子母口上残存一鹰嘴状钩。口沿下饰有一周凸弦纹。残高4.2、口径16厘米（图九四，8）。

瓮底　1件。标本ⅠT5I⑤a:31，泥质红陶。仅存下腹至底部。斜腹，平底略内凹似假圈足。下腹饰有篮纹。残高7.6、底径8厘米（图九四，9）。

⑬ **陶缸**　3件。有斜弧腹缸和筒形缸。

斜弧腹缸　1件。标本ⅢT5A⑤:8，夹陶末的粗泥灰陶。仅存口领至上中腹残部。大口，小仰折沿，高斜颈，斜弧腹。中腹以下残。腹部满饰横向交错篮纹。残高17、口径24厘米（图九五，1）。

筒形缸　2件。标本ⅢT7J⑤:21，泥质灰陶。仅存口沿及腹残部。平折沿，沿面下凹呈盘口，直筒腹以下残。腹部满饰交错篮纹。残高8、口径37厘米（图九五，2）。标本ⅢT8B⑤a:33，泥质黑陶。仅存口沿及腹残部。直口，平折沿，沿面略凸弧，圆唇，口、腹直，上腹以下残。素面。残高8.7、口径44厘米（图九五，3）。

（2）加工器具

均为夹砂陶。胎厚，火候高。均为手制。本期加工工具的器类有擂磨盆（分有流和无流）、澄滤器和陶臼等。

① **陶擂磨盆**　5件。依口沿的不同分为无流和有流擂磨盆，无流擂磨盆又可分为厚口缘擂磨盆和平折沿擂磨盆。

厚口缘擂磨盆　1件。标本ⅢT5B⑤a:18，夹砂灰陶。仅存口沿及腹残部。口微敛，厚口缘，沿面微凹，斜弧腹以下残。盆内壁有斜、横交错刻槽。素面。残高8、口径36厘米（图九五，4）。

平折沿擂磨盆　2件。标本ⅠT3I⑤aH8:17，夹砂红褐陶。敞口，平折沿下垂，尖圆唇，斜弧腹下收成平底。盆内壁满布竖道和斜道交错刻槽。腹表满饰交错篮纹。通高17.2、口径40、底径12厘米（图九五，5；图版二六，6）。标本ⅠT5I⑤a:86，夹砂黑陶。仅存口沿及极少的腹残部。大口，平折沿，沿面有三周凹弦纹，圆唇，残直腹微弧。盆内壁有竖道刻槽。口内饰有1周凹弦纹。残高3.3、口径40.4厘米（图九五，6）。

有流擂磨盆　2件。标本ⅡT6E⑤:4，夹砂黑陶。仅存口沿及腹残部。敛口，平折沿下垂，深弧腹以下残，口沿有一个半圆勺形流。盆内壁有交错竖道和斜刻槽。腹表饰交错浅篮纹。残高16.2、口径30.8、流长3.2厘米（图九五，7；图版二七，1）。标本ⅠT4B⑤a:8，夹砂灰陶。仅残存流口及腹底部。敞口，厚口缘，斜弧腹下收成平底。盆内壁有横、竖道相交组成网格纹刻槽。素面。残高17.6、口径37.2、流长5.5厘米（图九五，8；图版二七，2）。

② **陶漏斗形澄滤器**　1件。标本ⅢT8B⑤b:15，夹砂灰陶。口沿部分残。器呈漏斗状，喇叭形口残，筒形腹，平底。器内壁有竖道刻槽。素面。残高20.6、残口径24.6、底径9厘米（图九五，9；图版二七，3）。

③ **陶臼**　1件。标本ⅠT7B⑤a:1，夹砂灰黄陶。厚胎，从上至下渐加厚，底部特厚。敞口，宽仰折沿，筒形腹上粗下渐细，下腹收为尖圜底。腹表满饰斜粗篮纹。手制。通高38.8、口径24.8厘米（图九六，1；彩版七，2）。

图九五　石家河文化一期后段陶缸、擂磨盆和澄滤器

1. 斜弧腹缸Ⅲ T5A⑤:8　2、3. 筒腹缸Ⅲ T7J⑤:21、Ⅲ T8B⑤a:33　4. 厚口
缘擂磨盆Ⅲ T5B⑤a:18　5、6. 平折沿擂磨盆Ⅰ T3I⑤aH8:17、Ⅰ T5I⑤a:86
7、8. 有流擂磨盆Ⅱ T6E⑤:4、IT4B⑤a:8　9. 澄滤器Ⅲ T8B⑤b:15

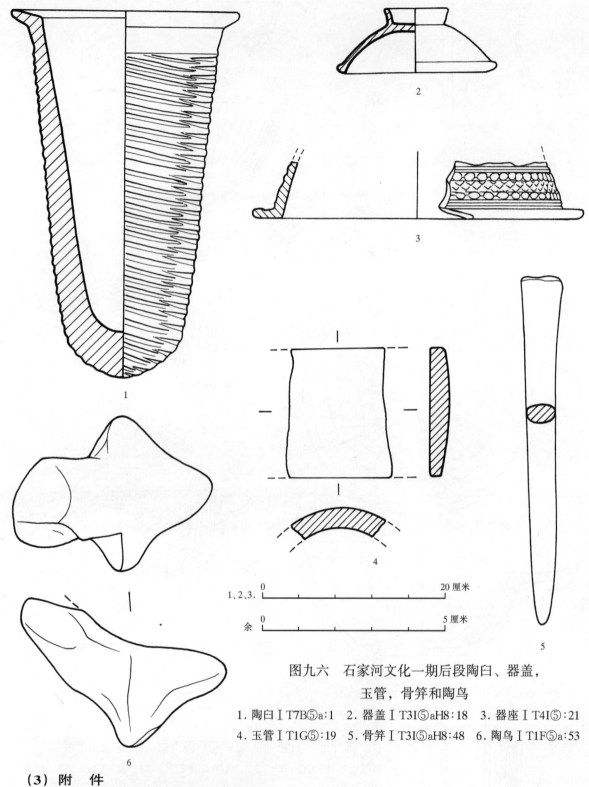

图九六　石家河文化一期后段陶臼、器盖，
玉管，骨笄和陶鸟

1. 陶臼ⅠT7B⑤a：1　　2. 器盖ⅠT3I⑤aH8：18　　3. 器座ⅠT4I⑤：21

4. 玉管ⅠT1G⑤：19　　5. 骨笄ⅠT3I⑤aH8：48　　6. 陶鸟ⅠT1F⑤a：53

（3）附　件

器物的附件有陶器座和陶器盖两类。

① 陶圈纽斜弧面器盖　1件。标本ⅠT3I⑤aH8：18，夹砂灰陶。斜圈钮，斜弧盖面，
敛口，盖底厚口缘。素面。手制。高7、底径17.5、圈钮径6.8厘米（图九六，2；图版

二七，4）。

② **陶器座**　1件。标本ⅠT4I⑤:21，夹粗砂灰陶。仅存座之下部。筒形腹，上细下稍粗。足外伸呈平座。上、下部饰有二周平行凸弦纹，二周凸弦纹间夹有二周平行按窝链式附加堆纹，按窝之间夹以方格纹带。手制，经过轮修。残高6、底径36厘米（图九六，3）。

3．其　它

选用标本3件，有玉质、骨质装饰品，本期新出现玉管、陶塑小动物。

① **玉管**　1件。标本ⅠT1G⑤:19，汉白玉，白色，通体磨光。仅残存管的一小半。管全长3.3、厚0.5、管径3.2厘米。重12克（图九六，4）。

② **骨笄**　1件。标本ⅠT3I⑤aH8:48，器身平面呈扁锥状，横断面近椭圆形。骨质呈灰白色，通体磨光。全长9.1、最宽处1.1、厚0.5厘米。重2克（图九六，5；图版二七，5）。

③ **陶鸟**　1件。标本ⅠT1F⑤a:53，泥质红陶。鸟身后半部残，鸟头前视伸颈，双翅附着于鸟身背部，欲呈展开状。残长5.9、高3.7厘米（图九六，6；图版二七，6）。

（三）石家河文化二期遗物

本期选用遗物标本350件，文化遗物较一期丰富。按用途分为生产工具、生活用具和其它三大类。

1．生产工具

生产工具标本115件，其中石器97件（石料1件），陶纺轮17件，骨器1件。石器为磨制，石器器类和数量比一期都有所增加。

石器的加工用料种类亦比一期有所增加。石器标本中，质地可分为沉积岩、变质岩和火成岩三大类，其中以沉积岩为主，后者仅零星发现。沉积岩中，石器仍以灰、黑色的泥质岩为主，也有极少的黄色和灰黄色泥质岩石器，各色泥质岩石器有89件，占整个石器的91.7%；砂岩（灰色、棕色）石器2件，占整个石器的2.06%；灰色粉砂岩、灰色硅质岩、灰色纹带状泥岩和灰色条带状硅质岩石器各有1件，占整个石器的1.03%。变质岩中的灰白色石英岩和火成岩中的黑色辉绿岩石器各有1件，亦均占1.03%。现按器类叙述如下：

（1）砍伐、农业和渔猎工具

有石斧、石锛、石铲、石刀、有孔石刀、石凿、石箭镞和石网坠等。其中以斧、刀为多，石箭镞数量和类型都较一期增多。

① **石斧**　25件。本期石斧全为通体磨制。依其平面形状有梯形和长方形。

梯形斧　11件。依斧的刃缘平面形状可分为直刃（或直刃微弧）和弧刃（或斜弧刃）斧。

梯形直刃斧　7件。标本ⅢT7J④c:7，泥质岩，黑色。平面略呈梯形，左右两侧有破损小疤。柄部平直微凹，刃缘弦长与柄部弦长基本平行。两面刃，刃缘平视为直刃，侧视呈直刃。全长7.4、最宽处7.1、厚1.7厘米。柄部弧长4、刃缘弧长6厘米。重158克。刃角60°（图九七，1；图版二八，1）。标本ⅢT8C④a:13，泥质岩，灰色。平

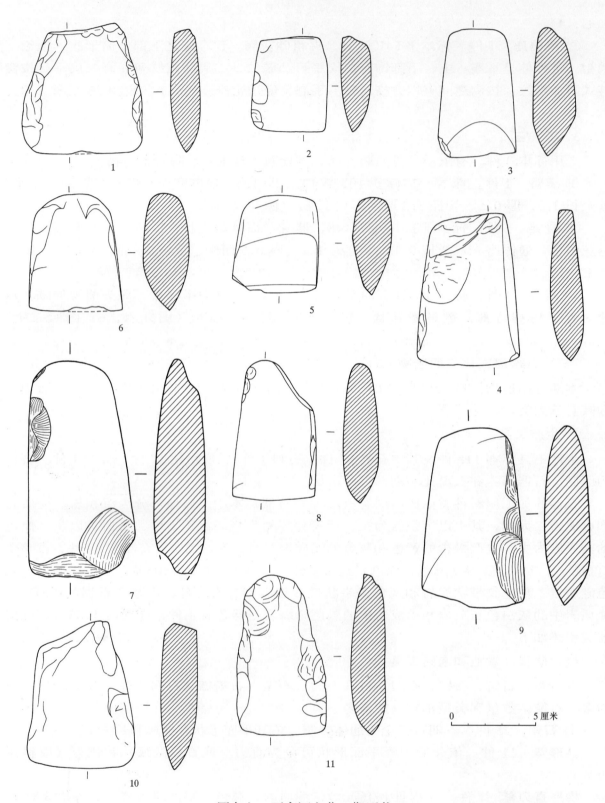

图九七　石家河文化二期石斧

1～7. 梯形直刃斧Ⅲ T7J④c:7、Ⅲ T8C④a:13、Ⅰ T5I④b:142、Ⅳ T1A④a:1、Ⅲ T8B④a:12、Ⅱ T6A④a:2、Ⅲ T8C④a:23　　8～11. 梯形弧刃斧Ⅲ T1A④a:1、Ⅲ T8B④a:27、Ⅲ T8C④c:15、Ⅰ T5I④d:186

面呈梯形。柄部平视凸弧，刃缘弦长与柄部弦长平行。两面刃，刃缘平视为直刃，侧视呈直刃。全长 5.6、最宽处 4.4、厚 1.9 厘米。柄部弧长 3.5、刃缘弧长 4.3 厘米。重 82克。刃角 65°（图九七，2；图版二八，2）。标本 I T5I④b:142，辉绿岩，黑色。平面呈梯形。柄部平视凸弧，有敲砸痕迹，刃缘弦长与柄部弦长平行。两面刃，刃缘平视直刃微弧，侧视呈直刃。全长 7.5、最宽处 4.5、厚 2.5 厘米。柄部弧长 3.2、刃缘弧长 4.3厘米。重 129 克。刃角 74°（图九七，3；图版二八，3）。标本 IV T1A④a:1，泥质岩，灰色。平面略呈梯形，柄部和左右两侧有破损小疤。柄部平视凸弧，刃缘弦长与柄部弦长基本平行。两面刃，刃缘平视为直刃微，侧视呈直刃。全长 8.6、最宽处 6、厚 2 厘米。柄部弧长 4.5、刃缘弧长 6.2 厘米。重 174 克。刃角 68°（图九七，4；图版二八，4）。标本 III T8B④a:12，泥质岩，灰色。平面呈梯形。柄部平视凸弧，有敲砸痕迹，刃缘弦长与柄部弦长平行。两面刃，刃缘平视直刃微弧，侧视呈直刃。全长 5.6、最宽处 5、厚2.3 厘米。柄部弧长 4、刃缘弧长 5.2 厘米。重 117 克。刃角 55°（图九七，5；图版二八，5）。标本 II T6A④a:2，石英岩，灰色。平面略呈梯形。柄部平视凸弧，有敲砸痕迹，刃缘弦长与柄部弦长平行。两面刃，刃缘平视直刃微弧，侧视呈直刃。全长 6.8、最宽处 5.6、厚 2.9 厘米。柄部弧长 4.6、刃缘弧长 5.5 厘米。重 184 克。刃角 68°（图九七，6）。标本 III T8C④a:23，粉砂岩，灰色。平面呈梯形。柄部平视凸弧，刃缘弦长与柄部弦长平行。两面刃，刃缘平视直刃微弧，侧视呈直刃。全长 12.5、最宽处 6.2、厚 3.2 厘米。柄部弧长 5、刃缘弧长 7.5 厘米。重 342 克。刃角 70°、78°（图九七，7）。

梯形弧刃斧　4 件。标本 III T1A④a:1，泥质岩，灰色。平面略呈梯形。柄部一角断失，柄部平视凸弧，刃缘弦长与柄部弦长平行。两面刃，刃缘平视为弧刃，侧视呈直刃。全 8、最宽处 4.8、厚 2.1 厘米。残柄部弧长 1.5、刃缘弧长 4.9 厘米。重 134 克。刃角 77°（图九七，8；图版二八，6）。标本 III T8B④a:27，泥质岩，灰色。平面呈梯形。柄部平视凸弧，刃缘弦长与柄部弦长平行。两面刃，刃缘平视为弧刃，侧视呈直刃。全长 10.4、最宽处 6.2、厚 2.7 厘米。柄部弧长 4.2、刃缘弧长 6.2 厘米。重 289 克。刃角70°（图九七，9；图版二九，1）。标本 III T8C④c:15，泥质岩，灰色。刃缘平面为弧刃。柄部平视直，刃缘弦长与柄部弦长不平行，成 21°夹角。两面刃，刃缘平视为弧刃，侧视呈直刃。全长 8.2、最宽处 6.5、厚 2.2 厘米。柄部弧长 4.5、刃缘弧长 6.4 厘米。重161 克。刃角 60°（图九七，10）。标本 I T5I④d:186，泥质岩，灰色。平面略呈梯形。柄部和两侧边有破损小疤，柄部平视凸弧，刃缘弦长与柄部弦长平行。两面刃，刃缘平视为弧刃，侧视呈直刃。全长 9.2、最宽处 5.1、厚 2 厘米。柄部弧长 3、刃缘弧长 5 厘米。重 147 克。刃角 68°（图九七，11；图版二九，2）。

长方形斧　14 件。刃缘平视分为直刃（或直刃微弧）和弧刃（或斜弧刃）。

长方形直刃斧　8 件。直刃或直刃微弧。标本 III T6A④a:16，泥质岩，灰色。平面呈长方形。柄部平直，刃缘弦长与柄部弦长平行。两面刃，刃缘略有破损，刃缘平视为直刃，侧视呈直刃。全长 6.4、宽 4.1、厚 2.2 厘米。柄部弧长 3、刃缘弧长 4.2 厘米。重 42 克。刃角 52°（图九八，1）。标本 III T8B④c:13，泥质岩，黑色。平面长方形，左右两侧有破损小疤。柄部平视凹弧，有敲砸痕迹，刃缘弦长与柄部弦长不平行，成 70°夹角。两面刃，刃缘平视直刃微弧，侧视呈直刃。全长 7.3、宽 5.9、厚 2.3 厘米。柄部弧长 3.5、刃缘弧长 5.8 厘米。重 170 克。刃角 62°（图九八，2）。标本 III T8C④b:16，

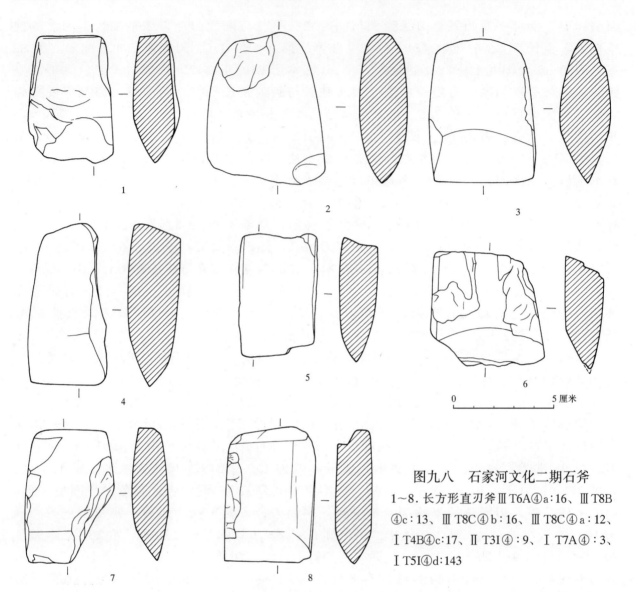

图九八　石家河文化二期石斧

1～8. 长方形直刃斧Ⅲ T6A④a：16、Ⅲ T8B
④c：13、Ⅲ T8C④b：16、Ⅲ T8C④a：12、
Ⅰ T4B④c：17、Ⅱ T3I④：9、Ⅰ T7A④：3、
Ⅰ T5I④d：143

泥质岩，灰色。平面近长方形。柄部平视凸弧，刃缘弦长与柄部弦长平行。两面刃，刃缘平视直刃微弧，侧视呈直刃。全长 6.9、宽 5.2、厚 2.5 厘米。柄部弧长 4.4、刃缘弧长 5 厘米。重 161 克。刃角 63°（图九八，3；图版二九，3）。标本Ⅲ T8C④a：12，泥质岩，黑色。通体磨制。平面近长方形。柄部分为两段，中间稍凸出，柄部平视凸弧，刃缘弦长与柄部弦长不平行。两面刃，刃缘平视直刃，侧视呈直刃。长 7.8、残宽 3.8、厚 2.4 厘米。柄部弧长 2.5、刃缘弧长 3.5 厘米。重 133 克。刃角 66°（图九八，4；图版二九，4）。标本 1T4B④c：17，泥质岩，黑色。平面呈长方形，柄部断失。刃缘弦长与柄部弦长平行。两面刃，刃缘平视直刃微弧，侧视呈直刃。全长 6、宽 3.7、厚 1.9、刃缘弧长 3.6 厘米。重 91 克。刃角 70°（图九八，5）。标本Ⅱ T3I④：9，泥质岩，黑色。平面呈长方形，一侧有破损的小疤。柄部及其一侧断失。两面刃，刃缘平视为直刃，侧视亦为直刃。残长 5.5、宽 5.5、厚 1.9、刃缘弧长 4 厘米。重 84 克。刃角 44°（图九八，6）。标本Ⅰ T7A④：3，泥质岩，灰色。平面近长方形，刃缘右侧破损。柄部平直，刃缘弦长与柄部弦长平行。两面刃，刃缘平视为直刃，侧视呈直刃。残长 6.4、宽 4.5、厚 1.9 厘

米。残刃缘弧长 2.2 厘米。重 85 克。刃角 47°（图九八，7）。标本 Ⅰ T5I④d:143，泥质岩，黑色。平面呈长方形，柄部平直，一侧边两面磨制出一条刃缘，可能拟改制它器尚未制成。刃缘弦长与柄部弦长平行。两面刃，刃缘平视为直刃，侧视呈直刃。柄部上可见加工的小台痕，全长 6.4、宽 4.3、厚 1.8 厘米。柄部弧长 3.7、刃缘弧长 4.1 厘米。重 98 克。刃角 60°（图九八，8；图版二九，5）。

长方形弧刃斧　6 件。弧刃或斜弧刃。标本 Ⅰ T5B④c:13，泥质岩，黑色，通体磨制。平面略呈长方形。柄部平视直边，柄部上可见加工的小疤，刃缘弦长与柄部弦长平行。刃缘平视直刃微弧，侧视呈直刃，加工平齐。全长 7.1、宽 4.6、厚 1.6 厘米。重 115 克。刃角 50°（图九九，1；图版二九，6）。标本 Ⅲ T4C④:4，泥质岩，黑色。平面呈长方形。柄部断失，两侧边破损。两面刃，刃缘平视为弧刃，侧视呈直刃。残长 6.5、宽 5、厚 2.2 厘米。柄部弧长 4.5、刃缘弧长 4.5 厘米。重 144 克。刃角 73°（图九九，2）。标本 Ⅱ T3I④:6，泥质岩，黑色。平面呈长方形。柄部平视斜直，有敲琢使用的痕迹，刃缘弦长与柄部弦长不平行，成 19°夹角。两面刃，刃缘平视为弧刃，侧视呈直刃。全长 6.7、宽 4.9、厚 2.5 厘米。柄部弧长 4、刃缘弧长 4.6 厘米。重 156 克。刃角 80°（图九九，3；图版三〇，1）。标本 Ⅰ T4A④a:5，泥质岩，灰色。平面呈长方形。柄部断失，刃缘弦长与柄部弦长平行。两面刃，刃缘平视为弧刃，侧视呈弧刃。残长 7.5、宽 6.2、厚 1.7 厘米。刃缘弧长 6.6 厘米。重 126 克。刃角 58°（图九九，4）。标本 Ⅰ T5I④d:150，泥质岩，黑色。平面长方形，一侧纵向破裂。柄部平视凸弧，有敲砸痕迹，刃缘弦长与柄部弦长平行。两面刃，刃缘平视为弧刃，侧视呈直刃。残长 7.6、宽 4.1、厚 3.8 厘米。柄部弧长 3.7 厘米（图九九，5）。标本 Ⅲ T8B④a:11，泥质岩，灰色。平面呈长方形。柄部平视凸弧，有敲琢使用痕迹，刃缘弦长与柄部弦长平行。两面刃，刃缘平视为弧刃，侧视呈直刃。全长 6、宽 4.8、厚 1.8 厘米。柄部弧长 3.8、刃缘弧长 4.5 厘米。重 90 克。刃角 34°（图九九，6）。

② **石锛**　3 件。通体磨制。器形皆呈长方形，刃缘平视有直刃和弧刃。

长方形直刃锛　1 件。标本 Ⅰ T5B④c:19，泥质岩，黑色。平面呈长方形，柄部平视凸弧，左、右角处各有一处破损，刃缘弦长与柄部弦长平行。一面刃，刃缘平视为直刃微弧，侧视呈直刃。全长 5.7、宽 3.4、厚 1.3 厘米。柄部弧长 2.6、刃缘弧长 3.4 厘米。重 48 克。刃角 65°（图九九，7；图版三〇，2）。

长方形弧刃锛　2 件。弧刃或斜弧刃。标本 Ⅲ T8C④b:11，泥质岩，黑色。平面呈长方形。柄部平直，刃缘弦长与柄部弦长不平行，成 22°夹角。两面刃，刃缘平视为弧刃，侧视呈弧刃。全长 6.9、宽 4.3、厚 2 厘米。柄部弧长 3.5、刃缘弧长 4 厘米。重 120 克。刃角 85°（图九九，8；图版三〇，3）。标本 Ⅰ T2A④a:7，泥质岩，黑色。平面呈长方形。柄部及两侧边均留有加工的小疤。柄部平直，刃缘弦长与柄部弦长平行。一面刃，刃缘平视为斜弧刃，侧视呈直刃。全长 5.7、宽 3.1、厚 1.2 厘米。柄部弧长 2.5、刃缘弧长 3 厘米。重 44 克。刃角 58°（图九九，9；图版三〇，4）。

③ **石锄**　1 件。标本 Ⅰ T5I④d:172，砂岩，灰色，打制。平面略呈梯形。柄部平直，两侧边有加工的痕迹，加工成两个凹形腰部。刃缘弦长与柄部弦长不平行。刃缘残缺不齐，平视为弧刃，侧视呈直刃。全长 13.7、宽 9.7、厚 2 厘米。柄部弧长 5.7、刃缘弧长 10.4 厘米。重 325 克。刃角 51°、64°（图版三〇，5）。

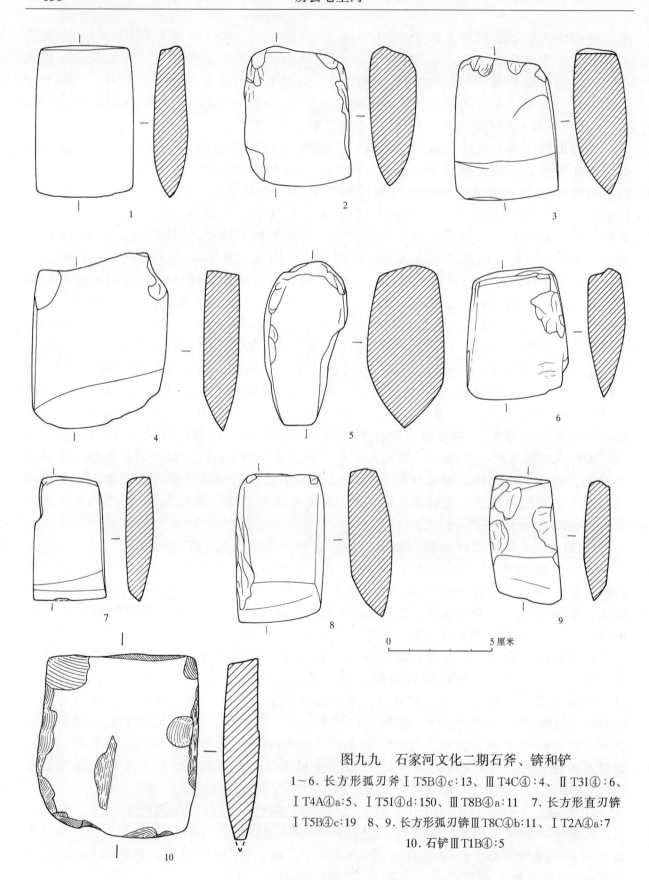

0   5 厘米

图九九　石家河文化二期石斧、锛和铲
1~6. 长方形弧刃斧Ⅰ T5B④c：13、Ⅲ T4C④：4、Ⅱ T3I④：6、
Ⅰ T4A④a：5、Ⅰ T5I④d：150、Ⅲ T8B④a：11　7. 长方形直刃锛
Ⅰ T5B④c：19　8、9. 长方形弧刃锛Ⅲ T8C④b：11、Ⅰ T2A④a：7
10. 石铲Ⅲ T1B④：5

④ **石铲** 1 件。标本Ⅲ T1B④:5，纹带状泥岩（沉积岩），灰色，磨制。柄部残断，残铲平面近方形。残柄平直，双面刃，刃缘大部分残，刃缘平视弧刃，侧视直刃，铲周边与中部均有破损的小疤。残长 8.8、宽 8、厚 1.7 厘米。残刃缘弧长 7.7 厘米。重 218 克。刃角 55°（图九九，10；图版三〇，6）。

⑤ **石刀** 27 件。全为磨制石器。刀分无孔石刀和有孔石刀，其中无孔石刀有 19 件，有孔石刀 8 件。刀的平面形状有梯形、长方形，横长方形和方形等。

梯形刀 6 件。刃缘平面形状有梯形直刃（或直刃微弧刀）和梯形弧刃刀。

梯形直刃刀 5 件。直刃或直刃微弧。标本Ⅲ T2B④:3，泥质岩，黑色。平面呈梯形。柄部平视凸弧，柄部、两侧边有加工的小疤，刃缘弦长与柄部弦长平行。两面刃，刃缘平视直刃微弧，侧视呈直刃，两面上各有一道凹槽，可能为石料切割痕，凹槽长度分别为 5.4、5.6、最宽 0.3、最深 0.2 厘米。全长 6.3、宽 4.6、厚 1.2 厘米。柄部弧长 3.2、刃缘弧长 4.6 厘米。重 63 克。刃角 70°（图一〇〇，1；图版三一，1）。标本Ⅰ T5A④:8，泥质岩，灰色。平面呈梯形。柄部平视凸弧，柄部、两侧边有加工的小疤，刃缘弦长与柄部弦长平行。一面斜刃，一面弧刃，刃缘平视直刃微弧，侧视呈直刃。全长 7.2、宽 4.7、厚 1.5 厘米。柄部弧长 3.5、刃缘弧长 4.5 厘米。重 68 克。刃角 48°（图一〇〇，2）。标本Ⅰ T5I④a:153，泥质岩，灰色。平面略呈梯形，柄部平视呈凸弧，两侧边留有加工的小疤。刃缘弦长与柄部弦长平行。两面刃，刃缘平视为直刃，侧视呈直刃。全长 8.2、宽 6、厚 1.5 厘米。柄部弧长 4、残刃缘弧长 5.5 厘米。重 131 克。刃角 55°（图一〇〇，3）。标本Ⅲ T2B④:4，泥质岩，黑色。平面略呈梯形。柄部平直，刃缘弦长与柄部弦长基本平行。一面斜刃，一面弧刃，刃缘平视为直刃，侧视呈直刃。全长 7、宽 3.7、厚 1 厘米。柄部弧长 2.7、刃缘弧长 3.7 厘米。重 53 克。刃角 55°（图一〇〇，4；图版三一，2）。标本Ⅲ T6A④a:21，泥质岩，灰色。平面呈梯形。柄部平视直。刃缘弦长与柄部弦长平行，成 10°夹角。两面刃，刃缘平视直刃微弧，侧视呈直刃。全长 5.3、宽 4、厚 1.1 厘米。柄部弧长 2.2、刃缘弧长 3.5 厘米。重 44 克。刃角 80°（图一〇〇，5；图版三一，3）。

梯形弧刃刀 1 件。标本Ⅰ T5I④d:192，泥质岩，灰色。平面呈梯形。柄部平视凸弧，柄部也磨成一条刃缘，刃缘平视为弧刃，侧视呈直刃。刃缘弦长与柄部弦长平行。两面刃，刃缘平视直刃微弧，侧视呈直刃。全长 6.9、宽 3.6、厚 0.8 厘米。柄部弧长 1.3、刃缘弧长 3.5 厘米。重 28 克。刃角 52°（图一〇〇，6）。

长方形刀 9 件。均为直刃或直刃微弧。

长方形直刃刀 8 件。标本Ⅲ T8C④b:22，泥质岩，灰色。平面呈长方形。柄部和两侧边有加工的小疤，刃缘弦长与柄部弦长平行。两面刃，刃缘平直刃微弧，侧视呈直刃。全长 9、宽 4.5、厚 1.5 厘米。柄部弧长 3.7、刃缘弧长 3.9 厘米。重 108 克。刃角 65°（图一〇〇，7）。标本Ⅰ T5I④bH11:187，泥质岩，灰色。平面呈长方形，一面保留石皮，一面磨制。两面刃，刃缘平视为直刃，侧视呈直刃。全长 11.2、宽 5.4、厚 1.6 厘米。柄部弧长 4.5、刃缘弧长 4.6 厘米。重 161 克。刃角 40°（图一〇〇，8；图版三一，4）。标本Ⅲ T2B④:6，泥质岩，灰色。平面略呈长方形。柄部及两侧边均留有加工的小疤。柄部平视凸弧，刃缘弦长与柄部弦长平行。两面刃，刃缘平视为直刃，侧视呈直刃。全长 6.7、宽 3.2、厚 0.9 厘米。柄部弧长 3、刃缘弧长 3.2 厘米。重 41 克。刃角

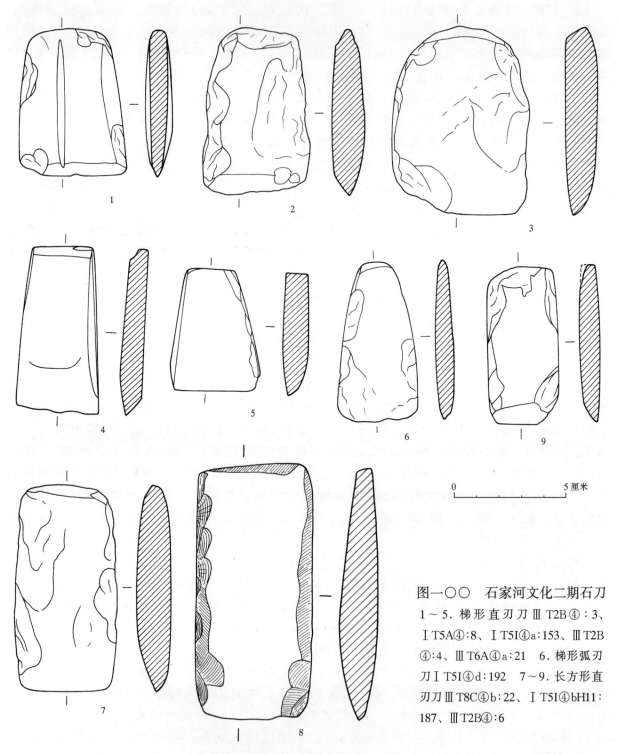

图一〇〇　石家河文化二期石刀
1～5.梯形直刃刀 Ⅲ T2B④：3、
Ⅰ T5A④：8、Ⅰ T5I④a：153、Ⅲ T2B
④：4、Ⅲ T6A④a：21　6.梯形弧刃
刀 Ⅰ T5I④d：192　7～9.长方形直
刃刀 Ⅲ T8C④b：22、Ⅰ T5I④bH11：
187、Ⅲ T2B④：6

53°（图一〇〇，9）。标本 Ⅲ T8B④b：24，泥质岩，灰色。平面近长方形。柄部平视凸弧，有破损的痕迹，刃缘弦长与柄部弦长平行。两面刃，两侧边有加工的痕迹，刃缘平视为直刃，有使用的小疤痕，侧视呈直刃。全长 8.6、宽 5.2、厚 1.3 厘米。残柄部弧长 2、刃缘弧长 5 厘米。重 89 克。刃角 62°（图一〇一，1）。标本 Ⅰ T2B④a：4，泥质岩，黑色。平面近长方形。柄部断失。两面刃，刃缘平视为直刃，侧视呈直刃。残长 5.1、宽 3.8、厚 1 厘米。残刃缘弧长 3.8 厘米。重 41 克。刃角 71°（图一〇一，2；图版三一，5）。标本Ⅳ T3A④：7，泥质岩，黑色。平面呈梯形。柄部平直。刃缘弦长与柄部弦长基本平行。两面刃，刃缘平视为直刃，侧视呈直刃。全长 7.9、宽 3.6、厚 1.3 厘米。柄部弧长 3、刃缘弧长 3.5 厘米。重 87 克。刃角 40°（图一〇一，3；图版三一，6）。标本Ⅲ T6A④a：12，泥质岩，黑色。平面近长方形。柄部平直。刃缘弦长与柄部弦长平行。两面刃，刃缘平视为直刃，侧视呈直刃。全长 5.6、宽 3.6、厚 1.3 厘米。柄部弧长 2.8、刃缘弧长 3.6 厘米。重 58 克。刃角 81°（图一〇一，4；图版三二，1）。标本Ⅲ T8C④a：5，泥质岩，灰色。平面呈长方形，体薄。柄部平视弧形，刃缘与柄部平行。

图一〇一　石家河文化二期石刀

1～5.长方形直刃刀Ⅲ T8B④b：24、Ⅰ T2B④a：4、Ⅳ T3A④：7、Ⅲ T6A④a：12、Ⅲ T8C④a：5　6.长方形斜刃刀Ⅲ T8C④a：32　7～9.横长方形刀Ⅲ T7J④c：12、Ⅰ T1G④b：50、Ⅰ T6A④a：19　10.方形刀Ⅲ T8C④a：34

刃缘平面直刃微弧，侧视直刃。加工平齐，两面刃，右角处正向有破损小疤。全长10.4、宽5.9、厚1.4厘米。柄部弧长5、刃缘长6.1厘米。刃角40°（图一○一，5）。

长方形斜刃刀　1件。标本ⅢT8C④a：32，泥质岩，灰色。平面呈长方形。柄部平直，刃缘弦长与柄部弦长基本平行。两面刃，刃缘平视为斜直刃，侧视呈直刃。全长6.9、宽3.9、厚1.2厘米。柄部弧长3.3、刃缘弧长4厘米。重59克。刃角64°（图一○一，6；图版三二，2）。

横长方形刀　3件。直刃或直刃微弧。标本ⅢT7J④c：12，泥质岩，灰色。平面呈横长方形，柄部平视凸弧，两侧均有小疤。刃缘弦长与柄部弦长平行。两面刃，刃缘平视为直刃微弧，侧视呈直刃。全长8.5、宽4.4、厚1.2厘米。柄部弧长7.4、刃缘弧长8.5厘米。重97克。刃角72°（图一○一，7；图版三二，3）。标本ⅠT1G④b：50，残存近半部（左半段）。泥质岩，灰色。刀平视呈横长方形，柄部平直。两面刃，刃缘残缺呈锯齿状，刃缘弦长与柄部弦长平行。刃缘平视为直刃微弧，侧视呈直刃。残长4、宽5、厚0.8厘米。残柄部弧长4.5、残刃缘弧长3.2厘米。重25克。刃角45°（图一○一，8）。标本ⅠT6A④a：19，泥质岩，灰色。仅存左半部。平面呈横长方形，柄部平直，刃缘弦长与柄部弦长平行。两面刃，刃缘破损，刃缘平视直刃微弧，侧视呈直刃。残长5.5、宽4.9、厚1.6厘米。柄部弧长4.4、刃缘弧长4.5厘米。重84克。刃角70°（图一○一，9）。

方形刀　1件。标本ⅢT8C④a：34，硅质岩，灰色。平面近方形。柄部断失，刃缘弦长与柄部弦长平行。一面斜刃，一面弧刃。刃缘平视为直刃微弧，侧视呈直刃。全长5.7、宽4.4、厚1厘米。柄部弧长3.5、刃缘弧长4厘米。重53克。刃角61°（图一○一，10）。

有孔刀　8件。通体磨制。皆为横长方形。刃缘平视形状有直刃（或直刃微弧）和弧刃。

长方形有孔直刃刀　3件。直刃或直刃微弧。标本ⅠT4I④a：15，泥质岩，灰色，平面呈长方形，器身薄平，两侧边有破损小疤。柄部平直，刃缘弦长与柄部弦长平行，钻孔为两面钻。双面刃，刃缘平视为直刃，刃中段在使用中磨损成凹弧形，侧视呈直刃。全长12、宽4.3、厚0.7厘米。柄部弧长11.6、刃缘弧长12厘米。重69克。刃角43°（图一○二，1；图版三二，4）。标本ⅣT7A④：5，泥质岩，灰色，通体磨制。平面近横长方形，柄部平视凸弧。刃缘弦长与柄部弦长平行，钻孔为一面钻。双面刃，刃缘平视直刃微弧，侧视呈直刃。全长9、宽4.1、厚0.7厘米。柄部弧长8.3、刃缘弧长8.5厘米。重52克。刃角45°（图一○二，2；图版三二，5）。标本ⅢT7J④c：14，泥质岩，灰色。依双孔排列位置看，平面应为横长方形。左上角断失，仅存右大半部，柄部大部破损呈圆弧形。刃缘弦长与柄部弦长平行，尚存两个横列的残钻孔，两面钻。一面刃，刃缘上有破损小疤，刃缘平视为直刃微弧，侧视呈直刃。残长3、宽6.4、厚0.5厘米。残刃缘弧长6.3厘米。重15克。刃角67°（图一○二，3）。

长方形有孔弧刃刀　4件。弧刃。标本ⅠT7A④：1，泥质岩，黑色。平面近横长方形。右半段断失，仅存左半段。刃缘弦长与柄部弦长平行，尚存一残钻孔，两面钻。一面刃，刃缘上有破损小疤，刃缘平视为弧刃，侧视呈直刃。残长4.1、宽5.5、厚0.6厘米。残刃缘弧长5.4厘米。重27克。刃角74°（图一○二，4）。标本ⅢT8C④a：14，泥

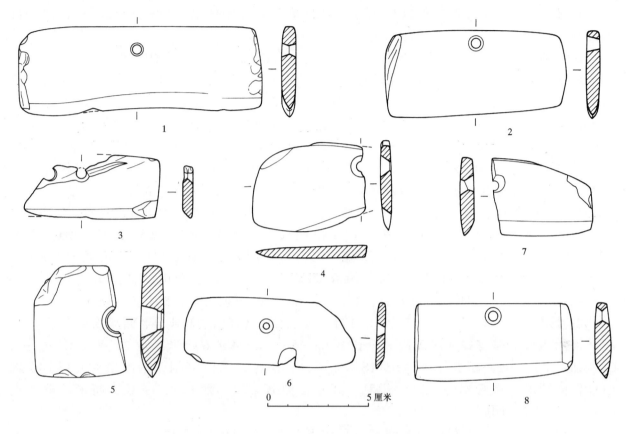

图一〇二　石家河文化二期石刀

1~3. 长方形有孔直刃刀 I T4I④a:15、IV T7A④:5、III T7J④c:14　4~7. 长方形有孔弧刃刀 I T7A④:1、
III T8C④a:14、IV T3A④:6、II T3C④:9　8. 长方形有孔两刃刀 III T2B④H3:4

质岩，灰色。右半段断失，仅存左半部。刀平面为横长方形，柄部平直，柄角破损成弧形。刃缘弦长与柄部弦长平行，仅存一残钻孔，两面钻。双面刃，上有使用的小疤，刃缘平视为弧刃，侧视呈直刃。残长 5.3、宽 4.5、厚 1 厘米。柄部弧长 3.7、刃缘弧长 3.9 厘米。重 52 克。刃角 56°（图一〇二，5）。标本 IV T3A④:6，泥质岩，灰色。平面略呈不规则四边形，柄部平直，两侧边较薄。刃缘弦长与柄部弦长平行，钻孔为一面钻。一面刃，刃缘平视为弧刃，侧视呈直刃。全长 8.3、宽 3.2、厚 0.4 厘米。柄部弧长 5.7、刃缘弧长 8.2 厘米。重 29 克。刃角 51°（图一〇二，6）。标本 II T3C④:9。泥质岩，黑色。平面呈不规则四边形。仅存右半段，柄右角破损。柄部平视凸弧，刃缘弦长与柄部弦长平行，尚存一残钻孔，两面钻。一面刃，刃缘上有破损小疤，刃缘平视为弧刃，侧视呈直刃。残长 3.6、宽 4.8、厚 0.7 厘米。残柄部弧长 5 厘米，残刃缘弧长 4.4 厘米。重 19 克。刃角 46°（图一〇二，7）

长方形有孔两刃刀　1 件。标本 III T2B④H3:4，泥质岩，黑色。平面略呈横长方形，右侧边也磨制出一个刃缘。柄部平直。刃缘弦长与柄部弦长平行，钻孔为两面钻。一面刃，两刃缘平视均为直刃微弧，侧视呈直刃。全长 3.7、宽 7.8、厚 0.8 厘米。柄部弧长 7.3、刃缘弧长 7.7 厘米。重 49 克。刃角 60°（图一〇二，8；图版三二，6）。

⑥ **石镞** 10 件。镞分有铤和无铤两种器形。多为通体磨光的小型无铤镞，仅一件为打制。

无铤镞 7 件。均扁薄。依镞体可分三角形（或近三角形）和柳叶形。

三角形镞 5 件。器形呈三角形或近三角形。标本ⅠT1F④a：46，泥质岩，黑色。平面呈三角形，横剖面呈扁六边形。镞身扁薄，锋尖锐利。全长 2、宽 1.2、厚 0.2 厘米。重 1 克。（图一〇三，1；图版三三，1）。标本ⅢT8C④b：30，泥质岩，黑色。平面呈三角形，横剖面呈扁长方形。镞身扁平。锋尖稍钝。全长 2.8、宽 1.2、厚 0.5 厘米。重 3 克（图一〇三，2；图版三三，2）。标本ⅢT6A④a：14，泥质岩，灰色。平面呈树叶状三角形，横剖面呈扁平微弧。镞身扁薄，锋两侧有窄刃，锋尖锐利。全长 4.5、宽 2.4、厚 0.3 厘米。重 4 克（图一〇三，3；图版三三，3）。标本ⅢT8C④b：3，泥质岩，灰色。平面近三角形。镞身扁薄，中为平面，横剖面扁平。锋尖略残。残长 3.1、宽 1.5、厚 0.2 厘米。重 1 克（图一〇三，4；图版三三，4）。标本ⅠT5I④d：169，泥质岩，灰色。平面呈树叶状三角形，两侧有边刃。横剖面呈扁六边形。镞身扁薄，锋尖锐利。全长 5.3、宽 2.3、厚 0.3 厘米。重 4 克。（图一〇三，5；图版三三，5）。

柳叶形镞 2 件。标本ⅠT5I④b：171，泥质岩，黑色，打制。平面呈柳叶形，横剖面呈扁六边形。镞身扁薄。无铤。全长 8.6、宽 3.1、厚 0.6 厘米。重 21 克（图一〇三，6；图版三三，6）。标本ⅢT8C④a：18，泥质岩，黑色，通体磨制，平面呈柳叶形，横剖面呈扁椭圆形。镞身扁薄，锋尖锐利。无铤。全长 4.9、宽 1.9、厚 0.3 厘米。重 3 克（图一〇三，7；图版三三，7）。

有铤镞 3 件。依器形横断面有五刃边形、四刃边形和三刃边形。

有铤五刃边镞 1 件。标本ⅢT6A④a：11，泥质岩，灰色。器型规整。镞身近柳叶状，两侧有边刃。横剖面呈不规则六边形。圆柱状短铤。锋尖略残。残长 5.9、镞身长 4.2、宽 1.2 厘米。铤身长 1.7、铤径 0.5 厘米。重 4 克（图一〇三，8；图版三三，8）。

有铤四刃边镞 1 件。标本ⅢT7J④c：13，泥质岩，灰色。器形规整。镞身近柳叶形，有脊，横剖面略呈菱状四边形。圆柱状铤大部残。锋尖略残。残长 5.9、镞身长 4.6、宽 2.1 厘米。铤身长 1.3、铤径 0.8 厘米。重 10 克（图一〇三，9；图版三三，9）。

有铤三刃边镞 1 件。标本ⅣT3A④：5，泥质岩，黑色。器形规整。镞身前段呈三棱形，横剖面呈三角形；镞身后段为圆柱状，横剖面呈圆形。应为有铤镞，镞身后段与铤残。锋尖略残。残长 7.2、镞身长 6.3、镞径 1 厘米。铤身长 0.9、铤径 0.6 厘米。重 9 克（图一〇三，10；图版三三，10）。

⑦ **有铤三刃边骨镞** 1 件。标本ⅠT5I④bH11：144，整体似柳叶形，分镞身和铤两部分，镞身平面呈三角形，镞身至锋尖的横剖面呈菱形，尖端略残；铤平面呈长条圆锥状，其横剖面为圆形。骨质呈灰色，通体磨光。镞整体残长 8、镞身残长 5.8、宽 1.9、厚 1 厘米。铤长 2.2、最大直径 0.5 厘米。重 11 克（图一〇三，11；彩版七，3）。

⑧ **石网坠** 6 件。均系利用砾石打制而成，有的稍加磨光。有纵向凹槽形和凹腰形。

凹腰形网坠 5 件。可分凹腰形和两凹腰形。

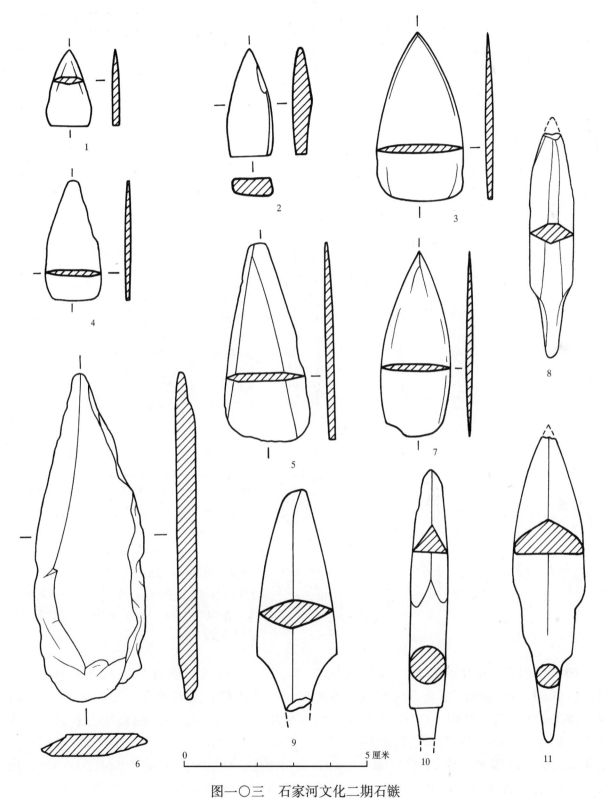

图一〇三　石家河文化二期石镞

1~5.三角形镞ⅠT1F④a:46、ⅢT8C④b:30、ⅢT6A④a:14、ⅢT8C④b:3、ⅠT5I④d:169　6、7.柳叶形镞ⅠT5I④
b:171、ⅢT8C④a:18　8.有铤五刃边镞ⅢT6A④a:11　9.有铤四刃边镞ⅢT7J④c:13　10.有铤三刃边镞ⅣT3A④:5
11.有铤三刃边骨镞ⅠT5I④bH11:144

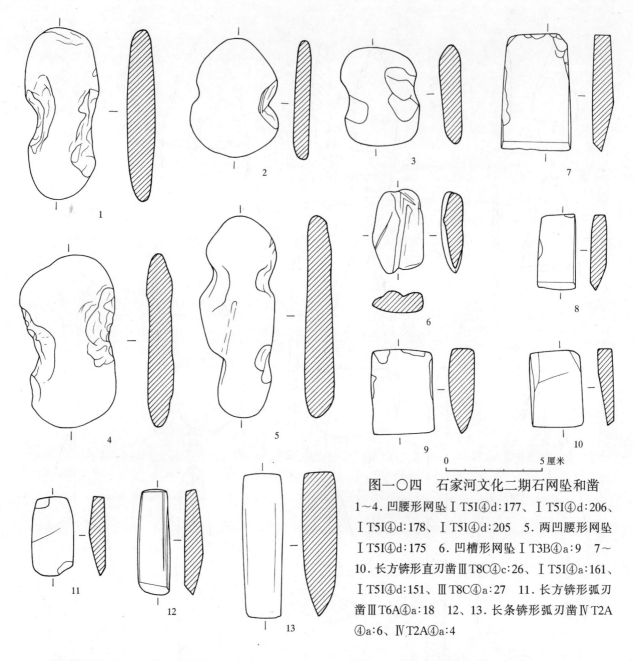

图一〇四　石家河文化二期石网坠和凿

1～4. 凹腰形网坠Ⅰ T5I④d:177、Ⅰ T5I④d:206、Ⅰ T5I④d:178、Ⅰ T5I④d:205　5. 两凹腰形网坠Ⅰ T5I④d:175　6. 凹槽形网坠Ⅰ T3B④a:9　7～10. 长方锛形直刃凿Ⅲ T8C④c:26、Ⅰ T5I④a:161、Ⅰ T5I④d:151、Ⅲ T8C④a:27　11. 长方锛形弧刃凿Ⅲ T6A④a:18　12、13. 长条锛形弧刃凿Ⅳ T2A④a:6、Ⅳ T2A④a:4

　　凹腰形网坠　4件。标本Ⅰ T5I④d:177，泥质岩，黄色。素材为一长条形扁平小砾石，在长轴方向的两长边上，对称两面各加工出一个凹缺，全长8.7、宽3.9、厚1.5厘米。重64克（图一〇四，1；图版三四，1）。标本Ⅰ T5I④d:206，泥质岩，灰黄色。素材为一扁平小砾石，在两长边打出两个对称的凹缺，左边反向、右边正向打制。全长6、宽4.6、厚0.8厘米。重23克（图一〇四，2；图版三四，2）。标本Ⅰ T5I④d：178，泥质岩，灰色。素材为为扁平小砾石，在两长边的两面各加工对称的一个凹缺，全长4.9、宽3.9、厚1.1厘米。重36克（图一〇四，3；图版三四，3）。标本Ⅰ T5I④d:205，泥质岩，灰色。素材为一长条形扁平砾石，在两长边两面各加工出对称的上一个凹缺。全长8.7、宽4.9、厚1.3厘米，重83克（图一〇四，4）。

两凹腰形网坠　1件。标本ⅠT5I④d：175，泥质岩，灰色。素材为一长条形扁平砾石，在纵向两长边的两面打出两两相对的四个凹缺。全长10.2、宽3.9、厚1.5厘米。重79克（图一〇四，5；图版三四，4）。

凹槽形网坠　1件。标本ⅠT3B④a：9，泥质岩，灰色。素材为小砾石，有一定磨圆度，中部一面打出一纵向凹槽，加工痕迹不太清晰。全长4.2、宽2.6、厚1.2厘米。重18克（图一〇四，6；图版三四，5）。

（2）手工艺工具、加工工具和余料

手工工具有石凿和工艺刀等器类。加工工具为砺石。

① 石凿　14件。均为磨制石器。其器形有长方锛形、长条锛形和圭形。

长方锛形凿　5件。凿均为长方形锛状，刃缘平面形状有直刃（或直刃微弧）和弧刃。

长方锛形直刃凿　4件。直刃或直刃微弧。标本ⅢT8C④c：26，泥质岩，灰色。平面形状近长方形。一面刃，刃缘平视直刃，侧视呈直刃。全长5.9、宽3.5、厚1.1厘米。柄部长2.8、刃缘弧长3.5厘米。重43克。刃角64°（图一〇四，7）。标本ⅠT5I④a：161，泥质岩，灰色。平面近长方形，刃缘弦长与柄部弦长不平行，成6°夹角。一面刃，刃缘平视直刃微弧，侧视呈直刃。全长3.8、宽2、厚0.8厘米。柄部长1.6、刃缘弧长1.8厘米。重12克。刃角58°（图一〇四，8；图版三四，6）。标本ⅠT5I④d：151，泥质岩，黑色。平面呈长方形，柄部平视直弧，刃缘弦长与柄部弦长平行。双面刃，刃缘平视直刃微弧，侧视呈直刃。全长4.3、宽3.1、厚1.4厘米。柄部弧长3.1、刃缘弧长3.1厘米。重42克。刃角84°（图一〇四，9）。标本ⅢT8C④a：27，泥质岩，黑色。平面呈长方形。柄部平直，刃缘弦长与柄部弦长平行。一面刃，刃缘平视直刃微弧，侧视呈直刃。全长3.9、宽2.6、厚0.8厘米。柄部弧长2.5、刃缘弧长2.5厘米。重16克。刃角63°（图一〇四，10；图版三四，7）。

长方锛形弧刃凿　1件。标本ⅢT6A④a：18，泥质岩，黑色。平面呈长方形。柄部平视凸弧，刃缘弦长与柄部弦长平行。一面刃，刃缘平视为弧刃，侧视呈弧刃。全长4、宽2.1、厚0.8厘米。柄部弧长1.7、刃缘弧长2厘米。重12克。刃角30°（图一〇四，11）。

长条锛形弧刃凿　2件。标本ⅣT2A④a：6，泥质岩，灰色。平面呈长条形锛状，一面平，一面略凸起。柄部平直，刃缘弦长与柄部弦长不平行，成20°夹角。一面刃，刃缘平视为圆弧刃，侧视呈弧刃。全长5.3、宽1.7、厚1厘米。柄部弧长1.2、刃缘弧长1.6厘米。重16克。刃角57°（图一〇四，12；图版三五，1）。标本ⅣT2A④a：4，泥质岩，灰色。平面略呈长方形。柄部平视略凸弧。刃缘弦长与柄部弦长平行。一面刃，刃缘平视直刃微弧，侧视呈直刃。全长7.2、宽2.1、厚1.8厘米。柄部弧长1.3、刃缘弧长1.8厘米。重55克。刃角65°（图一〇四，13；图版三五，2）。

圭形凿　6件。标本ⅠT1G④a：42，泥质岩，灰色。大部残，仅存一侧边及一小段刃缘。一面刃，刃缘平视直刃微弧，侧视呈直刃。残长7.4、残宽1.6、厚2.3厘米。残刃缘弧长1.4厘米。重41克。刃角70°（图一〇五，1）。标本ⅢT6A④a：20，泥质岩，黑色。柄部平视直缘，刃缘平视直刃，侧视直刃，形成刃缘的两个面长度分别为2.7、2.6厘米。刃缘宽0.7厘米。全长7.6、宽2.9、厚1.2厘米。重53克。刃角66°（图一

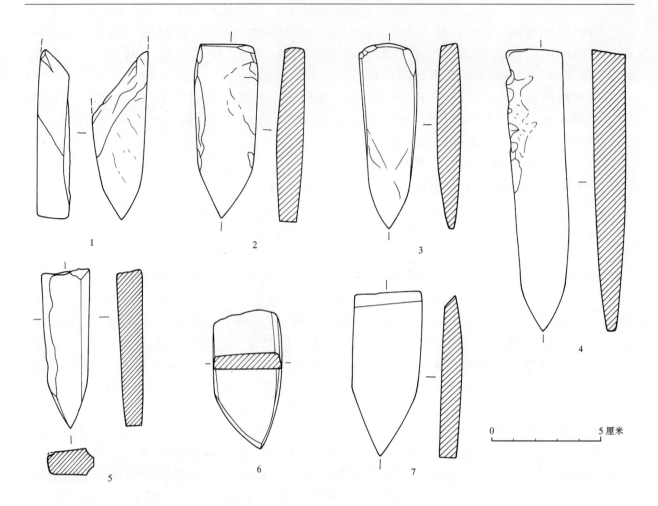

图一〇五　石家河文化二期石凿

1~6.圭形凿Ⅰ T1G④a:42、Ⅲ T6A④a:20、Ⅲ T8C④b:19、Ⅰ T3A④:7、Ⅰ T4A④a:10、Ⅲ T8C④a:29

7.圭形两刃凿Ⅳ T7A④:6

〇五，2；图版三五，3）。标本Ⅲ T8C④b:19，泥质岩，黑色。柄部平视弧缘，刃缘平视直刃，侧视直刃，形成刃缘的两个面长度分别为1.8、1.9厘米，刃缘宽0.3厘米。全长8.1、宽2.5、厚1厘米。重37克。刃角64°（图一〇五，3；图版三五，4）。标本Ⅰ T3A④:7，泥质岩，灰色。柄部平视直，刃缘平视直刃，侧视直刃，形成刃缘的两个面长度分别为2.9、2.3厘米。刃缘宽0.4厘米。全长12.5、宽2.5、厚1.5厘米。重105克。刃角64°（图一〇五，4；图版三五，5）。标本Ⅰ T4A④a:10，泥质岩，灰色。柄部断失，左侧有一磨制的纵向棱脊，右侧边有破损痕迹。柄部平视直，刃缘平视直刃，侧视直刃，形成刃缘的两个面长度分别为2.2、2.3厘米，刃缘宽0.7厘米。残长6.8、宽2.2、厚1.2厘米。重35克。刃角58°（图一〇五，5；图版三五，6）。标本Ⅲ T8C④a:29，泥质岩。黑色。仅存石凿右侧边一段。一面刃，刃缘平视为弧刃，侧视呈直刃。残长6.1、宽3.2、厚0.8厘米。残刃缘弧长0.7厘米。重26克。刃角74°（图一〇五，6）。

圭形两刃凿　1件。标本Ⅳ T7A④:6，一器两刃凿。泥质岩，灰色。平面呈五边形，器身扁平。凿两端有刃。一端刃缘平视为圭形刃，侧视直刃，形成刃缘的两个面长度分别为 3.1、3.4 厘米。刃缘宽 0.8 厘米。全长 7.2、宽 3、厚 0.8 厘米。重 41 克。刃角 54°。柄端也磨制出一个锛形的刃缘。一面刃，刃缘平视直刃，侧视直刃。刃缘弧长 3 厘米。刃角 59°（图一〇五，7；图版三五，7）。

② **石工艺刀**　7 件。均为小型器。通体磨制。有梯形和长方形。

梯形直刃工艺刀　3 件。标本ⅢT6A④a:17，泥质岩，黑色。平面呈梯形。柄部平视凸弧，刃缘弦长与柄部弦长平行。两面刃，刃缘平视为直刃，侧视呈直刃。全长 4、最宽处 3、厚 1 厘米。柄部弧长 2.2、刃缘弧长 2.8 厘米。重 25 克。刃角 52°（图一〇六，1；图版三六，1）。标本ⅠT3A④:11，泥质岩，黑色。平面略呈梯形，柄部有破损

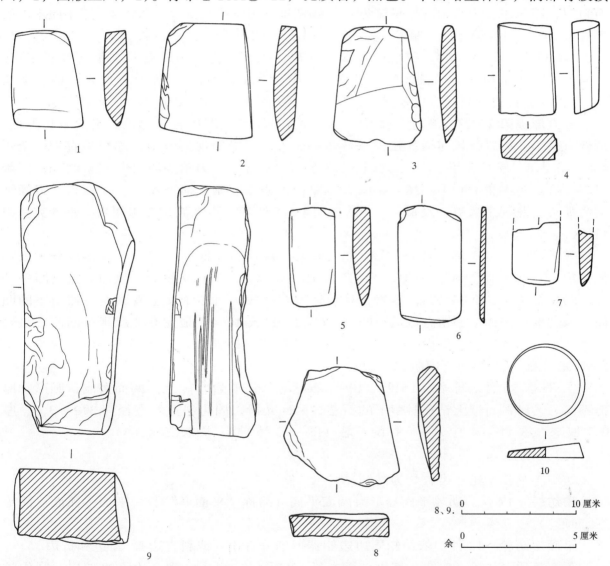

图一〇六　石家河文化二期工艺石刀、砺石和石芯

1~3.梯形直刃工艺刀ⅢT6A④a:17、ⅠT3A④:11、ⅠT7A④a:2　4、5.长方形直刃工艺刀ⅠT4B④a:15、
ⅢT6A④a:13　6、7.长方形弧刃工艺刀ⅡT3I④:7、ⅢT8C④a:26　8、9.砺石ⅢT8C④b:35、
ⅠT5I④c:184　10.石芯ⅠT5I④a:179

疤痕。柄部平直，刃缘弦长与柄部弦长平行。一面斜刃，一面斜弧刃，刃缘平视直刃微弧，侧视呈直刃。全长 4.7、最宽处 4、厚 1 厘米。柄部弧长 2.8、刃缘弧长 4 厘米。重 39 克。刃角 63°（图一〇六，2）。标本ⅠT7A④a:2，泥质岩，黑色。平面呈梯形，柄部平直，柄部及两侧边均有加工的小疤，刃缘弦长与柄部弦长平行。一面斜刃，一面斜弧刃，刃缘平视直刃微弧，侧视呈直刃。全长 4.9、最宽处 3.7、厚 0.7 厘米。柄部弧长 2.7、刃缘弧长 3.7 厘米。重 23 克。刃角 47°（图一〇六，3）。

长方形工艺刀　4 件。依刀的刃缘平面形状分为直刃（直刃微弧）和弧刃。

长方形直刃工艺刀　2 件。直刃直刃微弧。标本ⅠT4B④a:15，条带状硅质岩（沉积岩），灰色。平面呈长方形，一侧边有一棱。柄部平直。刃缘弦长与柄部弦长平行。一面斜刃，刃缘平视为直刃，略呈锯齿状，侧视呈直刃。全长 3.9、宽 2.4、厚 1 厘米。柄部弧长 2.2、刃缘弧长 2.3 厘米。重 22 克。刃角 71°（图一〇六，4；图版三六，2）。标本ⅢT6A④a:13，泥质岩，灰色。平面呈梯形，柄部平直，刃缘弦长与柄部弦长平行。两面刃，刃缘平视直刃微弧，侧视呈直刃。全长 4.1、宽 1.9、厚 0.8 厘米。柄部弧长 1.8、刃缘弧长 1.7 厘米。重 8 克。刃角 56°（图一〇六，5；图版三六，3）。

长方形弧刃工艺刀　2 件。弧刃。标本ⅡT3I④:7，泥质岩，黑色。平面呈长方形。柄部有破损。刃缘弦长与柄部弦长平行。一面刃，刃缘平视为弧刃，侧视呈直刃。全长 4.8、宽 2.8、厚 0.3 厘米。刃缘弧长 2.7 厘米。重 7 克。刃角 30°（图一〇六，6；图版三六，4）。标本ⅢT8C④a:26，泥质岩，黑色，通体磨制。柄部断失。一面刃，刃缘平视为弧刃，侧视呈弧刃。残长 2.7、宽 2、厚 0.6 厘米。刃缘弧长 2.1 厘米。重 5 克。刃角 48°（图一〇六，7）。

③ **砺石**　2 件。标本ⅢT8C④b:35，砂岩，灰色。仅保存一部分，残存部分平面略呈梯形。一面上有磨制留下的凹面。残长 10、宽 9.8、厚 0.9 厘米。重 200 克（图一〇六，8）。标本ⅠT5I④c:184，砂岩，棕色，残存一段，有三个面上有磨制石器留下的凹面，较光滑，凹面上还留有数道小凹槽。凹面一最长 16.4、最宽 0.5 厘米；凹面二最长 19.5、最宽 0.5 厘米；凹面三最长 16、最宽 7 厘米。残长 20.8、宽 9.6、厚 6 厘米。重 1690 克（图一〇六，9；图版三六，5）

④ **石芯**　1 件。标本ⅠT5I④a:179，石钻芯。泥质岩，黑色。两面磨制，圆形，厚薄不均，为磨制石器上钻孔时留下的石芯，两面光滑，周边斜直，直径为 3.2～3.3、厚 0.7 厘米。重 11 克。应为一面钻的石芯（图一〇六，10；图版三六，6）。

（3）纺织工具

纺织工具仅纺轮一类，全为陶制品。

陶纺轮　17 件。纺轮平面器形有两面平面（简称"平面形"）、一平面一弧面（简称"弧面形"）。

平面形纺轮　12 件。依纺轮周边边侧器形细分直边（或斜直边）、弧边和折边。

平面直边形纺轮　3 件。直边。标本ⅢT3C④:1，泥质红陶。边缘略破损。制作较规整。两面平面，周边边侧为直边。素面。手制。直径 4.2、孔径 0.5、厚 0.6 厘米。重 12 克（图一〇七，1；图版三七，1）。标本ⅣT3A④:3，泥质红陶，制作较规整。边缘略破损。两面平面。周边边侧为直边。素面。手制。直径 3.3、孔径 0.4、厚 0.5 厘米。重 9 克（图一〇七，2；图版三七，2）。标本ⅣT5A④a:1，泥质红陶，制作较规整。两

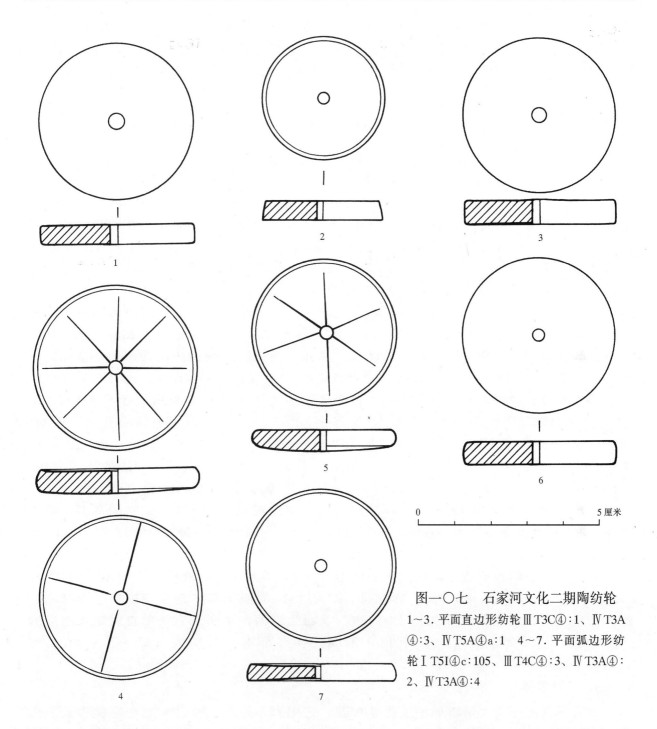

图一〇七 石家河文化二期陶纺轮
1~3.平面直边形纺轮Ⅲ T3C④:1、Ⅳ T3A
④:3、Ⅳ T5A④a:1 4~7.平面弧边形纺
轮Ⅰ T5I④c:105、Ⅲ T4C④:3、Ⅳ T3A④:
2、Ⅳ T3A④:4

面平面。边侧为直边。素面。手制。直径 4、孔径 0.4、厚 0.6 厘米。重 16 克（图一〇
七，3；图版三七，3）。

　　平面弧边形纺轮　4 件。弧边。标本Ⅰ T5I④c:105，泥质黑陶，制作较规整。边缘
略残破。两面平面。周边边侧为弧边。一面上有用单直线划纹交叉组成的"十"形符
号，另一面上有用单直线划纹交叉组成的"米"形符号。手制。直径 4.4、孔径 0.3、厚
0.6 厘米。重 13 克（图一〇七，4；图版三七，4）。标本Ⅲ T4C④:3，泥质红陶，制作
较规整。两面平面，周边边侧为弧边。一面上有一由单直线型划道交叉组成的"⊗"形

划纹。手制。直径3.9、孔径0.3、厚0.6厘米。重11克（图一〇七，5；图版三七，5）。标本Ⅳ T3A④:2，泥质红褐陶。边缘略破损，制作较规整。两面平面微凹。周边边侧为弧边。素面。手制。直径4、孔径0.4、厚0.6厘米。重15克（图一〇七，6；图版三七，6）。标本Ⅳ T3A④:4，边缘略破损，泥质红陶，制作较规整。两面平面。周边边侧为弧边。素面。手制。直径4、孔径0.3、厚0.4厘米。重10克（图一〇七，7；图版三七，7）。

平面折边形纺轮 5件。折边。标本Ⅰ T4B④c:4，泥质红陶，制作较规整。两面平面，周边边侧略呈折边形。一面孔心周缘微凸并形成圆台形。素面。手制。直径3.1、孔径0.4、厚1厘米。重14克（图一〇八，1；图版三七，8）。标本Ⅱ T3I④:2，泥质红陶，制作较规整。两面平面，周边边侧为折边。一面孔心周缘微凸并形成圆台形。素面。手制。直径3.1、孔径0.4、厚1厘米。重13克（图一〇八，2，图版三七，9）。标本Ⅲ T1B④:2，泥质红陶。仅存小半部分。制作较规整。两面平面微凹，周边边侧为折边。素面。手制。直径4.8、孔径0.4、厚0.6厘米。重7克（图一〇八，3）。标本Ⅲ T7J④a:3，泥质红陶。边缘略破损，制作较规整。两面平面微凹。周边边侧为折边。素面。手制。直径3.5、孔径0.4、厚0.9厘米。重13克（图一〇八，4；图版三七，10）。标本Ⅲ T7J④a:6，泥质褐陶。制作较规整。两面平面微凹。周边边侧为折边。素面。手制。直径3.6、孔径0.3、厚0.8厘米。重11克（图一〇八，5；图版三七，11）。

弧面直边形纺轮 5件。一平面一弧面。周边边侧器形全为直边。标本Ⅰ T3I④a:173，泥质红陶。制作较规整。边缘略残。一平面，一弧面。周边边侧为直边。素面。手制。直径3.4、孔径0.2、最厚0.7厘米。重9克（图一〇八，6；图版三七，12）。标本Ⅰ T3I④a:176，泥质黑陶，制作较规整。一平面，一面略呈弧面。周边边侧为直边。素面。手制。直径3.5、孔径0.2～0.8厘米，最厚0.6厘米，重10克（图一〇八，7；图版三七，13）。标本Ⅱ T3I④:3，泥质红褐陶。制作较规整。一平面，一面弧面（边缘呈齿状）。周边边侧为直边。素面。手制。直径3.9、孔径0.3、最厚0.7厘米。重13克（图一〇八，8；图版三七，14）。标本Ⅲ T5A④:2，泥质黄陶，制作不规整。一平面，一面弧面。周边边侧为直边。素面。手制。直径3.6、孔径0.4、最厚0.8厘米。重11克（图一〇八，9；图版三七，15）。标本Ⅲ T8C④a:4，泥质灰陶。制作较规整。边缘略破损。一平面，一面弧面。周边边侧为直边。弧面为素面，平面上有用单直线交叉组成的"十"形符号。手制。直径3.6、孔径0.3、最厚0.7厘米。重10克（图一〇八，10；图版三七，16）。

3. 生活用具

生活用具比一期大量增加，主要是陶器。选用陶器标本229件，其中完整和复原陶器65件。

陶质分泥质和夹细砂陶两类，依H3、H11两个灰坑陶片的统计（表一四），灰黑陶较前期有所减少，灰陶、橙黄陶较一期前段有所增加。夹砂陶略多于泥质陶。陶色仍以灰黑色陶为主，灰陶次之，还有黄陶、红陶。陶器仍以素面陶为主，纹饰陶有所增加，仍以篮纹为多，还有方格纹、弦纹、附加堆纹、镂孔、宽带起棱纹和按窝等。新出现在鼎足上饰叶脉纹，器座上饰镂孔与水波纹的组合纹饰，此两种纹饰发现极少，未单独立项统计。

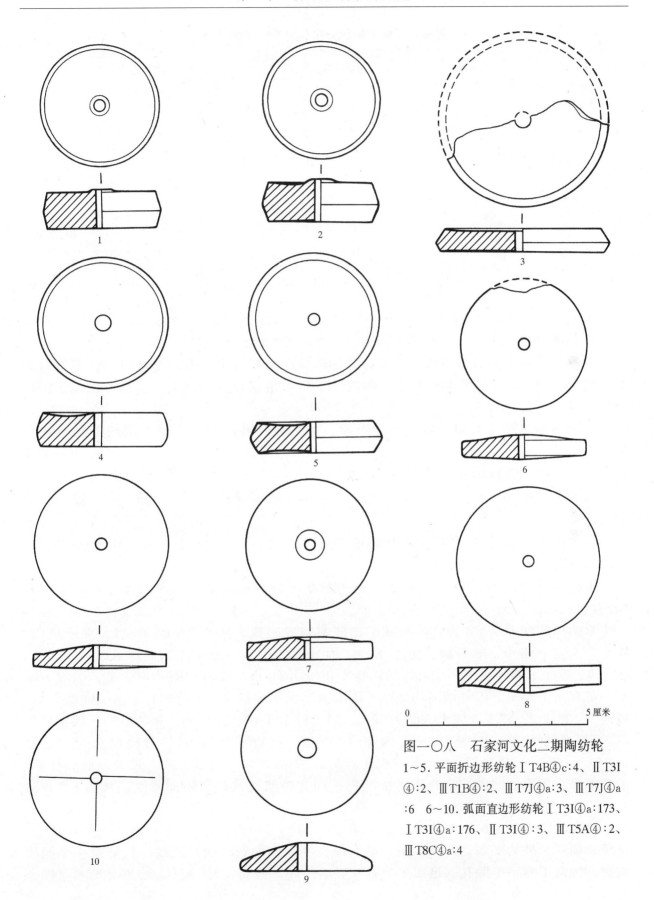

图一〇八　石家河文化二期陶纺轮
1~5.平面折边形纺轮Ⅰ T4B④c:4、Ⅱ T3I
④:2、Ⅲ T1B④:2、Ⅲ T7J④a:3、Ⅲ T7J④a
:6　6~10.弧面直边形纺轮Ⅰ T3I④a:173、
Ⅰ T3I④a:176、Ⅱ T3I④:3、Ⅲ T5A④:2、
Ⅲ T8C④a:4

表一四　　　　　　　　　　　　石家河文化二期部分单位陶系纹饰统计表

单位	陶片数量与百分比	泥质陶				夹细砂陶				纹饰						
		灰黑	灰	黄	红	灰黑	灰	黄	红	素面（磨光）	篮纹	方格纹	弦纹	划纹	宽带起棱纹	绳纹
H3	39	3	6	1		14	5	5	5	19	4	4	7		5	
	100%	7.6	16	2		36	12.8	12.8	12.8	48.8	10.2	10.2	17.9		12.9	
H11	228	86	20	14		68	24	16		121	55	24	13	3	10	2
	100%	37.7	8.8	6.2		29.8	10.5	7		53.1	24.1	10.4	5.3	1.5	4.3	1.3

本期发现彩陶，亦是在部分斜腹杯口部涂有红衣或在杯腹部晕染红彩。

刻划符号略有增多，分别在豆柄外、饮食器残片内刻划符号。

陶器制作技术仍沿袭一期以手制为主，钵等小型器具多采用泥条盘筑法，器物口沿多经慢轮修整。陶器制作多较粗糙，器内壁手指痕迹明显。大器如瓮、缸等增多，仍以慢轮修整。

生活用器可分为炊煮、饮食、盛贮器，加工器具和附件三大类。现按器类分述于下：

（1）炊煮、饮食和盛贮器

陶器器形较多。有鼎、釜、甑、鬶、杯、碗、钵、盘、豆、盆、罐、瓮、缸和尖底器等。

① **陶鼎足**　30件。鼎足很多且器形繁复，选用部分标本。根据鼎足的平面形状可分为窄扁状、宽扁状和柱状等。

窄扁状足　10件。依其中部横剖面的形状可分为扁椭圆面（或凹弧）和足面起棱（或有脊）。

窄扁椭圆状鼎足　4件。内外或平面或弧面或凹弧。标本ⅡT1A④：11，夹砂红陶。扁足，上宽下略窄，略外撇。足上端残。内外均为弧面。足面满饰戳印纹。残高9.5、宽4.9、厚1.8厘米（图一〇九，1）。标本ⅢT5A④：11，夹砂红陶。扁状足，上宽下略窄。仅存足下半部。内外两面均微弧，中部横剖面似枣核状。足面饰有三道竖向戳印纹。残高6、宽3.2、厚1.2厘米（图一〇九，2）。标本ⅠT5I④d：200，夹砂红陶。仅存足中段。足呈扁椭圆状，上宽下略窄。内外均为平面。足面满饰戳印纹。残高6.5、宽5、厚1.2厘米（图一〇九，3）。标本ⅠT5I④a：202，夹砂灰陶。足下部残。足呈扁椭圆状平，上宽下窄。足上端残破，足与腹连接处有一周宽带状链式按窝附加堆纹。残高8.4、宽5、厚1.6厘米（图一〇九，4）。

窄扁起棱鼎足　6件。足面起棱或有脊。标本ⅡT5E④：4。足下部残。夹砂红陶。足呈长扁形，外为平面，内为弧面。足上端有一道横向宽带状凸弦纹，其下有一个圆形按窝，按窝下有一个戳孔，足面正中有一竖向凸棱。残高6.8、宽4.4、厚2厘米（图一

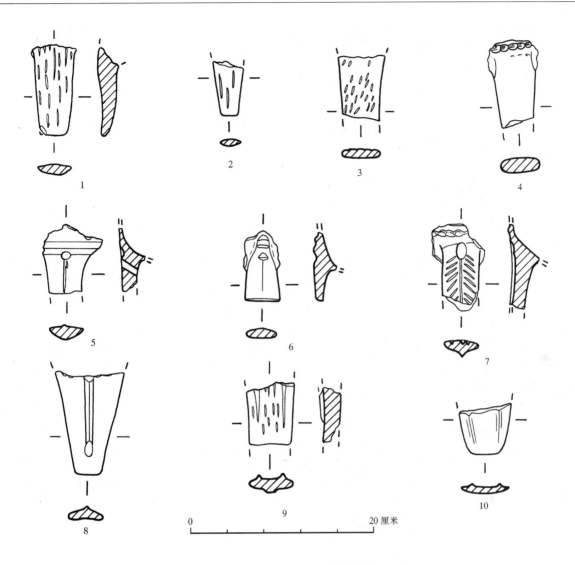

图一〇九　石家河文化二期陶鼎足

1~4.窄扁椭圆状鼎足ⅡT1A④:11、ⅢT5A④:11、ⅠT5I④d:200、ⅠT5I④a:202　5~10.窄扁起棱鼎足

ⅡT5E④:4、ⅠT7B④a:5、ⅢT6A④a:5、ⅠT5I④b:129、ⅠT5I④d:132、ⅠT4B④a:20

〇九，5）。标本ⅠT7B④a:5，夹砂红陶。扁状足，上窄下宽，内外均为平面，外平面起竖脊。足上部饰有两个竖向排列的不规则按窝。足高7.2、宽3.9、厚1.5厘米（图一〇九，6）。标本ⅢT6A④a:5，夹砂红陶。足下部残。足近扁平状，外平面微弧，内弧面起竖脊。足上端有一道链式按窝附加堆纹，其下有一个椭圆形按窝，足外面饰有叶脉状戳印纹。残高8.8、宽4.3、厚2厘米（图一〇九，7）。标本ⅠT5I④b:129，上部残。夹砂灰陶。足呈窄扁状，上宽下窄。外弧面有一竖脊，内面微凹弧。残高10、宽7.2、厚1.7厘米（图一〇九，8）。标本ⅠT5I④d:132，夹砂红陶。仅存足中段。足窄扁形。足外面两边缘各有一道竖向凸棱，内面有一道竖凸脊。足面满饰竖向排列的戳印纹。残高6.4、宽4.4、厚1.8厘米（图一〇九，9）。标本ⅠT4B④a:20，夹砂红陶。仅存足下半部。扁状足，略外撇，上宽下窄。足外凹面，内弧面。足面两边缘各一竖道凸棱。素面。残高4.4、宽5.6、厚0.9厘米（图一〇九，10）。

　　宽扁状鼎足　15 件。依足中部横截面形状可分为宽扁椭圆形、宽扁半圆刻槽形、宽扁起棱形、宽扁凹方槽形、宽扁三角形和宽扁分叉形。

　　宽扁椭圆形鼎足　7 件。外平面或微弧，内平面或弧面或凹弧。标本ⅠT2A④a：1，夹砂红陶。足下部残。足宽扁形，上宽下略窄。外平面内微弧。足上端有一道宽带状链式按窝附加堆纹，其下正中有一圆形按窝和六道上下排列的竖向戳印纹。残高12.4、宽

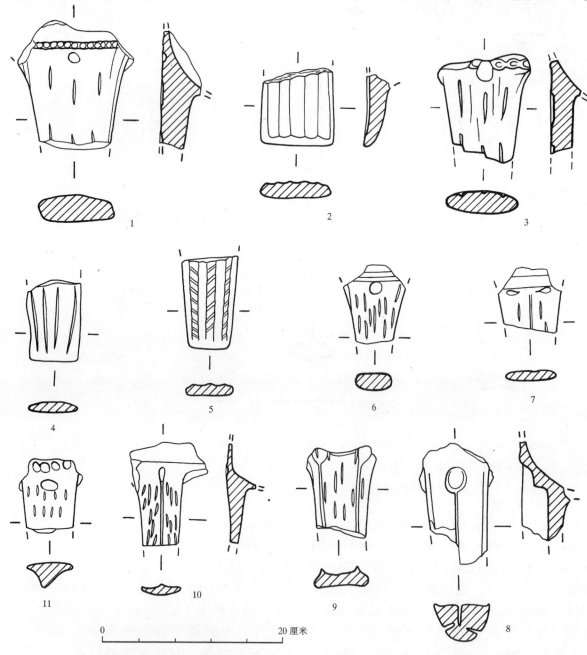

图一一〇　石家河文化二期陶鼎足

1～7.宽扁椭圆形鼎足ⅠT2A④a：1、ⅢT7J④a：4、ⅠT3A④：6、ⅢT5A④：12、ⅠT4B④c：27、ⅠT1F④a：57、
ⅠT5I④a：201　8.宽扁半圆刻槽鼎足ⅡT5E④：2　9、10.宽扁起棱鼎足ⅢT2A④：1、ⅠT1F④a：15
11.宽扁三角形鼎足ⅠT5I④b：131

11.9、厚 3.6 厘米（图一一〇，1）。标本ⅢT7J④a：4，夹砂红陶。仅存足下半段。足宽扁平似铲状，足跟略外撇，内外均为平面。足面有四道竖向凸棱。残高 8、宽 8、厚 1.6 厘米（图一一〇，2）。标本ⅠT3A④：6，足下部残。夹砂红陶。足呈宽扁状，上宽下略窄，内外平面微弧。足上端有一道宽带状链式附加堆纹，其下有一小按窝和六道竖向戳印纹。残高 8、宽 6、厚 2 厘米（图一一〇，3）。标本ⅢT5A④：12，夹砂红陶。足上部残。足呈宽扁状，略外撇，足外内微弧面。足面饰有四道不规则竖向划纹。残高 8、宽 5.4、厚 1.2 厘米（图一一〇，4）。标本ⅠT4B④c：27，夹砂红陶。足上部残。足宽扁平状，略外撇，上宽下略窄。足面饰三道竖绳索状附加堆纹。残高 9.6、宽 6、厚 1.4 厘米（图一一〇，5）。标本ⅠT1F④a：57，夹砂灰黑陶。足下部残。足呈宽扁状，上宽下窄，内外均为平面。足上端有一道宽带状凸弦纹，其下足正中有一圆形按窝，足面满饰十一道竖向戳印纹。残高 8、宽 6.7、厚 2 厘米（图一一〇，6）。标本ⅠT5I④a：201，夹砂红陶。足中下部大部残。足呈宽扁状，上宽下略窄，足内外均为平面。足上端有一道宽带状凸弦纹，其下有两个横向滴水珠状按窝，足面有一道竖向划纹，划纹两侧有戳印纹。残高 6.4、宽 6.4、厚 2.6 厘米（图一一〇，7）。

宽扁半圆刻槽鼎足　1件。标本ⅡT5E④：2，夹砂红陶。足下部残。足外面宽平，内呈凸弧面，横截面呈半圆牛鼻状。足外上端有一道宽带状凸弦纹，其下正中有一个圆形按窝，按窝下有一道竖向刻槽，足两侧边缘起竖向棱脊。足内面两侧各有一道竖向刻槽。残高 12.9、宽 6.6、厚 4 厘米（图一一〇，8）。

宽扁起棱鼎足　2件。标本ⅢT2A④：1，夹砂红陶。足下部残。足正视呈宽扁状，上宽下略窄。外平面起棱，内面凹弧。足上端有两个横向按窝，按窝下各连接一道竖向凸棱，足面满饰不规则的戳印纹。残高 9.4、宽 6.8、厚 1.2 厘米（图一一〇，9）。标本ⅠT1F④a：15，夹砂灰陶。足下部残。足宽扁，上宽下略窄，内外均为弧面。足上端有一道凸弦纹，其下正中有一按窝，按窝下一竖向凸棱，凸棱两侧满饰戳印纹（图133）。残高 10.8、宽 4.8、厚 1.4 厘米（图一一〇，10）。

宽扁三角形鼎足　1件。标本ⅠT5I④b：131，夹砂红陶。足下部残。足较宽，外平面，内面呈凸弧角状。足上端残存有四个横向排列的按窝，其下有九道竖向戳印纹。残高 8、宽 6、厚 2.4 厘米（图一一〇，11）。

宽扁凹方槽鼎足　3件。足一面有凹方槽。标本ⅠT2A④a：2，夹砂红陶。足下部残。足外为平面，内为凹面呈方槽状。足面满饰竖向戳印条纹，分为上、下两排排列，上 8 行，下 10 行。残高 12.3、宽 9.6、厚 1.8 厘米（图一一一，1）。标本ⅢT6A④b：8，夹砂灰陶。足下部残。足宽扁，外平面，内为凹面呈方槽形，上宽下略窄。足上端有两个横向排列的圆形按窝，其下正中有一个圆形镂孔，足镂孔下及两侧边缘各饰有一道竖向绞索状附加堆纹。残高 12、宽 9.6、厚 2 厘米（图一一一，2）。标本ⅠT6B④c：3，夹砂红陶。残存足下部。足呈宽扁状，略外撇，外面略呈浅凹面，内为弧面。足面两边缘起凸棱，足面满饰不规则竖向戳印纹。残高 6.9、宽 6.4、厚 2 厘米（图一一一，3）。

宽扁分叉形鼎足　1件。标本ⅢT2C④b：3，夹砂红陶。足下部残。足宽平，足中空将足分叉似两裤腿状。足上端有一道宽带状凸弦纹，足面满饰不规则竖向戳印纹。残高 12、宽 10、厚 2 厘米（图一一一，4）。

柱状鼎足　5件。依其中部横剖面的形状分为方形或长方形、圆形、五边形和足面

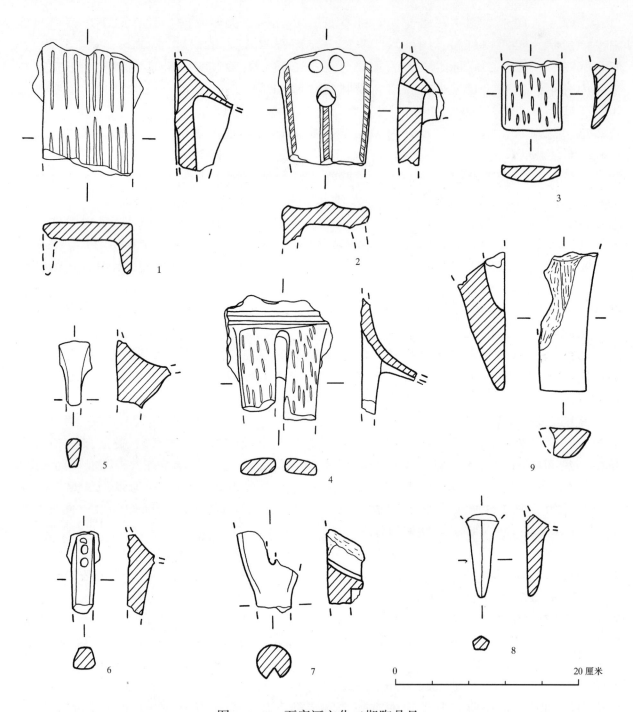

图一一一　　石家河文化二期陶鼎足

1~3.宽扁凹方槽鼎足ⅠT2A④a:2、ⅢT6A④b:8、ⅠT6B④c:3　4.宽扁分叉形鼎足ⅢT2C④b:3

5、6.方柱状鼎足ⅢT1B④:7、ⅢT6A④a:4　7.圆柱状鼎足ⅡT6A④a:1

8.五边形柱状鼎足ⅠT5B④a:11　9.柱状刻槽鼎足ⅠT5I④b:130

有刻槽等。

　　方柱状鼎足　2件。标本ⅢT1B④:7,夹砂红陶。足下部残。足呈柱状,外面微弧,
横剖面似长方形。素面。残高6.4、宽2、厚4.8厘米(图一一一,5)。标本ⅢT6A④a:

4，足下端残。夹砂红陶。足呈方柱状，横剖面近方形，足外面较内面宽。足上端有3个竖向排列的圆形按窝。残高8.4、宽2.8、厚2.8厘米（图一一一，6）。

圆柱状鼎足　1件。标本ⅡT6A④a:1，夹砂红陶。仅存足中部。圆柱状足上粗下渐细，横剖面为圆形。足面有一个圆形残镂孔，足内面有一道"V"形竖向刻槽。残高6.9、宽5.2、厚2.8厘米（图一一一，7）。

五边柱状鼎足　1件。标本ⅠT5B④a:11，夹砂红陶。柱状足，上粗下渐细，横剖面为不规则五边形。足内面正中有一道竖向棱。足高8.2、宽3.2、厚2厘米（图一一一，8）。

柱状刻槽鼎足　1件。标本ⅠT5I④b:130，夹砂红陶。足上端及足身部分残。足正视较宽，似铲状，外为平面，内为凸弧面。足上部有一道深竖向刻槽。残高14.4、宽5.2、厚4厘米（图一一一，9）。

② **陶盆形圈足甑**　5件。均为盆形甑。没有能复原的，多为甑的残下腹与圈足。手制。依箅孔的不同分为圆箅孔甑和长方形箅孔甑。

盆形圆箅孔圈足甑　4件。标本ⅠT5A④:3，泥质黑陶，褐胎。仅存下腹与圈足。弧腹下收成圜底，底部圆形箅孔排列较密，残存十一个圆形箅孔，残粗圈足极矮。残高2.4、底径9.6厘米（图一一二，1）。标本ⅡT1A④:13，夹砂灰陶。仅存下腹与圈足。残弧腹下收成圜底，底部圆形箅孔排列稀疏，残存三个圆形箅孔，矮粗圈足略外撇。素面。残高4、底径9厘米（图一一二，2）。标本ⅠT5B④c:9，泥质灰陶。仅存器底部与圈足。残圜底，底部圆形箅孔排列密集，残存二十五个成环形分布的小圆形箅孔，矮粗圈足外撇。下腹与圈足相交处残存一周扁圆形箅孔。残高3.6、底径12.4厘米（图一一二，3）。标本ⅠT5I④a:134，泥质灰陶。仅存腹底与圈足。残圜底，底部残存两个圆形箅孔，下腹与圈足相交处残存两个圆形箅孔。圈足矮粗且外撇。素面。残高2.8、底径14厘米（图一一二，4）。

盆形长方箅孔圈足甑　1件。标本ⅠT5B④c:10，泥质灰陶。仅存下腹与圈足。弧腹下收成圜底，底部残存两个近长方形大箅孔，近圈足的残下腹上残存圆形箅孔一个，矮粗圈足外撇。素面。残高4.8、底径15厘米（图一一二，5）。

③ **陶卷沿釜**　1件。标本ⅡT3A④:3，夹砂灰陶。侈口，小卷沿，圆弧垂腹，大圜底。素面。高10.4、口径10.4、腹径12.7厘米（图一一二，6；图版三八，1）。

④ **陶鬶足**　1件。标本ⅡT5E④a:12，夹砂黑陶。仅存鬶的一袋足。袋足瘦高，乳突状足尖。素面。手制。残高9.8厘米（图一一二，7）。

⑤ **陶小杯**　20件（不包括彩陶杯残片）。器身均为小型的细泥陶。以橙黄、红色胎为多，有的刷有红或黑色彩衣。有斜腹形、大侈口筒腹形、束腰形、壶形、有流形和高圈足形等。多为手制。

斜直腹杯　10件（包括残彩陶杯在内）。胎壁厚薄不一。依杯底部变化分为小平底（或小平底微凹）和大平底（或大平底微凹）。

斜直腹小平底杯　3件。小平底或小平底微凹。标本ⅡT5E④:6，泥质红陶。口沿与上腹残。薄胎。斜直腹小平底。腹表饰有黑色晕彩，图案不甚清晰。残高8、底径2厘米（图一一三，1）。标本ⅠT1F④a:8，泥质橙黄陶。口沿部分略残。斜直腹小平底微凹。高8.6、口径7.8、底径3.6厘米（图一一三，2；图版三八，2）。标本ⅠT4I④a:6，

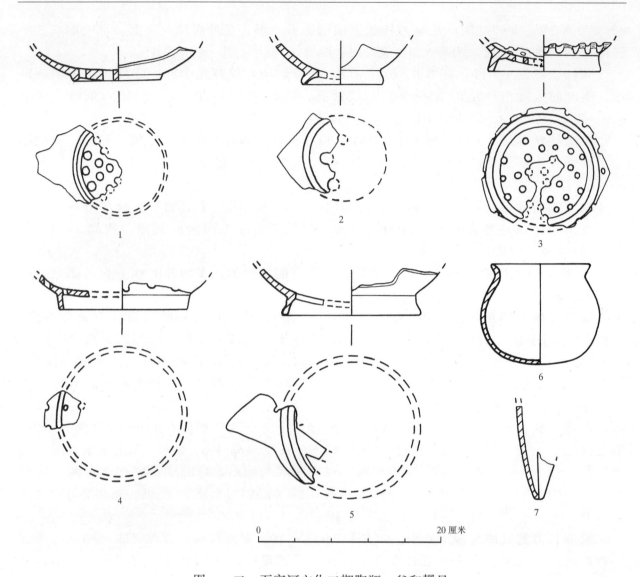

图一一二　石家河文化二期陶甑、釜和鬶足

1~4.盆形圆箅孔圈足甑ⅠT5A④:3、ⅡT1A④:13、ⅠT5B④c:9、ⅠT5I④a:134　5.盆形长方箅孔
圈足甑ⅠT5B④c:10　6.卷沿釜ⅡT3A④:3　7.鬶足ⅡT5E④a:12

泥质红陶。薄胎。敞口，尖唇，斜直腹，小平底微凹。腹表饰有黑色晕彩，图案不甚清晰。高8、口径7.2、底径2.4厘米（图一一三，3；彩版七，4）。

　　斜直腹大平底杯　7件。大平底或大平底微凹。标本ⅡT1E④:414，泥质橙黄陶。口沿部分略残。斜直腹，平底微凹。高10.2、口径10.6、底径4.2厘米（图一一三，4；图版三八，3）。标本ⅣT2A④a:8，泥质红陶。口沿至上腹残。敞口，斜直腹，大平底。素面。残高7.2、底径7厘米（图一一三，5）。标本ⅢT8C④a:1，泥质红陶。敞口微侈，尖圆唇，斜腹，大平底微凹。杯身从上至下胎渐厚，底特厚。素面。通高12.3、口径8.5、底径3.6厘米（图一一三，6；图版三八，4）。标本ⅠT4A④a:8，泥质红陶。胎较厚。敞口，圆唇，斜直腹，大平底微凹。素面。通高9.4、口径9.2、底径4.2厘米（图一一三，7）。标本ⅠT4I④a:78，泥质红陶。敞口，方唇，斜直腹，大平底微凹。素面。

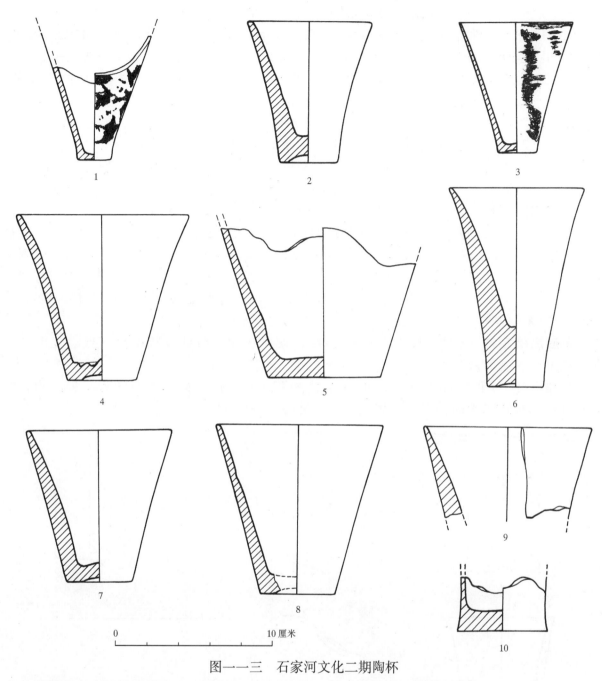

图一一三　石家河文化二期陶杯

1~3. 斜直腹小平底杯Ⅱ T5E④:6、ⅠT1F④a:8、ⅠT4I④a:6　4~10. 斜直腹大平底杯Ⅱ T1E④:414、ⅣT2A④a:8、
Ⅲ T8C④a:1、ⅠT4A④a:8、ⅠT4I④a:78、Ⅱ T6E④:1、ⅠT1G④a:16

通高 10.4、口径 8.4、底径 4.6 厘米（图一一三，8；图版三八，5）。标本Ⅱ T6E④:1，
仅存口沿部分。泥质红陶。敞口，尖唇，斜直腹中腹以下残。素面。残高 4.8、口径
10.6 厘米（图一一三，9）。标本ⅠT1G④a:16，泥质黑陶。仅存下腹至底部。斜筒形腹
底，大平底胎较厚。素面。残高 2.4、底径 4.6 厘米（图一一三，10）。

　　喇叭形杯　1 件。标本Ⅱ T1E④:18，泥质红陶。口沿略残。大喇叭形侈口，直腹壁，大平底微凹。素面。残高 7.4、底径 4 厘米（图一一四，1）。

束腰形杯　2 件。标本Ⅲ T5A④：1，泥质灰陶。厚胎。侈口，尖唇，束腰形腹壁，平底内凹。素面。通高 7.5、口径 5.6、底径 3.7 厘米（图一一四，2；图版三八，6）。标本Ⅲ T5A④：3，泥质红陶。厚胎。敞口，圆唇，束腰，凹腹，平底内凹成圜底状槽。素面。通高 6.8、口径 5.8、底径 3.8 厘米（图一一四，3；图版三八，7）。

壶形杯　1 件。标本Ⅲ T6A④b：3，泥质红陶。小口微侈，斜长颈，鼓腹，腹下弧收成平底。素面。手制。通高 10.4、口径 5.8、底径 4 厘米（图一一四，4；彩版九，1）。

有流杯　1 件。标本Ⅱ T6E④：2，泥质灰陶。口沿大部残。口沿一侧有捏流，斜弧腹，高圈足略撇。素面。手制。残高 5、底径 4.2 厘米（图一一四，5）。

盂形高圈足杯　3 件。上部均为盂形。标本Ⅱ T1E④：28，泥质灰黑陶。大口，平折沿，盂形腹。高粗圈足，足跟外撇呈覆喇叭状。素面。手制。通高 12、口径 8、足径 8.8、腹径 9.2 厘米（图一一五，1；彩版九，2）。标本Ⅰ T4B④a：35，泥质灰陶。圈足以下残。盂形扁折腹。素面。手制。残高 3.4、口径 6、腹径 10 厘米（图一一五，2）。标本Ⅰ T5I④d：224，泥质黑陶。口部及圈足以下残。盂形扁腹。素面。手制。残高 4、腹径 15 厘米（图一一五，3）。

壶形高圈足杯　1 件。标本Ⅰ T3B④a：2，泥质灰陶。口部及圈足以下残。壶形扁折腹。素面。手制。残高 14、腹径 9.2 厘米（图一一五，4）。

矮圈足杯　1 件。标本Ⅰ T3I④b：53，泥质灰黑陶。仅存杯下腹及圈足。斜直腹，矮圈足内束成台状。素面。手制。残高 3.3、足径 3.6 厘米（图一一五，5）。

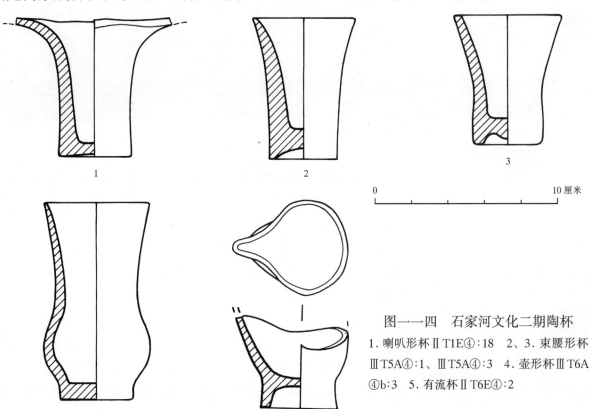

0　　　　　　　　　　　　　　　　　　10 厘米

图一一四　石家河文化二期陶杯
1. 喇叭形杯Ⅱ T1E④：18　2、3. 束腰形杯 Ⅲ T5A④：1、Ⅲ T5A④：3　4. 壶形杯Ⅲ T6A④b：3　5. 有流杯Ⅱ T6E④：2

⑥ **彩陶杯残片**　10 件。均为斜直腹杯残片。标本ⅣT2A④b:12，仅存口沿至腹残部。泥质橙黄陶。斜直腹以下残。腹部刷有红衣、红彩。手制。残高 4.1 厘米（彩版八，1）。标本ⅠT4B④aH6:21，仅存口沿残部。泥质橙黄陶。敞口，尖圆唇，斜直腹以下残。口内外饰有黑彩，腹表刷有红衣，并饰有不规则横向宽带状黑彩。手制。残高 2.9、口径 10 厘米（彩版八，2）。标本ⅠT4A④aH18:13，泥质橙黄陶。仅存口沿残部。敞口，圆唇，斜直腹以下残。口内外饰有横向宽带状红彩，腹部外刷有红衣。手制。残高 3.8、口径 14 厘米（彩版八，3）。标本ⅡT1E④:29，泥质橙黄陶。仅存口沿残部。敞口，圆唇，斜直腹以下残。口内外饰有横向宽带状黑彩，腹部外刷有红衣。手制。残高 3.2、口径 9 厘米（彩版八，4）。标本ⅣT2A④b:13，仅存口沿至残腹部。斜直腹以下残。泥质橙黄陶。口内外饰有横向宽带状红彩，腹外饰有红彩衣。手制。残高 2.6 厘米（彩版八，5）。标本ⅣT2A④b:15，泥质橙黄陶。仅存口沿至残腹部。口沿内饰有红彩。腹部彩剥落。手制。残高 3.5 厘米（彩版八，6）。标本ⅣT2A④b:14，泥质橙黄陶。仅存腹残部。斜直腹以下残。腹外饰有红彩。手制。残高 3 厘米（彩版八，7）。标本ⅣT2A④b:11，残片，仅存口至腹中部。泥质橙黄陶。斜直腹。口内外饰有红彩，腹表刷有红衣。残高 4 厘米（彩版八，8）。标本ⅡT1E④:27，泥质橙黄陶。仅存口沿残部。敞口，圆唇，斜直腹以下残。口内饰有横向宽带状黑彩。口外、腹表刷有红衣并饰有黑彩。手制。残高 3.6、口径 10 厘米（彩版八，9）。标本ⅡT1E④:26，泥质橙黄陶。仅存口沿残部。敞口略呈喇叭形，尖唇，斜直腹以下残。口内外饰有横向宽带状黑彩，腹部外刷有红衣。手制。残高 2、口径 7 厘米（彩版八，10）。

⑦ **陶碗**　3 件。有双腹、弧腹和斜弧腹。

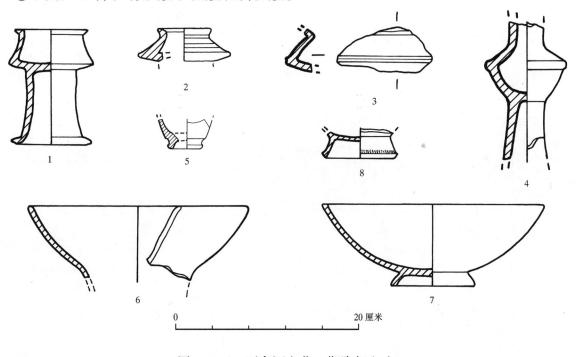

图一一五　石家河文化二期陶杯和碗

1～3.盂形高圈足杯ⅡT1E④:28、ⅠT4B④a:35、ⅠT5I④d:224　4.壶形高圈足杯ⅠT3B④a:2

5.矮圈足杯ⅠT3I④b:53　6.双腹碗ⅡT3C④:15　7.斜弧腹碗ⅠT5B④a:4　8.碗圈足ⅠT5I④b:141

双腹碗　1件。标本ⅡT3C④:15，泥质灰陶。仅存碗上半部分。敞口，圆唇，上腹斜弧，折弧成下腹，折腹处不明显。素面。手制。残高7、口径23.6厘米（图一一五，6）。

斜弧腹碗　1件。标本ⅠT5B④a:4，泥质灰陶。大敞口，方唇，深斜弧腹圈平底，矮撇圈足。素面。手制。通高8.7、口径24、足径9.2厘米（图一一五，7；图版三九，1）。

碗圈足　1件。ⅠT5I④b:141，泥质黑陶。仅存底部和圈足。斜壁，平底，圈足外撇。圈足上饰两周竖状细戳印纹。手制。残高2.6、足径8厘米（图一一五，8）。

⑧ **陶钵**　20件。本期钵的数量大增。依钵的口沿变化分为薄口缘钵、厚口缘钵、子母口钵和有流钵四种。陶质有粗泥陶和夹细砂的夹砂陶两类。手制，多为泥条盘筑法制成。陶色多为橙红色，红褐色陶次之，还有灰黑色陶等。

薄口缘钵　10件。依钵的腹部变化有弧腹、斜弧腹和斜腹。

薄缘弧腹钵　3件。依其口沿分为薄缘敞口弧腹钵和薄缘敛口弧腹钵两类。

薄缘敞口弧腹钵　2件。敞口。标本ⅠT4I④a:5，夹砂红陶。底部略残。口微敞，圆唇，深弧腹下弧收。素面。残高6、口径16.4厘米（图一一六，1；图版三九，2）。标本ⅠT1G④a:12，泥质灰黄陶。敞口，圆唇，深弧腹大平底，底部略残。素面。残高6.6、口径18.6、底径10厘米（图一一六，2；图版三九，3）。

薄缘敛口弧腹钵　1件。标本ⅢT3A④b:2，泥质灰黑陶，褐胎。口微敛，圆唇，深

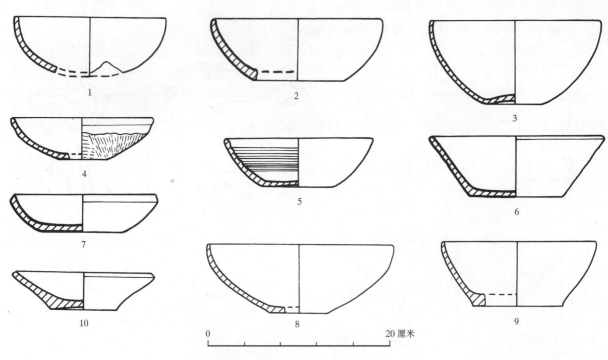

0　　　　　　　　　　　　　　　　　　　　　20厘米

图一一六　石家河文化二期陶钵

1、2.薄缘敞口弧腹钵ⅠT4I④a:5、ⅠT1G④a:12　3.薄缘敛口弧腹钵ⅢT3A④b:2　4~6.薄缘敞口斜弧腹钵ⅠT5I④d:107、ⅠT1G④c:14、ⅠT5I④d:110　7~9.薄缘敛口斜弧腹钵ⅠT5I④d:108、ⅣT5C④:1、ⅠT4I④a:2
10.薄口缘敞口斜腹钵ⅢT3A④a:3

弧腹下收成凹平底。素面。通高8.6、口径18.4、底径6.8厘米（图一一六，3；图版三九，4）。

薄缘斜弧腹钵　6件。依口沿的不同有薄缘敞口斜弧腹钵和薄缘敛口斜弧腹钵两类。

薄缘敞口斜弧腹钵　3件。薄口缘，敞口。标本ⅠT5I④d:107，夹砂红陶。口微敛，尖唇，浅斜弧腹大平底。素面。通高4.2、口径15.6、底径5.2厘米（图一一六，4；图版三九，5）。标本ⅠT1G④c:14，夹砂橙黄陶。敞口，圆唇，斜弧腹大平底。素面。腹内壁可见泥条盘筑痕迹。通高5.2、口径16.5、底径7.8厘米（图一一六，5；图版三九，6）。标本ⅠT5I④d:110，夹砂灰黄陶。敞口，方唇，深斜直腹大平底。素面。通高6.6、口径19.4、底径10厘米（图一一六，6；图版四〇，1）。

薄缘敛口斜弧腹钵　3件。薄口缘，敛口。标本ⅠT5I④d:108，泥质灰陶。圆唇，斜弧腹弧收成平底，腹外壁有刮削痕迹。素面。通高4、口径16、底径9厘米（图一一六，7；图版四〇，2）。标本ⅣT5C④:1，夹砂红陶。口微敛，尖圆唇，深斜弧腹下收成平底。通高7.2、口径20.4、底径6.5厘米（图一一六，8；图版四〇，3）。标本ⅠT4I④a:2，夹砂红陶。口微敛，圆唇，深斜腹微弧大平底。素面。通高7、口径16.5、底径10厘米（图一一六，9）。

薄缘敞口斜腹钵　1件。标本ⅢT3A④a:3，夹砂红陶。大敞口，薄口缘，方唇，浅斜腹，大平底。素面。有泥条盘筑痕迹。通高4、口径15.5、底径7.4厘米（图一一六，10）。

厚口缘钵　8件。依钵的腹部变化有弧腹和斜弧腹。

厚缘敞口弧腹钵　1件。标本ⅠT1F④a:10，夹砂红褐陶。敞口，圆唇，带状厚口缘，浅弧腹略斜下凹，大平底。素面。腹内壁可见泥条盘筑痕迹。通高6、口径18、底径8厘米（图一一七，1；图版四〇，4）。

厚缘敛口弧腹钵　1件。标本ⅠT4I④a:4，夹砂黑陶，红胎。口微敛，圆唇，带状厚口缘，弧腹缓收成大平底。素面。通高6.6、口径18.6、底径7.8厘米（图一一七，2；图版四〇，5）。

厚缘敞口斜弧腹钵　5件。厚口缘，敞口。标本ⅠT3I④a:49，夹砂灰褐陶。敞口，圆唇，带状厚口缘，斜弧腹下斜收成平底。素面。通高6、口径16.5、底径7.2厘米（图一一七，3；图版四〇，6）。标本ⅠT5I④c:109，夹砂红褐陶。敞口，圆唇，带状厚口缘，斜弧腹下收成大平底，近底处有竖篮纹痕迹。通高5.6、口径17、底径7厘米（图一一七，4；图版四一，1）。标本ⅠT5I④d:111，夹砂灰陶。敞口，圆唇，带状厚口缘，斜弧腹下收成大平底。口内有一周凹弦纹。通高5.7、口径17.2、底径7.2厘米（图一一七，5；图版四一，2）。标本ⅠT5I④b:106，夹砂红陶。敞口，尖圆唇，带状厚口缘，深斜腹下斜收成大平底，器表有泥条盘筑粗弦纹。素面。整器歪斜。通高6、口径14.7、底径6厘米（图一一七，6；图版四一，3）。标本ⅠT1F④a:11，夹砂红陶。口微侈，圆唇，带状厚口缘，深斜腹微弧，大圜平底。素面。腹内壁可见泥条盘筑痕迹。通高7、口径17、底径7.2厘米（图一一七，7）。

子母口钵　1件。标本ⅠT4I④a:3，夹砂红陶。口微敛，子母口，圆唇，弧腹略斜，弧收成凹平底，似假圈足。素面。通高5.8、口径16.5、底径7.6厘米（图一一七，8；图版四一，4）。

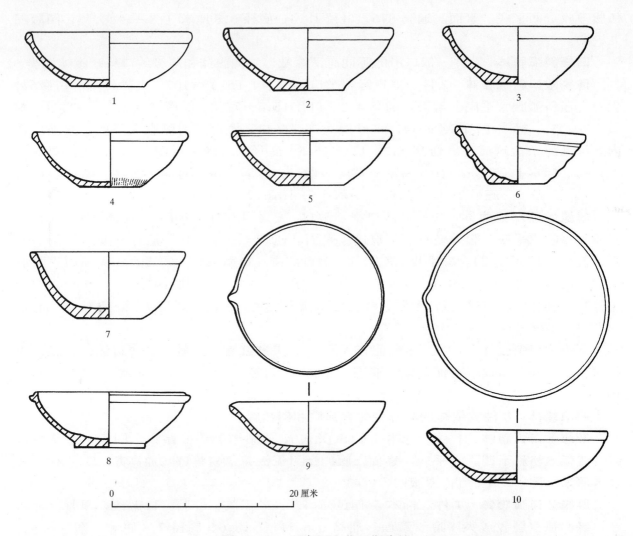

图一一七　石家河文化二期陶钵

1. 厚缘敞口弧腹钵ⅠT1F④a:10　2. 厚缘敛口弧腹钵ⅠT4I④a:4

3~7. 厚缘敞口斜弧腹钵ⅠT3I④a:49、ⅠT5I④c:109、ⅠT5I④d:111、ⅠT5I④b:106、ⅠT1F④a:11

8. 子母口钵ⅠT4I④a:3　9、10. 有流钵ⅡT1C④:1、ⅠT1G④b:13

　　有流钵　2件。标本ⅡT1C④:1，夹砂红陶。敞口，圆唇，浅斜弧腹下收成平底。口上一测有短流。素面。通高5.4、口径16.4、底径7厘米（图一一七，9；图版四一，5）。标本ⅠT1G④b:13，夹砂红褐陶。圆唇，带状厚口缘，浅斜腹微弧，大平底微凹，口缘一侧有流。素面。腹内壁可见泥条盘筑痕迹。通高5.5、口径19.5、底径8.3厘米（图一一七，10；图版四一，6）。

　　⑨ **陶盘**　7件。依盘底形状可分为圈足盘和浅弧腹小盘。

　　圈足盘　3件。标本ⅠT5I④a:103，泥质橙黄陶。敞口，圆唇，深弧腹下收成大圈底，直矮圈足。素面。口部有一周细弦纹手制。通高6.3、口径19.8、足径9厘米（图一一八，1；图版四二，1）。标本ⅡT6E④:3，泥质灰陶。仅存残底部和圈足。圈底，圈足粗矮，直壁微斜，足跟外撇。足上残存两个圆形小镂孔。手制。残高3.2厘米（图一一八，2）。标本ⅡT3C④:16，泥质红陶。仅存盘残底。圈底，圈足残。素面。手制。残

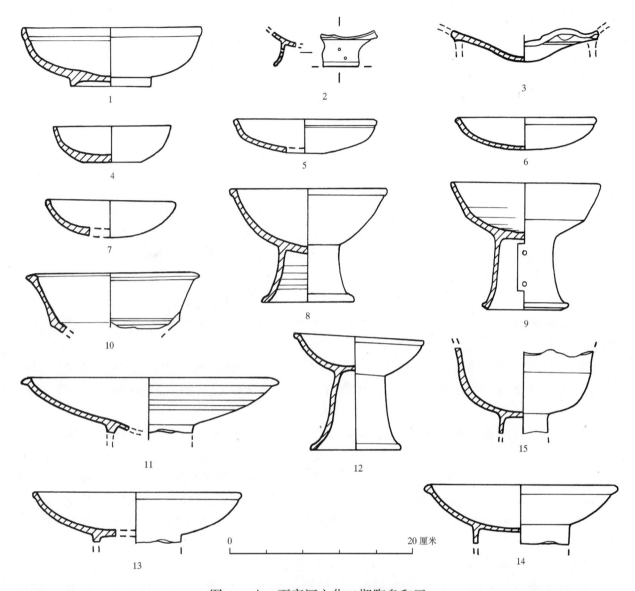

图一一八　石家河文化二期陶盘和豆

1~3. 圈足盘Ⅰ T5I④a:103、Ⅱ T6E④:3、Ⅱ T3C④:16　4~7. 浅弧腹小盘Ⅰ T1B④:12、Ⅰ T1B④:17、Ⅰ T1B④:5、
Ⅰ T5I④b:107　8. 斜弧腹钵形豆Ⅰ T1F④a:9　9、10. 折腹钵形豆Ⅱ T1E④:200、Ⅰ T5I④d:126　11. 平折沿斜弧腹
浅盘豆Ⅱ T3C④:17　12~14. 厚口缘斜弧腹浅盘豆Ⅲ T7J④c:2、Ⅲ T5B④:34、Ⅰ T5I④b:157
15. 杯形深腹豆Ⅰ T3B④a:19

高 2 厘米（图一一八，3）。

　　浅弧腹小盘　4 件。器型较小。浅斜弧腹，多为圈平底盘，少平底盘。标本Ⅰ T1B
④:12，夹砂灰陶。敞口，圆唇，斜弧腹浅盘，大平底。素面。手制。通高 3.8、口径
12.8 厘米（图一一八，4；图版四二，2）。标本Ⅰ T1B④:17，泥质红褐陶。敞口，圆
唇，浅弧腹下收成圈平底，圈底略残。素面。手制。通高 3.6、口径 15 厘米（图一一
八，5；图版四二，3）。标本Ⅰ T1B④:5，泥质黄陶。敞口，圆唇，唇外有 1 周凹弦纹，
浅斜弧腹，圈底。素面。手制。高 3、口径 15.2 厘米（图一一八，6，图版四二，4）。

标本ⅠT5I④b:107,夹砂黑陶。敞口,圆唇,浅弧腹弧收成圜底,圈底略残。素面。手制。高 3.6、口径 14.4 厘米(图一一八,7;图版四二,5)。

⑩ **陶豆** 22 件。(包括 14 件豆圈足)少有能复原的,残存豆圈足较多。依豆盘的变化有钵形深腹豆、斜弧浅腹豆和杯形深腹豆。

钵形豆 3 件。依腹部的不同分为斜腹钵形豆和折腹钵形豆。

斜弧腹钵形豆 1 件。标本ⅠT1F④a:9,泥质灰陶。敞口,带状厚口缘,钵形深腹,高圈足较粗,足跟外撇呈座状。素面。手制。通高 12、口径 17、底径 10 厘米(图一一八,8;图版四二,6)。

折腹钵形豆 2 件。标本ⅡT1E④:200,泥质灰陶。敞口,圆唇,钵形腹,中腹微折,高圈足较粗,足跟外撇呈平座。圈足上饰有三组圆形镂孔,每组由竖向排列的两个孔组成。手制。通高 13.5、口径 16.8、足径 9.8 厘米(图一一八,9;图版四三,1)。标本ⅠT5I④d:126,泥质灰黑陶。仅存口沿与残腹部。敞口,尖圆唇,深斜腹,腹中微折,中腹以下残。中腹表饰一周凸弦纹。手制。残高 6、口径 18.8 厘米(图一一八,10)。

斜弧腹浅盘豆 4 件。依器口的异同分为平折沿斜弧腹浅盘豆和厚口缘斜弧腹浅盘豆。

平折沿斜弧腹浅盘豆 1 件。标本ⅡT3C④:17,泥质灰陶。仅存豆盘。敞口,口沿微折,斜弧腹浅盘,圈足残。盘腹上部饰有四周浅凸弦纹。手制。残高 6.4、口径 28 厘米(图一一八,11)。

厚口缘斜弧腹浅盘豆 3 件。标本ⅢT7J④c:2,夹砂灰陶。敞口,圆唇,带状厚口缘,斜弧腹浅盘,高圈足较粗,足跟外撇。器形不甚规整。素面。手制。通高 12、口径 14、足径 10 厘米(图一一八,12;图版四三,2)。标本ⅢT5B④:34,圈足残。泥质灰黑陶。敞口,带状厚口缘,斜弧腹浅盘,圜底,仅存盘底的残部。素面。手制。残高 5.2、口径 22.8 厘米(图一一八,13;图版四三,3)。标本ⅠT5I④b:157,圈足残。泥质灰陶。敞口,带状厚口缘,斜弧腹,浅盘圜底,粗高圈足底部残。素面。手制。残高 6.4、口径 21.2 厘米(图一一八,14;图版四三,4)。

杯形深腹豆 1 件。ⅠT3B④a:19,泥质黑皮灰陶。仅存豆的中部。口上部残,杯形深弧腹,细直圈足下部残。腹上部有一周凸弦纹。手制。残高 8.8、残口径 15 厘米(图一一八,15)。

豆圈足 14 件。依圈足形状可分为喇叭形、斜筒形和裙式圈足

喇叭形豆圈足 10 件。标本ⅠT3B④a:3,泥质灰陶。圈足较粗矮,足跟喇叭状外撇。圈足上饰有对称的两个一大一小圆形镂孔。手制。足高 8、圈足径 14 厘米(图一一九,1)。标本ⅢT8B④b:6,泥质灰陶。仅存豆盘底和圈足。豆盘底呈圜状。圈足粗矮,直壁,足跟外撇似台状。圈足上饰六组镂孔,每组由三个圆形镂孔组成。手制。足高 5.4、圈足径 10.4 厘米(图一一九,2)。标本ⅢT8B④b:7,仅存豆盘底和圈足。泥质黑皮陶。豆盘底呈圜平底,粗矮圈足,足跟外撇呈台状。素面。手制。足高 4.1、足径 7 厘米(图一一九,3)。标本ⅢT5B④:12,泥质灰陶。仅存盘底与圈足。豆盘圜底,圈足粗矮,足跟外撇,下部平伸成座状。素面。手制。足高 5、足径 11.8 厘米(图一一九,4)。标本ⅠT4B④a:16,泥质灰陶。仅存圈足。圈足较粗,足跟外撇似台状。圈足上饰

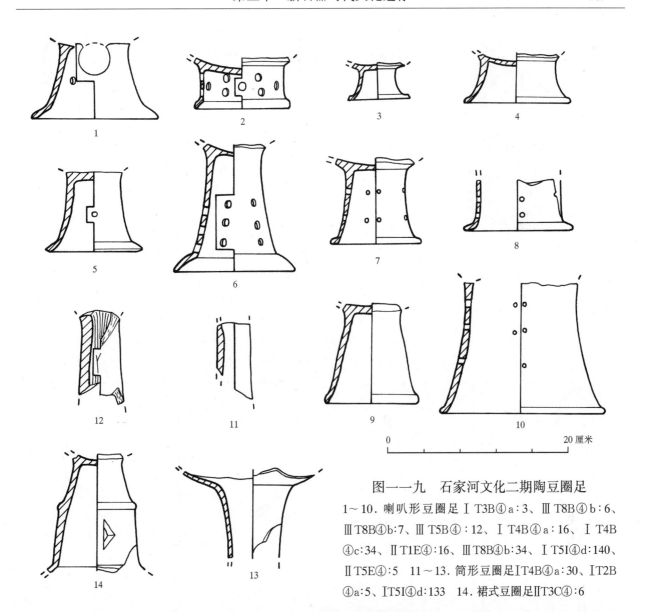

图一一九 石家河文化二期陶豆圈足

1~10.喇叭形豆圈足Ⅰ T3B④a:3、Ⅲ T8B④b:6、
Ⅲ T8B④b:7、Ⅲ T5B④:12、Ⅰ T4B④a:16、Ⅰ T4B
④c:34、Ⅱ T1E④:16、Ⅲ T8B④b:34、Ⅰ T5I④d:140、
Ⅱ T5E④:5 11~13.筒形豆圈足ⅠT4B④a:30、ⅠT2B
④a:5、ⅠT5I④d:133 14.裙式豆圈足ⅡT3C④:6

有对称圆形镂孔两个。手制。足高8、圈足径10.5厘米（图一一九，5）。标本Ⅰ T4B④c
:34，泥质灰陶。仅存豆盘底部和圈足。豆盘圜底，圈足较粗，向下渐粗，足跟外撇呈
喇叭状。圈足上对称饰有五组镂孔，每组由三个竖向圆形镂孔组成。手制。足高13.4、
足径12.8厘米（图一一九，6）。标本Ⅱ T1E④:16，泥质黑陶。仅存底和圈足。豆盘平
底，圈足较粗，足跟外撇成平座。圈足上饰两组圆形镂孔，一组4个，一组1个。手制。
足高8.4、圈足径9.6厘米（图一一九，7）。标本Ⅲ T8B④b:34，泥质灰陶。仅存残圈
足。圈足直筒状，足跟外撇成平座。圈足上饰有四组竖向圆形镂孔，每组圆形镂孔两
个。手制。残高5.8、足径12厘米（图一一九，8）。标本Ⅰ T5I④d:140，夹砂灰陶。仅
存底和圈足。豆盘圜平底，圈足斜壁，下渐粗，微撇。素面。手制。足高10、足径10.4
厘米（图一一九，9）。标本Ⅱ T5E④:5，仅存圈足。泥质灰陶。圈足较粗大，下部微向
外平伸。圈足上面饰四组镂孔，每组由三个竖向小圆形镂孔组成。手制。足高13.6、足
径18厘米（图一一九，10）。

筒形豆圈足　3件。标本ⅠT4B④a：30，泥质灰陶。仅存圈足残段。胎厚，圈足细高，筒状。素面。手制。残高7.8厘米（图一一九，11）。标本ⅠT2B④a：5，泥质黑陶，红褐色厚胎。仅存圈足中段。细高圈足，筒形。圈足上刻有一个倒"人"字形的符号，似为烧前刻划在器物上的。手制。残高10.3厘米（图一一九，12、一二〇；图版四三，5）。标本ⅠT5I④d：133，泥质黑皮陶，灰胎。仅存部分圈足。圈足上粗下渐细。素面。手制。残高8.4厘米（图一一九，13）。

裙式豆圈足　1件。标本ⅡT3C④：6，泥质灰陶。残存豆盘底与圈足上部。豆盘圜底，裙式圈足，足跟外撇。圈足中部饰一周凸弦纹，凸弦纹下饰一个三角形镂孔。手制。残高12厘米（图一一九，14）。

⑪ 陶盆　14件。多为残器，少能复原的。均为

图一二〇　石家河文化二期陶筒形豆圈足ⅠT2B④a：5刻文拓本

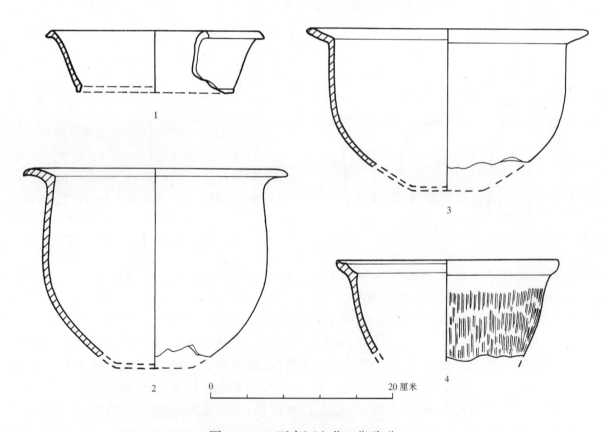

图一二一　石家河文化二期陶盆

1、2.卷沿盆ⅠT8A④a：2、ⅢT8B④a：3　3、4.仰折沿盆ⅠT3B④a：1、ⅠT5I④d：127

手制。依盆口沿的异同分为卷沿盆、仰折沿盆、平折沿盆和厚口缘盆。

卷沿盆　2件。标本ⅠT8A④a：2，泥质黑陶。仅存口沿与腹残部。敞口，方唇，小

卷沿，浅斜直腹，底部残。素面。残高 6.5、口径 24 厘米（图一二一，1）。标本Ⅲ T8B④a：3，泥质灰陶。底部略残。大敞口，宽卷沿，沿面微弧，尖唇，深直腹，下腹斜弧。素面。残高 20、口径 28.4 厘米（图一二一，2；图版四三，6）。

仰折沿盆　2 件。标本Ⅰ T3B④a：1，夹砂灰陶。底部略残。敞口，宽仰折沿，圆唇，弧腹略直下急收。素面。残高 14.4、口径 30 厘米（图一二一，3；图版四四，1）。标本Ⅰ T5I④d：127，泥质灰陶。底部残。敞口，宽仰折沿，沿面呈凹槽，斜直腹以下残。腹部满饰竖篮纹。残高 10、口径 24 厘米（图一二一，4）。

平折沿盆　6 件。标本Ⅰ T6B④a：1，泥质橙黄陶。敞口，宽平折沿，沿面微弧，方唇，浅弧腹下斜收成平底。素面。通高 9.5、口径 24、底径 9.2 厘米（图一二二，1；图版四四，2）。标本Ⅰ T4I④a：1，泥质灰陶。敛口，宽平折沿，方唇，深弧腹下斜收成平底。素面。通高 14.8、口径 31.5、底径 10 厘米（图一二二，2；图版四四，3）。标本Ⅱ T1E④：20，泥质黑皮陶。底部略残。敞口，平折沿，圆唇，深弧腹，底部残。素面。残高 14.8、口径 29 厘米（图一二二，3；图版四四，4）。标本Ⅲ T8B④b：35，泥质灰陶。底部残。小平折沿，圆唇，浅斜弧腹。素面。残高 5.7、口径 22.4 厘米（图一二二，4）。标本Ⅰ T3I④b：52，夹砂红陶。仅存口沿与腹残部。敞口，平折沿，沿面上有三周凹槽，尖唇，斜腹。腹部饰有横篮纹。残高 4、口径 31.5 厘米（图一二二，5）。标本Ⅰ T5I④b：100，泥质黑皮陶，红胎。敞口，短平折沿，圆唇，斜弧腹，大平底。素面。通高 11.6、口径 24.4、底径 8.5 厘米（图一二二，6；图版四四，5）。

厚口缘盆　4 件。标本Ⅱ T1E④：1，泥质灰陶。仅存口沿与腹残部。敞口，圆唇，带状厚口缘，斜弧腹以下残。素面。残高 4.3、口径 23 厘米（图一二二，7）。标本Ⅰ T5A④：5，泥质灰陶。仅存口沿与腹残部。敞口，圆唇，带状厚口缘，斜弧腹以下残。素面。残高 2.9、口径 20.6 厘米（图一二二，8）。标本Ⅰ T5I④d：128，泥质灰陶。仅存口沿与腹残部。敛口，小平折沿，尖唇，深斜弧腹以下残。素面。手制，泥条盘筑法。残高 6、口径 24 厘米（图一二二，9）。标本Ⅰ T5I④d：125，泥质黑陶。下腹与底部残。口微敛，小平折沿，尖唇，深斜弧腹，中腹以下残。下腹饰不规则方格纹。残高 9.2、口径 25.5 厘米（图一二二，10）。

⑫ **陶罐**　61 件。陶质以夹砂陶（夹细砂）为多。陶色以深灰色陶为多，也有灰黑色和极少红褐色、红陶。均为手制，口沿多经慢轮修整。本期的罐比较多，但仅少部分为复原器，多系不能复原的残器口及口沿下残腹，故以口沿为主结合腹部命名。有卷沿或卷折沿、折沿、盘口、穿系、钩系罐和有领罐等。

卷沿罐　4 件。根据残腹的器形，可分卷沿弧腹罐和卷沿垂腹罐。

卷沿弧腹罐　2 件。标本Ⅱ T3I④：10，泥质红褐陶。下腹及底部残。小卷沿，尖圆唇，圆鼓弧腹。素面。残高 22、口径 17、腹中最大腹径 26 厘米（图一二三，1；图版四四，6）。标本Ⅰ T5I④b：114，夹砂红陶。仅存口沿和上腹残部。卷沿，尖圆唇，残上腹弧壁。上腹饰有竖篮纹。残高 6.4、口径 16.4 厘米（图一二三，2）。

卷沿垂腹罐　2 件。标本Ⅲ T8B④b：31，夹砂红陶。仅存口沿和上腹残部。卷沿，沿面微凹，尖圆唇，圆弧腹垂，下腹以下残。素面。残高 13.8、口径 20 厘米（图一二三，3）。标本Ⅰ T3A④：4，夹砂灰陶。仅存口沿和上腹残部。卷折沿，圆唇，斜弧垂腹。素面。残高 13.2、口径 18 厘米（图一二三，4）。

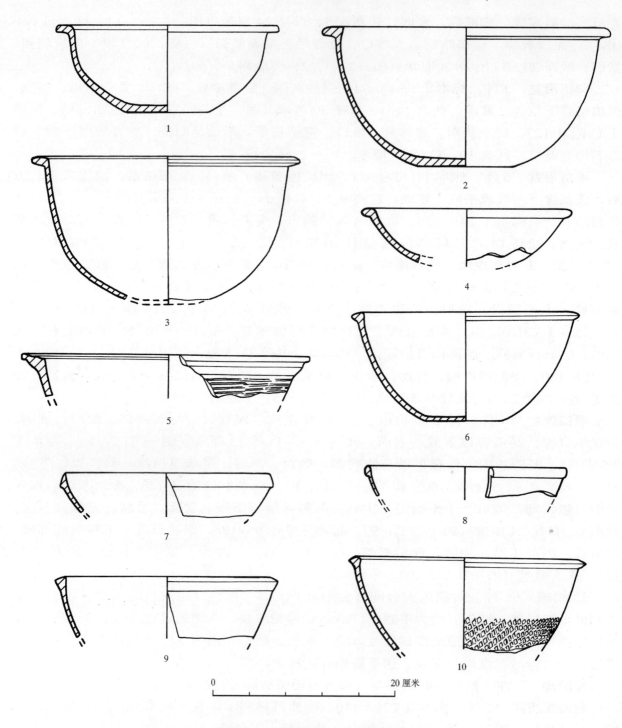

图一二二　石家河文化二期陶盆

1～6.平折沿盆 ⅠT6B④a:1、ⅠT4I④a:1、ⅡT1E④:20、ⅢT8B④b:35、ⅠT3I④b:52、ⅠT5I④b:100

7～10.厚口缘盆 ⅡT1E④:1、ⅠT5A④:5、ⅠT5I④d:128、ⅠT5I④d:125

折沿罐　18 件。依折沿的异同分为仰折沿罐、平折沿罐和仰折沿起棱罐。

仰折沿罐　12 件。依罐的腹部变化又可分为仰折沿弧腹罐和仰折沿斜弧腹罐。

仰折沿弧腹罐　7 件。标本ⅠT5I④a:99，夹砂红陶。折沿微仰，沿面微凹，方唇，

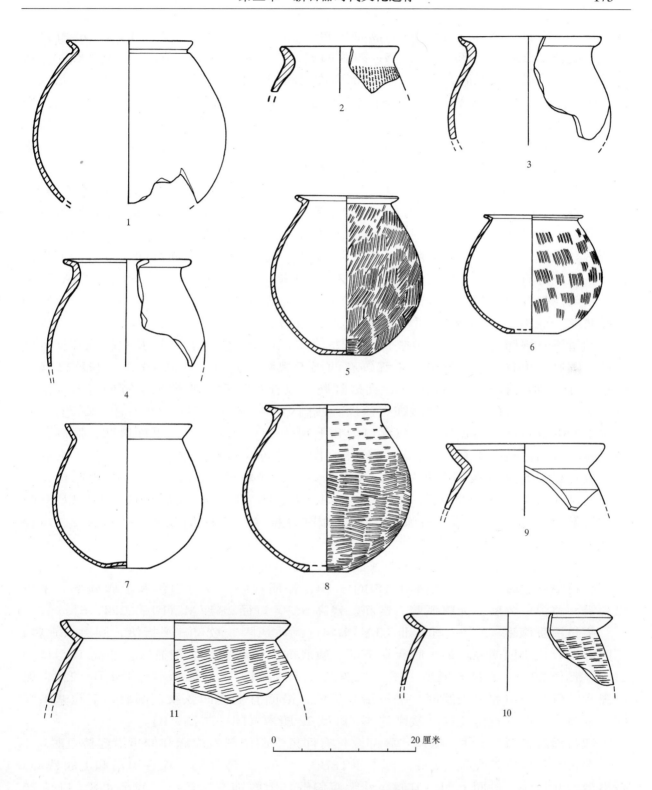

图一二三　石家河文化二期陶罐

1、2. 卷沿弧腹罐Ⅱ T3I④:10、Ⅰ T5I④b:114　3、4. 卷沿垂腹罐Ⅲ T8B④b:31、Ⅰ T3A④:4　5～11. 仰折沿弧腹罐
Ⅰ T5I④a:99、Ⅳ T5A④a:2、Ⅰ T5B④a:17、Ⅲ T8B④c:2、Ⅰ T5A④:18、Ⅰ T5B④c:25、Ⅰ T5A④:4

鼓弧腹，下腹部缓收成平底。腹部满饰间断斜篮纹。通高 22、口径 14.4、最大腹径 21.2、底径 7.2 厘米（图一二三，5；图版四五，1）。标本 Ⅳ T5A④a:2，夹砂红陶。折沿微仰，尖圆唇，鼓弧腹，大平底。腹部满饰间断竖篮纹。通高 16、口径 13.8、最大腹径 19、底径 7.4 厘米（图一二三，6；图版四五，2）。标本 Ⅰ T5B④a:17，泥质灰陶。敞口，仰折沿，尖圆唇，束颈，圆弧腹，下腹部缓收成凹圜平底。素面。通高 19.2、口径 17、最大腹径 21、底径 6.4 厘米（图一二三，7；图版四五，3）。标本 Ⅲ T8B④c:2，夹砂灰陶。折沿微仰，沿面略凹唇。束颈，鼓弧腹，下腹部缓收成小平底。腹部满饰横篮纹。通高 22.4、口径 17.2、最大腹径 22.4、底径 5.8 厘米（图一二三，8；图版四五，4）。标本 Ⅰ T5A④:18，夹砂灰陶。仅存口沿和上腹残部。宽仰折沿，圆唇，近唇处有一周凹槽，上腹壁弧。上腹饰有一周凸弦纹。残高 9、口径 22 厘米（图一二三，9）。标本 Ⅰ T5B④c:25，夹砂灰陶。仅存口沿和上腹残部。宽仰折沿，沿面微凹，方唇，上腹部微弧。上腹饰有横篮纹。残高 9.7、口径 28.8 厘米（图一二三，10）。标本 Ⅰ T5A④:4，夹砂灰陶。仅存口沿和上腹残部。宽仰折沿，沿面微凹，方唇，上腹残部弧壁。上腹饰有横篮纹。通高 11、口径 32 厘米（图一二三，11）。

仰折沿斜弧腹罐　5 件。标本 Ⅰ T1A④a:3，夹砂灰陶。仅存口沿及上腹残部。宽仰折沿，圆唇，束颈，上腹斜弧。上腹饰有两周不规则凸弦纹。残高 10.3、口径 22 厘米（图一二四，1）。标本 Ⅰ T7B④a:6，夹砂红陶。仅存口沿和上腹残部。宽仰折沿，沿面微凹，圆唇，上腹部斜弧。上腹饰有篮纹。残高 10.4、口径 22.4 厘米（图一二四，2）。标本 Ⅰ T5I④c:115，夹砂灰陶。仅存口沿和上腹残部。宽仰折沿，沿面微凹，圆唇，上腹斜弧。素面。残高 7.6、口径 19.6 厘米（图一二四，3）。标本 Ⅰ T3I④b:51，夹砂红陶。仅存口沿和上腹残部。仰折沿，尖唇，束颈，残腹壁斜弧。颈上有一周凸棱，素面。残高 4、口径 18 厘米（图一二四，4）。标本 Ⅱ T6A④a:5，夹砂红陶。中腹以下残。小仰折沿，尖圆唇，束颈，斜弧腹。上腹饰有方格纹。腹形如菠萝。残高 9.2、口径 10.8 厘米（图一二四，5）。

平折沿罐　3 件。依腹部器形有平折沿弧腹罐和平折沿垂腹罐。

平折沿弧腹罐　1 件。标本 Ⅰ T5B④c:24，泥质灰陶。仅存口沿和上腹残部。平折沿，沿面略弧，尖唇，上腹弧壁。素面。残高 6.3、口径 28 厘米（图一二四，6）。

平折沿垂腹罐　2 件。标本 Ⅲ T3A④b:4，泥质灰陶。敞口，平折沿，圆唇，垂腹，下腹部缓收成小凹圜底。最大腹径在下部。腹底饰横、斜交错的细篮纹。通高 18、口径 21.7、腹径 23.6、底径 6 厘米（图一二四，7；图版四五，5）。标本 Ⅰ T5I④c:218，泥质黑陶。仅存口沿和上腹残部。平折沿起折棱，沿面有七周凹弦纹，圆唇，上腹壁斜弧向下垂弧。上腹饰有横篮纹。残高 6.4、口径 22 厘米（图一二四，8）。

仰折沿起棱罐　3 件。依口、腹部变化有仰折沿起棱斜弧腹罐和仰折沿起棱垂腹罐。

仰折沿起棱斜弧腹罐　2 件。标本 Ⅲ T8B④b:29，夹砂红陶。仅存口沿和上腹残部。折沿微仰起折棱，沿面下凹，方唇，残上腹斜壁。上腹饰有横篮纹。残高 4.8、口径 26 厘米（图一二四，9）。标本 Ⅲ T7J④c:3，泥质灰陶。仅存口沿及上腹残部。宽仰折沿起折棱，沿面微凹，圆唇，上腹斜弧。残高 12、口径 30 厘米（图一二四，10）。

仰折沿起棱垂腹罐　1 件。标本 Ⅱ T4C④:2，泥质灰黑陶。仰折沿起折棱，沿面微凹，方唇，唇上有一周凹槽，圆弧垂腹，大平底。上腹饰竖篮纹，下腹满饰方格状纹。

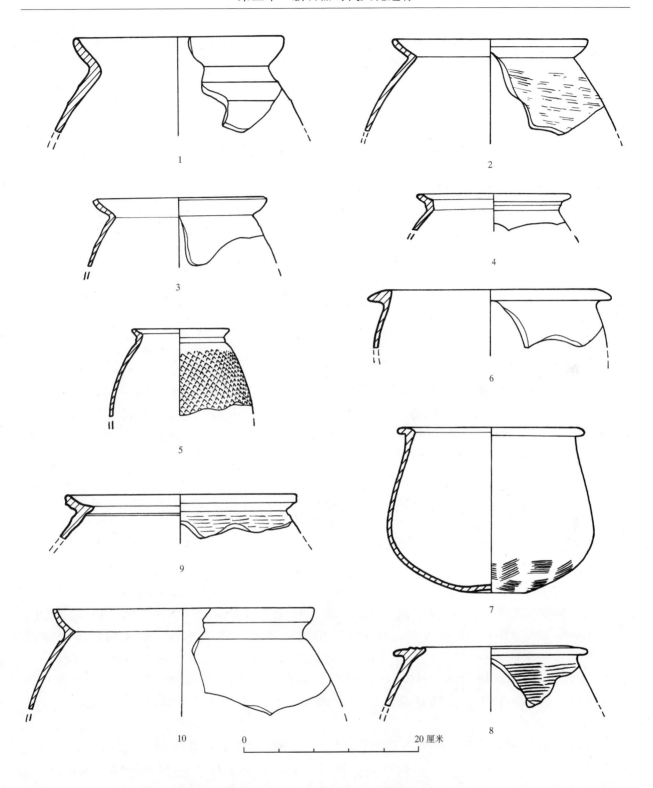

图一二四　石家河文化二期陶罐

1～5.仰折沿斜弧腹罐ⅠT1A④a:3、ⅠT7B④a:6、ⅠT5I④c:115、ⅠT3I④b:51、ⅡT6A④a:5
6.平折沿弧腹罐ⅠT5B④c:24　7、8.平折沿垂腹罐ⅢT3A④b:4、ⅠT5I④c:218
9、10.仰折沿起棱斜弧腹罐ⅢT8B④b:29、ⅢT7J④c:3

通高 16.6、口径 15.6、腹径 18.8、底径 7.6 厘米（图一二五，1；图版四五，6）。

穿系罐 4 件。依沿、腹部特征可分为穿系仰折沿弧腹罐、穿系仰折沿斜弧腹罐和穿系子母口罐。

穿系仰折沿弧腹罐 1 件。标本 I T5B④a:27，泥质灰陶。仅存口沿及腹残部。小口，小仰折沿，沿面上残存两小个圆穿，圆唇，鼓弧腹，下腹以下残。上腹饰有一道划纹，下腹饰有一周宽带状附加堆纹。残高 12.4、口径 20 厘米（图一二五，2）。

穿系仰折沿斜弧腹罐 2 件。斜弧腹。标本 II T3A④:4，泥质灰陶。仅存口沿及沿下残部。仰折沿至唇缘处近平，窄平沿面上残存四个小圆穿，残腹壁斜弧。素面。残高 6.2、口径 17.2 厘米（图一二五，3）。标本 I T5B④a:23，仅存口沿及上腹残部。泥质灰陶。仰折沿微平，窄平沿面上残存一个小圆穿，上腹残部斜弧。素面。残高 4.9、口径 23 厘米（图一二五，4）。

穿系子母口罐 1 件。标本 III T8B④b:9，泥质灰陶。仅存口沿及上腹残部。子母口微敛，沿面上残存两个小圆形孔，尖圆唇。素面。残高 2.8、口径 16 厘米（图一二五，5）。

钩系折沿罐 3 件。依沿、腹部特征器形分为钩系折沿斜弧腹罐和钩系折沿垂腹罐。

钩系折沿斜弧腹罐 2 件。标本 I T3B④a:16，夹砂黑陶，内红外黑。仅存口沿及沿下残腹。仰折沿，沿边缘残存一鹰嘴状钩，残斜腹。素面。残高 7.8、口径 16 厘米（图一二五，6）。标本 III T8B④b:32，泥质灰陶。仅存口沿残部。仰折沿，尖唇，唇上有一周凹槽，唇边缘残存一鹰嘴状钩。素面。残高 2.5、口径 18 厘米（图一二五，7）。

钩系折沿垂腹罐 1 件。标本 I T5B④a:5，泥质灰陶。折沿微仰呈卷折状，沿面微凹，圆唇，唇周边缘有四个鹰嘴状钩，圆弧腹下垂，小平底。通高 30.8、口径 18、最大腹径 28、底径 5.4 厘米（图一二五，8；图版四六，1）。

盘口罐 5 件。依腹部变化器形可分为盘口弧腹罐和盘口斜弧腹罐。

盘口弧腹罐 3 件。弧腹。标本 II T1A④:10，夹砂灰褐陶。宽折沿似盘口，方唇，唇上有一周细凹槽，鼓弧腹，下腹部缓收成平底，小平底微凹。腹部满饰不规整的拍印方格纹。通高 27.4、口径 22、最大腹径 28、底径 7.8 厘米（图一二六，1；彩版九，3）。标本 III T8C④b:2，夹砂灰陶。宽折沿，沿面略凹似盘口，方唇，鼓弧腹，下腹部缓收成小平底。素面。高 22.8、口径 19.4、最大腹径 24.3、底径 6 厘米（图一二六，2；图版四六，2）。标本 III T6A④b:6，夹砂灰陶。仅存口沿和上腹残部。仰折沿，沿面下凹近似盘状，圆唇，束颈，上腹壁微弧。腹表饰竖篮纹。残高 5.8、口径 19.2 厘米（图一二六，3）。

盘口斜弧腹罐 2 件。标本 I T5I④b:112，仅存口沿和上腹残部。泥质红陶。仰折沿，沿面下凹似盘口，方唇，颈略斜束，溜肩，上腹斜弧。腹表饰有竖绳纹。残高 8.4、口径 22.8 厘米（图一二六，4）。标本 I T5I④b:117，夹细砂黑陶。仅存口沿和上腹残部。仰折沿，沿面下凹似浅盘，尖唇。残腹壁斜弧，上腹饰有横篮纹。残高 3.6、口径 25.2 厘米（图一二六，5）。

卷沿小罐 2 件。标本 I T5A④:21，泥质灰陶。底部略残。卷沿微仰，圆唇，颈略束，弧腹，最大腹径在上部，底残。素面。残高 8.8、口径 12 厘米（图一二六，6）。标

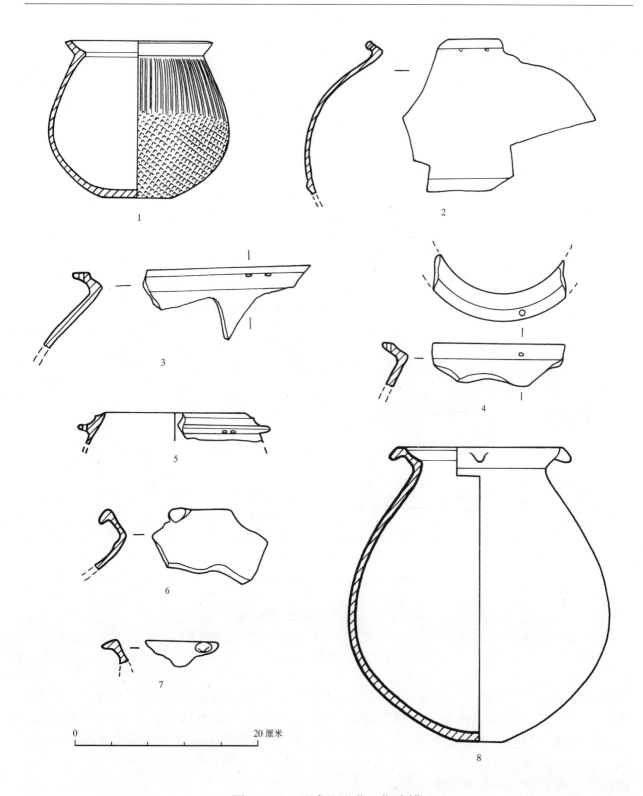

图一二五　石家河文化二期陶罐

1. 仰折沿起棱垂腹罐Ⅱ T4C④:2　2. 穿系仰折沿弧腹罐Ⅰ T5B④a:27　3、4. 穿系仰折沿斜弧腹罐Ⅱ T3A④:4、
Ⅰ T5B④a:23　5. 穿系子母口罐Ⅲ T8B④b:9　6、7. 钩系折沿斜弧腹罐Ⅰ T3B④a:16、Ⅲ T8B④b:32
8. 钩系折沿垂腹罐Ⅰ T5B④a:5

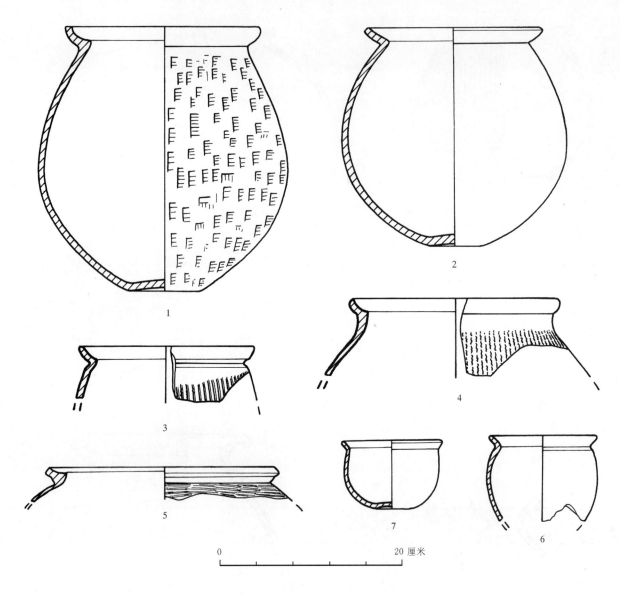

图一二六　石家河文化二期陶罐

1~3. 盘口弧腹罐Ⅱ T1A④:10、Ⅲ T8C④b:2、Ⅲ T6A④b:6　4、5. 盘口斜弧腹罐Ⅰ T5I④b:112、Ⅰ T5I④b:117

6、7. 卷沿小罐Ⅰ T5A④a:21、Ⅲ T1B④:1

本Ⅲ T1B④:1，泥质灰陶。大敞口，小卷沿，圆唇，腹部斜直微弧，圜平底微凹。素面。高 7、口径 11.2、腹径 10.4、底径 4 厘米（图一二六，7；图版四六，3）。

有领罐　25 件。没有能复原的，全为残器。陶质多为夹陶末的粗泥陶。以灰陶为大宗，少量红陶和灰黑陶。手制，口领部位经慢轮加工。选用的标本仅残存领口及领下肩腹残部。有直领、斜领和直领小罐。

直领罐　14 件。依沿、领分为高直领罐、卷沿高直领罐和折沿直领罐。

高直领罐　4 件。直领。标本Ⅲ T5B④:10，夹细砂红陶。口领部分残。高直领，弧肩，长斜弧腹向下收成小平底。腹最大径在上部。肩、腹相交处和下腹部各有一周链式重圆圈附加堆纹，肩部、腹部满饰横向篮纹。残高 38、残口径 12.4、腹最大径 30.8、底径 8.4 厘米（图一二七，1；图版四六，4）。标本Ⅲ T5B④:13，泥质红陶。仅存口领及肩残部。直高领，弧肩，肩以下残。素面。残高 5.2、口径 8.4 厘米（图一二七，2）。标本Ⅰ T5I④a:203，夹细砂灰陶，红胎。下腹与底残。直领稍高，圆弧鼓腹，下腹部以下残。残高 11.5、口径 8.7 厘米（图一二七，3）。标本Ⅰ T1G④a:15，泥质灰陶。仅存口领及肩残部。直领较高，残肩斜壁。素面。残高 4.6、口径 12 厘米（图一二七，4）。

卷沿高直领罐　4 件。领口小卷沿。标本Ⅲ T5B④:14，仅存口领及肩残部。泥质红

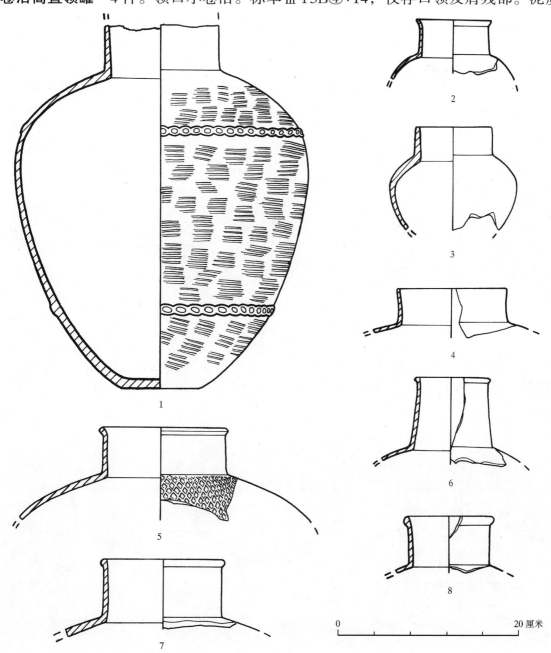

图一二七　石家河文化二期陶罐

1~4.高直领罐Ⅲ T5B④:10、Ⅲ T5B④:13、Ⅰ T5I④a:203、Ⅰ T1G④a:15　5~8.卷沿直领罐Ⅲ T5B④:14、
Ⅰ T1F④a:16、Ⅰ T1F④a:17、Ⅰ T5I④d:122

陶。小卷沿。直领较高，广肩，肩以下残。肩部饰有拍印方格纹。残高10、口径14厘米（图一二七，5）。标本ⅠT1F④a∶16，泥质灰陶。仅存口领及肩残部。直领特高，小卷沿，弧肩，肩以下残。素面。残高9.2、口径8厘米（图一二七，6）。标本ⅠT1F④a∶17，泥质灰陶。仅存口领及肩残部。高直领，小卷沿，广肩。素面。残高7.2、口径13.6厘米（图一二七，7）。标本ⅠT5I④d∶122，夹细砂灰陶，红胎。仅存口领及肩残部。沿微卷，高直领，广肩，肩部以下残。素面。残高6、口径9.6厘米（图一二七，8）。

折沿高直领罐　6件。领口小折沿。标本ⅠT5A④∶2，泥质灰陶。仅存口领及肩残部。直领稍高，仰折沿，肩部以下残。肩部饰有一周不规则凸弦纹。残高7.9、口径13.6厘米（图一二八，1）。标本ⅡT5E④∶3，泥质灰陶。仅存口领及肩残部。直领稍高，小平折沿，尖唇，肩部以下残。肩部饰有方格纹。残高5.8、口径12厘米（图一二

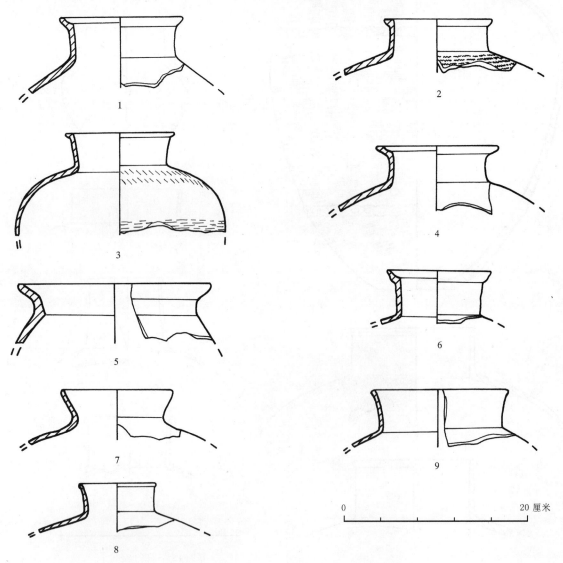

图一二八　石家河文化二期陶罐

1~6.折沿高直领罐ⅠT5A④∶2、ⅡT5E④∶3、ⅢT8B④c∶10、ⅠT5B④a∶12、ⅠT1F④a∶12、ⅠT5I④aH11∶123

7~9.高斜领罐ⅠT1A④a∶2、ⅢT6A④b∶7、ⅠT5I④a∶120

八，2）。标本ⅢT8B④c:10，泥质灰陶。仅存口领至上腹残部。小平折沿，方唇，斜直领，领上粗下渐细，弧肩，弧腹，中腹以下残。肩腹部满饰间断细篮纹。手制。残高10.7、口径12厘米（图一二八，3）。标本ⅠT5B④a:12，泥质灰陶。仅存口领及肩残部。小平折沿，圆唇，直领，斜弧肩。素面。残高6.7、口径13.2厘米（图一二八，4）。标本ⅠT1F④a:12，夹砂红陶。仅存口领及肩残部。仰折沿，尖唇，矮直领，肩以下残。素面。手制。残高6.4、口径21.2厘米（图一二八，5）。标本ⅠT5I④aH11:123，泥质灰陶。仅存口领及肩残部。高直领，仰折沿，肩以下残。素面。残高6.2、口径11.2厘米（图一二八，6）。

高斜领罐　9件。依领口分为高斜弧领罐和卷沿高斜领罐。

高斜弧领罐　3件。斜直领或斜弧领。标本ⅠT1A④a:2，泥质灰黄陶。仅存口领及肩残部。高斜弧领，尖圆唇，肩部以下残。素面。残高5.9、口径12厘米（图一二八，7）。标本ⅢT6A④b:7，泥质灰黄陶。仅存口领及肩残部。斜直领，侈口，肩部以下残。素面。残高5.2、口径8.4厘米（图一二八，8）。标本ⅠT5I④a:120，夹细砂红陶。仅存口领及肩残部。侈口，斜直领，肩部以下残。素面。残高5.6、口径14.8厘米（图一二八，9）。

卷沿高斜领罐　6件。领口小卷沿。标本ⅠT5B④a:7，泥质灰黑陶。仅存口领及肩残部。斜直领，卷沿，残斜肩。残高5.8、口径13.5厘米（图一二九，1）。标本ⅡT5E

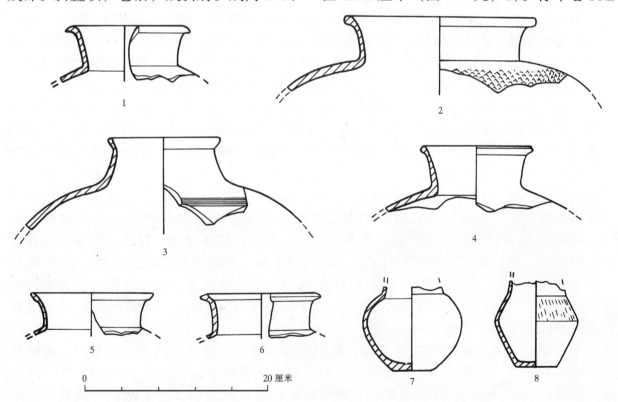

0　　　　　　　　　　　　　20厘米

图一二九　石家河文化二期陶罐

1～6.卷沿高斜领罐ⅠT5B④a:7、ⅡT5E④:15、ⅠT4B④a:22、ⅠT4B④c:23、ⅠT5I④a:121、ⅠT5I④c:124
7.直领弧腹小罐ⅡT3I④:1　8.直领折腹小罐ⅡT1E④:15

④:15，泥质灰陶。仅存口领及肩残部。斜直领稍矮，卷沿，广肩，肩部以下残。肩部饰有方格纹。残高9.2、口径20.8厘米（图一二九，2）。标本ⅠT4B④a:22，泥质红陶。仅存口领及肩残部。斜领，斜弧肩。肩部饰有三周凸弦纹。残高11、口径12厘米（图一二九，3）。标本ⅠT4B④c:23，夹细砂灰陶。仅存口领及肩残部。斜直领，斜弧肩。素面。残高10.5、口径12.4厘米（图一二九，4）。标本ⅠT5I④a:121，泥质灰陶。仅存口领及肩残部。喇叭形口，斜领，肩部以下残。素面。残高4.7、口径12.8厘米（图一二九，5）。标本ⅠT5I④c:124，泥质灰黑陶。仅存口领及肩残部。侈口，斜直领。素面。手制。残高4.8、口径12.8厘米（图一二九，6）。

直领小罐 2件。器小型。口部皆残。依腹部器形分弧腹罐和折腹罐。

直领弧腹小罐 1件。标本ⅡT3I④:1，泥质灰陶。口领大部残。残领。鼓弧腹，腹部最大径在腹中部，平底。素面。手制。残高8.8、腹径10.8、底径4厘米（图一二九，7）。

直领折腹小罐 1件。标本ⅡT1E④:15，泥质灰陶，外部呈褐色。口领部分残。残直领，斜肩，折腹，下腹斜收成平底。上腹饰有粗篮纹。手制，泥条盘筑法。残高8.8、腹径9、底径4.5厘米（图一二九，8）。

⑬ **陶瓮** 9件。多为残器，复原2件。依口领的器形有小口、大口之分，还有穿系子母口和钩系瓮等。

小口瓮 5件。依腹部的不同分为小口弧腹瓮和小口斜腹瓮（或斜弧腹瓮）。

小口弧腹瓮 2件。弧腹。标本ⅠT2A④a:4，夹砂红陶。小直口微敛，平折沿，沿面微凹，尖唇，矮束领，斜弧肩，长弧腹，下腹急斜收成小平底。周身满饰交错篮纹，肩与上腹部相交处、腹中部、上腹与下腹相交处各饰一周带状附加堆纹。通高44、口径21.2、最大腹径37.2、底径12.8厘米（图一三〇，1；图版四六，5）。标本ⅢT6A④a:2，夹砂灰黑陶。底部略残。小侈口，窄沿上仰，沿面下凹似盘口，圆唇，矮束领，斜弧肩，鼓弧腹，下腹急斜收。周身满饰方格纹，肩部、腹中部、下腹部外各饰有一周链式按窝附加堆纹。残高38、口径18、最大腹径39厘米（图一三〇，2；彩版九，4）。

小口斜腹瓮 3件。斜腹或斜弧腹，无肩。标本ⅢT8B④b:8，泥质灰黄陶。仅存口沿及腹残部。小口斜直，斜直腹，腹部以下残。腹部素面，口内壁有三道不规则凹弦纹。残高8.8、口径11厘米（图一三〇，3）。标本ⅠT5I④b:113，泥质红褐陶。仅存口沿及腹残部。小口微敛，圆唇，斜弧腹，腹部以下残。颈部饰有三周凸弦纹。残高8.3、口径9.6厘米（图一三〇，4）。标本ⅠT6B④a:2，泥质橙黄陶。仅存口沿及腹残部。小敛口，圆唇，口缘较厚，斜弧腹，腹部以下残。腹表有一个"×"形刻划符号。残高7.2、口径12.8厘米（图一三〇，5）。

大口瓮 2件。标本ⅢT7J④a:19，夹砂黑陶。仅存口沿及腹残部。大敛口，短仰折沿，沿面斜凹，尖圆唇，斜腹，腹部以下残。腹部饰有竖篮纹。残高4、口径27.6厘米（图一三〇，6）。标本ⅡT1A④:12，夹砂红陶。仅存口沿及腹残部。敞口，矮直领，颈略束，耸肩，斜腹，腹部以下残。素面。残高6.4、口径24厘米（图一三〇，7）。

钩系瓮 1件。标本ⅠT3I④b:50，夹砂橙红陶。仅存口沿及腹残部。敛口，圆唇，斜腹，腹部以下残。口沿上有一鹰嘴状钩。腹部饰有斜粗篮纹。残高5.2、口径21厘米（图一三一，1）。

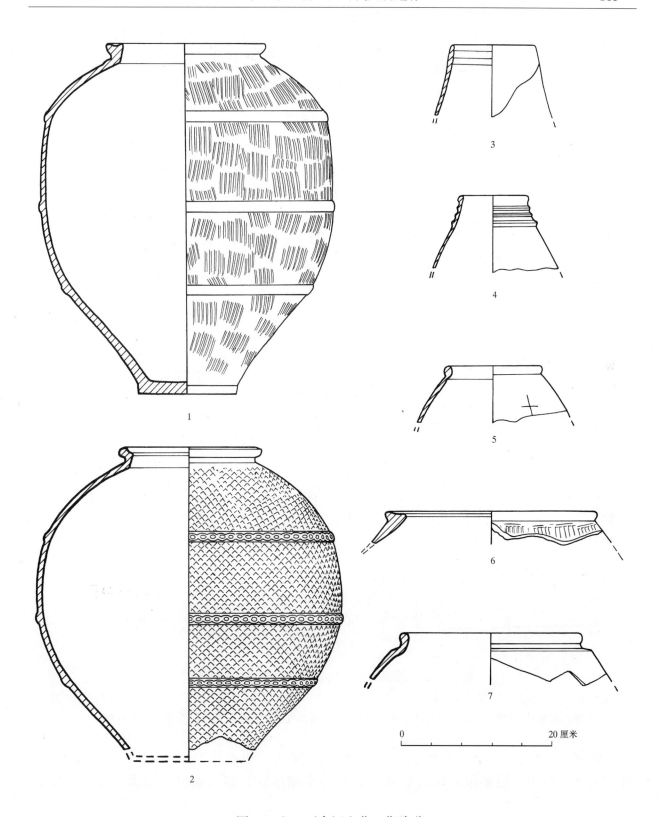

图一三〇 石家河文化二期陶瓮

1、2. 小口弧腹瓮Ⅰ T2A④a:4、Ⅲ T6A④a:2 3～5. 小口斜腹瓮Ⅲ T8B④b:8、Ⅰ T5I④b:113、Ⅰ T6B④a:2

6、7. 大口瓮Ⅲ T7J④a:19、Ⅱ T1A④:12

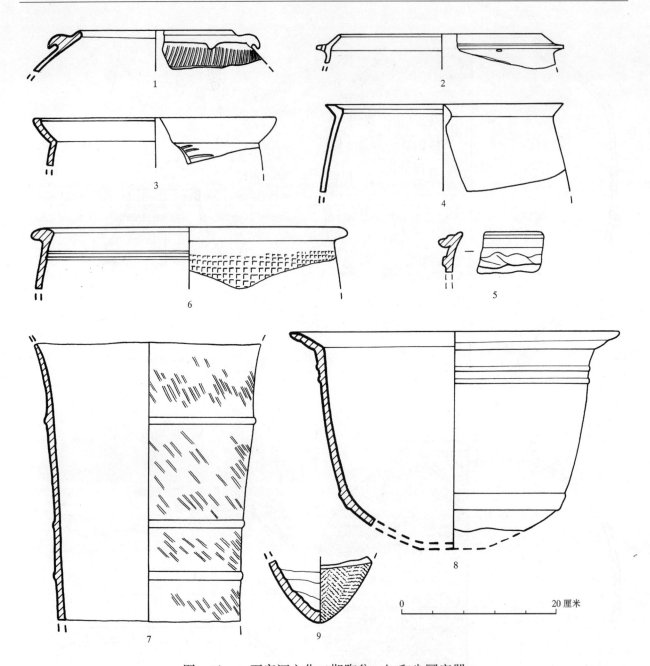

图一三一 石家河文化二期陶瓮、缸和尖圜底器

1. 钩系瓮ⅠT3I④b:50 2. 穿系瓮ⅠT5I④d:118 3~5. 筒形斜腹缸ⅠT7B④b:2、ⅠT5B④c:6、ⅢT8B④a:28 6、7. 筒形斜直腹缸ⅠT5I④d:119、ⅠT1F④dH15:58 8. 盆形折腹缸ⅣT2A④a:1 9. 尖圜底器ⅠT4B④c:32

　　穿系瓮 1件。标本ⅠT5I④d:118，泥质灰黑陶。仅存口沿及腹残部。子母口，方唇，敛口，斜腹，腹部以下残。子母口上有一小圆形穿。器表磨光。残高3.2、口径26厘米（图一三一，2）。

　　⑭ **陶缸** 6件。有筒形缸、盆形缸两类，仅修复一件，多为残器。

　　筒形缸 5件。皆为残器，依腹部的状况分为筒形斜腹缸、筒形斜直腹缸两种。

　　筒形斜腹缸 3件。标本ⅠT7B④b:2，夹砂灰陶。仅存口沿与腹残部。大侈口，宽仰折沿，沿面下凹，方唇，残斜腹微弧。腹部饰有粗横篮纹。残高 5.2、口径 32 厘米（图一三一，3）。标本 I T5B④c:6，泥质灰黑陶。仅存口沿与上腹部。大敛口，仰折沿，尖唇，斜沿面上有两周浅凹槽，斜腹微弧，中腹以下残。素面。残高 10.4、口径 30.8 厘米（图一三一，4）。标本 III T8B④a:28，夹砂红陶。仅存口沿与腹残部。厚胎，斜折沿，沿面有一周凸棱，圆唇，敛口，腹直弧。上腹部饰有铰绳状附加堆纹。手制，泥条盘筑法。残高 4、口径 38 厘米（图一三一，5）。

筒形斜直腹缸　2件。标本 I T5I④d:119，夹砂灰黑陶。仅存口沿与腹残部。大敛口，卷折沿，圆唇，斜直腹以下残。上腹内壁饰有两周凹弦纹，腹表满饰拍印方格纹。残高 7.4、口径 40.4 厘米（图一三一，6）。标本 I T1F④dH15:58，夹砂灰陶。口部与底部残。仅存腹中部。斜直腹上粗下渐细。腹部残存三周凸弦纹，其间满饰斜篮纹。残高 34.4、残口径 29 厘米（图一三一，7）。

盆形折腹缸　1件。标本 IV T2A④a:1，底部略残。夹砂红陶。宽仰折沿，尖圆唇，上腹部斜直，下腹近底折收，底部残。上腹部饰有两周凸弦纹，下腹部饰有一周宽带状附加堆纹。手制。残高 24.4、口径 42.8 厘米（图一三一，8；图版四六，6）。

⑮ **陶尖圆底器**　1件。标本 I T4B④c:32，夹砂红陶。仅存下腹部与底部。下腹部斜直下收成尖底。下腹部至底部满饰斜篮纹。手制。腹内有泥条盘筑痕。残高 7.2、胎厚 0.9～1.6 厘米（图一三一，9）。

（2）加工器具

加工工具均为残器，仅有三件陶器能修复和复原。全为夹细砂陶。手制。有擂磨盆和澄滤器等。

① **陶擂磨盆**　8件。依口沿的器形，分为侈口折腹擂磨盆和平折沿斜弧腹擂磨盆。

侈口折腹擂磨盆　1件。标本 I T1F④a:13，夹砂灰陶。仅存口沿及腹残部。侈口，圆唇，折弧腹，中腹以下残。盆内壁有交错方格形刻槽。腹部饰有两周凸弦纹。残高 6.8、口径 20.4 厘米（图一三二，1）。

平折沿斜弧腹擂磨盆　7件。斜弧腹。标本 I T1G④a:10，夹砂红陶。仅存口沿及腹残部。大敛口，平折沿，圆唇，颈微束，弧腹以下残。盆内壁有竖道刻槽。腹部饰有斜细篮纹。残高 5.5、口径 32 厘米（图一三二，2）。标本 I T5I④a:85，夹砂黑陶。仅存口沿及腹残部。侈口，宽平折沿，沿面上有四周浅凹槽，尖圆唇，斜腹微弧，中腹部以下残。盆内壁有斜向刻槽。素面。残高 10、口径 46 厘米（图一三二，3）。标本 I T5I④c:135，夹砂灰黑陶。仅存口沿及腹残部。口微敛，宽平折沿，尖圆唇，斜弧腹以下残。盆内壁有竖道刻槽。腹部饰有网格纹。残高 10.7、口径 32.5 厘米（图一三二，4）。标本 I T5I④c:136，夹砂红褐陶。仅存口沿及腹残部。口微敛，短平折沿，圆唇，弧腹以下残。盆内壁有斜向刻槽。素面。残高 5.3、口径 36.8 厘米（图一三二，5）。标本 I T5I④a:138，夹砂灰陶。仅存口沿及腹残部。敞口，宽平折沿，方唇，斜弧腹以下残。盆内壁满施竖道刻槽。口内饰有一周凹弦纹。素面。残高 10.4、口径 34.8 厘米（图一三二，6）。标本 I T5I④c:139，夹砂灰黑陶。仅存口沿及极少的腹残部。圆唇，敛口，平折沿，沿面有六周浅凹弦纹，弧腹以下残。盆内壁满施竖道刻槽。沿外侧下有按窝，腹部饰有斜篮纹。残高 2.8、口径 30.4 厘米（图一三二，7）。标本 IV T3A④:1，夹砂灰

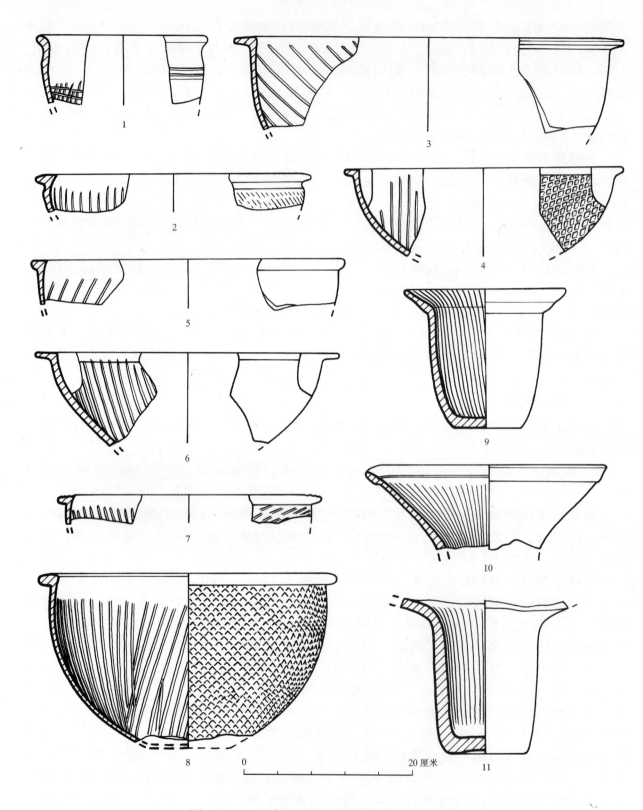

图一三二　石家河文化二期陶擂磨盆和澄滤器

1.侈口折腹擂磨盆ⅠT1F④a:13　2~8.平折沿斜弧腹擂磨盆ⅠT1G④a:10、ⅠT5I④a:85、ⅠT5I④c:135、ⅠT5I④c:136、

ⅠT5I④a:138、ⅠT5I④c:139、ⅣT3A④a:1　9~11.漏斗形澄滤器ⅠT5I④d:101、ⅡT3C④:19、ⅡT1E④:25

黄陶。敛口，平折沿，圆唇，斜弧腹，底部残。盆内壁满布竖道刻槽。腹部饰有拍印方格纹。残高 28.8、口径 34.4 厘米（图一三二，8；图版四七，1）。

②**陶漏斗形澄滤器**　3 件。器上部为喇叭形，下部筒腹。标本ⅠT5I④d：101，夹砂红陶。器呈漏斗状，喇叭形口，筒形直弧腹，平底。器内壁从口至底部均为竖向刻槽。素面。通高 16、口径 18.4、底径 7.6 厘米（图一三二，9；图版四七，2）。标本ⅡT3C④：19，夹砂黑陶。喇叭形口以下残，仅存口部。方唇，宽带状厚口缘，筒腹残。口内壁满布竖道刻槽。素面。残高 9.4、口径 27.6 厘米（图一三二，10）。标本ⅡT1E④：25，夹砂红陶。喇叭形口残，直筒形腹下收成凹平底。器内壁满布竖道刻槽。素面。残高 17.2、底径 9.2 厘米（图一三二，11）。

（3）附　件

附件陶质有泥质和夹砂陶两种，手制。主要有器座和器盖等器类。

①**陶器座**　2 件。座身均为斜直壁。标本ⅠT8B④a：1，夹粗砂灰陶。斜直筒形，上细下渐粗。侈口，卷沿，圆唇，足外伸呈平座。上端饰有两周平行凸弦纹，两周凸弦纹之间有一周链式按窝附加堆纹。座身中部以一周宽带状附加堆纹分成上下两个部分，上下饰有同样的八组镂孔，即以一个圆形镂孔为中心，两个三角形镂孔对称排列为一组。八组镂孔以三道卷云形纹饰连接。下端如同上端一样饰有两周平行凸弦纹，其间夹有两周平行链式按窝纹。手制，口部经过轮修。通高 25、口径 22.4、底径 29.6 厘米（图一三三，1；彩版一〇）。标本ⅠT3A④：5，夹砂灰陶。斜直筒形，上细下渐粗。侈口，卷沿，圆唇，足外伸呈平座。口沿下饰有一周凹弦纹。座身满饰不规则弧线和斜线交错划纹。手制，经过轮修。通高 24.8、口径 26、底径 28.8 厘米（图一三三，2；图版四七，3）。

②**陶器盖**　5 件。依盖面器形分为圈纽弧面器盖和喇叭形钮斜面器盖。

圈纽弧面器盖　4 件。形如覆碗状。标本ⅢT2B④：2，泥质灰陶。矮圈纽，覆碗形弧面盖。素面。通高 6.8、圈纽径 5.6、底径 16 厘米（图一三三，3；图版四七，4）。标本ⅠT4I④a：16，夹砂灰陶。圈纽，盖为弧面，底敞口，厚口缘。素面。通高 5.7、圈纽径 5.2、底径 14 厘米（图一三三，4；图版四七，5）。标本ⅠT5I④c：104，泥质灰陶。厚胎。圈纽，弧面盖，底敞口，方唇上有一周凹槽。素面。通高 3.6、圈纽径 4.4、底径 8.8 厘米（图一三三，5；图版四七，6）。标本ⅢT3A④a：1，夹砂灰陶。矮圈纽，斜面盖，底直口。素面。通高 4.6、圈纽径 4.8、底径 12.4 厘米（图一三三，6；图版四八，1）。

喇叭形纽斜面器盖　1 件。标本ⅠT4B④c：3，泥质灰陶。喇叭形高圈纽，斜平盖面出平沿。盖面中腹饰有一周凸弦纹。通高 6.8、圈纽径 6.6、底径 22.4 厘米（图一三三，7；彩版一一，1）。

③**刻划符号陶片**　1 件。标本ⅡT3C④：13，泥质灰褐陶。似为盆的残腹上。腹内壁有两个对称的横"山"字象形符号的刻划纹。系烧好后刻划在器物上的。残长 9.5、残宽 4.7、厚 0.6 厘米（图一三四，1、2；彩版一一，2）。

3．其　它

选用标本 6 件。有骨、陶、石制品等，其中石环和石璧琢磨较精致。

①**骨笄**　2 件。标本ⅢT8C④b：28，骨质呈褐色。器身平面呈细长条椭圆锥状，笄

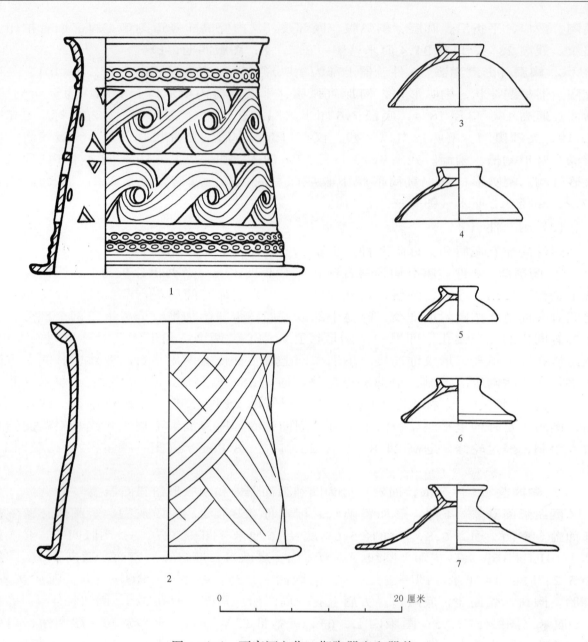

图一三三　石家河文化二期陶器座和器盖
1、2.器座ⅠT8B④a:1、ⅠT3A④:5　3~6.圈纽弧面器盖ⅢT2B④:2、ⅠT4I④a:16、ⅠT5I④c:104、ⅢT3A④a:1
7.喇叭形纽斜面器盖ⅠT4B④c:3

柄部较笄身细，大部残。笄尖端残。通体磨光。残长6.7、直径0.5厘米。重2克（图
一三五，1；图版四八，2）。标本ⅡT3I④:4，骨质呈灰白色。笄大部残。器身平面呈细
圆柱状，通体磨光。残长5.5、直径0.6厘米。重3克（图一三五，2；图版四八，3）。

　　② **陶环**　1件。标本ⅠT2A④a:3，泥质褐陶。残存一段。残长6.4厘米。环肉径大
于好径，环肉径8、好径7厘米。肉横截面呈圆形，宽0.9、厚1厘米。重9克（图一三
五，3；图版四八，4）。

　　③ **石环**　2件。标本ⅢT1B④:6，泥质岩，灰色，通体磨光。环的残段，肉小于好。

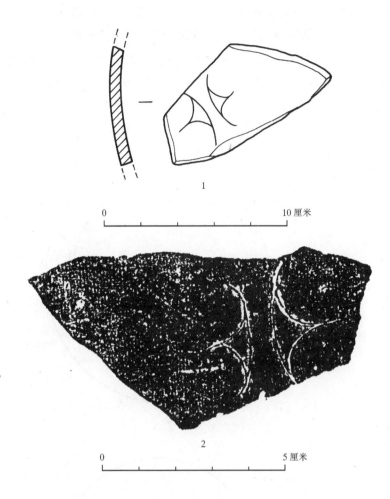

残存一小段。残长 7.1 厘米，环肉径大于好径，好径 5.3、环肉径 6.8 厘米，肉横截面为长方圆角状，厚 0.5、宽 0.8 厘米。重 10 克（图一三五，4；图版四八，5）。标本Ⅲ T1B④:3，泥质岩，灰色，通体磨光。环的残段。残存一小段，残长 3.3 厘米。环肉径大于好径，肉径 6、好径 5.2 厘米。肉横截面为长椭圆形，厚 1、宽 0.5 厘米。重 7 克（图一三五，5；图版四八，6）。

④ **石璧**　1 件。标本Ⅰ T1F④a:18，泥质岩，灰色，通体磨制。平面呈圆形，横剖面呈枣核形，中孔两面钻，孔径两面外径大于中部。直径 5.2、厚 1.3、孔径 1.4～2 厘米。重 47 克（图一三五，6；彩版一一，3）。

（四）小　结

石家河文化的文化遗物，一期前段出土不多，以二期出土的遗物丰富。

图一三四　石家河文化二期刻划符号陶片
1.Ⅱ T3C④:13　2.Ⅱ T3C④:13 拓本

生产工具中，一、二期始终以石斧和石刀类数量最多。一期前段出土生产工具石器种类和数量较少，仅有斧、锛、刀、有孔石刀、镞和凿等。一期后段增加了锛、锄、石钻、骨刀和骨镞。二期生产工具数量大增，此期生产工具中的有孔石刀发现 8 件，锛和渔猎工具的石镞、石网坠数量也较前增多，器类出现了石铲等。一期的石镞、骨镞有 12 件，镞的形状皆为扁平树叶形，无铤，制作原始；二期出现了少量比无铤镞先进的有铤石镞。纺轮从一期前段至二期始终很多，但器形大小略有变化。手工工具中的凿和工艺小刀一期前、后段都不太多，仅 3～4 件，二期数量增加到 21 件。综观石器的质地，一至二期的石器选料有其倾向性，始终以硬度适合便于制造的沉积岩中的泥质岩为主，并以灰色和黑色为多。其中一期前段石器皆为沉积岩中的泥质岩，一期后段石器质地中，新出现用变质岩中的石英云母片岩加工成的一件砺石。二期新出现选用火成岩中的辉绿岩磨制的一件石斧。各种石生产工具的石材用料，应多采自遗址西边七里河和遗址北边的马栏河河滩上，尤以马栏河中的石料较多。

生活用器中的鼎、杯、豆、盆和罐一直占多数。一期至二期炊具中都有鼎、甑、釜（一期后段出现的釜）。鼎足数量始终很多。二期鼎、甑数量大增，但各期能复原的鼎、甑却极少或没有，多为残存的鼎足和甑底。在饮食器皿中，杯与钵较多，一期的杯数量突出的多，一期后段出现了有流杯、单耳杯等多种器形。二期的杯亦略有增加。碗始终很少，钵多于碗，二期钵类器皿大增，由一期前、后段两期各5件，猛增到20件，并出现有流钵。盛储器中的罐一直很多。一期前段盆的数量较少，一期后段与二期的盆器形和数量都相应增加。瓮、缸类大型器二期有所增加。加工器具一期前段仅有擂磨盆，一期后段出现澄滤器，二期擂磨盆和澄滤器数量都相应增多。刻划符号出现于二期，发现

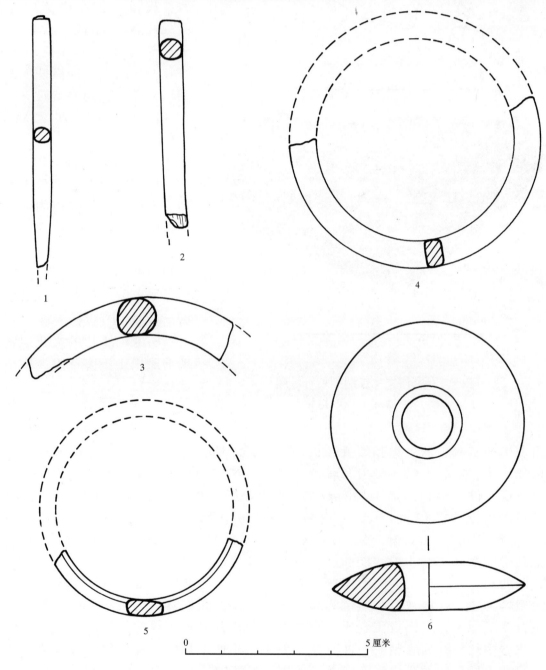

图一三五　石家河文化二期骨笄、陶环、石环和璧

1、2. 骨笄Ⅲ T8C④b:28、Ⅱ T3I④:4　3. 陶环I T2A④a:3　4、5. 石环Ⅲ T1B④:6、Ⅲ T1B④:3　6. 石璧I T1F④a:18

三例，分别刻在豆圈足、瓮腹表和盆内。

装饰用品骨笄、陶环出现于一期前段，一期后段新出现小玉管，二期除骨笄、陶环、石环外还出现了石璧。一期后段有陶鸟。

从七里河遗址石家河文化的出土遗物可以看出，一期前段承袭有较多的屈家岭文化因素，一期后段石家河文化因素逐渐增多，二期则显示了石家河文化自身的特色。

第二节　三房湾文化遗存

三房湾文化堆积不厚，且局部被周代文化遗迹及汉墓所扰。文化遗存不甚至丰富，遗迹仅发现灰坑和墓葬（表一、表二）。

一、文化遗迹

三房湾文化遗迹发现极少，仅发现灰坑一座（H13，图七）。

（一）灰　坑

H13　位于Ⅰ T1G 探方东部，开口于第③层下④a 层上，灰坑底部打破并叠压在 H14 和⑤层上。坑口西边被 M38 打破。坑口平面为圆形，口径 1.10、坑深 1.05、底部最大直径为 1.30 米。灰坑口小底大呈袋状圜底，坑内堆积黑灰烬土（图一三六）。出土物主要是陶片，以黑陶为主，灰陶次之，少量黄陶和红陶。纹饰以篮纹为主，少量方格纹、划纹、网格纹、凸弦纹、凹弦纹、镂孔和磨光陶。可辨器形有瓮、折沿罐和鼎。还出土有动物头骨（表一五）。

表一五			三房湾文化灰坑登记表				单位：米
编号	所在探方	开口层位	平面形状	直径（长、宽）	坑深	出土遗物	备注
H13	Ⅰ T1G	④a	圆形	1.10	1.05	鼎、罐、瓮	坑壁呈袋状

说明："出土遗物"栏中，器物名后有数字的，是已复原的陶器，无数字的是器形陶片标本。

（二）墓　葬

三房湾文化墓葬发现 6 座（M2、M7、M8、M26、M27、M31）。零星分布在发掘区Ⅰ、Ⅱ、Ⅲ象限内（图四一）。

六座墓葬皆为土坑竖穴墓，除 M31 遭严重破坏而形制不明外，其余五座墓平面为长方形和不规则长方形。其中长方形土坑竖穴墓 1 座（M7），不规则长方形土坑竖穴墓 4 座（M2、M8、M26、M27）。墓坑多为东西向，死者头向多为 270°，仅一座为南北向墓，死者头向 180°。墓坑一般长 1.80 米左右，宽 0.84～0.46 米，均无葬具。墓坑均较浅，一般深为 0.15～0.20 米（表一六）。

1.单人一次葬墓

单人一次葬墓 3 座（M2、M7、M8）。惟 M8 是一座带腰坑墓。

M2 位于ⅡT1E 北部，开口在③层下④层上，打破⑤层，墓底至⑥层上。墓口距地表深 1.06 米，墓坑保存较好，平面呈不规则长方形，为东西向竖穴土坑墓，长 1.12、宽 0.32～0.51、墓口至墓底深 0.12 米。墓内填灰黄色土。四壁较直，底部平整。墓内为一小孩骨架，保存不甚好，葬式为二次葬，年龄 7～8 岁，身高、性别不明。头朝正西，方向 270°。未发现葬具和随葬物（图一三七）。

M7 位于ⅡT4C 东北部，开口在③层下④层上，打破⑤层，墓底至⑥层上。因农民挖腐肥被推土机推出，墓坑西面及墓底的人头骨被严重破坏。墓口平面似长方形，为东西向土坑竖穴墓。墓坑东西残长 1.35、宽 0.53～0.66、深 0.20 米。墓壁较直，墓底平坦。为单人一次葬墓。人骨架保存不好，头骨颈椎等骨骼破坏无存，为一成年女性个体，身高 1.65 米，年龄不明。头朝正西，方向为 270°。葬式为仰身直肢葬。墓内有随葬器物 3 件：死者的右手侧有一件石斧；两股骨之间放置有一件陶钵和一件陶罐，钵底部凿有一个不规则形小圆孔，钵底扣放在陶罐上（图一三八）。

M8 位于ⅡT6E，开口在第③层下④层上，打破④层，墓底腰坑至⑥层下。平面呈不规则长方形，为南北向土坑竖穴墓。墓口长 1.82～1.86、宽 0.41～0.84、墓口至墓底深 0.08～0.15 米。墓壁较直，墓底平坦。墓内为一成年女性个体，单人一次葬墓，人骨架保存较好，年龄约 36～40 岁，身高 1.58 米。头朝南，面向北。方向为 180°。葬式为仰身直肢葬。死者腰部骨架下有一腰坑，平面为不规则圆形，直径 0.54 米左右，深约 0.23 米，坑壁呈弧状，底部平坦。墓内有随葬物 6 件：在人骨架左肱骨外侧放置有一猪上颌骨，右肱骨外侧放置有一猪下颌骨；右手手指边放置有一件石斧。腰坑里放有三件陶器，即两件陶罐之间放置一件陶钵，钵底部凿有一个不规则圆孔（图一三九）。

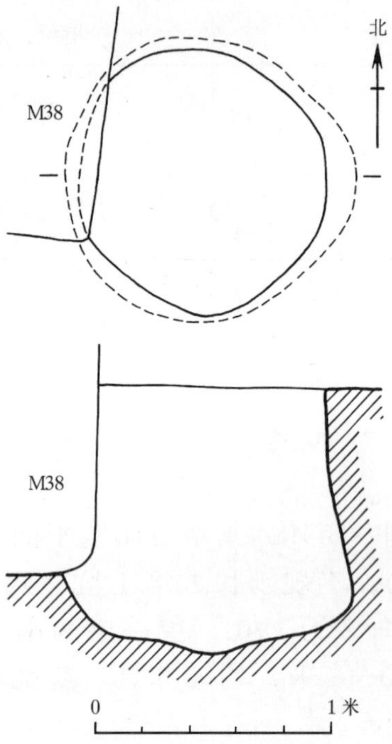

2.单人二次葬墓

单人二次葬墓 3 座（M26、M27、M31）。

M26 位于ⅢT6A 探方的东南部，开口在③层下④a 层上，打破④a 层，墓底至⑤层。墓口距地表 1.35 米。平面呈不规则长方形，墓口长 1.7、宽 0.46 米；墓底长 1.65、宽 0.32～0.39、墓口至墓底深 0.15 米。为东西向土坑竖穴墓，墓壁斜直，墓底平坦。为单人二次迁葬墓。人骨架保存不好，头骨破碎，死者的性别、年龄、身高均不明。头朝正西，方向为 270°。葬式为仰身直肢。没有随葬物（图一四○）。

M27 位于ⅡT5A、ⅡT6A 内，墓开口于第③层下④a 层上，分别打破④a 层、④c 层，墓底叠压在⑥层上。墓口距地表深 1.35 米。平面呈不规则长方形，墓口长 1.35、宽 0.47～0.59、墓口至墓底深 0.15 米。为东西向土坑竖穴墓，墓壁较直，

图一三六 三房湾文化 H13 平、剖面图

墓底平坦。墓内填灰褐黑土。为单人二次迁葬墓。人骨架保存不好，骨架摆放杂乱，死者的性别、年龄、身高均不明。头向西，方向为 270°。葬式不明。墓内没有随葬物（图一四一）。

M31　　位于ⅠT5B、ⅠT6B北部，墓坑被晚期遗迹扰乱严重。残墓底打破并叠压在 M33 上。残墓底距地表深 1.1 米。墓坑平面形制、深度不明。人骨架保存情况很差，仅存几段肢骨，似为二次葬。死者的性别、年龄、身高、葬式、头向等情况无法得知。墓内没有随葬物。

（三）小　结

遗址中发现的三房湾文化墓葬较少，发现的六座墓中，仅 M7、M8 两座墓里有随葬物，两墓的随葬器物均为石斧、陶罐和陶钵。M8 是一座带腰坑墓，与随葬器物的同时还殉有一副猪的上下颌骨。成年人和小孩皆为土坑墓。土坑墓一般较浅，均未发现葬具。葬俗仍流行二次葬。死者的头向，除一座因骨架腐朽不明外，有四座仍是本遗址内原有的石家河文化葬俗，头朝西、面向东，仅有带腰坑的 M8，头朝南而面向北。

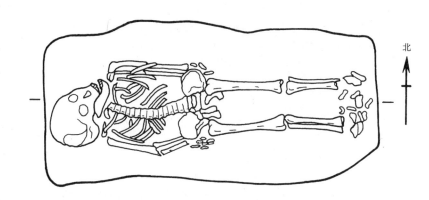
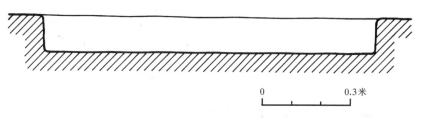

图一三七　三房湾文化 M2 平、剖面图

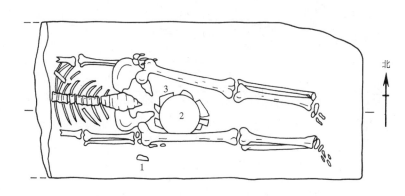
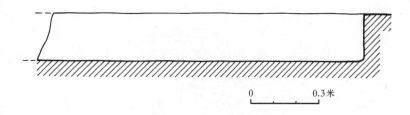

图一三八　三房湾文化 M7 平、剖面图
1. 石斧　2. 陶钵　3. 陶罐

三房湾文化发现的墓葬虽仅有六座，但也反映出一些问题：1. 六座墓中仅两座有随葬品，多数死者墓中空无一物，这一现象当是社会贫富不均的反映。2. 两座成年女性墓（M7、M8），其随葬器物的组合，皆为日常用器的罐、钵、斧，石斧都执于死者的右手。

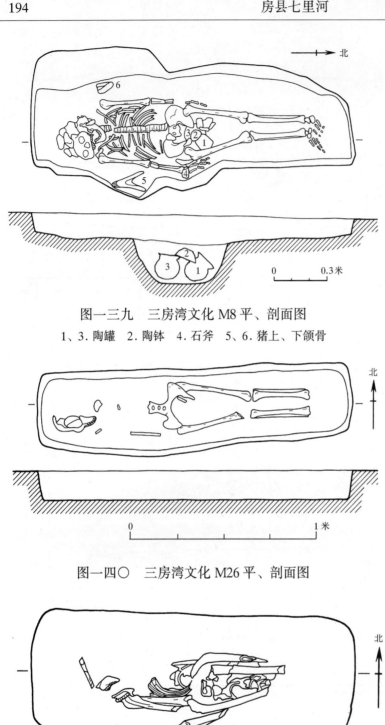

图一三九　三房湾文化 M8 平、剖面图

1、3. 陶罐　2. 陶钵　4. 石斧　5、6. 猪上、下颌骨

图一四〇　三房湾文化 M26 平、剖面图

图一四一　三房湾文化 M27 平、剖面图

置于罐口用作盖的陶钵，底部均凿有一个圆孔，以表示它已成为冥冥世界的冥器，反映出两者在埋葬上同一葬俗。值得思考的是：第一，两座有着同样葬俗、同一性别的墓为何一个有腰坑，一个没腰坑？第二，六座墓的头向，除一座因骨架腐朽情况不明外，余五座的死者中有四座是头朝西面向东，为什么仅 M8 有腰坑墓的死者是头朝南面向北？且多殉葬了一副猪的上、下颌骨。此现象在汉水中上游北岸的郧县青龙泉遗址内，在屈家岭文化晚期的六座土坑中有一座 M45 是带腰坑的墓；青龙泉遗址的第三期石家河文化（有称青龙泉三期）中的十七座土坑墓中，也有一座 M11 为带腰坑的墓[①]。房县七里河遗址位于汉水中上游的南岸，与北岸的郧县青龙泉遗址隔汉水遥遥相望，晚于石家河文化的三房湾文化中带腰坑的 M8，是唯一的一个头朝南面向北的女墓主，她死后还眺望着北方，是否她原本来自北方。果如此，死者有可能与青龙泉三期 M11 的墓主有着家族关系，青龙泉三期 M11 的随葬品也是陶罐和钵（该报告名为红顶碗的器形实际上是平底的红顶钵），钵底凿有一个圆孔，两者的葬俗竟是如此的近同，只是青龙泉石家河文化

―――――――
① 中国社会科学院考古研究所：《青龙泉与大寺》，科学出版社，1991 年

表一六　　　　　　　　　　　　　　　　三房湾文化墓葬登记表

墓　号	所在探方	层位关系		形状结构	墓口尺寸长×宽—深（米）	墓底尺寸长×宽（米）	头　向	葬式	性别	年龄	随葬器物	备　注
		开口	下									
M2	ⅡT1E	④	⑥	不规则长方形	1.12×0.51 −0.12		270°	仰身直肢二次葬	？	7～8	无	单人二次葬
M7	ⅡT4C	④	⑥	长方形	残1.35 ×0.66 −0.20		270°	仰身直肢一次葬	女	成年人	陶罐1、陶钵1、石斧1	单人一次葬
M8	ⅡT6E	④	⑥	不规则长方形	1.86×0.84 −0.15		180°	仰身直肢一次葬	女	36～40	猪上、下颌骨各1、陶罐2、陶钵1、石斧1	有腰坑
M26	ⅢT6A	④a	⑤	不规则长方形	1.70×0.46 −0.15	1.65 ×0.39	270°	仰身直肢二次葬			无	单人二次葬
M27	ⅡT5A	④a	⑤	不规则长方形	1.35×0.59 −0.15		270°				无	单人二次葬
M31	ⅠT5B	不明	M33	不明							无	

说明：1. 一个墓葬跨两个以上探方的，只登记其中一个。2.“随葬器物”栏内，阿拉伯数字表示数量。

M11 同时殉有十四副猪颌骨。七里河三房湾文化 M8 多一件石斧（可能是入乡随俗）。若这种分析符合客观实际的话，那么，七里河三房湾文化一座头朝西、面向东的 M7 的墓主人，没带腰坑，随葬品中也没殉葬猪颌骨也就能理解了。

二、文化遗物

三房湾文化堆积不厚，文化遗存仅只一期。出土遗物中复原了部分陶器，提出了一些器形标本，加上一定数量的石器，共选用器物标本 200 件，按用途分为生产工具、生活用具和其它等类。

生活用器器类与石家河文化相比没有增减。制陶技术亦未有提高，仍为手制加慢轮修整。

（一）生产工具和生活用具

按质地有石器和陶器，仍以石制品为主，少量陶制品。

1．生产工具

按用途可分为砍伐、农业、渔猎等生产工具、手工艺工具、加工工具和纺织工具等四类。共选用石质生产工具标本76件，（另有一件石饰品。）陶质生产工具标本14件，大多保存完整。

石制品皆为磨光石器。石器质地种类较多，以沉积岩类为主，次为变质岩和火成岩类。沉积岩中以泥质岩为主，其中以灰色为多，次为黑色，极少棕色。泥质岩石器63件，占整个石器的82.9%；绿色石英砂岩、灰色粉砂质泥岩和棕色砂岩石器各1件，各占整个石器的1.3%。变质岩系列石器1件，占1.3%。此外，变质岩中的灰、黑色石英岩石器4件，占5.4%；黑色斜长角闪岩石器2件，占2.6%。火成岩中的黑色闪长玢岩石器3件，占3.9%；黑色闪长岩石器1件，占1.3%。现按用途分述如下：

（1）砍伐、农业和渔猎工具

器类有石斧、石锛、石锄、石铲、石刀、有孔石刀、石箭镞和网坠等。全为石制品。

① 石斧 22件。出土的斧数量较多。斧平面器形有梯形、长方形、方形和长条形等。

梯形斧 6件。按石斧刃缘平面可分梯形直刃斧（或梯形直刃微弧斧）和梯形弧刃斧。

梯形直刃斧 3件。直刃或直刃微弧。标本ⅠT3I③a:78，泥质岩，灰色。平面略呈梯形。柄部平视凸弧，刃缘弦长与柄部弦长平行。两面刃，刃缘平视为直刃，侧视呈直刃。全长6.7、宽6.7、厚1.7厘米。柄部弧长3.8、刃缘弧长6.6厘米。重109克。刃角53°（图一四二，1；图版四九，1）。标本ⅢT2B③a:1，石英岩，灰色。平面略呈梯形。柄部平视凸弧，刃缘弦长与柄部弦长基本平行。两面刃，刃缘平视为直刃微弧，侧视呈直刃。全长10.1、宽5.7、厚2.7厘米。柄部弧长4.6、刃缘弧长5.7厘米。重299克。刃角70°（图一四二，2；图四九，2）。标本ⅠT3I③a:67，泥质岩，灰色。平面近梯形，柄部平视凸弧，刃缘弦长与柄部弦长基本平行。两面刃，刃缘平视为直刃微弧，侧视呈直刃。全长6.3、宽3.6、厚2.6厘米。柄部弧长3、刃缘弧长3.5厘米。重104克。刃角76°（图一四二，3）。

梯形弧刃斧 3件。弧刃。标本ⅡT5A③:1，闪长玢岩，黑色。通体有敲琢的痕迹。平面呈梯形。柄部平视凸弧。刃缘弦长与柄部弦长平行。两面刃，刃缘平视为弧刃，侧视呈直刃。全长7.3、宽4.8、厚3.2厘米。柄部弧长3、刃缘弧长5厘米。重183克。刃角52°（图一四二，4；图版四九，3）。标本ⅢT2B③a:5，石英砂岩，绿色。平面呈梯形。柄部平视呈凸弧，有敲琢使用的痕迹，刃一角缺失。刃缘弦长与柄部弦长平行。两面刃，刃缘平视为弧刃，侧视呈直刃。全长8.6、宽5.2、厚2.6厘米。柄部弧长3.8、刃缘弧长5.8厘米。重204克。刃角36°（图一四二，5）。标本M7:3，泥质岩，黑色。平面呈梯形，柄部平视呈弧状，刃缘弦长与柄部弦长平行。两面刃，刃缘平视为弧刃，侧视呈直刃。全长7、宽4.4、厚1.6厘米。柄部弧长2.5、刃缘弧长4.5厘米。重82克。刃角54°（图一四二，6）。

长方形斧 12件。按石斧刃缘平视可分长方形直刃斧（或直刃微弧斧）、长方形弧刃斧和长方形圆弧刃斧。

长方形直刃斧 6件。直刃或直刃微弧。标本ⅣT5A③:3，石英岩，灰色。有敲琢的痕迹。平面近长方形。柄部平视凸弧。刃缘弦长与柄部弦长平行。两面刃，刃缘平视

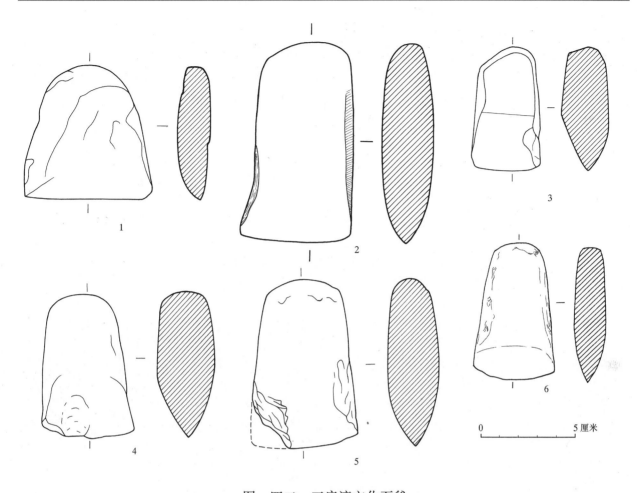

图一四二　三房湾文化石斧

1~3.梯形直刃斧ⅠT3I③a:78、ⅢT2B③a:1、ⅠT3I③a:67　　4~6.梯形弧刃斧ⅡT5A③:1、ⅢT2B③a:5、M7:3

为直刃，侧视呈直刃。全长 8.2、宽 5、厚 2.4 厘米。柄部弧长 3.8、刃缘弧长 5 厘米。重 198 克。刃角 68°（图一四三，1）。标本ⅠT1F③a:37，石英岩，黑色。平面略呈长方形。柄部上有敲砸的痕迹，平视凸弧，刃缘弦长与柄部弦长平行。两面刃，刃缘平视为直刃，侧视呈直刃。全长 8、宽 3.4、厚 3 厘米。柄部弧长 3、刃缘弧长 3.4 厘米。重 164 克。刃角 66°（图一四三，2；图版四九，4）。标本ⅣT1A③:3，泥质岩，灰色。柄部断失。平面呈长方形，两面刃，刃缘平视为直刃微弧，侧视呈直刃。残长 5.2、宽 3.5、厚 2、刃缘弧长 3.4 厘米。重 71 克。刃角 71°（图一四三，3；图版四九，5）。标本ⅠT3I③a:66，泥质岩，黑色。平视近长方形，柄部平视凸弧，有敲琢痕迹。刃缘弦长与柄部弦长平行。两面刃，刃缘平视为直刃微弧，侧视呈直刃。全长 7.2、宽 3.8、厚 3 厘米。柄部弧长 2.7、刃缘弧长 3.4 厘米。重 173 克。刃角 65°（图一四三，4）。标本ⅢT5B③c:30，闪长岩（火成岩），黑色。平面近长方形，柄部平视凸弧，刃缘弦长与柄部弦长不平行，成 14°夹角。两面刃，刃缘平视为直刃微弧，侧视呈直刃。全长 8.5、宽 5.3、厚 2.6 厘米。柄部弧长 4.2、刃缘弧长 5.2 厘米。重 209 克。刃角 66°（图一四三，5；图版四九，6）。标本ⅠT2A③:8，泥质岩，黑色。仅存中部一段，左、右侧均纵向断失。柄部有敲琢的痕迹。刃缘弧长与柄部弧长平行，两面刃，刃缘平视为直刃微弧，侧

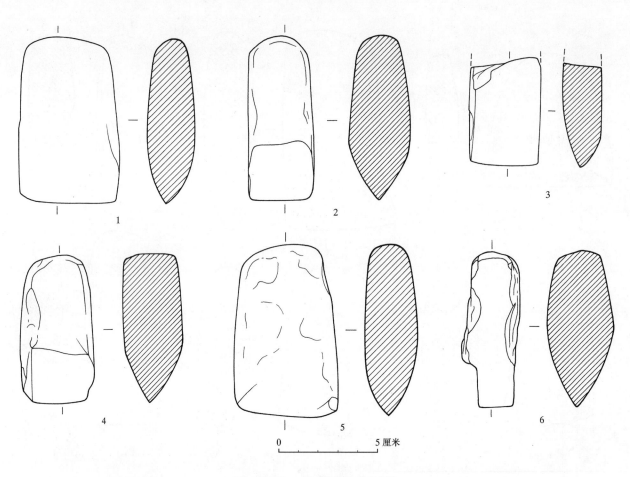

图一四三　三房湾文化石斧

1~6. 长方形直刃斧Ⅳ T5A③:3、Ⅰ T1F③a:37、Ⅳ T1A③:3、Ⅰ T3I③a:66、Ⅲ T5B③c:30、Ⅰ T2A③:8

视呈直刃。残长 7.6、宽 2.7、厚 3.3 厘米。残刃缘弧长 1.6 厘米。重 110 克。刃角 69°（图一四三，6）。

长方形弧刃斧　5 件。弧刃。标本Ⅲ T3B③:7，泥质岩，灰色。平面略呈长方形，左侧均断失。柄部平视直。刃缘弦长与柄部弦长基本平行。两面刃，刃缘平视为弧刃，侧视呈直刃。残长 6.2、宽 3.6、厚 3.1 厘米。残刃缘弧长 2.6 厘米。重 122 克。刃角 65°（图一四四，1）。标本Ⅰ T5I③:188，粉砂质泥岩，灰色。平面呈长方形，柄部平视呈凸弧，两侧边有敲琢的痕迹，刃缘弦长与柄部弦长平行。两面刃，刃缘平视为弧刃，侧视呈直刃。全长 12.4、宽 6、厚 2.6 厘米。柄部弧长 6、刃缘弧长 6.4 厘米。重 446 克。刃角 55°（图一四四，2）。标本Ⅲ T6A③:19，泥质岩，灰色。平面呈长方形。柄部平视凸弧。刃缘弦长与柄部弦长平行。两面刃，刃缘平视为弧刃，侧视呈弧刃。全长 4.3、宽 2.2、厚 0.8 厘米。柄部弧长 1.8 厘米，刃缘弧长 2.2 厘米。重 15 克。刃角 54°（图一四四，3，图版五〇，1）。标本Ⅰ T1G③:41，泥质岩，黑色。平面长方形，柄部一角断失。柄部平视因断失而凹下，刃缘弦长与柄部弦长平行。两面刃，刃缘平视为弧刃，侧视呈直刃。全长 6.8、宽 5、厚 2.5、刃缘弧长 5.2 厘米。重 164 克。刃角 75°（图一四四，4）。标本 M8:4，闪长玢岩（火成岩），黑色。平面呈长方形，柄部平视直。两侧边有敲

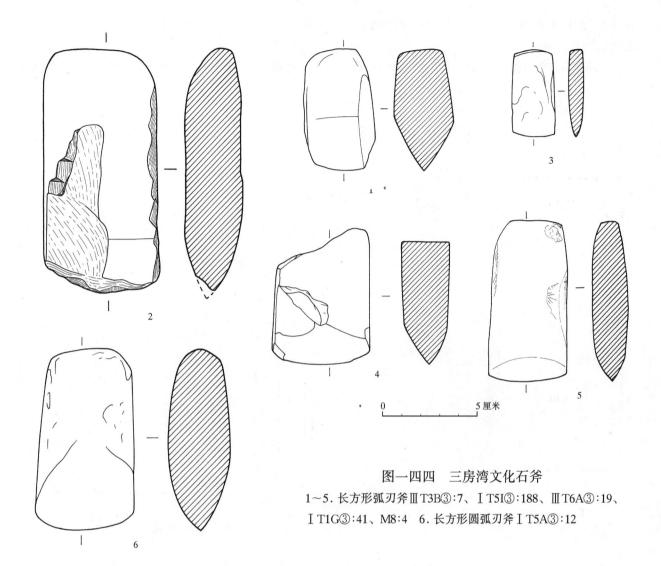

图一四四　三房湾文化石斧

1～5. 长方形弧刃斧ⅢT3B③：7、ⅠT5I③：188、ⅢT6A③：19、
ⅠT1G③：41、M8：4　6. 长方形圆弧刃斧ⅠT5A③：12

琢的痕迹，两面刃，刃缘平视直刃微弧，侧视呈直刃。长 8.1、宽 4.1、厚 1.9 厘米。柄部弧长 3、刃缘残弧长 4.2 厘米。重 105 克。刃角 37°（图一四四，5）。

长方形圆弧刃斧　1 件。标本 ⅠT5A③：12，泥质岩，灰色。平面近长方形，柄部平视凸弧，刃缘弦长与柄部弦长平行。两面刃，刃缘平视为圆弧刃，侧视呈直刃。全长 9.1、宽 5.1、厚 3.2 厘米。柄部弧长 3.8、刃缘弧长 5.4 厘米。重 204 克。刃角 68°（图一四四，6；图版五〇，2）。

方形斧　2 件。按斧刃缘平视可分方形直刃斧和方形斜直刃斧。

方形直刃斧　1 件。标本 ⅡT3I③：5，泥质岩，黑色。平面近方形。柄部平视凸弧，刃缘弦长与柄部弦长平行。两面刃，刃缘平视为直刃微弧，侧视呈直刃。全长 5.8、宽 5.3、厚 2.3 厘米。柄部弧长 4.4、刃缘弧长 5.2 厘米。重 149 克。刃角 70°（图一四五，1；图版五〇，3）。

方形斜直刃斧　1 件。标本 ⅢT5B③c：25，泥质岩，灰色。通体磨光。平面略近方形。左侧边有两面加工的小疤，柄部平视呈凸弧，两侧边有敲琢的痕迹，刃缘弦长与柄部弦长不平行，成 20°夹角。两面刃，刃缘平视为斜直刃，侧视呈直刃。全长 5.7、宽

4.3、厚 1.1 厘米。柄部弧长 4、刃缘弧长 4.4 厘米。重 56 克。刃角 72°（图一四五，2；图版五〇，4）。

　　长条形弧刃斧　1 件。标本 Ⅰ T3I③b：82，泥质岩，灰色。先做成圭形凿，一面破

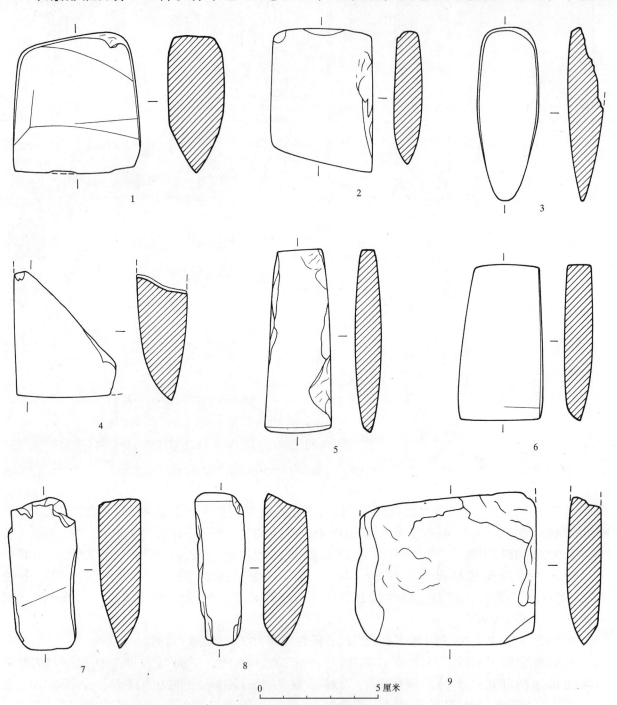

图一四五　三房湾文化石斧、锛和铲

1.方形直刃斧 Ⅱ T3I③：5　2.方形斜直刃斧 Ⅲ T5B③c：25　3.长条形弧刃斧 Ⅰ T3I③b：82　4.残斧 Ⅰ T1B③：15
5、6.梯形直刃锛 Ⅰ T3I③a：94、Ⅲ T3B③：4　7.长方形直刃锛 Ⅱ T5A③：2　8.长方形弧刃锛 Ⅰ T3B③：15
9.铲 Ⅳ T6A③：2

裂，将破裂的器形改磨制成两面刃。尖圜形刃较钝，刃角 29°。残长 7.2、宽 2.7、厚
1.4 厘米。重 31 克（图一四五，3）。

残斧　1 件。标本ⅠT1B③:15，泥质岩，黑色。仅存斧身、刃部，柄部残断，刃缘
平视为直刃微弧，侧视呈直刃。残长 5.1、宽 4.2、厚 2.1 厘米，残柄部弧长 5.3 厘米。
重 111 克（图一四五，4）。

② **石锛**　4 件。均为通体磨制的磨光石器。锛的平面器形有梯形和长方形。

梯形直刃锛　2 件。刃缘平视均为直刃微弧。标本ⅠT3I③a:94，泥质岩，灰色。平
面呈梯形。柄部平视直，刃缘弦长与柄部弦长平行。一面斜刃，刃缘平视直刃微弧，侧
视呈直刃。全长 7.5、宽 2.8、厚 1 厘米。柄部弧长 1.9、刃缘弧长 2.7 厘米。重 43 克。
刃角 66°（图一四五，5；图版五〇，5）。标本ⅢT3B③:4，石英岩，灰色，通体磨制。
平面略呈梯形。柄部平视凸弧。刃缘弦长与柄部弦长平行。一面斜刃，刃缘平视直刃，
侧视呈直刃。全长 6.3、宽 3.6、厚 1.2 厘米。柄部弧长 2.8、刃缘弧长 3.4 厘米。重 62
克。刃角 73°（图一四五，6；图版五〇，6）。

长方形锛　2 件。按锛的刃缘平视分长方形直刃锛（直刃微弧）和长方形弧刃锛。

长方形直刃锛　1 件。标本ⅡT5A③:2，泥质岩，灰色，磨制。平面略呈长方形，
柄部断失。一面斜刃，刃缘平视为直刃，侧视呈直刃。全长 6.3、宽 2.9、厚 1.7 厘米。
刃缘弧长 2.1 厘米。重 58 克。刃角 55°（图一四五，7；图版五一，1）。

长方形弧刃锛　1 件。标本ⅠT3B③:15，泥质岩，灰色，通体磨制。仅存一部分。
柄部平视凸弧，刃缘弦长与柄部弦长平行。一面斜刃，刃缘平视为弧刃，侧视呈直刃。
残长 6.2、宽 2.1、厚 1.9 厘米。残柄部弧长 1.7、残刃缘弧长 1 厘米。重 39 克。刃角
66°（图一四五，8）。

③ **凹腰锄**　1 件。标本ⅢT4B③a:2，闪长玢岩，黑色。打制，局部磨制。锄平面呈
长方凹腰形。两侧中段微凹。柄部平视略凹，刃缘弦长与柄部弦长基本平行。两面刃，
刃缘平视为直刃微弧，侧视呈直刃。全长 19、宽 10、厚 3.4 厘米。柄部弧长 7.6、刃缘
弧长 10.4 厘米。重 814 克。刃角 44°、64°、67°（图版五一，2）。

④ **石铲**　1 件。标本ⅣT6A③:2，泥质岩，黑色，通体磨制。残铲平面近方形。柄
部断失，左边磨制，右边破损。刃缘平视为直刃，侧视呈直刃。残长 6、宽 7.5、厚 1.4
厘米。残刃缘弧长 7.1 厘米。重 128 克。刃角 63°（图一四五，9；图版五一，3）。

⑤ **石刀**　24 件（包括有孔石刀）。器身通体磨制。刀平面器形有梯形、长方形、横
长方形、方形和不规则四边形。

梯形刀　10 件。依刀的刃缘平面器形可分梯形直刃石刀（或直刃微弧）、梯形弧刃
石刀和梯形斜刃石刀。

梯形直刃刀　8 件。直刃或直刃微弧。标本ⅣT1A③:2，泥质岩，灰色。平面呈梯
形。柄部平视直，两面均留有疤痕。刃缘弦长与柄部弦长平行。两面刃，刃缘平视为直
刃，侧视呈直刃。全长 6.3、宽 5.6、厚 1.5 厘米。柄部弧长 3、刃缘弧长 5.5 厘米。重
91 克。刃角 67°（图一四六，1；图版五一，4）。标本ⅢT1A③a:3，泥质岩，灰色。平
面呈梯形，柄部平视直。刃缘弦长与柄部弦长平行。两面刃，刃缘平视为直刃微弧，侧
视呈直刃。全长 6、宽 3.6、厚 1.2 厘米。柄部弧长 1.3、刃缘弧长 3.7 厘米。重 56 克。
刃角 68°（图一四六，2；图版五一，5）。标本ⅣT7A③:4，泥质岩，黑色。平面呈梯形。

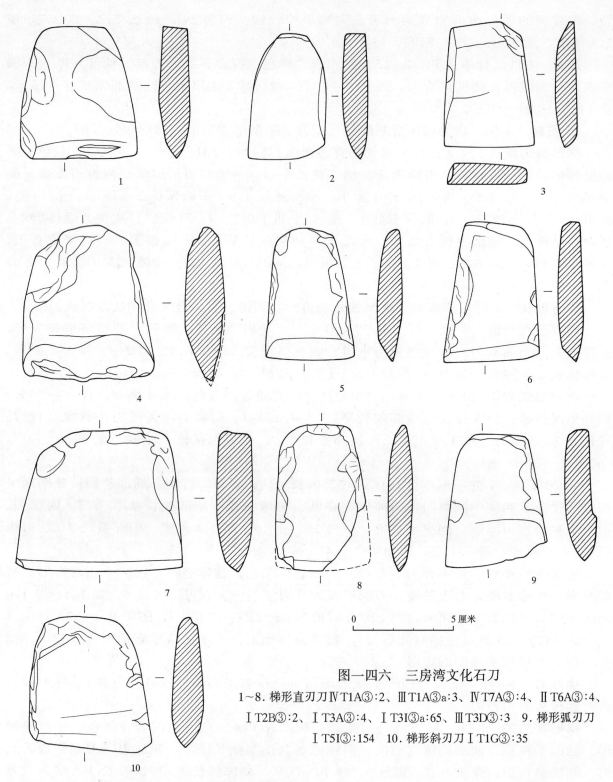

图一四六　三房湾文化石刀

1~8. 梯形直刃刀 Ⅳ T1A③:2、Ⅲ T1A③a:3、Ⅳ T7A③:4、Ⅱ T6A③:4、
Ⅰ T2B③:2、Ⅰ T3A③:4、Ⅰ T3I③a:65、Ⅲ T3D③:3　9. 梯形弧刃刀
Ⅰ T5I③:154　10. 梯形斜刃刀 Ⅰ T1G③:35

柄部平视直，一角破损。一侧面有一圆形坑，坑径0.9、坑深0.2厘米。刃缘弦长与柄
部弦长平行。两面刃，刃缘平视为直刃，侧视呈直刃。全长6、宽4.3、厚1.1厘米。柄
部弧长3.1、刃缘弧长4.2厘米。重52克。刃角75°（图一四六，3；图版五一，6）。标
本Ⅱ T6A③:4，泥质岩，灰色。平面略呈梯形。柄部及两侧边均留有加工的小疤。柄部

平视凸弧。刃缘弦长与柄部弦长平行。两面刃，刃缘平视直刃微弧，侧视呈直刃。全长7.4、宽6.3、厚2厘米。柄部弧长5、刃缘弧长6.3厘米。重145克。刃角46°（图一四六，4）。标本ⅠT2B③：2，泥质岩，灰色。平面呈梯形，柄部及两侧边留有加工的小疤。柄部平视凸弧，刃缘弦长与柄部弦长平行。两面刃，刃缘平视为直刃微弧，侧视呈直刃。全长6.3、宽4.4、厚1.2厘米。柄部弧长2.8、刃缘弧长4.5厘米。重50克。刃角51°（图一四六，5；图版五二，1）。标本ⅠT3A③：4，泥质岩，灰色。平面略呈梯形，柄部及两侧均有加工的小疤。柄部平视直，刃缘弦长与柄部弦长不平行，成18°夹角。两面刃，刃缘平视直刃微弧，侧视呈直刃。全长6.9、宽4.6、厚1.2厘米。柄部弧长2.7、刃缘弧长4.6厘米。重62克。刃角54°（图一四六，6）。标本ⅠT3I③a：65，泥质岩，黑色。平面呈梯形，柄部平视凸，留有加工的小疤，刃缘弦长与柄部弦长平行。两面刃，刃缘平视直刃微弧，侧视呈直刃。全长6.9、宽8.1、厚1.8厘米。柄部弧长5.5、刃缘弧长8.2厘米。重189克。刃角73°（图一四六，7；图版五二，2）。标本ⅢT3D③：3，泥质岩，灰色。平面略呈梯形。两侧边均有两面加工的小疤。柄部平直，有两面加工的小疤。刃缘弦长与柄部弦长平行。两面刃，刃缘平视为直刃，侧视呈直刃。残长6.9、宽4.5、厚1.2厘米。残柄部弧长3.5、残刃缘弧长1.3厘米。重61克。刃角63°（图一四六，8）。

梯形弧刃刀　1件。标本ⅠT5I③：154，泥质岩，黑色。平面呈梯形，柄部平视直，刃缘与柄部不平行，成10°夹角。两面刃，右刃角断失，刃缘平视为斜弧刃，侧视呈直刃。全长6.3、宽5、厚1.4厘米。柄部弧长2.8、刃缘弧长5厘米。重81克。刃角60°（图一四六，9）。

梯形斜刃刀　1件。标本ⅠT1G③：35，泥质岩，棕色。平面略呈梯形，柄部平视凸弧，刃缘弦长与柄部弦长平行。两面刃，刃缘平视为斜直刃，侧视呈直刃。全长6.4、宽6、厚1.5厘米。柄部弧长3.4、刃缘弧长6厘米。重104克。刃角70°（图一四六，10；图版五二，3）。

长方形刀　4件。依刀的刃缘平面，器形可分长方形直刃石刀、长方形斜弧刃石刀和横长方形直刃石刀。

长方形直刃刀　2件。标本ⅢT3B③：11，泥质岩，灰色。平面长方形。两侧边为两面加工，未经磨制。柄部平视凸弧。刃缘弦长与柄部弦长平行。两面刃，刃缘平视直刃微弧，侧视呈直刃。全长7.5、宽4、厚1.3厘米。柄部弧长2.8、刃缘弧长3.6厘米。重60克，刃角70°（图一四七，1；图版五二，4）。标本ⅣT2A③：7，泥质岩，灰色。平面近长方形，柄部平视直。刃缘弦长与柄部弦长平行。两面刃，刃缘平视直刃微弧，侧视呈直刃。全长6.8、宽4.4、厚1.2厘米。柄部弧长3.3、刃缘弧长6厘米。重56克。刃角60°（图一四七，2；图版五二，5）。

长方形斜弧刃刀　1件。标本ⅠT6A③：2，泥质岩，黑色。平面长方形，柄部残断，右侧边有正向破损的小疤。左侧边磨制成棱，刃缘磨制，有零星破碎的小疤。两面刃，刃缘平视为斜弧刃，侧视呈直刃。残长5.3、宽4.6、厚0.8厘米。刃缘弧长4.6厘米。重40克。刃角68°（图一四七，3；图版五二，6）。

横长方形直刃刀　1件。标本ⅠT1B③：16，泥质岩，灰色。横长方形，仅存刃缘一段，一面刃，刃缘平视直刃微弧，侧视呈直刃。残长5、宽2.5、厚0.5厘米。残刃缘弧

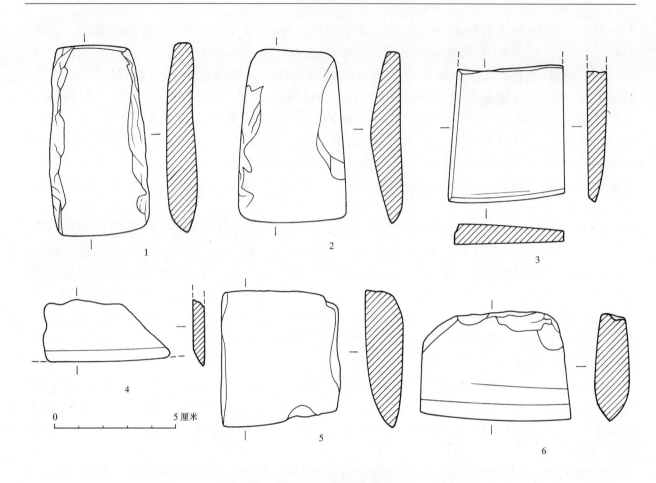

图一四七　三房湾文化石刀

1、2. 长方形直刃刀Ⅲ T3B③:11、ⅣT2A③:7　3. 长方形斜弧刃刀Ⅰ T6A③:2　4. 横长方形直刃刀Ⅰ T1B③:16
5. 方形直刃刀Ⅰ T5A③:15　6. 不规则四边形直刃刀Ⅲ T5B③b:31

长 5 厘米。重 9 克。刃角 34°（图一四七，4）。

方形直刃刀　1 件。标本Ⅰ T5A③:15，斜长角闪岩（变质岩），黑色。平面近方形。柄部平视直。两面刃，刃缘平视直刃微弧，侧视呈直刃。残长 5.5、宽 4.9、厚 1.6 厘米。刃缘弧长 4.8 厘米。重 83 克。刃角 55°（图一四七，5）。

不规则四边形直刃刀　1 件。标本Ⅲ T5B③b:31，泥质岩，灰色。平面略呈不规则四边形，柄部断失，仅存刃部，两面刃，刃缘平视为直刃微弧，侧视呈直刃。残长 4.4、宽 6.1、厚 1.4 厘米。残刃缘弧长 6.1 厘米。重 72 克。刃角 75°（图一四七，6）。

有孔刀　8 件。器均呈横长方形。全为通体磨制。依刀的刃缘平面器形可分为长方形有孔直刃刀（或直刃微弧）和长方形有孔弧刃石刀。

长方形有孔直刃刀　6 件。直刃。标本Ⅳ T6A③:3，泥质岩，黑色。平面呈横长方形。柄部有加工的小疤。柄部平视直，刃缘弦长与柄部弦长平行，钻孔为两面钻，钻孔一侧有一个未钻透的小孔。两面刃，在右侧边也磨制出一个刃缘。刃缘平视为直刃，侧视呈直刃。全长 7.6、宽 3.5、厚 0.7 厘米。柄部弧长 7.4、刃缘弧长 7.5 厘米。重 36克。刃角 55°（图一四八，1；图版五三，1）。标本Ⅲ T3B③:9，泥质岩，灰色，平面呈横长方形。柄部右段及刃缘左段破损。柄部平视凸弧。刃缘弦长与柄部弦长平行，钻孔

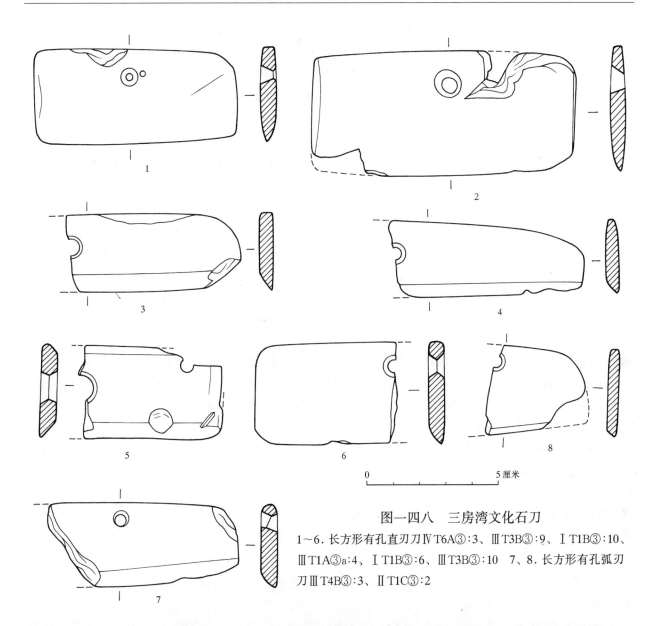

图一四八　三房湾文化石刀

1~6. 长方形有孔直刃刀 ⅣT6A③:3、ⅢT3B③:9、ⅠT1B③:10、ⅢT1A③a:4、ⅠT1B③:6、ⅢT3B③:10　7、8. 长方形有孔弧刃刀 ⅢT4B③:3、ⅡT1C③:2

为一面钻。两面刃。刃缘平视为直刃，侧视呈直刃。全长 10、宽 4.5、厚 0.6 厘米。柄部弧长 9.8、刃缘弧长 10 厘米。重 44 克。刃角 45°（图一四八，2；图版五三，2）。标本ⅠT1B③:10，泥质岩，灰色。刀平视呈横长方形，左半断失，仅存右半部。柄部平视直，刃缘弦长与柄部弦长平行，残钻孔为两面钻。一面刃，刃缘平视为直刃，侧视呈直刃。残长 6.5、宽 2.8、厚 0.6 厘米。残柄部弧长 5.7、残刃缘弧长 6.4 厘米。重 17 克。刃角 37°（图一四八，3）。标本ⅢT1A③a:4，泥质岩，灰色。刀呈横长方形，左半断失，仅存右半。柄部平视弧背。刃缘弦长与柄部弦长基本平行，残钻孔为两面钻。一面刃，刃缘平视为直刃，侧视呈直刃。残长 7.3、宽 2.8、厚 0.5 厘米。残柄部弧长 7.3、残刃缘弧长 6.8 厘米。重 18 克。刃角 65°（图一四八，4；图版五三，3）。标本ⅠT1B③:6，泥质岩，灰色。刀呈横长方形，左半断失，仅存右半部，柄部平视直，右角残缺，刃缘弦长与柄部弦长平行，残钻孔为两面钻。一面刃，刃缘平视直刃，侧视呈直刃。残长

5.4、宽3.4、厚0.6厘米。残柄部弧长5.1、残刃缘弧长5.1厘米。重19克。刃角40°（图一四八，5；图版五三，4）。标本ⅢT3B③：10，泥质岩，灰色。刀呈横长方形，右半断失，仅存左半部，柄部平视直。刃缘与柄部平行。刃缘平视为直刃，侧视呈直刃，加工平齐。断失残破面的柄端残存半个钻孔，两面钻，孔外径0.8、孔内径0.5厘米。残长5.2、宽3.7、厚0.6厘米。柄残长5、刃缘残长5厘米。重22克。刃角57°（图一四八，6）。

长方形有孔弧刃刀 2件。标本ⅢT4B③：3，泥质岩，灰色。刀近横长方形，左侧断失，尚存右大半段。柄部平视直，刃缘弦长与柄部弦长平行，残钻孔为两面钻。一面刃，刃缘平视斜刃微弧，侧视呈直刃。残长7、宽3、厚0.6厘米。残柄部弧长6.6、残刃缘弧长5.6厘米。重23克。刃角47°（图一四八，7）。标本ⅡT1C③：2，泥质岩，灰色。刀呈横长方形，左半断失，仅存右半部，右角残缺。柄部平视直。刃缘弦长与柄部弦长平行，残钻孔为两面钻。一面刃，刃缘平视斜直刃，侧视呈直刃。残长3.7、宽3.4、厚0.5厘米。残柄部弧长2.5、残刃缘弧长3.5厘米。重8克。刃角53°（图一四八，8）。

⑥ **石镞** 8件。全为磨制。镞身分有铤和无铤。

无铤镞 3件。依镞身横断面器形分柳叶形、长树叶形和树叶形扁六边形镞。

柳叶形镞 1件。标本ⅢT3B③：8，泥质岩，灰色。镞平面呈柳叶形，镞身扁薄，镞身横剖面扁平微弧，双面刃，锋尖残。残长4.8、宽2.3、厚0.2厘米。重4克（图一四九，1；图版五三，5）。

长树叶形镞 1件。标本ⅡT3I③：8，泥质岩，黑色。器型规整。镞身细长如长树叶，前段呈四棱形刃锋，后段为圆柱状，横剖面呈圆形。无铤。镞身残长5.4、镞宽1.3厘米。重6克（图一四九，2；图版五三，6）。

树叶状扁六边形镞 1件。标本ⅠT3I③a：85，泥质岩，灰色。镞平面呈树叶形，镞身横剖面呈扁六边形。镞身扁薄。尖端残。残长4.1、宽2.2、厚0.3厘米。重4克（图一四九，3）。

有铤镞 5件。依镞身形状可分为长扁形有铤石镞、长三边形有铤石镞、四边形有铤石镞和圆锥状有铤石镞。

长扁形有铤镞 1件。标本ⅠT5B③：18，泥质岩，灰色。残镞平面呈长扁形，镞身横断面呈扁椭圆形。铤呈宽扁状，横剖面呈扁椭圆形。锋前端残。残长3.8、镞身长2.5、镞宽1.7厘米。铤身长1.3、铤径0.8厘米。重5克（图一四九，4）。

长三边形有铤镞 2件。标本ⅡT6A③：3，泥质岩，灰色。器型规整。镞平面呈三棱形，镞身横断面略呈五边形。铤较长呈圆柱状，横剖面呈圆形。锋前端残。残长4.9、镞身长2.6、镞宽1.6厘米。铤身长2.3、铤径0.5厘米。重4克。锋刃角44°（图一四九，5）。标本ⅠT3I③b：76，泥质岩，黑色。器型规整。镞平面呈三棱形，镞身横断面呈六边形。铤较短呈圆柱状，横剖面呈圆形。锋尖略残。残长6.1、镞身长5.3、镞宽1.4厘米。铤身长0.8、铤径0.6厘米。重5克。（图一四九，6；图版五三，7）。

四边形有铤镞 1件。标本ⅠT1G③：39，泥质岩，灰色。器型规整。镞平面呈四边形，镞身横断面呈扁六边形。锋尖锐利。铤较长呈圆柱状，横剖面呈圆形。长6.2、镞身长4.2、镞径2.4厘米。铤身长2、铤径0.5厘米。重6克（图一四九，7；图版五三，

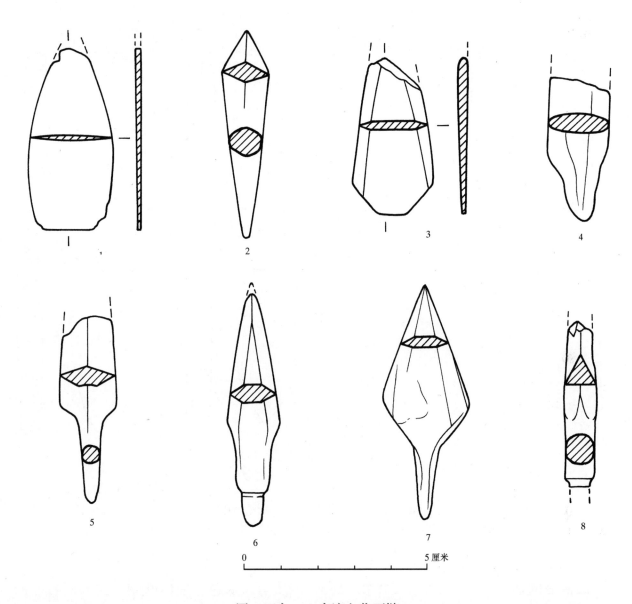

图一四九　三房湾文化石镞

1.柳叶形镞Ⅲ T3B③:8　2.长树叶形镞Ⅱ T3I③:8　3.树叶状扁六边形镞Ⅰ T3I③a:85　4.长扁形有铤镞Ⅰ T5B③:18

5、6.长三边形有铤石镞Ⅱ T6A③:3、Ⅰ T3I③b:76　7.四边形有铤镞Ⅰ T1G③:39　8.圆锥状有铤镞Ⅰ T1B③:9

8)。

圆锥状有铤镞　1件。标本Ⅰ T1B③:9，泥质岩，灰色。镞细长，前段平面呈长三棱形，镞身前段横断面呈三角形；镞身后段为圆柱状，横剖面呈圆形。铤呈圆柱状，横剖面呈圆形。锋尖、铤末端略残。残长4.4、镞身长4.2、镞径0.8厘米。铤身长0.2、铤径0.5厘米。重5克（图一四九，8）。

⑦ 石网坠　2件。依网坠形状可分为凹腰形石网坠和凹槽形石网坠。

凹腰形网坠　1件。标本Ⅰ T3I③a:92，素材为一长条形扁平砾石，砂岩，在两侧边各加工出一个凹缺。全长7.5、宽3.8、厚0.8厘米。重27克（图一五〇，1；图版五三，9）。

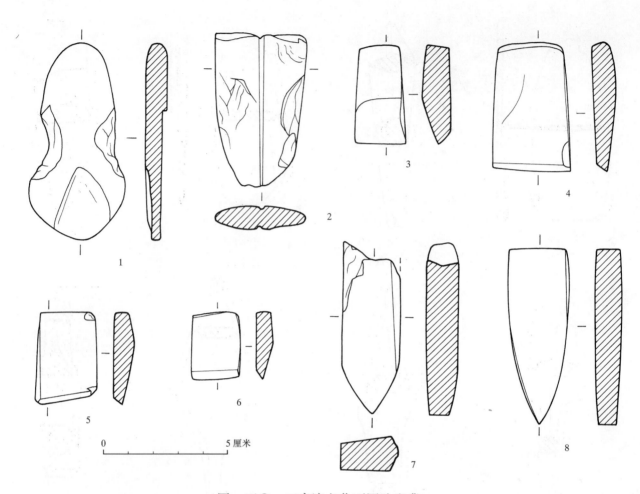

图一五〇　三房湾文化石网坠和凿

1.凹腰形网坠Ⅰ T3I③a:92　2.凹槽形网坠Ⅰ T3I③a:160　3～6.锛形直刃凿Ⅰ T2B③:3、Ⅰ T3B③:4、
Ⅰ T3I③a:81、Ⅲ T3D③:5　7、8.圭形凿Ⅲ T3B③:5、Ⅲ T3B③:6

凹槽形网坠　1件。标本Ⅰ T3I③a:160，泥质岩，灰色，通体磨制，为磨制石器改用，仅存器身大部，在两面上各磨有一纵向浅凹槽。凹槽残长5.6、宽0.3、深0.1厘米。残长6、宽3.6、厚0.9厘米。重32克（图一五〇，2）。

（2）手工艺工具和加工工具

手工艺工具，器形均是小型。全为磨制石器。有凿和手工艺刀两大类。加工工具有砺石。

① 石凿　6件。依平面形状有锛形直刃凿和圭形凿。

锛形直刃凿　4件。均为直刃。标本Ⅰ T2B③:3，泥质岩，黑色。平面长方锛形。柄部平视凸弧，刃缘弦长与柄部弦长基本平行。单面斜刃，刃缘平视为直刃，侧视呈直刃。全长3.8、宽2、厚1.1厘米。柄部弧长1.6、刃缘弧长2厘米。重16克。刃角67°（图一五〇，3；图版五四，1）。标本Ⅰ T3B③:4，泥质岩，黑色。平面略呈长方锛形，柄部平视凸弧，刃缘弦长与柄部弦长平行。一面平，一面微弧，单面斜刃，刃缘平视直刃微弧，侧视呈直刃。全长5、宽3、厚1厘米。柄部弧长2.5、刃缘弧长3厘米。重28

克。刃角 75°（图一五〇，4；图版五四，2）。标本ⅠT3I③a:81，泥质岩，灰色。平面呈长方锛形。柄部平视直且平，刃缘弦长与柄部弦长不平行，成 6°夹角。单面斜刃，刃缘平视为斜直刃，侧视呈直刃。全长 3.5、宽 2.5、厚 0.9 厘米。柄部弧长 2、刃缘弧长 2.4 厘米。重 13 克。刃角 64°（图一五〇，5；图版五四，3）。标本ⅢT3D③:5，斜长角闪岩，黑色。平面呈长方锛形。柄部平视直，刃缘弦长与柄部弦长平行。单面斜刃，刃缘平视直刃微弧，侧视呈直刃。全长 2.6、宽 2、厚 0.7 厘米。柄部弧长 1.7、刃缘弧长 1.8 厘米。重 8 克。刃角 56°（图一五〇，6；图版五四，4）。

圭形凿　2 件。均为直刃。标本ⅢT3B③:5，泥质岩，黑色。柄部断失，两面平，刃缘平视直刃，侧视直刃，形成刃缘的两个侧面长度分别为 2.2 和 2 厘米，刃缘宽 0.8 厘米。残长 6.6、宽 2.2、厚 1.4 厘米。重 36 克。刃角 74°（图一五〇，7；图版五四，5）。标本ⅢT3B③:6，泥质岩，黑色。两面平，刃缘平视直刃，侧视直刃，刃缘宽 0.7、长 6.7、宽 2.5、厚 1 厘米。重 34 克。刃角 64°（图一五〇，8；图版五四，6）。

② **石工艺刀**　7 件。均为小型。依刀的刃缘平面器形可分为长方形直刃工艺石刀、长方形弧刃工艺石刀和长方形斜刃工艺石刀。

长方形直刃工艺刀　2 件。直刃或直刃微弧。标本ⅠT3I③a:80，泥质岩，灰色。平面呈长方形。柄部平视凸弧，刃缘弦长与柄部弦长平行。两面弧刃，刃缘平视直刃微弧，侧视呈直刃。全长 5.1、宽 3、厚 1 厘米。柄部弧长 2.4、刃缘弧长 2.9 厘米。重 26 克。刃角 42°（图一五一，1；图版五五，1）。标本ⅢT5B③b:33，泥质岩，灰色，通体磨制。平面略呈长方形。左半断失，存右半部。柄部平视直，刃缘弦长与柄部弦长平行。两面弧刃，刃缘平视直刃，侧视呈直刃。残长 3.9、宽 2.7、厚 0.4 厘米，残柄部弧长 1.3、残刃缘弧长 2.6 厘米。重 8 克。刃角 30°（图一五一，2）。

长方形弧刃工艺刀　3 件。长方形弧刃。标本ⅢT8C③:28，泥质岩，黑色。平面呈长方形。柄部平视直。刃缘弦长与柄部弦长平行。单面斜刃，刃缘平视为弧刃，侧视呈直刃。全长 4.5、宽 2.4、厚 0.5 厘米。柄部弧长 2.2、刃缘弧长 2 厘米。重 11 克。刃角 40°（图一五一，3；图版五五，2）。标本ⅠT3A③:10，泥质岩，灰色。平面长方形，柄部略有破损，平视直平，刃缘弦长与柄部弦长平行。刃缘一角破失，两面斜刃，刃缘平视为弧刃，侧视呈弧刃。全长 4.8、宽 2.3、厚 0.7 厘米。柄部弧长 1.8、残刃缘弧长 1.2 厘米。重 16 克。刃角 53°（图一五一，4；图版五五，3）。标本ⅠT2A③:5，泥质岩，黑色。器形较小，平面呈长方形，柄部平视凸弧，刃缘弦长与柄部弦长平行。两面斜刃，刃缘平视为弧刃，侧视呈弧刃。全长 3、宽 1.2、厚 0.5 厘米。柄部弧长 0.9、刃缘弧长 1 厘米。重 3 克。刃角 49°（图一五一，5；图版五五，4）。

长方形斜刃工艺刀　2 件。斜刃。标本ⅣT5B③:1，泥质岩，灰色。平面略呈长方形。柄部平视直，有破损疤痕。左侧边有破损的小疤。刃缘弦长与柄部弦长基本平行。单面斜刃，刃缘平视为斜刃，侧视呈直刃。全长 5.2、宽 2.9、厚 1 厘米。柄部弧长 2.5、刃缘弧长 2.7 厘米。重 32 克。刃角 51°（图一五一，6；图版五五，5）。标本ⅢT5A③:9，泥质岩，灰色。平面近长方形。柄部平视直，刃缘弦长与柄部弦长平行。两面弧刃，刃缘平视斜刃，侧视呈直刃。全长 3.8、宽 3、厚 0.8 厘米。柄部弧长 2.9、刃缘弧长 3 厘米。重 23 克。刃角 65°（图一五一，7；图版五五，6）。

③ **砺石**　1 件。标本ⅡT2A③:5，泥质岩，灰色。素材为一长扁平石块，有三面留

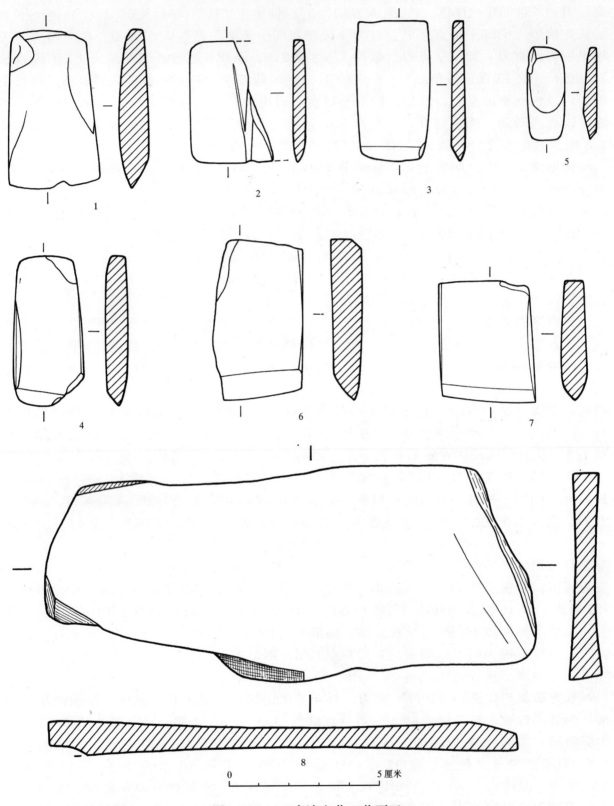

图一五一　三房湾文化工艺石刀

1、2. 长方形直刃工艺刀Ⅰ T3I③a:80、Ⅲ T5B③b:33　3～5. 长方形弧刃工艺刀Ⅲ T8C③:28、Ⅰ T3A③:10、
Ⅰ T2A③:5　6、7. 长方形斜刃工艺刀ⅣT5B③:1、Ⅲ T5A③:9　8. 砺石Ⅱ T2A③:5

有磨制后的光滑凹面。凹面一最长 14.9、最宽 6.1 厘米；凹面二最长 16.2、最宽 6.7 厘米；凹面三最长 13.2、最宽 0.9 厘米。全长 16.5、宽 6.5、厚 1.2 厘米。重 219 克（图一五一，8）。

（3）纺织工具

纺织工具仅有纺轮一类，全为陶制品，多保存完整。

① **陶纺轮**　13 件。均为泥质陶，手制。按纺轮的平面特征可分为两平面陶纺轮和单弧面陶纺轮。

两平面纺轮　9 件。依周边边侧特征器形可分两平面直边陶纺轮，两平面弧边陶纺轮和两平面折边陶纺轮。

平面直边纺轮　2 件。标本Ⅰ T1F③a:2，泥质灰褐陶，制作较规整。两面平面，边侧为直边微弧。素面。直径 3.8、厚 0.5、孔径 0.3 厘米。重 9 克（图一五二，1；图版五六，1）。标本Ⅲ T5B③a:9，泥质红陶，制作较规整。两面平面，边侧直边。素面。直径 3.5、厚 0.5、孔径 0.4 厘米。重 9 克（图一五二，2；图版五六，2）。

平面弧边纺轮　2 件。标本Ⅰ T1B③:2，泥质红陶，制作较规整。两面平面，边侧弧边。素面。直径 3.8、厚 1.1、孔径 0.4 厘米。重 18 克（图一五二，3；图版五六，3）。标本Ⅰ T4I③a:12，泥质红陶，边缘略残，制作较规整。两面平面，边侧弧边。素面。直径 3.4、厚 0.4、孔径 0.3 厘米。重 5 克（图一五二，4）。

平面折边纺轮　5 件。标本Ⅰ T3A③:3，泥质红陶，边缘略残，制作较规整。两面平面，边侧折边。素面。直径 3、厚 1、孔径 0.4 厘米。重 12 克（图一五二，5；图版五六，4）。标本Ⅰ T4B③:2，泥质红陶，制作较规整。两面平面，边侧折边。素面。直径 3.3、厚 1.2、孔径 0.4 厘米。重 14 克（图一五二，6；图版五六，5）。标本Ⅰ T4I③a:13，泥质灰陶，仅存大半部分，制作较规整。两面平面，边侧折边。一面有一单直线交叉组成的"米"字形划纹，一面孔心周围有微凸的一小圆台。直径 3.1、厚 0.7、孔径 0.5 厘米。重 7 克（图一五二，7）。标本Ⅰ T5B③:1，泥质红陶，制作较规整。两面平面，边侧折边明显。素面。直径 3.4、厚 1、孔径 0.5 厘米。重 12 克（图一五二，8；图版五六，6）。标本Ⅰ T6A③:1，泥质红陶，制作较规整。两面平面，边侧折边。素面。直径 2.8、厚 0.5、孔径 0.2 厘米。重 5 克（图一五二，9；图版五六，7）。

单弧面纺轮　4 件。依纺轮周边边侧可分单弧面直边陶纺轮和单弧面弧边陶纺轮。

单弧面直边纺轮　3 件。一平面一弧面。标本Ⅰ T1F③a:1，泥质黄陶，制作较规整。一平面一弧面。边侧直边。素面。直径 3.2、最厚 0.6、孔径 0.3 厘米。重 8 克（图一五二，10；图版五六，8）。标本Ⅰ T1G③:3，泥质灰褐陶，边缘略残破，制作较规整。一平面一弧面。边侧为直边。素面。直径 3.6、最厚 0.8、孔径 0.3 厘米。重 13 克（图一五六，11；图版五六，9）。标本Ⅰ T5B③:2，泥质红陶，边缘略残破，制作较规整。一平面一弧面。边侧直边。一面上有一由单直线型交叉组成的"十"字形划纹。直径 4、最厚 0.8、孔径 0.4 厘米。重 13 克（图一五二，12；图版五六，10）。

单弧面弧边纺轮　1 件。标本Ⅲ T7J③b:1，泥质红陶，边缘略破损，制作较规整。一平面一弧面。边侧弧边。素面。直径 3.7、最厚 1、孔径 0.3 厘米。重 16 克（图一五二，13；图版五六，11）。

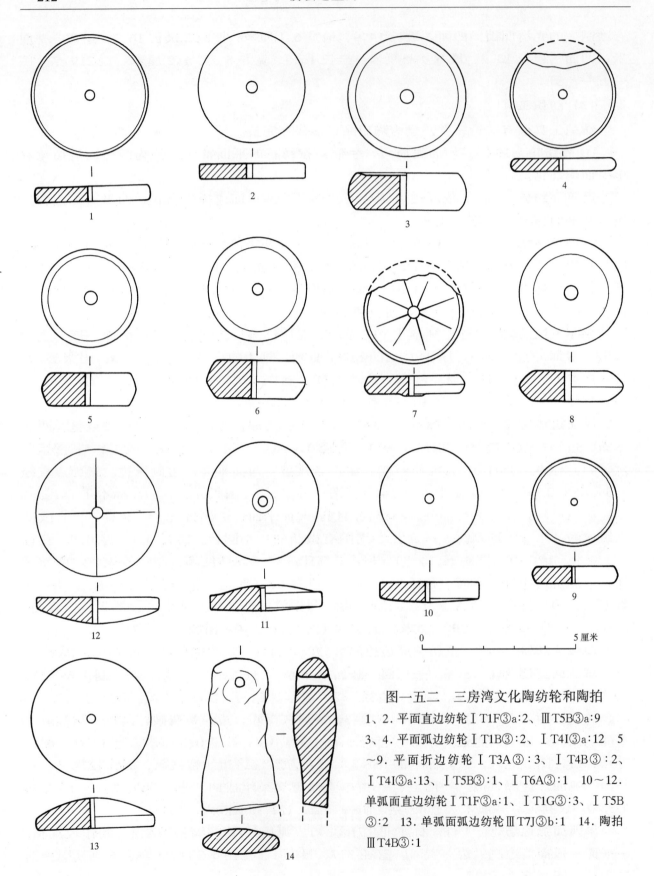

图一五二　三房湾文化陶纺轮和陶拍

1、2. 平面直边纺轮ⅠT1F③a:2、ⅢT5B③a:9
3、4. 平面弧边纺轮ⅠT1B③:2、ⅠT4I③a:12　5
～9. 平面折边纺轮ⅠT3A③:3、ⅠT4B③:2、
ⅠT4I③a:13、ⅠT5B③:1、ⅠT6A③:1　10～12.
单弧面直边纺轮ⅠT1F③a:1、ⅠT1G③:3、ⅠT5B
③:2　13. 单弧面弧边纺轮ⅢT7J③b:1　14. 陶拍
ⅢT4B③:1

（4）制陶工具

陶拍　1 件。标本 Ⅲ T4B③：1，制陶工具。夹砂褐陶，仅存柄部。柄部有一孔，拍身宽扁。素面。手制。残长 9.8、宽 5、厚 2.8 厘米。重 109 克（图一五二，14；图版五七，1）。

2．生活用具

生活用具全为陶器。本期选用陶容器标本 109 件，完整和复原的标本 59 件，残器的器形标本较多。大部分出于文化层中，少量出于墓葬与灰坑中。

陶器质地分泥质和夹细砂两大类。陶质、纹饰及部分器形仍保留了石家河文化二期的遗风，但出现一些有别于石家河文化的陶器群，从陶系统计中的 H13、Ⅰ T1G③层中可看出，夹砂陶大量增加，以夹砂陶为主，泥质次之。陶色仍以灰黑陶为主，灰陶次之，红陶和黄陶（橙黄）的比例有所增加（表一七）。陶色大多不太纯正，部分陶器制作不甚规整。

表一七　　　　　　　　　　　三房湾文化部分单位陶系纹饰统计表

单位	陶片数量（片）与百分比	泥质陶				夹细砂陶				纹饰							
		灰黑	灰	黄	红	灰黑	灰	黄	红	素面	篮纹	方格纹	弦纹	划纹	宽带起棱纹	绳纹	镂孔
H13	145	39	8			43	21	11	24	79	41	7	2	7	4	3	2
	100%	26.8	5.4			29.5	14.4	7.5	16.4	54.5	28.3	4.9	1.3	4.8	2.9	2	1.3
Ⅰ T1G③	390	79	55	18	12	129	54	35	8	212	109	29	3	12	16	4	5
	100%	20.2	14.1	4.6	3	33.3	13.8	9	2	54.4	28	7.4	1	3	4	1	1.2

器表以素面为主，纹饰陶明显增多，常见的纹饰陶仍以篮纹为多，还有方格纹、宽带起棱纹、划纹、篦纹、戳印纹、指窝纹和镂孔，新出现夔纹，刻划符号明显增加。各种纹饰装饰陶器情况如下：

篮纹，大多为拍印，分横篮纹、竖篮纹和交错篮纹，多饰于釜、甑、钵、盆、罐、瓮、擂磨盆和澄滤器的腹表。

弦纹，多饰于罐、盆等器腹表。

方格纹，可分为方格状和网状，纹饰较规整，多拍印于罐和瓮等器腹表。

镂孔，分圆形和三角形，数量少，饰于高圈足豆座和器座上。

篦纹、戳印纹和指窝纹，多混合装饰在鼎足正面。

划纹，多饰于纺轮和桶形等器外表。

夔纹，为细线条刻划而成，装饰于陶鬹的扉棱上。

绳纹，饰于罐腹。

刻划符号，分别由细线条构成复杂的图画和简单的符号，分别刻于钵和盆内。

轮制陶器增多，但部分陶器仍以泥条盘筑为主，辅以慢轮加工、修整，器物口腹表多留下轮制加工痕，器内有盘筑痕，此类器多为钵、罐、盆和瓮等。流行平底器、圈底器和三足器。

生活用具可分为炊煮、饮食、盛贮器，加工器具和附件三大类。现按器类分述于下：

（1）炊煮、饮食和盛贮器

陶器器形较多。有鼎、釜、甑、鬶、杯、钵、碗、盘、豆、盆、罐、瓮和缸等。

① 陶鼎 7件。其中能复原陶鼎仅1件，选用鼎足标本6件。多为夹砂红陶，次为灰陶。根据鼎足的平面形状可分为窄扁状、宽扁状和柱状等。

盘形鼎 1件。标本ⅡT1E③：1，夹砂红褐陶。折沿微仰，沿面略下凹，口略敛，尖圆唇，盘形浅腹，大圜底。扁平高足，足下部内聚，横剖面呈近扁长方形，足跟外撇。腹与足相交处饰一周宽带状附加堆纹。足上部饰三个横向排列的圆按窝，按窝下满饰竖向交错的短划纹。手制。高16.8、口径23、腹径20.5厘米（图一五三，1；彩版一二，1）。

窄扁状鼎足 1件。标本ⅠT3I③a：60，夹砂红陶。足下部残。足横剖面呈不规则四角形，外平面有一竖脊，内平面凸弧。与足相交的残腹上饰有一周附加堆纹，其下正中有一个圆形按窝。手制。残高6.5、宽5.6、厚1.6厘米（图一五三，2）。

宽扁状鼎足 3件。标本ⅠT1F③a：6，夹砂灰陶。足下部残。足呈宽扁长条形，上宽下略窄，内外两面为平面。足上端有两个横向排列的圆形按窝。手制。残高10.5、宽9.2、厚1.9厘米（图一五三，3）。标本ⅠT3I③a：62，夹砂红陶。仅存足上半部。足宽扁，上窄下略宽，内外面均为平面。足上端有二个横向排列的圆形按窝。手制。残高8.8、宽8、厚1.4厘米（图一五三，4）。标本ⅠT3I③a：61，夹砂灰陶。足下部残。足呈宽扁状，外面略凹似浅方槽，两边缘凸竖起棱。内面和侧面较平。素面。手制。残高10.5、宽9、厚2厘米（图一五三，5）。

柱状鼎足 2件。标本ⅢT3B③：2，夹砂红陶。足下部残。足上宽下窄，外平面，内呈角面，横剖面为三角形。足面满饰不规则竖条戳印纹，足侧面有一圆形镂孔。手制。残高8.4、宽3.6、厚5.2厘米（图一五三，6）。标本ⅠT1F③a：7，夹砂红陶。足下部残。足呈方形柱状，内外均为平面，横剖面呈长方形。足上端有一个圆形按窝，足一侧面有一个未穿透的小扁形镂孔。手制。残高10、宽3.8、厚4.4厘米（图一五三，7）。

② 陶釜 3件。根据口沿的变化分为小卷折沿釜和大卷折沿釜两种。

小卷折沿釜 1件。标本ⅢT5B③b：7，夹砂红陶。小卷折沿微仰，敞口，斜直腹微弧，大圜底。腹部饰横、斜交错的细短篮纹。手制。高8.5、口径10.8、腹径11.2厘米（图一五三，8；图版五七，2）。

大卷折沿釜 2件。标本ⅡT1A③a：8，夹砂灰黑陶。下腹部及底部残。大卷折沿微仰，沿面微下凹，方唇上有一凹槽，垂弧腹。腹部满饰横向的粗短篮纹。手制。残高9.7、口径15.2、腹径16.2厘米（图一五三，9；图版五七，3）。标本ⅡT1A③b：15，夹砂灰褐陶。大卷沿，圆弧垂腹，大圜底。腹部、底部满饰竖、斜交错的粗短篮纹。手制。高22.8、口径18、腹最大径25.2厘米（图一五三，10；彩版一二，2）。

③ 陶甑 2件。皆为夹砂橙黄陶。一件较完整，一件为器底。依器底变化分为圈足甑和尖圜底甑。

圈足甑底 1件。标本ⅠT8B③a：5，夹砂橙黄陶。仅存圈足甑的器底局部。弧腹下

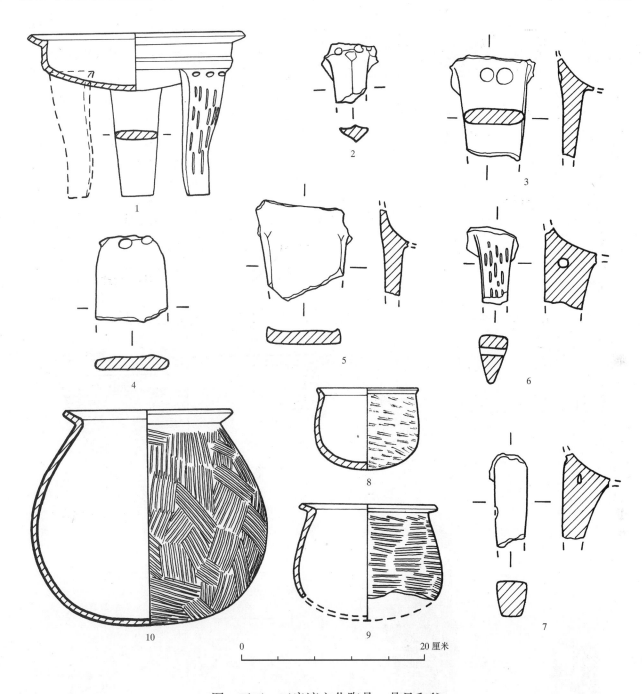

图一五三　三房湾文化陶鼎、鼎足和釜

1.盘形鼎ⅡT1E③:1　2.窄扁状鼎足ⅠT3I③a:60　3~5.宽扁状鼎足ⅠT1F③a:6、ⅠT3I③a:62、ⅠT3I③a:61

6、7.柱状鼎足ⅢT3B③:2、ⅠT1F③a:7　8.小卷折沿釜ⅢT5B③b:7　9、10.大卷折沿釜ⅡT1A③a:8、ⅡT1A③b:15

收成圜底，矮粗圈足外撇，器底部残存一个不规则圆孔。素面。手制。残高4.5、足径12厘米（图一五四，1）。

尖圜底甑　1件。标本ⅡT5E③:1，夹砂橙黄陶。敞口，仰折沿，沿面下凹，方唇，斜弧深腹下急收成尖圜底，底部有六个椭圆形箅孔，其中五个箅孔均匀环绕中间的一个箅孔，孔径大小不一，中间一个箅孔略大，周围五个箅孔稍小。腹部饰有斜、横相交的

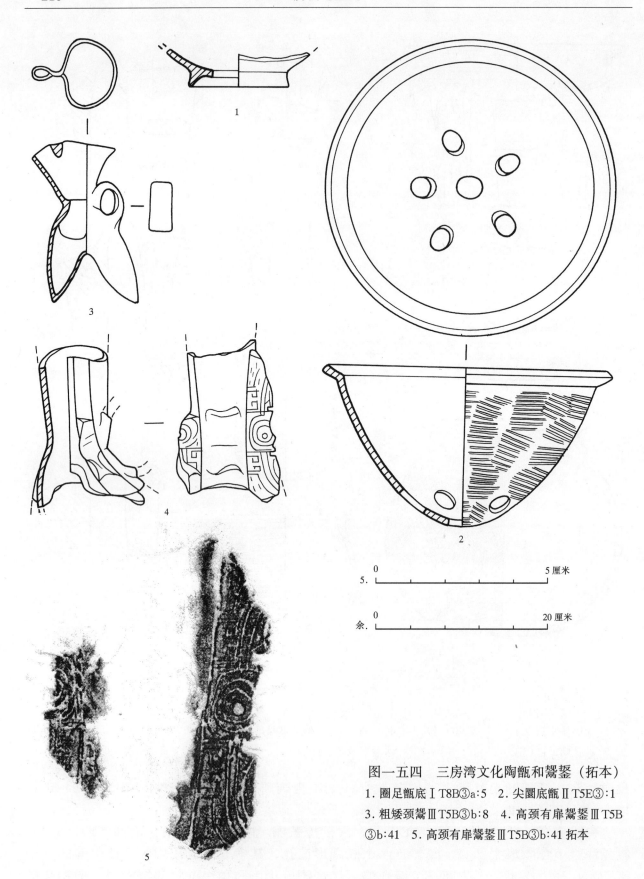

图一五四　三房湾文化陶甑和鬹鋬（拓本）

1. 圈足甑底Ⅰ T8B③a:5　2. 尖圆底甑Ⅱ T5E③:1
3. 粗矮颈鬹Ⅲ T5B③b:8　4. 高颈有扉鬹鋬Ⅲ T5B
③b:41　5. 高颈有扉鬹鋬Ⅲ T5B③b:41 拓本

细短篮纹。手制。高17.5、口径33.2、孔径2.5～3.1厘米（图一五四，2；彩版一二，3、4）。

④ **陶鬶**　2件。分为粗矮颈鬶和有扉棱鬶。

粗矮颈鬶　1件。标本ⅢT5B③b:8，泥质橙黄陶。扁圆形口，水滴形捏流近管状，斜颈较粗。束腰上及残袋足上端附一宽带状半环形鋬，鋬耳呈长条形。三袋足较粗高，乳突状足尖。手制。通高17.2、口径6.4、流径2.3厘米（图一五四，3；图版五七，4）。

高颈有扉鬶鋬　1件。标本ⅢT5B③b:41，泥质橙黄陶。残存颈腹部。粗高颈，鋬残，附鋬两侧有扉，扉棱上阴刻云雷纹。手制。残高8.7厘米（图一五四，4、5；彩版一二，5）。

⑤ **陶杯**　5件。多为红陶小杯，器身均为小型。多为细泥陶，以红陶为主，少灰陶。较完整的杯分为喇叭形、斜腹形和钵形杯。均为手制。

喇叭形杯　1件。标本ⅢT4C③a:1，夹砂红陶。大喇叭形敞口，斜凹腹壁，平底内凹成槽状，腹与底部胎厚。素面。手制。高10.4、口径10.8、底径5厘米（图一五五，1；图版五七，5）。

斜腹杯　3件。标本ⅠT5B③:15，泥质红陶，薄胎。敞口微侈，尖唇，斜直腹，近

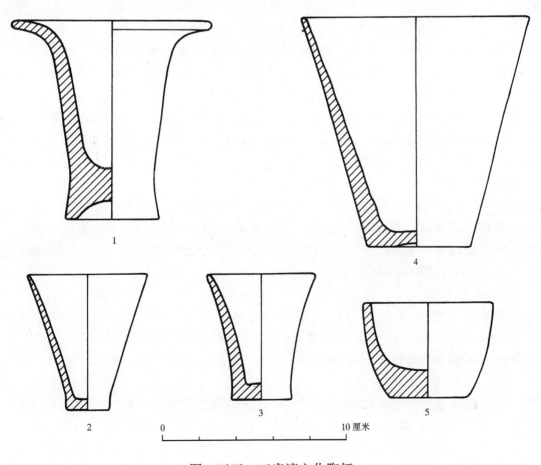

图一五五　三房湾文化陶杯

1. 喇叭形杯ⅢT4C③a:1　2～4. 斜腹杯ⅠT5B③:15、ⅠT4B③:1、ⅡT2D③:1　5. 钵形杯ⅠT3A③:2

腹底微凹，小平底。素面。手制。高 7.2、口径 6.5、底径 2.4 厘米（图一五五，2；图版五七，6）。标本Ⅰ T4B③：1，泥质红陶。敞口，尖圆唇，斜直腹微凹弧，平底。素面。手制。高 6.7、口径 5.8、底径 3.2 厘米（图一五五，3；图版五八，1）。标本Ⅱ T2D③：1，泥质红陶。器形较大。敞口，尖圆唇，斜直腹，平底微凹。素面。手制。高 12、口径 12.4、底径 5.8 厘米（图一五五，4）。

钵形杯　1 件。标本Ⅰ T3A③：2，泥质灰陶。直口，方唇，直弧腹，大平底。腹胎与底部特厚。素面。手制。高 5、口径 7.2、底径 4.4 厘米（图一五五，5；图版五八，2）。

⑥ 陶钵　17 件。本期钵的数量较多，皆保存较好，大多能复原。陶质有泥陶和夹细砂陶两类。手制，多为泥条盘筑法制成。多为红、褐色陶，还有灰黑色陶和灰褐色陶等。大多为素面，少数饰弦纹、篮纹，个别钵内出现刻划符号。钵的种类较少，制作不太讲究。依钵的口沿变化分为薄口缘钵和厚口缘钵。

薄口缘钵　7 件。皆能复原。夹砂陶略多，次为泥质陶。以红、褐陶为主，少黑褐陶，根据口腹变化特征有薄缘敞口斜弧腹钵、薄缘敞口斜腹钵和直口折腹钵三种。

薄缘敞口斜弧腹钵　5 件。斜弧腹。标本Ⅲ T4C③b：2，夹砂灰褐陶。敞口，圆唇，浅斜弧腹下收成平底。素面。手制。高 5.2、口径 17.7、底径 6.4 厘米（图一五六，1；图版五八，3）。标本Ⅲ T5B③a：5，夹砂红陶。敞口，方唇，深斜弧腹下斜收成平底。素面。手制。高 6、口径 17.8、底径 5.6 厘米（图一五六，2；图版五八，4）。标本Ⅱ T1E③：13，泥质红陶。敞口，圆唇，浅斜弧腹下收成平底。素面。手制。高 4.8、口径 16.6、底径 5.4 厘米（图一五六，3；图版五八，5）。标本Ⅲ T3D③：1，夹砂红陶。敞口，方唇，斜腹微弧收成平底。口内侧有一周凹弦纹。素面。手制。高 5.6、口径 17、底径 5.6 厘米（图一五六，4；图版五八，6）。标本Ⅱ T1E③：24，夹砂黑陶。敞口，圆唇，浅弧腹下收成平底，底残。素面。手制。残高 4.1、口径 15.6、底径 5.5 厘米（图一五六，5）。

薄缘敞口斜腹钵　1 件。标本Ⅰ T3I③b：167，泥质红褐陶。敞口，圆唇，浅斜腹大平底。腹内壁刻有一符号，形如一人站立撑舟，符号是烧好后刻划在器物上的。器底大部分残。手制。高 4.4、口径 22、底径 13.2 厘米（图一五六，6、7；彩版一三）。

薄缘直口折腹钵　1 件。标本Ⅱ T2D③：4，泥质黑陶。直口，圆唇，折腹下斜收成大平底。直口外有一宽带弦纹。素面。手制。高 6.2、口径 18、底径 7.5 厘米（图一五六，8；图版五九，1）。

厚口缘钵　10 件。皆保存较好，大多能复原。多夹砂陶，次为泥质陶。以红陶为主，少黑褐陶。依口腹变化分为厚缘敞口弧腹钵、厚缘侈口斜腹钵。

厚缘敞口弧腹钵　4 件。标本Ⅰ T8B③b：1，泥质灰陶。钵底部残。敞口，宽带状厚口缘，圆唇，斜弧腹较深。素面。手制。残高 7.2、口径 17.6 厘米（图一五六，9；图版五九，2）。标本Ⅲ T5B③a：28，夹砂灰陶。敞口微敛，斜方唇，窄带状厚口缘，深斜弧腹下急收成小平底。素面。手制。高 7.4、口径 18.3、底径 5 厘米（图一五六，10；图版五九，3）。标本Ⅲ T6A③：1，夹砂红褐陶。敞口微敛，圆唇，宽带状厚口缘，深弧腹下弧收成凹平底。腹表满饰交错篮纹。手制。高 7.7、口径 16.8、底径 5.5 厘米（图一五六，11；图版五九，4）。标本Ⅲ T2C③：2，夹砂红陶。敞口，圆唇，窄带状厚口缘，深斜弧腹下收成平底。素面。手制。高 6.5、口径 19、底径 6 厘米（图一五六，12；图版五九，5）。

厚缘敞口斜腹钵　6 件。标本 ⅠT1G③:1，泥质橙黄陶。敞口微敛，窄带状厚口缘，斜腹下收成大平底。口内侧有一周凹弦纹。素面。手制。高 5.8、口径 16.3、底径 7 厘

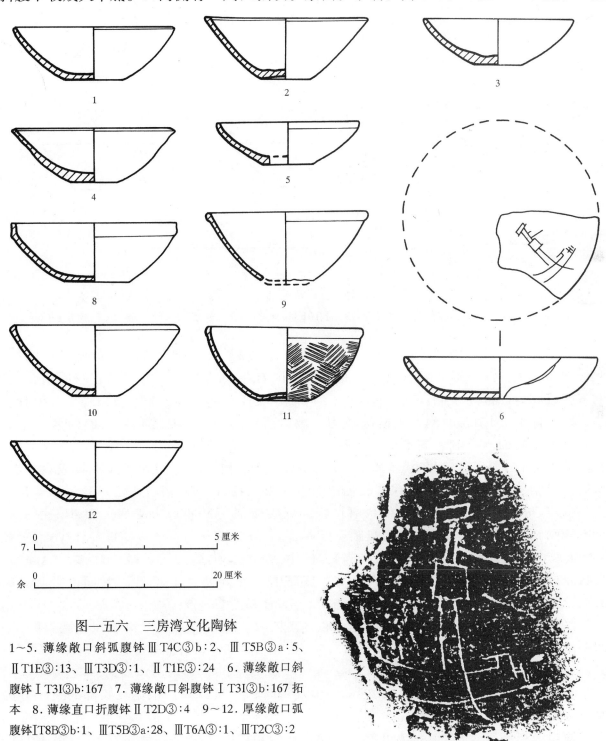

图一五六　三房湾文化陶钵

1～5. 薄缘敞口斜弧腹钵 ⅢT4C③b:2、ⅢT5B③a:5、ⅡT1E③:13、ⅢT3D③:1、ⅡT1E③:24　6. 薄缘敞口斜腹钵 ⅠT3I③b:167　7. 薄缘敞口斜腹钵 ⅠT3I③b:167 拓本　8. 薄缘直口折腹钵 ⅡT2D③:4　9～12. 厚缘敞口弧腹钵 ⅠT8B③b:1、ⅢT5B③a:28、ⅢT6A③:1、ⅢT2C③:2

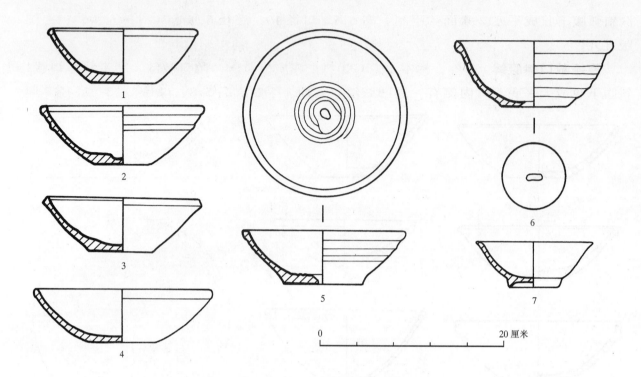

图一五七　三房湾文化陶钵和碗

1~6.厚缘敞口斜腹钵 ⅠT1G③:1、ⅡT1E③:12、ⅠT3I③b:54、ⅠT3I③a:55、M7:2、M8:2　7.碗ⅡT2C③:3

米（图一五七，1；图版五九，6）。标本ⅡT1E③:12，夹砂灰黑陶。敞口微敛，圆唇，宽带状厚口缘，深斜腹微弧下收成平底。口内侧有一周凹弦纹。上腹饰有一周凸弦纹。内下腹近底处凸起。手制。高5.9、口径17.5、底径6.4厘米（图一五七，2；图版六〇，1）。标本ⅠT3I③b:54，夹砂灰黑陶。敞口，尖圆唇，带状厚口缘，斜腹微弧下收成大平底。素面。手制。高5.6、口径16.5、底径7厘米（图一五七，3；图版六〇，2）。标本ⅠT3I③a:55，夹砂黑陶。敞口，方唇，带状厚口缘，斜腹微弧下收成大平底。素面。手制。高5.8、口径19.6、底径7厘米（图一五七，4；图版六〇，3）。标本M7:2，夹砂灰褐陶。敞口，圆唇，带状厚口缘，斜腹微弧下凹收成大平底。底部正中有一个不规则圆孔。底部外壁有数周盘痕。手制，泥条盘筑法。高5.7、口径17.6、底径8.7厘米（图一五七，5；图版六〇，4）。标本M8:2，夹砂红陶。敞口微侈，尖圆唇，带状厚口缘，深斜弧腹下弧收成大平底。底部有一个不规则扁圆孔。素面。手制。高6.8、口径17.5、底径7.2厘米（图一五七，6；图版六〇，5）。

⑦ **陶碗**　1件。标本ⅡT2C③:3，泥质黑灰陶。敞口，尖唇，斜弧腹，矮直圈足，凹平底。素面。手制。高4.8、口径12.5、足径5.4厘米（图一五七，7；图版六〇，6）。

⑧ **陶豆**　4件。有泥质陶和夹砂陶，多灰褐陶，少量红陶。根据豆腹部的变化分为厚口缘弧腹豆和厚口缘折腹豆。

厚口缘弧腹豆　2件。标本ⅡT2A③:3，夹砂灰褐陶。仅存豆盘与圈足上部。敞口，圆唇，带状厚口缘，斜弧腹缓收成圜形底，圈足残。素面。手制。高6.4、口径18、残足径8.1厘米（图一五八，1；图版一六一，1）。标本ⅠT5I③:68，泥质灰褐陶。仅存豆盘和圈足上部。敞口，圆唇，带状厚口缘。斜弧腹缓收成圜形底，直圈足残。素面。手制。口径20、残高6厘米（图一五八，2）。

厚口缘折腹豆　1件。标本ⅡT2D③:2，夹砂灰褐陶。敞口，圆唇，带状厚口缘，深斜折腹，腹与圈足分界明显，豆盘圜底，高圈足矮粗，足跟外撇微呈斜阶状。圈足上有三组镂孔，每组由一个圆形镂孔和两个竖向排列的圆形镂孔组成。手制。高10.4、口径17.2、足径10.4厘米（图一五八，3；图版六一，2）。

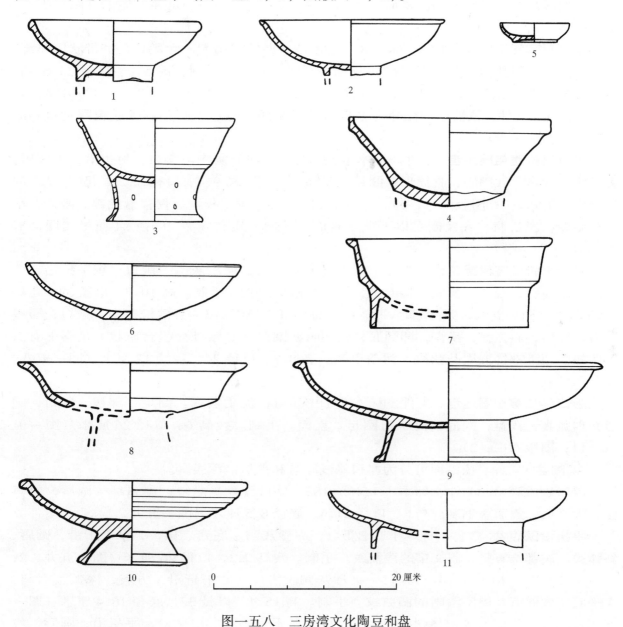

图一五八　三房湾文化陶豆和盘

1、2.厚口缘弧腹豆ⅡT2A③:3、ⅠT5I③:68　3.厚口缘折腹豆ⅡT2D③:2　4.豆盘ⅡT1A③a:14　5.敞口斜折腹假圈足盘ⅠT8A③a:18　6.敞口斜弧腹平底盘ⅡT3C③:3　7、8.平折沿折腹粗圈足盘ⅠT1G③:2、ⅠT1B③:3　9、10.平折沿斜弧腹粗圈足盘ⅡT3C③:2、ⅡT1A③a:3　11.敞口斜弧腹粗圈足盘ⅢT8B③:1

豆盘　1件　标本ⅡT1A③a:14，夹砂红陶。仅存豆盘。敞口微敛，圆唇，带状厚口缘上有凹槽，钵形深腹，豆圈足残。素面。手制，有轮制痕迹。残高9.6、口径22厘米（图一五八，4）。

⑨ **陶盘**　7件。根据盘底部的特点分为平底盘和圈足盘两大类。依腹部变化分为斜折腹盘和斜弧腹盘。

平底盘　2件。依腹部和底部变化分为：

敞口斜折腹假圈足盘　1件。标本ⅠT8A③a:18，泥质灰黄陶。小敞口，斜腹微折，浅盘，假圈足，大平底微凹。素面。手制。高2.5、口径9.7、足径6厘米（图一五八，5；图版六一，3）。

敞口斜弧腹平底盘　1件。标本ⅡT3C③:3，夹砂黑褐陶。大敞口，宽带状厚口缘，圆唇，浅盘，斜弧腹微曲，下腹微凹收成小平底。素面。手制。高5.9、口径23.6、底径6厘米（图一五八，6；图版六一，4）。

圈足盘　5件，依器形特征分为平折沿折腹粗圈足盘、平折沿斜弧腹粗圈足盘和敞口斜弧腹粗圈足盘。

平折沿折腹粗圈足盘　2件。标本ⅠT1G③:2，泥质灰陶。侈口，短折沿，尖圆唇，直折腹，深盘，残圜底，直筒形粗圈足。素面。手制。高9.4、口径22.2、足径17.2厘米（图一五八，7；图版六一，5）。标本ⅠT1B③:3，泥质灰陶。仅存盘上部。敞口，平折沿微卷，斜折腹，底及圈足以下残。素面。手制。残高6.2、口径24厘米（图一五八，8）。

平折沿斜弧腹粗圈足盘　2件。标本ⅡT3C③:2，泥质灰陶。敞口，短平折沿，尖圆唇，斜弧腹，浅盘，圜底，粗圈足，足跟外撇呈阶状。手制。高10.5、口径34、足径16.5厘米（图一五八，9；图版六一，6）。标本ⅡT1A③a:3，夹砂橙黄陶。敞口，短平折沿，圆唇，斜弧腹，浅盘，凹圜底，倒喇叭状圈足，足跟外撇呈台阶状。足唇上有一周凹槽。腹上部饰五周凸弦纹。泥条盘筑。高8.8、口径24、足径12厘米（图一五八，10；图版六二，1）。

敞口斜弧腹粗圈足盘　1件。标本ⅢT8B③:1，泥质灰陶。圈足下部残。敞口，圆唇，斜弧腹，浅盘，圜底，筒状粗圈足。素面。手制。残高6、口径26厘米（图一五八，11；图版六二，2）。

⑩ **陶盆**　4件。依沿面可分为厚口缘浅腹盆和平折沿深腹盆。

厚口缘浅腹盆　1件。标本ⅠT5I③:183，夹砂红陶。敞口，厚口缘，圆唇，斜弧腹，大平底。素面。手制。高8、口径21.6、底径8.5厘米（图一五九，1）。

平折沿深腹盆　3件。标本ⅠT1B③:1，夹砂灰陶。底残。侈口，窄平折沿，圆唇，斜弧腹。腹部饰有竖、斜交错的浅篮纹。手制。残高9.2、口径26厘米（图一五九，2；图版六二，3）。标本ⅠT4I③a:11，夹砂灰陶。侈口，宽平折沿，方唇，深弧腹微斜，大平底。腹部有几周不清晰的凹弦纹。手制。高15.4、口径32、底径16.4厘米（图一五九，3；图版六二，4）。标本ⅢT3B③:17，泥质灰褐陶。口微敛，平折沿，圆唇，鼓弧腹，小平底。素面。手制。高13、口径24.4、底径8厘米（图一五九，4；图版六二，5）。

⑪ **陶罐**　24件。完整和复原的陶罐仅8件，十六件为罐的残器口。以夹细砂陶为

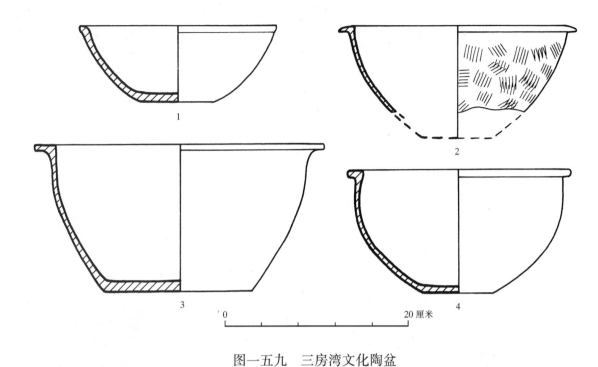

图一五九　三房湾文化陶盆

1.厚口缘浅腹盆ⅠT5I③:183　2~4.平折沿深腹盆ⅠT1B③:1、ⅠT4I③a:11、ⅢT3B③:17

主，次为泥质陶。以灰陶为多数，红陶次之，还有橙黄陶。大部是素面，纹饰有篮纹、凸弦纹和方格纹。均为手制，口部多经慢轮修整，器形规整。有卷沿罐、折沿罐、盘口罐、桶形罐、穿系罐、鼓腹罐和有领罐等。

卷沿罐　3件。短沿上仰折微卷。标本ⅠT1G③:8，夹砂灰陶。仅存口沿及上腹残部。卷沿上仰，尖圆唇，束颈，上腹微弧。腹饰有竖细绳纹。手制。残高2.8、口径16.4厘米（图一六〇，1）。标本ⅠT1G③:56，夹砂红褐陶。下腹至底部残。小口，短沿上仰微卷，圆唇，弧鼓腹，最大腹径在中部，下腹以下残。素面。手制。残高12、口径12厘米（图一六〇，2）。标本ⅡT3A③:18，夹砂灰陶。仅存口沿及沿下腹残部。卷沿上仰，沿面微凹，尖唇，斜腹壁。素面。手制。残高7.6、口径14厘米（图一六〇，3）。

折沿罐　6件，根据罐的沿面状况可分为仰折沿罐和平折沿罐。

仰折沿罐　5件。标本ⅠT1F③a:54，夹砂红陶。仅存口沿及上腹残部。折沿微上仰有折棱，沿面略凹，尖圆唇，上腹斜弧，腹部以下残。上腹部饰有竖篮纹。手制。残高7.5、口径16厘米（图一六〇，4）。标本ⅠT3I③a:56，夹砂灰陶。仅存口沿及上腹残部。宽仰折沿，沿内凹面上有三周凹槽，方唇，上腹斜弧。上腹部饰有竖篮纹。手制。残高4、口径23.2厘米（图一六〇，5）。标本M7:1，夹砂灰褐陶。折沿微仰有折棱，沿面略凹，方唇上有凹槽，鼓腹，下腹缓收成凹平底。腹部满饰横向篮纹。手制。高20.4、口径16.5、腹径22.8、底径6.5厘米（图一六〇，6；彩版一四，1）。标本M8:3，夹砂红褐陶。宽仰折沿，方唇，斜弧鼓腹，小平底，最大腹径在腹中部。颈部以下至底部满饰粗疏篮纹。手制。高29.2、口径16.2、腹径21.6、底径6.8厘米（图一六〇，7；图版六二，6）。标本M8:1，夹砂深灰陶。宽仰折沿起折棱，沿面下凹，方唇，

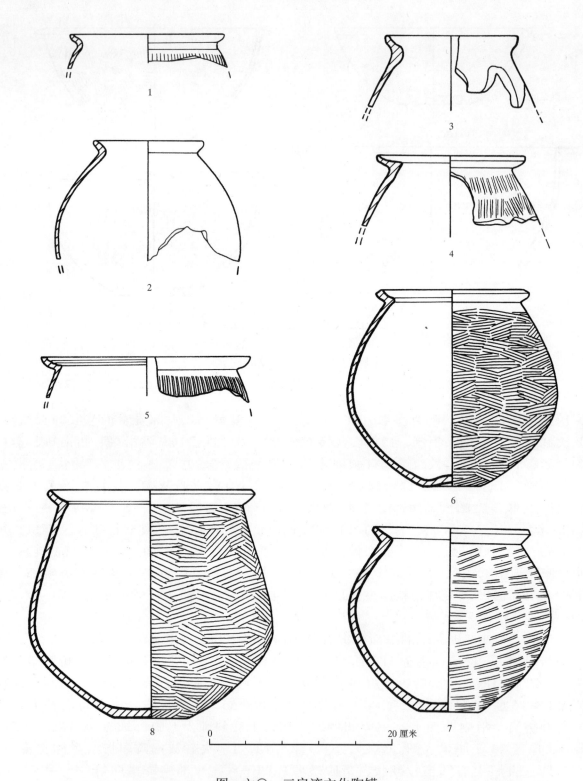

图一六〇　三房湾文化陶罐

1～3. 卷沿罐ⅠT1G③:8、ⅠT1G③:56、ⅡT3A③:18　4～8. 仰折沿罐ⅠT1F③a:54、

ⅠT3I③a:56、M7:1、M8:3、M8:1

斜垂弧腹，最大腹径在腹下部。平底。腹部满饰交错横粗疏篮纹。手制。高 24、口径 23、最大腹径 26.5、底径 8 厘米（图一六〇，8；图版六三，1）。

平折沿罐　1 件。标本ⅠT1G③:9，泥质灰陶。仅存口沿及上腹残部。平折沿，圆唇，上腹斜弧。上腹饰横篮纹。手制。残高 10.4、口径 24.4 厘米（图一六一，1）。

盘口罐　3 件。标本ⅠT3A③:1，夹砂灰褐陶。平折沿，沿面下凹呈浅盘口，尖方唇，鼓腹，下腹部缓收成小平底。腹部满饰网格状篮纹。手制。高 17.6、口径 17.2、最大腹径 21、底径 5.2 厘米（图一六一，2，图版六三，2）。标本ⅡT1A③b:7，夹砂橙黄陶。折沿上仰起棱，沿面下凹呈盘口，方圆唇，鼓腹，下腹缓收成平底略内凹。腹部满饰浅横篮纹。手制。高 25.6、口径 21、最大腹径 26.5、底径 9.6 厘米（图一六一，3；图版六三，3）。标本ⅡT1A③b:9，夹砂橙黄陶。折沿上仰有折棱，沿面下凹似浅盘，方唇上有一凹槽，鼓腹，下腹部缓收成凹平底。腹部饰有横粗篮纹。手制。高 25、口径 21.2、最大腹径 27、底径 8.4 厘米（图一六一，4；图版六三，4）。

桶形罐　1 件。标本ⅡT3C③:8，夹砂橙黄陶。短仰折沿，方唇，束颈，长弧腹，器内底部呈平直面，外底凹平，最大腹径在腹中下部。上腹外饰粗篮纹，下腹饰交错斜粗方格纹，腹桶形。手制。高 20、口径 10.6、最大腹径 13.1、底径 7.4 厘米（图一六一，5；彩版一四，2）。

穿系子母口罐　1 件。标本ⅡT3A③:2，泥质灰陶。仅存口沿及沿下腹残部。子母形敛口，沿面上残存有一圆穿孔，圆唇，弧腹。素面。手制。残高 4.4、口径 14 厘米（图一六一，6）。

鼓腹罐　1 件。标本ⅡT1A③a:202，泥质红陶。口、领部残。扁鼓腹，下腹急收成凹平底。素面。手制。残高 10.8、最大腹径 19、底径 7.2 厘米（图一六一，7；图版六三，5）。

有领罐　9 件。依领部面的状况分为高直领溜肩罐和高斜领溜肩罐。

高直领溜肩罐　4 件。标本ⅠT1G③H13:6，泥质灰陶。直领稍高，短卷沿，溜折肩，斜弧腹，下腹部缓收成平底。腹部最大径在上部。腹部满饰拍印方格纹。泥条盘筑法制成。高 26.8、口径 12.5、最大腹径 24.8、底径 6.5 厘米（图一六二，1；彩版一四，3）。标本ⅡT2D③:6，夹砂红陶。仅存口领、肩及上腹残部。高直领，小卷沿，溜肩略折，斜弧腹，下腹残。素面。手制。残高 16、口径 9.2 厘米（图一六二，2）。标本ⅠT5I③a:147，泥质红陶。仅存口领及肩残部。尖唇，直领，溜弧肩，肩部以下残。肩部饰拍印网格纹。手制。残高 6.8、口径 11.6 厘米（图一六二，3）。标本ⅠT3I③a:183，泥质灰陶。仅存口领及肩残部。高直领，短卷沿，溜弧肩，肩部以下残。素面。手制。残高 7.6、口径 14 厘米（图一六二，4）。

高斜领溜肩罐　5 件。标本ⅠT1A③:1，泥质灰陶。仅存口领及肩残部。直领较高，仰折沿，溜弧肩，肩部以下残。素面。手制。残高 7.2、口径 12.4 厘米（图一六二，5）。标本ⅢT3B③:3，泥质灰陶。仅存口领及肩残部。高斜领，小仰折沿，溜弧肩，肩部以下残。肩部饰四周凸弦纹。手制。残高 9.6、口径 12.6 厘米（图一六二，6）。标本ⅠT3I③A:95，泥质灰陶。仅存口领及肩残部。高斜领，小卷沿，溜肩，肩部及其以下残。肩部饰竖篮纹。手制。残高 8、口径 12 厘米（图一六二，7）。标本ⅠT3I③a:59，泥质灰陶。仅存口领残部。斜直领，短平折沿，尖圆唇，领部以下残。素面。手制。残

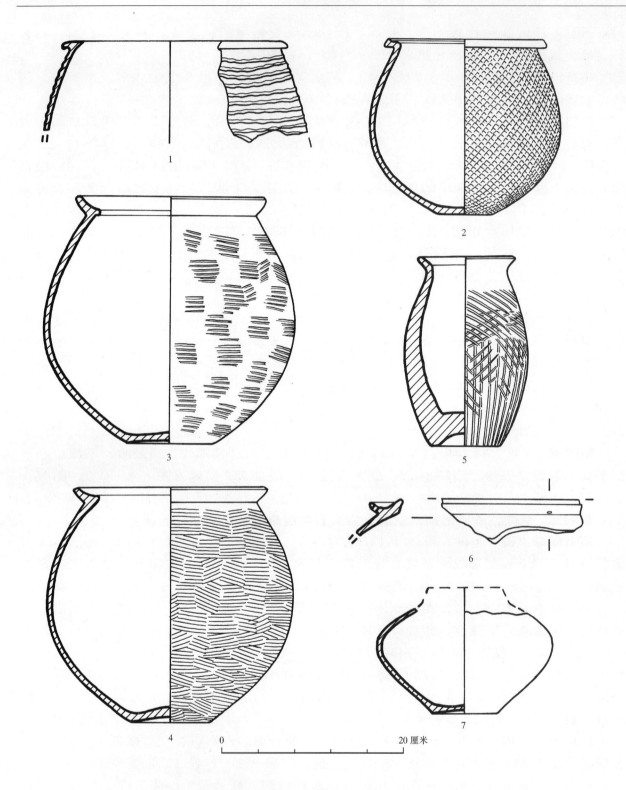

图一六一　三房湾文化陶罐

1. 平折沿罐ⅠT1G③:9　2~4. 盘口罐ⅠT3A③:1、ⅡT1A③b:7、ⅡT1A③b:9　5. 桶形罐ⅡT3C③:8

6. 穿系子母口罐ⅡT3A③:2　7. 鼓腹罐ⅡT1A③a:202

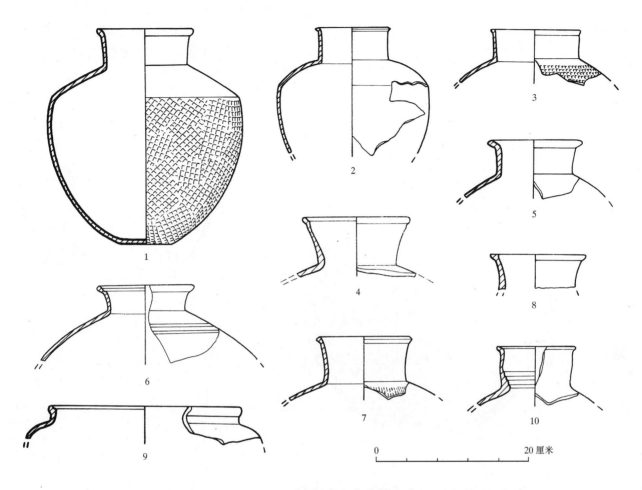

图一六二 三房湾文化陶罐和瓮

1~4.高直领溜肩罐ⅠT1G③H13:6、ⅡT2D③:6、ⅠT5I③a:147、ⅠT3I③a:183 5~9.高斜领溜肩罐ⅠT1A③:1、
ⅢT3B③:3、ⅠT3I③a:95、ⅠT3I③a:59、ⅠT3I③a:182 10.矮直领罐ⅠT1F③a:4

高4、口径12.4厘米（图一六二，8）。标本ⅠT3I③a:182，泥质灰陶。仅存口领及肩残
部。高斜直领，短折沿上仰，溜肩，肩部以下残。素面。手制。残高7.2、口径10.4厘
米（图一六二，9）。

⑫ 陶瓮 10件。两件保存较好或能复原，大多为瓮腹上部或底部残片。依口和领
的状况分为矮直领瓮、厚敛口溜肩瓮、厚敛口束颈瓮、仰折沿溜肩瓮和矮直领弧肩鼓腹
瓮。

矮直领瓮 1件。标本ⅠT1F③a:4，夹砂灰黑陶。仅存口领及肩残部。矮直领，窄
弧肩，肩部及其以下残。素面。手制。残高4、口径24.8厘米（图一六二，10）。

厚敛口溜肩瓮 2件。标本ⅠT1F③a:3，泥质灰陶。仅存口沿及沿下残部。小敛口，
宽带状厚口缘，勾状圆唇，上腹弧壁。上腹饰竖篮纹。手制。残高4.2、口径18厘米
（图一六三，1）。标本ⅠT1F③a:5，泥质灰陶。仅存口沿及上腹残部。敛口，勾状圆唇，
口缘厚，弧腹，上腹以下残。素面。手制。残高7.4、口径22厘米（图一六三，2）。

厚敛口束颈瓮 2件。标本ⅢT3B③:14，夹砂红陶。仅存口沿及沿下残部。小口卷
沿，圆唇，束颈，上腹斜弧。手制。残高6.2、口径22厘米（图一六三，3）。标本Ⅲ

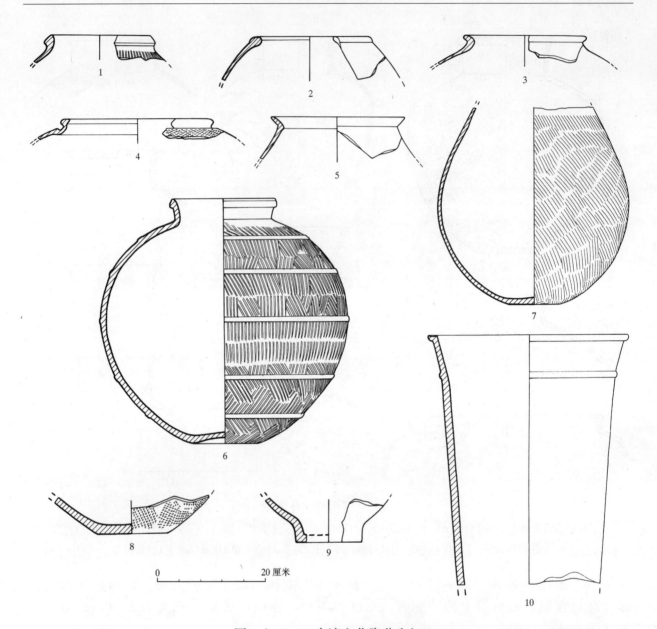

图一六三　三房湾文化陶瓮和缸

1、2.厚敛口溜肩瓮ⅠT1F③a:3、ⅠT1F③a:5　3、4.厚敛口束颈瓮ⅢT3B③:14、ⅢT3B③:15　5.仰折沿溜肩瓮
ⅢT5B③a:36　6.矮直领弧肩鼓腹瓮ⅡT2C③:2　7.残瓮ⅡT1A③a:10　8、9.瓮底ⅠT1B③:4、ⅠT3I③a:58
10.筒形缸ⅠT8B③a:2

T3B③:15，泥质灰陶。仅存口沿及沿下残部。敛口，圆唇，凹束颈，上腹弧腹壁。腹部
饰网格纹。手制。残高3.5、口径35厘米（图一六三，4）。

　　仰折沿溜肩瓮　1件。标本ⅢT5B③a:36。泥质灰陶。仅存口沿及沿下残部。仰折
沿，尖圆唇，上腹弧斜壁。素面。手制。残高7.8、口径24厘米（图一六三，5）。

　　矮直领弧肩鼓腹瓮　1件。标本ⅡT2C③:2，夹砂橙黄陶。厚口缘微侈，矮直领，
弧肩，圆鼓腹，小平底微凹。腹部最大径在中部。肩下至腹部满饰竖斜向篮纹及五周宽
带状堆纹。手制。高43、口径19.4、最大腹径45、底径12厘米（图一六三，6；彩版

一四，4）。

残瓮　1件。标本ⅡT1A③a:10，夹砂橙黄陶。口残，斜弧垂腹，平底。腹表满饰斜竖篮纹。手制。残高34、最大腹径34.5、底径9厘米（图一六三，7；图版六三，6）。

瓮底　2件。标本ⅠT1B③:4，夹砂红陶。仅存残下腹和器底。下腹斜弧缓收成大平底。残腹满饰拍印方格纹。手制。残高5.6、底径12.8厘米（图一六三，8）。标本ⅠT3I③a:58，夹砂红陶。仅存下腹部和部分器底。下腹斜弧急收成直筒状平底。素面。手制。残高7.7、底径12厘米（图一六三，9）。

⑬ **陶筒形缸**　1件。标本ⅠT8B③a:2，夹砂灰陶。残存缸上半部分。敞口，平沿，圆唇，筒形状直斜腹上粗下渐细，下腹部以下残。颈部外饰一周凸弦纹。手制。残高44.5、口径36.8厘米（图一六三，10；图版六四，1）。

（2）加工器具

加工器具有擂磨盆和澄滤器。

① **陶擂磨盆**　6件。依口沿分为无流擂磨盆和有流擂磨盆。无流擂磨盆依口沿可分为厚缘擂磨盆和平折沿擂磨盆。

无流厚缘擂磨盆　2件。标本ⅠT1G③:6，夹砂红陶。仅存口沿及腹残部。敛口，圆唇，斜弧腹以下残。盆内壁有竖道刻槽。口缘、腹部饰交错篮纹。手制。残高5.6、口径36.2厘米（图一六四，1）。标本ⅠT3I③a:63，泥质灰黑陶（红胎）。仅存口沿及腹残部。敛口，方唇，厚口缘，斜弧腹以下残。盆内壁有竖道刻槽。素面。手制。残高6、口径28.8厘米（图一六四，2）。

无流平折沿擂磨盆　3件。标本ⅠT1G③:4，夹砂红陶。仅存口沿及腹残部。敛口，宽平折沿，沿面上有一周凹槽，弧腹残。盆内壁有竖道刻槽。腹部饰有交错篮纹。手制。残高4.4、口径32.8厘米（图一六四，3）。标本ⅠT1G③:5，夹砂红陶。仅存口沿及腹残部。敛口，平折沿略下垂，沿面有四至五周凹弦纹，尖唇，直腹微弧。盆内壁有竖道刻槽。素面。手制。残高6.8、口径33.2厘米（图一六四，4）。标本ⅠT3I③a:64，夹砂黑陶。下腹与底残。敞口，短平折沿，尖圆唇，斜弧腹以下残。盆内壁有交错刻槽。素面。手制。残高7.2、口径27.2厘米（图一六四，5）。

有流擂磨盆　1件。标本ⅢT5B③a:6，夹砂红褐陶。敛口，平折沿略下垂，尖圆唇，弧腹，平底。一侧有一个半圆勺形流，盆内壁有交错刻槽。素面。手制。高16.4、口径36、流长4、底径10.6厘米（图一六四，6；图版六四，2）。

② **陶漏斗形澄滤器**　4件。喇叭形口，筒形腹。标本ⅡT3C③:8，夹砂橙黄陶。口残。器呈漏斗状，喇叭形口残，筒形腹，平底，腹上段略粗于下段。器内壁从口至底满施竖向刻槽。素面。手制。残高20、底径9.6厘米（图一六四，7；图版六四，3）。标本ⅡT3C③:10，夹砂红褐陶。口残。喇叭形口残，筒形腹，平底，筒腹中段微凸弧。腹部饰有方格纹。器内壁从口至底满施竖向刻槽。手制。残高14.8、底径10.4厘米（图一六四，8）。标本ⅡT3C③:11，夹砂红陶。器呈漏斗状，喇叭形口残，筒形腹，平底，腹中间略凸弧。器内壁从口至底均为竖向刻槽。腹部饰有竖向篮纹。手制。残高17.2、底径9.6厘米（图一六四，9；图版六四，4）。标本ⅡT2D③:26，夹砂灰褐陶。口略残。器呈漏斗状，喇叭形口残，筒形腹，平底，上下腹同粗。器内壁从口至底均为交错刻槽。腹部饰有粗疏篮纹。手制。残高17.6、底径10厘米（图版六四，5）。

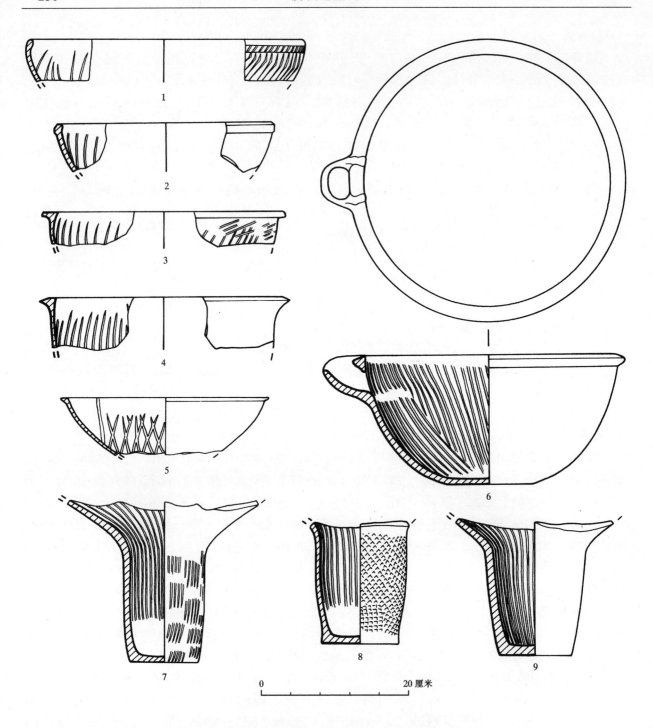

图一六四　三房湾文化陶擂磨盆和澄滤器

1、2.无流厚缘擂磨盆ⅠT1G③:6、ⅠT3Ⅰ③a:63　3~5.无流平折沿擂磨盆ⅠT1G③:4、ⅠT1G③:5、ⅠT3Ⅰ③a:64
　6.有流擂磨盆ⅢT5B③a:6　7~9.漏斗形澄滤器ⅡT3C③:8、ⅡT3C③:10、ⅡT3C③:11

（3）附　件

附件主要有器盖和器座。

① **陶器盖**　9件。依盖纽面的状况分圈纽斜弧面盖和圈纽斜直面盖。

圈纽斜弧面器盖　3 件。标本ⅡT1A③a:4，夹砂灰陶。喇叭口形圈纽，斜弧盖面出平沿。盘面饰有一周凸弦纹。高 5、圈纽径 6、底径 13.2 厘米（图一六五，1；图版六四，6）。标本ⅡT1A③a:5，夹砂灰陶。圈纽，盖面斜弧，敞口，方唇。素面。高 4、圈纽径 5.2、底径 12.2 厘米（图一六五，2；图版六五，1）。标本ⅡT3C③:360，夹砂黑陶。圈纽斜壁，盖面斜弧，敞口出小平沿。素面。手制。高 4.4、圈纽径 6、盖底径 12.4 厘米（图一六五，3；图版六五，2）。

图一六五　三房湾文化陶器盖

1～3.圈纽斜弧面器盖ⅡT1A③a:4、ⅡT1A③a:5、ⅡT3C③:360　4～9.圈纽斜直面器盖ⅢT5B③b:2、ⅢT5B③a:3、ⅢT5B③a:4、ⅡT2D③:5、ⅡT3C③:5、ⅡT1E③:14

圈纽斜直面器盖　6 件。标本ⅢT5B③b:2，夹砂红陶。圈纽斜壁，盖面斜弧，敞口出小平沿。素面。高 6.7、圈纽径 6.8、底径 16 厘米（图一六五，4；图版六五，3）。标本ⅢT5B③a:3，夹砂灰陶。直圈纽，斜直盖面，厚口缘。素面。高 4.8、底径 15 厘米（图一六五，5；图版六五，4）。标本ⅢT5B③a:4，夹砂灰陶。直圈纽，盖面斜直，口略敛，厚口缘。素面。高 5.2、圈纽径 4.6、底径 10.8 厘米（图一六五，6；图版六五，5）。标本ⅡT2D③:5，泥质灰陶。圈纽较高，盖面斜直，敞口，厚口缘。素面。高 5、圈纽径 6、底径 13.6 厘米（图一六五，7；图版六五，6）。标本ⅡT3C③:5，泥质灰陶。厚胎。圈纽极矮，盖斜面微弧，敞口。素面。高 5.6、圈纽径 9.6、底径 22.4 厘米（图一六五，8；图版六六，1）。标本ⅡT1E③:14，泥质红陶。矮直圈纽，斜平盖面。素面。高 2.8、圈纽径 4.6、底径 12 厘米（图一六五，9；图版六六，2）。

② **陶器座**　2 件。

依座身的状况分为直壁形器座和斜直壁形器座。

直壁形器座　1 件。标本ⅠT5B③:4，夹砂灰陶。筒形，上细下稍粗。大口，仰折沿，沿面弧凹，圆唇，足外撇呈座状。座身饰稀疏且浅粗的篮纹。手制，经过轮修。高 14、口径 16、底径 18 厘米（图一六六，1；图版六六，3）。

斜直壁形器座　1 件。标本ⅣT2A③:2，夹粗砂黄灰陶。下半部残。筒形，上细下稍粗，仅存上半部。侈口，卷沿，圆唇。上端饰有一周宽带状凹弦纹，下为一周凸弦纹，两者之间有两周平行链式按窝附加堆纹。座身中部以一周宽带状附加堆纹将腹部分成上下两个部分，上半部饰有六组镂孔，即以一个圆形镂孔为中心，两个不规则三角形镂孔对称排列为一组。六组镂孔以三至四道卷云形纹饰连接。手制，口部经过轮修。残高22、口径30厘米（图一六六，2；图版六六，4）。

③ 刻划符号陶片　1件。标本ⅡT2D③：7，泥质黑陶。存部分陶器腹部残片。腹外饰横向交错粗疏篮纹。腹内刻有一个倒"?"形符号，为烧好后刻划在器物上的。手制。残长7.4、宽5.5、厚0.8厘米（图一六六，3、4；图版六六，5）。

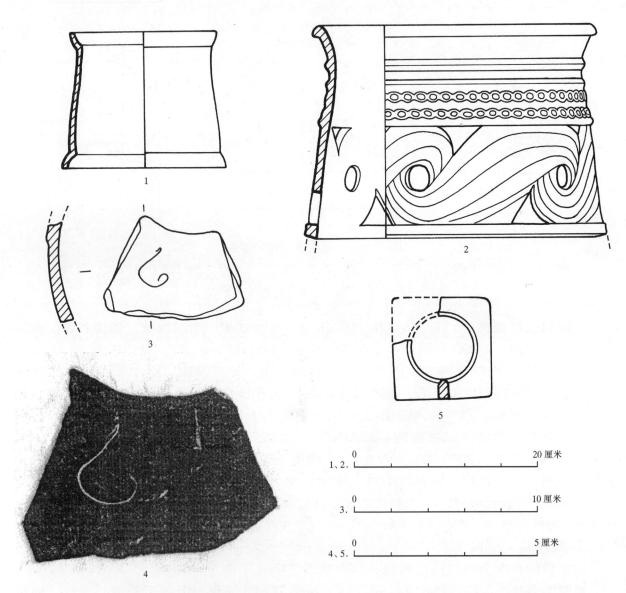

图一六六　三房湾文化陶器座、符号陶片和石饰

1. 直壁形器座ⅠT5B③：4　2. 斜直壁形器座ⅣT2A③：2　3. 符号陶片ⅡT2D③：7

4. 刻划符号陶片ⅡT2D③：7拓本

5. 石饰ⅠT5B③：3

2. 其　它

仅有一件石制装饰品。

石饰品　1 件。标本Ⅰ T5B③：3，泥质岩，灰色。磨制，平面呈正方形，中有一圆形钻孔，双面钻，一角残破，边长 2.6、圆孔内径 1.7、厚 0.3 厘米。重 3 克（图一六六，5；图版六六，6）。

（二）小　结

三房湾文化的生产工具中，石斧、石刀的数量仍居首位。石锄、石铲数量极少。农业工具不太多，手工艺工具数量仍不算少。狩猎工具中的有铤石镞增加。石器用料种类较石家河文化有了增加，但仍以沉积岩中的泥质岩为主。变质岩和火成岩类的石器有所增加，其中石斧 6 件以及石锛、石锄、石刀和石凿各一件的质地，分别采用变质岩中的石英岩与斜长角闪岩、火成岩中的闪长玢岩和闪长岩磨制而成。总的看来，三房湾文化的生产工具磨制石材应多遴选于七里河与马拦河中石料。

陶生产工具中的纺轮数量和器形变化不大。

生活用器，出土得不算多。炊具中从鼎足的数量看仍以鼎为多，豆的数量减少，一些杯、钵、豆、罐、擂磨盆和器盖等陶器从石家河文化同形器中变化而来。新出现了大批粗圈足盘。此外，还有新器形如盘形鼎，圜底甑、有扉鬶、桶形厚胎罐和短卷沿高直领折肩罐等。文化遗物中的主要因素，已构成了一种新的文化面貌了。

第三节　石家河文化和三房湾文化采集品

一、概　况

20 世纪 70 年代中叶，农民在七里河遗址上挖腐殖酸土（有机物的腐蚀土）作肥料，不仅破坏面积较大，且地层扰动也较深，被毁的新石器时代灰坑和墓葬等遗迹中暴露的遗物很多，这些遗物皆成为采集品。采集品中的新石器时代文化遗物中，有的是文物工作者在破坏面上采集的；有的是文物工作者去农民家里，在堆积的腐殖酸灰烬土中找到的；有的是当地村民进行生产发现上交的；也有在遗址表层和被汉代扰乱的或东周层中出土的，其性质都属采集品。

对采集品的编号分为两种，一是将存放于湖北省文物考古研究所的采集品，尽量保留原采集品规范顺序的编号，去掉采集品前的原编年号，对原来不规范的编号进行整合，用"采集：1. 采集：2. 采集：3……"等顺序编号。二是对于房县博物馆收藏的采集品，考虑到该馆对采集品已编制了规范的入藏号，并具有合法程序，在整理时则选用采集品的入藏号，删减了每个藏品的分类号，该馆的采集品则简写为"房七采：403、房七采：404……456"以示区别。此外，对于考古发掘中晚期的①、②层中出土的新石器时代文化遗物 89 件，仍保留原编号。

本节共选用陶、石、骨等质地标本 207 件，对选用的不同质地和形制的标本进行了文化甄别，石质、骨质生产工具、陶纺轮皆归入了石家河文化，陶容器和装饰用器等则分别归入了石家河文化和三房湾文化。

二、石家河文化采集品

选用陶、石、骨质地采集品 167 件，按用途分为生产工具、生活用具和其它三类。现分述如下：

（一） 生产工具和生活用具

1. 生产工具

选用石、骨、陶质标本 137 件，其中石器标本 108 件（含石料 1 件、废料 1 件），陶纺轮 23 件，骨器 6 件。生产工具中石器、骨器多为磨制，纺轮全是陶器。

石器质地中，以沉积岩为主，次为变质岩和火成岩。沉积岩中以泥质岩为主，其中以灰色为多，次为黑色，极少棕色、灰黄和灰绿色。泥质岩石器 91 件，占整个石器的 84.2%；灰色细砂岩石器 2 件，占整个石器的 1%；灰色粉砂质泥岩和黑色条带状硅质岩石器各 1 件，各占整个石器的 0.92%。此外，变质岩中的灰、黑色石英岩石器 8 件，占 7.4%；黑色斜长角闪岩石斧及棕色石杵各 1 件，各占 0.92%。火成岩中的黑色闪长玢岩、黑色闪长岩、灰色灰绿岩石器各 1 件，各占 0.9%。现按用途分述如下：

（1）砍伐、农业和渔猎工具

全为石器。石器琢、磨兼制，极少打制。器类有斧、锛、锄、铲、镰、刀、镞、钺和网坠等。

① **石斧** 25 件。多为小型器。斧的平面器形有梯形、长方形和方形等。

梯形斧 9 件。依刃缘平面可分为梯形直刃斧（或直刃微弧）和梯形弧刃斧（或斜弧刃斧）。

梯形直刃斧 5 件。直刃或直刃微弧。标本采集:66，石英岩，黑色。磨制。平面略呈梯形。素材为一扁平砾石。柄部平视凸弧。刃缘弦长与柄部弦长平行。两面弧刃，刃右角断缺，刃缘平视为直刃，侧视呈直刃。全长 10.8、宽 7.2、厚 2 厘米。柄部弧长 5、残刃缘弧长 4.4 厘米。重 288 克。刃角 63°（图一六七，1）。标本Ⅲ T3C①:2，泥质岩，黑色，通体磨光，平面略呈梯形。右侧有正向破碎的疤。柄上部一角断失。两面弧刃，刃缘平视为直刃，刃两角使用残缺，侧视呈直刃。残长 7.5、宽 6.3、厚 2 厘米。刃缘弧长 6.4 厘米。重 193 克。刃角 66°（图一六七，2）。标本房七采:437，泥质岩，灰色。平面呈梯形。柄部平视凸弧，柄部有砸击的痕迹，刃缘弦长与柄部弦长平行。两面刃，刃缘平视为直刃，侧视呈直刃，刃缘上有使用破损的小疤。全长 7.6、宽 5.9、厚 2.8 厘米。柄部弧长 4.9、刃缘弧长 5.9 厘米。刃角 54°（图版六七，1）。标本房七采:433，石英岩，黑色。通体磨制，柄部、左右两侧有琢制痕迹和打制的小疤。平面略呈梯形，柄部平视凸弧，刃缘弦长与柄部弦长平行。两面刃，刃缘平视直刃微弧，侧视呈直刃，刃缘上有使用的痕迹。全长 7.9、宽 5、厚 2.3 厘米。柄部弧长 2.5、刃缘弧长 5.1 厘米。刃角 55°（图版六七，2）。标本Ⅰ T1F①:44，泥质岩，黑色，通体磨制。平面呈梯形。柄部平视凸弧，刃缘弦长与柄部弦长平行。两面弧刃，刃缘有使用后的残痕，刃缘平视为直刃，侧视呈直刃。全长 8.3、宽 6.5、厚 1.8 厘米。柄部弧长 3.8、刃缘弧长 6.6 厘米。重 150 克。刃角 30°（图一六七，3）。

梯形弧刃斧 4 件。弧刃。标本Ⅳ T7A①:1，泥质岩，灰色。平面略呈梯形，素材

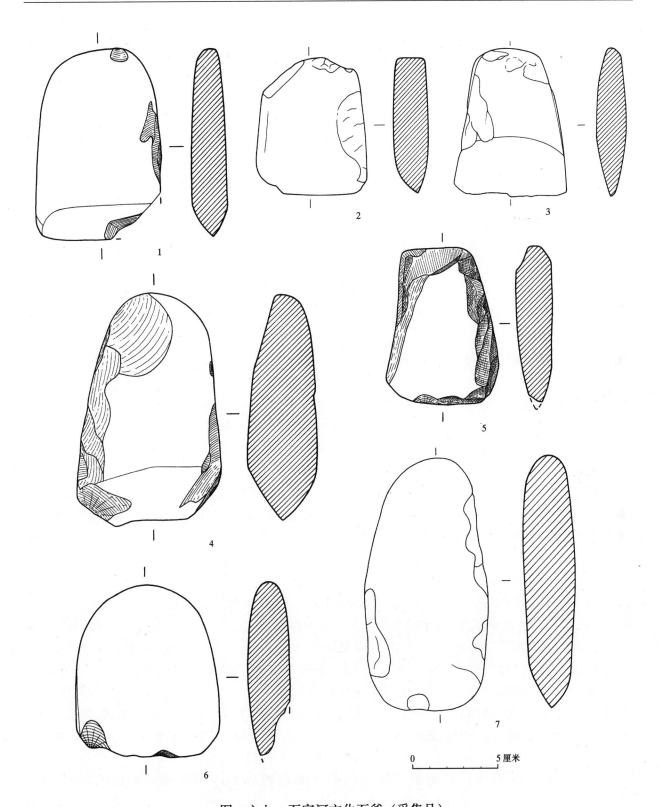

图一六七　石家河文化石斧（采集品）

1～3. 梯形直刃斧（采集:66）、ⅢT3C①:2、ⅠT1F①:44　4～7. 梯形弧刃斧ⅣT7A①:1、ⅢT2C①:5、

采集:65、采集:67

为一砾石。两侧边有敲琢的痕迹，柄部为砾石石皮，平视凸弧。刃缘弦长与柄部弦长平行。两面弧斜刃，刃缘平视为弧刃，刃缘中段大部使用断缺，侧视呈直刃。全长 13、宽 8、厚 4 厘米。柄部弧长 3、刃缘弧长 9 厘米。重 594 克。刃角 60°（图一六七，4）。标本ⅢT2C①:5，泥质岩，灰色。平面略呈梯形。柄部平视略凸弧，刃缘弦长与柄部弦长平行。两面弧刃，刃缘平视为弧刃，有使用的损缺疤痕，侧视呈直刃。全长 8.8、宽 6.4、厚 2 厘米。柄部弧长 4.2、刃缘弧长 6.6 厘米。重 201 克。刃角 53°（图一六七，5）。标本采集:65，泥质岩，灰色。平面呈梯形。素材为一扁平砾石。柄部平视为弧状，为砾石石皮。刃缘平视弧刃，刃部有较多的使用缺损疤痕。残长 9.4、宽 8.4、厚 2.4 厘米。柄部弧长 6、残刃缘弧长 8 厘米。重 318 克（图一六七，6）。标本采集:67，石英岩，灰色。素材为一长条形扁平砾石。平面略呈梯形。柄部平视呈弧状，为砾石石皮。刃缘弦长与柄部弦长平行。两面弧刃，刃缘平视为弧刃，侧视呈直刃。斧两侧及刃部均有损缺疤痕。全长 14、宽 7.1、厚 3 厘米。柄部弧长 3.5、刃缘弧长 6 厘米，重 460 克，刃角 62°（图一六七，7；图版六七，3）。

　　长方形斧　14 件。依刃缘平面可分为长方形直刃斧（或直刃微弧斧）和长方形弧刃斧（或斜弧刃斧）。

　　长方形直刃斧　8 件。直刃或直刃微弧。标本ⅣT7A①:2，泥质岩，灰色，通体磨制。平面略呈长方形。柄部平视凸弧，刃缘弦长与柄部弦长平行。两面弧刃，刃缘平视为直刃，侧视呈直刃。全长 10.7、宽 4.7、厚 2.9 厘米。柄部弧长 4、刃缘弧长 4.5 厘米。重 257 克。刃角 68°（图一六八，1；图版六七，4）。标本ⅣT5B①:2，泥质岩，黑色。平面近长方形，柄部平直，较厚。左、右侧边陡断。刃缘弦长与柄部弦长不平行，成 48°夹角。两面斜弧刃，刃缘平视为斜直刃，侧视呈直刃。全长 10.3、宽 5、厚 3.1 厘米。柄部弧长 3.5、刃缘弧长 4.5 厘米。重 267 克。刃角 75°（图一六八，2）。标本ⅣT7A①:10，泥质岩，灰色。平面近长方形。柄部平直，刃缘弦长与柄部弦长不平行，成 10°夹角。两面弧刃，刃缘上有破损的小疤。刃缘平视为直刃，侧视呈直刃。全长 7.3、宽 4.7、厚 2.8 厘米。柄部弧长 3.7、刃缘弧长 4.8 厘米。重 190 克。刃角 75°（图一六八，3）。标本采集:70，泥质岩，灰色。平面呈长方形。右角断缺，柄部平视呈凸弧，刃缘弦长与柄部弦长不平行。两面斜弧刃，刃缘平视为直刃，侧视呈直刃。残长 6.5、宽 3.6、厚 2.9 厘米。柄部弧长 2.9、刃缘弧长 3.5 厘米。重 126 克。刃角 63°（图一六八，4）。标本采集:73，泥质岩，黑色。平面略呈长方形，柄部平直。刃缘弦长与柄部弦长平行。两面刃，刃缘平视为直刃，侧视呈直刃。全长 6、宽 4.5、厚 2.9 厘米。柄部弧长 2.8、刃缘弧长 4.5 厘米。重 150 克。刃角 73°（图一六八，5）。标本采集:43，泥质岩，黑色，通体磨制，平面呈长方形。柄部平视凸弧，刃缘弦长与柄部弦长平行。斧右部断失。两面刃，刃缘平视为直刃，刃左、右角残缺，侧视呈直刃。残长 6.8、残宽 4.7、厚 1.7 厘米。柄部弧长 3.5、残刃缘弧长 3.3 厘米。重 104 克。刃角 54°（图一六八，6）。标本采集:9，石英岩，灰色。平面略呈长方形。柄部及两侧边有敲琢的痕迹。柄部一角断失。刃缘弦长与柄部弦长平行。两面弧刃，刃缘平视直刃微弧，侧视呈直刃。全长 10、宽 6.5、厚 3.3 厘米。柄部弧长 5、刃缘弧长 6.5 厘米。重 393 克。刃角 71°（图一六八，7）。标本ⅠT1F①:45，泥质岩，黑色。平面略呈长方形。柄部平直，刃缘弦长与柄部弦长平行。两面弧刃，刃缘平视为直刃，侧视呈直刃。全长 6.1、宽

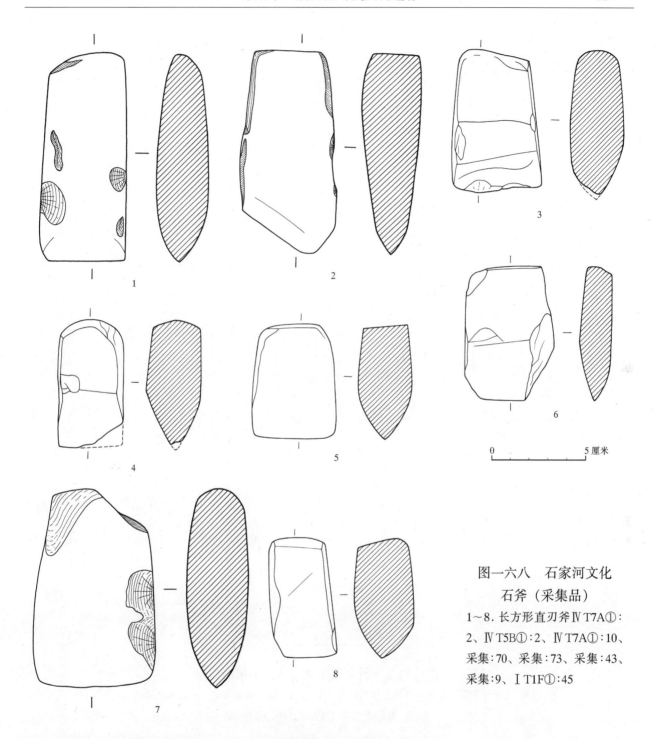

图一六八　石家河文化
石斧（采集品）

1~8. 长方形直刃斧 Ⅳ T7A①：
2、Ⅳ T5B①：2、Ⅳ T7A①：10、
采集：70、采集：73、采集：43、
采集：9、Ⅰ T1F①：45

3.2、厚 3.2 厘米。柄部弧长 2.8、刃缘弧长 3 厘米。重 116 克。刃角 78°（图一六八，
8）。

　　长方形弧刃斧　6 件。弧刃或斜弧刃。标本 Ⅰ T5I①：149，闪长玢岩（火成岩），黑
色。通体磨制，大部分有敲琢的痕迹。平面近长方形。柄部平视凸弧，有敲琢的痕迹，
刃缘弦长与柄部弦长平行。两弧面刃，刃缘平视为弧刃，侧视呈直刃。全长 10.9、宽
6.9、厚 3.9 厘米。柄部弧长 5.6、刃缘弧长 7.5 厘米。重 511 克。刃角 74°（图一六九，
1；图版六七，5）。标本 Ⅲ T8C①：35，泥质岩，灰色，通体磨制。左半部断失。柄部平

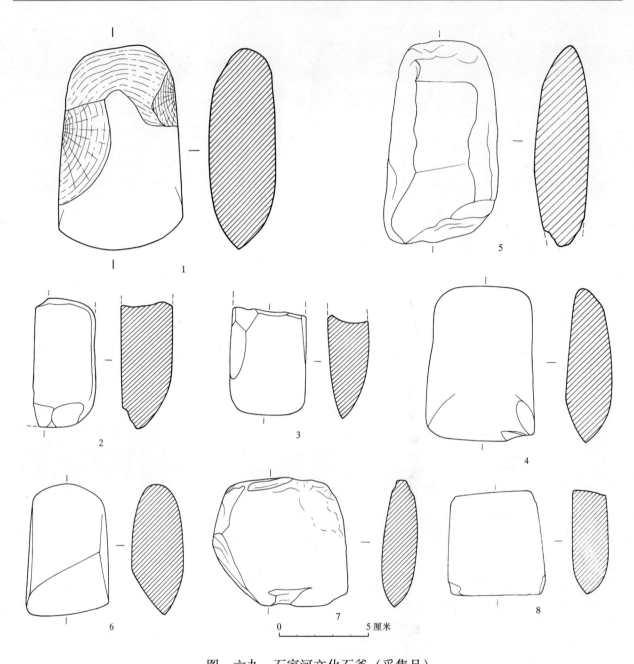

图一六九　石家河文化石斧（采集品）

1~6.长方形弧刃斧ⅠT5I①：149、ⅢT8C①：35、采集：46、采集：69、采集：64、ⅣT2A①：3

7、8.方形直刃斧ⅠT2A①：10、采集：68

视直平略残，上有敲琢的痕迹，刃缘弦长与柄部弦长平行。两面弧刃，刃缘平视为弧刃，有使用损缺疤痕，侧视呈直刃。长7、残宽3.3、厚2.8厘米。残柄部弧长3、残刃缘弧长2.8厘米。重131克。刃角80°（图一六九，2）。标本采集：46，泥质岩。灰黄色。柄部断失。刃缘呈舌状。两面弧刃，刃缘平视为弧刃，侧视呈弧刃。残长5.6、宽4.3、厚2.2厘米。刃缘弧长4.6厘米。重44克。刃角60°（图一六九，3）。标本采集：69，泥质岩，灰色。平面呈长方形。柄部平视呈凸弧，刃缘弦长与柄部弦长平行。两面弧刃，刃缘平视为弧刃，侧视呈直刃。全长 8.4、宽 6.1、厚 2.5 厘米。柄部弧长 5、刃缘弧长 6.5 厘米。重 232 克。刃角 66°（图一六九，4）。标本采集：64，石英岩，灰色。柄部和两侧边可见敲琢的痕迹。柄部平直微弧，有敲琢痕迹。刃缘平视斜弧形，可能是因石质太硬，刃部加工似未能完工，刃缘弦长与柄部弦长平行。全长 11、宽 6.4、厚 3.1 厘米。柄部弧长 4.5、刃缘弧长 6.5 厘米。重 358 克（图一六九，5）。标本ⅣT2A①：3，泥质岩，灰色。平面近长方形。柄部平视呈凸弧。刃缘弦长与柄部弦长平行。两面斜弧刃，刃缘平视斜弧刃，侧视呈直刃。全长 7.4、宽 4.4、厚 2.8 厘米。柄部弧长 4.1、刃缘弧长 4.7 厘米。重 164 克。刃角 75°（图一六九，6）。

方形直刃斧 2 件。刃缘平视均为直刃。标本ⅠT2A①：10，泥质岩，灰色。平面略呈方形，斧身左角断缺，柄部平视凸弧，刃缘弦长与柄部弦长平行。两面弧刃，刃左段断缺，仅存刃中段并有破损疤痕，刃缘平视为直刃，右角残缺，侧视呈直刃。全长 6.8、宽 7.4、厚 1.9 厘米。柄部弧长 5.5、残刃缘弧长 7 厘米。重 165 克。刃角 55°（图一六九，7）。标本采集：68，泥质岩，黑色，通体磨制。平面近方形。柄部平直。刃缘弦长与柄部弦长平行。两面弧刃，刃缘平视为直刃，刃左右两角略残，侧视呈直刃。全长 5.6、宽 5.4、厚 2.1 厘米。柄部弧长 4.4、刃缘弧长 5.1 厘米。重 137 克。刃角 78°（图一六九，8）。

② **石锛** 2 件。器形全是小型，均磨制。

长方形直刃锛 2 件。标本ⅠT3B①：11，泥质岩，灰色，通体磨制，平面略呈长方形，右侧边近刃部有一正向疤，柄部平直，刃缘弦长与柄部弦长平行。一面弧刃，刃缘平视直刃微弧，侧视呈弧刃。全长 5.8、宽 3.6、厚 1.6 厘米。柄部弧长 2.9、刃缘弧长 3.1 厘米。重 69 克。刃角 61°（图一七〇，1；图版六七，6）。标本采集：94，泥质岩，黑色，通体磨制。平面近长方形。柄部平视凸弧，刃缘弦长与柄部弦长平行。一面刃，刃缘平视为直刃，侧视呈直刃。全长 7.6、宽 3.7、厚 1.3 厘米。柄部弧长 2.5、刃缘弧长 3.5 厘米。重 59 克。刃角 49°（图一七〇，2）。

③ **石锄** 1 件。标本ⅠT1F①a：42，闪长岩（火成岩），灰色，打制。有肩石锄，平面呈梯形。柄部平视凸弧，刃缘弦长与柄部弦长平行，在两侧边两面加工出对称的两个凹缺。刃缘平面原应为直刃使用成凹刃，侧视呈直刃。全长 13.3、宽 9.5、厚 2.5 厘米。柄部弧长 5.8、刃缘弧长 9.5 厘米。重 344 克。刃角 60°、58°（图版六八，1）。

④ **石铲** 5 件。标本采集：31，泥质岩，灰色。通体磨制。柄部上端残缺。平面呈长方形。刃缘平视直刃微弧，侧视呈直刃。残长 12.5、宽 8.6、厚 1.4 厘米。残刃缘弧长 8.6 厘米。重 280 克。刃角 51°（图一七〇，3；图版六八，2）。标本房七采：55，辉绿岩（火），灰色，通体磨制。仅存刃部。刃缘平视为直刃微弧，侧视呈直刃。残长 6.9、宽 6.6、厚 1.8 厘米。残刃缘弧长 6.4 厘米。重 117 克。刃角 64°（图一七〇，4）。标本采集：54，泥质岩，黑色。通体磨制。残存中段以下部分，整个刃缘使用损缺。残长 7.6、宽 8.7、厚 1.4 厘米。残柄部弧长 6.5 厘米。重 148 克（图一七〇，5）。

标本房七采：431，泥质岩，灰色，通体磨制，平面略呈长方形。柄部平视凸弧，刃缘弦长与柄部弦长平行。两面弧刃，左刃角略残缺。刃缘平视为弧刃，侧视呈直刃。一钻孔靠近柄部中上部，为两面钻。柄边缘有破损痕。全长 12.2、宽 9、厚 0.8 厘米。柄部弧长 9.2、刃缘弧长 8.8、钻孔直径 1～1.8 厘米。刃角 43°（图一七六，6；图版七二，

1）。标本房七采：457，泥质岩，灰色，通体磨制，平面略呈长方形。柄部平视斜直，刃缘弦长与柄部弦长平行。两面弧刃，刃缘平视为圆弧刃，侧视呈直刃。刃与两侧面皆有磨制痕。一钻孔靠近柄部中部，为两面钻。一侧边缘与柄边缘有破损痕。全长 6.8、宽 8.3、厚 1.6 厘米。柄部弧长 8.4、刃缘弧长 7.3、钻孔直径 1.4～1.6 厘米。刃角 48°（图一七六，7；图版七二，2）。

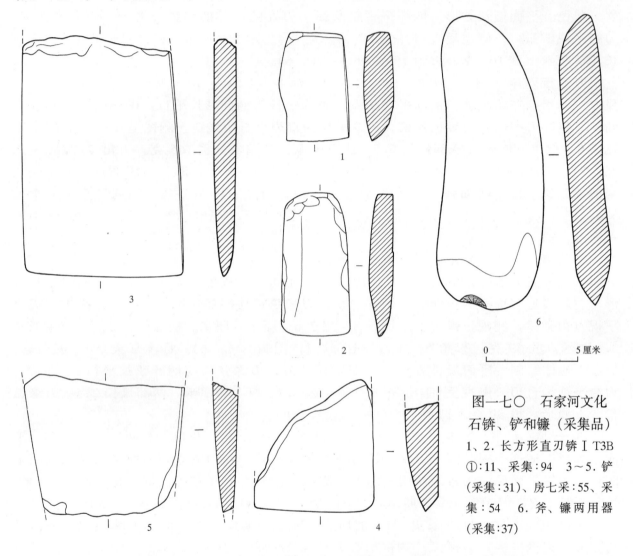

0　　　　　5 厘米

图一七〇　石家河文化
石锛、铲和镰（采集品）
1、2. 长方形直刃锛 Ⅰ T3B
①：11、采集：94　3～5. 铲
（采集：31）、房七采：55、采
集：54　6. 斧、镰两用器
（采集：37）

　　⑤ **石斧、镰两用器**　1件。标本采集：37，泥质岩，棕色，通体磨制。平面呈微弯状条形。素材为一略弯曲的扁长条形砾石。在内弧处正向加工出一条刃缘，加工刃缘似未完工，并将宽的一端也磨制加工出两面刃的另一刃缘。器为镰、斧两用器。石镰刃缘平视凹弧刃，侧视直刃。石斧刃缘平视为弧刃，侧视直刃。石镰的柄部平视凸弧，柄部弧长 15.6、刃缘长 13 厘米。刃角 74°。石斧的柄部平视凸弧，柄部弧长 2.3、刃缘弧长 5.5 厘米。刃角 53°。斧、镰两用器全长 15.3、宽 5.2、厚 2.3 厘米。重 284 克（图一七〇，6；图版六八，3）。

　　⑥ **石刀**　32 件。全为磨制，分无孔石刀和有孔石刀。平面器形有梯形、长方形、横长方形、长条形和有孔刀五种。

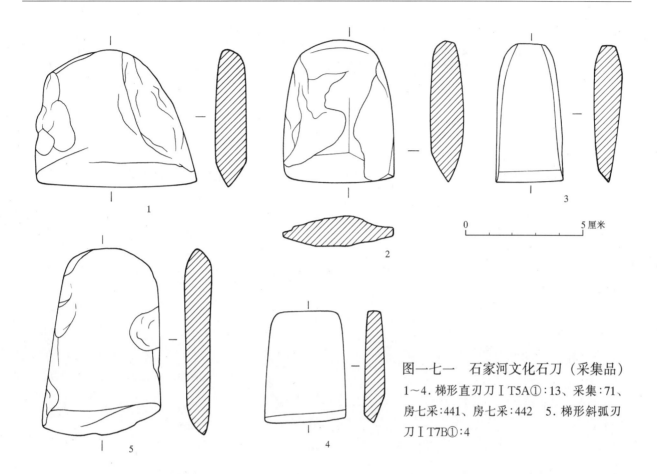

图一七一　石家河文化石刀（采集品）

1~4. 梯形直刃刀 Ⅰ T5A①：13、采集：71、
房七采：441、房七采：442　5. 梯形斜弧刃
刀 Ⅰ T7B①：4

梯形刀　5 件。刃缘平视可分梯形直刃刀和梯形斜弧刃刀两种。

梯形直刃刀　4 件。直刃或直刃微弧。标本 Ⅰ T5A①：13，泥质岩，黑色。平面呈梯形，柄部和两侧边留有加工的小疤，刃缘弦长与柄部弦长不平行。两面斜弧刃，刃缘平视为直刃，侧视呈直刃。全长 5.6、宽 6.6、厚 1.3 厘米。柄部弧长 3.2、刃缘弧长 6.6厘米。重 74 克。刃角 65°（图一七一，1；图版六八，4）。标本采集：71，泥质岩，灰色。平面略呈梯形。柄部平视凸弧。刃缘弦长与柄部弦长不平行。两面斜弧刃，刃缘平视直刃微弧，侧视呈直刃。全长 5.8、宽 4.6、厚 1.5 厘米。柄部弧长 3.1、刃缘弧长 4.6 厘米。重 60 克。刃角 50°（图一七一，2）。标本房七采：441，泥质岩，灰色。平面呈梯形，柄部平视直缘，刃缘弦长与柄部弦长平行。两面斜刃，刃缘平视为直刃，侧视呈直刃。全长 5.8、宽 2.8、厚 1.2 厘米。柄部弧长 2.1、刃缘弧长 2.8 厘米。刃角 57°（图一七一，3）。标本房七采：442，石英岩，黑色。平面呈梯形。柄部平视直缘，刃缘弦长与柄部弦长不平行，成 7°夹角。两面斜刃，刃缘平视直刃微弧，侧视呈直刃。全长 4.5、宽 3.4、厚 0.8 厘米。柄部弧长 2.8、刃缘弧长 3.5 厘米。刃角 58°（图一七一，4）。

梯形斜弧刃刀　1 件。斜弧刃。标本 Ⅰ T7B①：4，泥质岩，灰色。平面略呈梯形，柄部平视凸弧有破损疤痕，刃缘右角反向破损，刃缘弦长与柄部弦长基本平行。两面斜弧刃，刃缘平视为斜弧刃，侧视呈弧刃。全长 7.5、宽 5、厚 1.2 厘米。柄部弧长 3.5、刃缘弧长 5.3 厘米。重 72 克。刃角 75°（图一七一，5）。

长方形刀　15 件。刃缘平视可分长方形直刃刀、长方形斜弧刃刀、横长方形刀、长

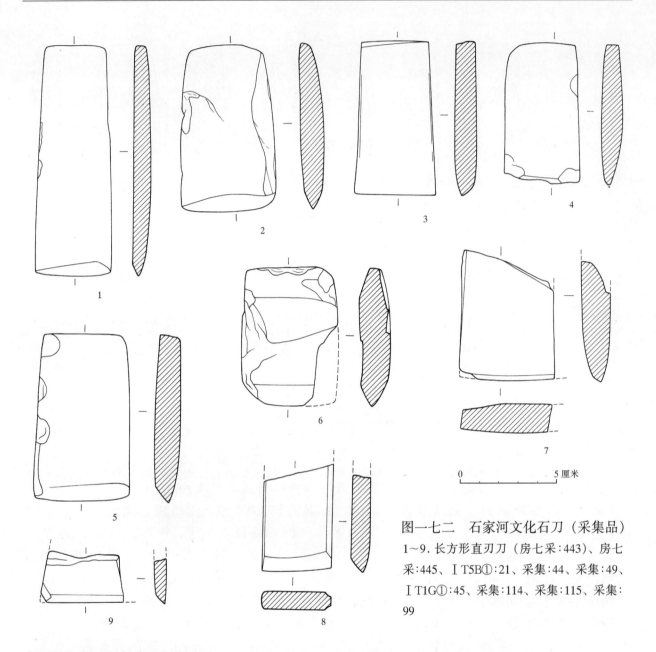

图一七二　石家河文化石刀（采集品）

1～9.长方形直刃刀（房七采：443）、房七
采：445、ⅠT5B①：21、采集：44、采集：49、
ⅠT1G①：45、采集：114、采集：115、采集：
99

条形弧刃刀和长条形两刃刀。

长方形直刃刀　9件。直刃或直刃微弧。标本房七采：443，泥质岩，灰色。平面呈
扁长方形，柄部平直，刃缘弦长与柄部弦长平行。一面斜刃，刃缘平视为弧刃，侧视呈
直刃。全长11.7、宽4、厚0.9厘米。柄部弧长3.2、刃缘弧长4厘米。刃角50°（图一
七二，1；图版六八，5）。标本房七采：445，泥质岩，灰绿色。平面呈不规则长方形，
柄部平视凸弧，有破损的小疤。刃缘弦长与柄部弦长平行。双面弧刃，刃缘平视为弧
刃，侧视呈直刃。全长8.4、宽5、厚1.1厘米。柄部弧长3.9、刃缘弧长5厘米。刃角
63°（图一七二，2；图版六八，6）。标本ⅠT5B①：21，泥质岩，黑色。平面呈长方形。
柄部平直，刃缘弦长与柄部弦长平行。双面弧刃，刃缘平视为直刃，侧视呈直刃。全长
7.8、宽4.1、厚1.1厘米。柄部弧长3.3、刃缘弧长4.1厘米。重79克。刃角74°（图

一七二，3；图版六九，1）。标本采集：44，泥质岩。灰色。平面呈长方形。柄部平视凸弧。刃缘弦长与柄部弦长平行。两面弧刃，刃缘平视直刃微弧，侧视呈直刃。全长 7.1、宽 3.9、厚 1.1 厘米。柄部弧长 3.5、刃缘弧长 3.9 厘米。重 64 克。刃角 55°（图一七二，4）。标本采集：49，泥质岩。灰色。平面呈长方形。柄部平直。刃缘弦长与柄部弦长平行。一面斜刃，刃缘平视直刃微弧，侧视呈直刃。全长 8.2、宽 5、厚 1.3 厘米。柄部弧长 4.2、刃缘弧长 4.9 厘米。重 119 克。刃角 61°（图一七二，5；图版六九，2）。标本ⅠT1G①：45，泥质岩，灰色。平面呈长方形。柄部和左右两侧及刃缘上均留有加工的小疤，器身右侧断失一部分。刃缘弦长与柄部弦长平行。两面弧刃，左刃角残缺，刃缘平视为直刃，侧视呈直刃。长 7、残宽 5、厚 1.6 厘米。柄部弧长 4.5、残刃缘弧长 3.5 厘米。重 84 克。刃角 53°（图一七二，6）。标本采集：114，泥质岩，黑色。柄部残断，两面刃，刃缘平视为直刃，侧视呈直刃。残长 6.7、宽 4.9、厚 1.5 厘米。残刃缘弧长 4.9 厘米。重 79 克。刃角 68°（图一七二，7）。标本采集：115，泥质岩，黑色。柄部残断。一面斜刃，刃缘平视直刃微弧，侧视呈直刃。残长 5.2、宽 3.7、厚 1.1 厘米。残刃缘弧长 3.6 厘米。重 44 克。刃角 75°（图一七二，8）。标本采集：99，泥质岩，黑色。仅存刀下部刃缘。一面斜刃，刃缘平视为直刃，侧视呈直刃。残长 2.5、宽 4.2、厚 0.6 厘米。残刃缘弧长 4.1 厘米。重 12 克。刃角 51°（图一七二，9）。

长方形斜弧刃刀 2 件。弧刃或斜弧刃。标本ⅢT3D①：2，泥质岩，灰色。平面略呈长方形。两侧边有破损小疤，右侧边的小疤多于左边。柄部平直，有破损小疤。刃缘弦长与柄部弦长平行。一面斜刃，一面弧刃。刃缘平视为弧刃，侧视呈直刃。全长 6.2、宽 4.4、厚 1.2 厘米。柄部弧长 3.3、刃缘弧长 4.4 厘米。重 63 克。刃角 70°（图一七三，1）。标本采集：47，泥质岩，黑色。平面呈长方形。柄部平视略凸弧。刃缘弦长与柄部弦长不平行，成 8°夹角。一面斜刃，刃缘平视为斜弧刃，侧视呈弧刃。全长 5.9、宽 3.6、厚 1 厘米。柄部弧长 3.3、刃缘弧长 3.6 厘米。重 45 克。刃角 54°（图一七三，2）。

横长方形刀 1 件。标本ⅣT4B②：2，泥质岩，灰白色。柄上部断失。两面弧刃，

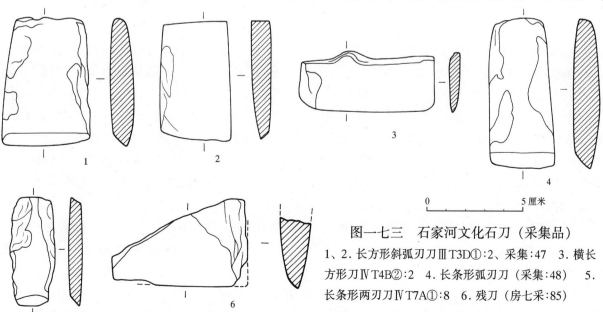

图一七三 石家河文化石刀（采集品）

1、2. 长方形斜弧刃刀ⅢT3D①：2、采集：47 3. 横长方形刀ⅣT4B②：2 4. 长条形弧刃刀（采集：48） 5. 长条形两刃刀ⅣT7A①：8 6. 残刀（房七采：85）

刃缘平视直刃微弧，侧视呈直刃。残长 2.9、宽 6.9、厚 0.5 厘米。刃缘弧长 7 厘米。重 19 克。刃角 44°（图一七三，3）。

长条形刀　2 件。平面器形分为长条形弧刃刀和长条形两刃刀。

长条形弧刃刀　1 件。标本采集：48，泥质岩，灰色。平面呈长条形。柄部平视凸弧。刃缘弦长与柄部弦长平行。两面斜刃，刃缘平视为弧刃，侧视呈直刃。全长 7.6、宽 3.3、厚 1.4 厘米。柄部弧长 2.4、刃缘弧长 3.2 厘米。重 62 克。刃角 61°（图一七三，4）。

长条形两刃刀　1 件。标本Ⅳ T7A①：8，泥质岩，灰色。平面呈长条形。器身两端各磨出一斜刃，两侧边均有两面加工的小疤。上端和下端磨制的两个刃缘平行，均为一面斜刃，两刃处于不同面上，上端刃缘平视皆凸弧刃，侧视直刃，器周身两侧有破损小疤。下端刃缘平视弧刃，侧视为弧刃。上端的刃缘弧长 1.7、下端刃缘长 1.6 厘米。上刃角 50°，下刃角 48°。全长 5.3、宽 2.3、厚 0.7 厘米。重 14 克（图一七三，5）。

残刀　1 件。标本房七采：85，泥质岩，灰色。仅残存刀下半部。刃缘平视直刃微弧，侧视直刃。右侧有破损小疤。刃缘残长 6.4 厘米。刃角 65°。刀残长 4.6、宽 7、厚 1.7 厘米。重 55 克（图一七三，6）。

有孔刀　12 件。依刀的刃缘平面器形可分为长方形有孔直刃刀（或直刃微弧）、长方形有孔弧刃刀、有孔弯凹刃刀和有孔两刃刀。

长方形有孔直刃刀　8 件。直刃或直刃微弧。标本采集：34，泥质岩。灰色。平面呈横长方形。柄部平视凸弧，两侧有疤痕。刃缘弦长与柄部弦长平行。一面斜刃，刃缘平视直刃微弧，侧视呈直刃。保存钻孔一个，单面钻。长 8.6、宽 4、厚 0.6 厘米。柄部弧长 8.3、刃缘弧长 8.6 厘米。重 40 克。刃角 40°（图一七四，1；图版六九，3）。标本采集：61，泥质岩，黑色。平面呈横长方形。柄部平视凸弧，柄部及两侧皆有破损痕。刃缘弦长与柄部弦长平行。一面斜刃，刃缘平视直刃，侧视呈直刃。保存两面钻孔一个。长 8.7、宽 3.7、厚 0.5 厘米。残柄部弧长 8.4、残刃缘弧长 8.6 厘米。重 37 克。刃角 53°（图一七四，2）。标本Ⅲ T8A①：169，泥质岩，灰色。平面呈横长方形。仅存左半部。柄部平视凸弧，刃缘弦长与柄部弦长平行。一面斜刃，刃缘平视为直刃，侧视呈直刃。残存两面钻孔一个。残长 4.7、宽 3.3、厚 0.6 厘米。残柄部弧长 4、残刃缘弧长 4.5 厘米。重 17 克。刃角 47°（图一七四，3）。标本采集：88，泥质岩，灰色。平面呈横长方形。仅存右半部，右柄角与左半断失。柄部平视凸弧，刃缘弦长与柄部弦长平行。一面斜刃，刃缘平视直刃微弧，侧视呈直刃。残存未钻穿的一面钻孔一个。残长 4.5、宽 5.3、厚 0.7 厘米。残柄部弧长 5、残刃缘弧长 5.5 厘米。重 25 克。刃角 56°（图一七四，4）。标本采集：59，泥质岩，黑色。平面呈横长方形。尚存大部分柄部，刃部大部断失，仅残存一小段直刃，一面斜刃。柄部平视直。一小孔两面斜钻。残长 4.5、宽 8.2、厚 0.5 厘米。残柄部弧长 8.1、残刃缘弧长 0.2 厘米。重 23 克。刃角 55°（图一七四，5）。标本房七采：447，泥质岩，灰色，通体磨制。平面呈长方形，柄部平视凸弧。刃缘弦长与柄部弦长平行。一面斜刃，刃缘平视为直刃微弧，侧视呈直刃。一个两面钻孔靠近柄部附近。全长 4、宽 8.6、厚 0.6 厘米。柄部弧长 8.3、刃缘弧长 8.2、孔径 0.4～0.8 厘米。刃角 47°（图一七四，6；图版六九，4）。标本房七采：448，泥质岩，黑色，通体磨制。平面呈长梯形，柄部平视直。刃缘弦长与柄部弦长不平行，成 10°夹角。一

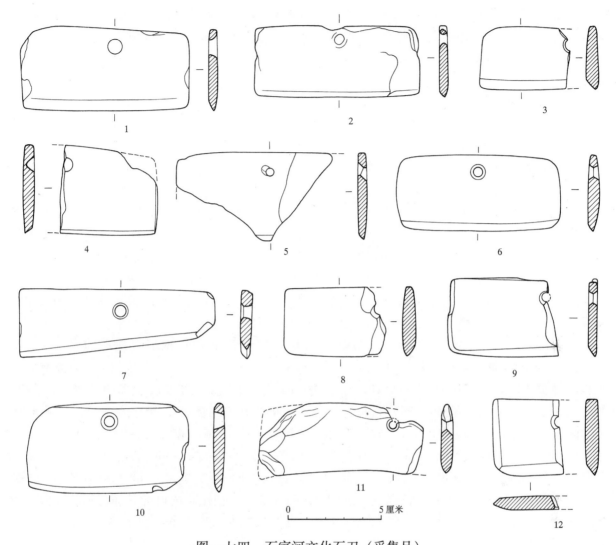

图一七四　石家河文化石刀（采集品）

1~8.长方形有孔直刃刀（采集：34）、采集：61、ⅢT8A①:169、采集：88、采集：59、房七采：447、房七采：448、

采集：60　9、10.长方形有孔弧刃刀（采集：63）、房七采：446　11.有孔弯凹刃刀（采集：41）

12.有孔两刃刀（采集：87）

面斜刃，右上角、下角有破损。刃缘平视为斜直刃，侧视呈直刃。一个两面钻孔靠近柄
部中部。全长 3.4、宽 10.5、厚 0.6 厘米。柄部弧长 10.1、刃缘弧长 9.6、孔径 0.6~
0.9 厘米。刃角 50°（图一七四，7；图版六九，5）。标本采集：60，泥质岩，灰色。平面
呈横长方形。右半部残断，仅存左半部。柄部平直。刃缘弦长与柄部弦长平行。两面斜
弧刃，刃缘平视为弧刃，侧视呈直刃。柄部尚存半个残孔。孔两面钻。残长 3.5、宽
5.4、厚 0.7 厘米。残柄部弧长 4.5、残刃缘弧长 5.1 厘米。重 27 克。刃角 55°（图一七
四，8）。

长方形有孔弧刃刀　2 件。弧刃。标本采集：63，泥质岩，黑色。平面呈横长方形。
仅存左半段，右半段断失。柄部平直。一面斜刃，刃缘弦长与柄部弦长平行。刃缘平视
为弧刃，侧视呈直刃。残存两面钻孔半个。残长 4.1、宽 5.9、厚 0.5 厘米。残柄部弧长
5、残刃缘弧长 5.8 厘米。重 22 克。刃角 40°（图一七四，9）。标本房七采：446，泥质

岩，灰色，通体磨制。平面呈长方形，柄部平视凸弧。刃缘弦长与柄部弦长平行。两面弧刃，右角、侧有破损。刃缘平视为弧刃，侧视呈直刃。一个单面钻孔靠近柄部中部。全长4.7、宽8.7、厚0.5厘米。柄部弧长6.9、刃缘弧长8.2、孔径0.5～0.9厘米。刃角32°（图一七四，10；图版六九，6）。

有孔弯凹刃刀　1件。标本采集:41，泥质岩，灰色。器平面近弯镰状，似为一废镰改制为刀，仅存右半，左半断失。柄部平视凸弧，刃缘弦长与柄部弦长平行。两面弧刃，刃缘平视为凹弧形弯刃，侧视呈直刃。残孔一个两面钻。残长3.7、宽8.7、厚0.6厘米。残柄部弧长7、残刃缘弧长7.5厘米。重38克。刃角56°（图一七四，11；图版六九，7）。

有孔两刃刀　1件。标本采集:87，泥质岩，黑色。平面呈横长方形。仅存左半部和残孔半个，右半断失。器身左侧及下部边缘各磨制出一刃，皆为一面斜刃。柄部平直，刃缘与柄部平行。左侧边刃与柄部相交成88°夹角。左侧刃缘平视直刃，侧视直刃。下部刃缘平视直刃微弧，侧视直刃。刃缘弦长与柄部弦长平行。残孔两面钻。残长3.7、宽4、厚0.8厘米。残柄部弧长3.3、下部刃的刃缘弧长3.5厘米。刃角55°。侧刃的刃缘弧长3.7厘米。刃角63°。重23克（图一七四，12）。

⑦ **石镞**　16件。分树叶形无铤石镞、树叶形有铤石镞和圆锥形有铤石镞。

树叶形无铤镞　4件。标本采集:62，泥质岩，灰色。平面呈树叶形，横剖面呈扁六边形。镞身扁薄，锋尖锐利。无铤，末端平齐。全长7.2、宽2.2、厚0.3厘米。重7克。（图一七五，1；彩版一五，1左）。标本采集:18，泥质岩，黑色。平面呈树叶形，横剖面呈扁椭圆形。镞身扁薄，锋尖锐利。无铤。全长3.6、宽1.8、厚0.2厘米。重2克（图一七五，2）。标本G1⑥:7，泥质岩，黑色。镞身扁薄，平面呈树叶形，仅存镞的前半段，横剖面扁平微弧。无铤。残长2.5、宽2、厚0.2厘米。重1克（图一七五，3）。标本房七采:20，泥质岩，灰色。仅存镞前半部。平面呈树叶形，横剖面呈扁六边形。镞身扁薄，锋刃锐利，锋尖端残。无铤。残长2.1、宽1.6、厚0.8厘米。重2克（图一七五，4）。

有铤镞　12件。依平面形状可分为树叶形有铤镞和圆锥形有铤镞。

树叶形有铤镞　3件。标本采集:53，泥质岩，灰色，通体磨制，器形规整。镞身似树叶形，前锋略残无锋尖，有后锋，横剖面呈扁弧梭形。近左后锋处有一钻孔，为单面钻。此镞似利用废弃的有孔刀类加工而成。铤扁平呈乳头状。残长7.9、镞身长6.2、镞宽3.4、铤身长1.7、铤宽0.9厘米。内孔径0.5、外孔径0.8厘米。重16克（图一七五，5；彩版一五，1右）。标本采集:17，泥质岩，灰色，通体磨制，器形规整。镞身呈三棱形，横剖面略呈三角形。铤呈圆锥状，横剖面呈圆形。锋尖及两侧前后均有残缺。残长8.6、镞身长7.1、镞宽1.8厘米。铤身长1.5、铤径0.6、厚0.5厘米。重9克（图一七五，6）。标本房七采:450，泥质岩，黑色，通体磨制，器形规整。镞身细长，平面呈柳叶状，横剖面呈四菱形。镞身分为两段：前段刃锋和镞身均呈四棱形，横剖面均呈四棱形；后段铤较长呈扁椭圆状，横剖面呈扁椭圆形。锋尖略残，两侧刃锋锐利。残长7.3、宽1.6厘米。锋长4.1、铤长3.2厘米。（图一七五，7；图版七〇，1）。

圆锥形有铤镞　9件。标本采集:12，泥质岩，黑色，通体磨制，器形规整。镞锋端较短呈三棱形，横剖面呈三角形；镞身为圆柱状，铤较短亦呈圆锥状，横断面呈圆形。

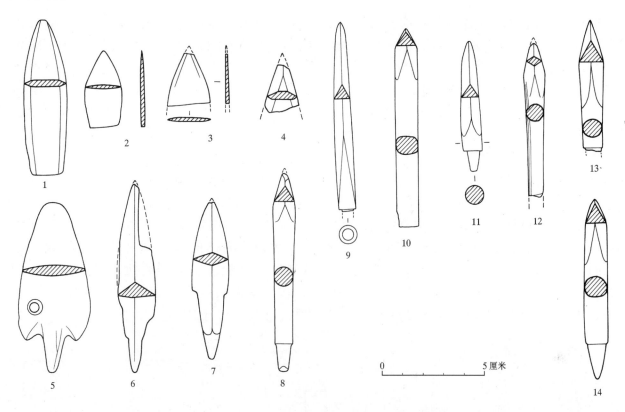

图一七五　石家河文化石镞（采集品）

1～4.树叶形无铤镞（采集 62）、采集：18、G1⑥：7、房七采：20　5～7.树叶形有铤镞（采集：53）、采集：17、
房七采：450　8～14.圆锥状有铤镞（采集：12）、采集：10、采集：8、采集：16、采集：11、房七采：455、房七采：451

锋尖与铤末端略残。残长 9.4、镞身长 8、镞径 1.1 厘米。铤身长 1.4、铤径 0.7 厘米。重 12 克（图一七五，8；图版七〇，2）。标本采集：10，泥质岩，灰色，通体磨制，器型规整。镞身细长，锋尖锐利。三棱形锋特长近铤部，横剖面呈三角形。近铤段的镞身为圆柱状，残铤亦呈圆柱形。锋尖、铤大部残。镞残长 8.9、镞身长 8.8、镞径 0.9 厘米。铤身长 0.1、铤径 0.5 厘米。重 8 克。（图一七五，9；图版七〇，3）。标本采集：8，泥质岩，黑色，通体磨制，器形规整。镞锋端较短呈三棱形，横剖面呈三角形。镞身为椭圆柱状，横剖面略呈椭圆形。铤断失。镞身残长 9.5、镞径 0.8～1.1 厘米。重 19 克（图一七五，10；图版七〇，4）。标本采集：16，泥质岩，黑色，通体磨制，器形规整。镞锋端较长呈三棱形，横剖面呈三角形。铤短呈圆锥形，横剖面呈圆形。全长 6.1、镞身长 5.1、镞径 0.9 厘米。铤身长 1.1、铤径 0.6 厘米。重 5 克（图一七五，11；图版七〇，5）。标本采集：11，泥质岩，灰色，通体磨制，器形规整。镞身前锋较短呈四棱形，横剖面亦呈四棱形；镞身与铤部尚无分界，后段呈圆柱形。锋尖略残，铤末端残。镞身残长 7.2、镞径 0.9 厘米。重 8 克。（图一七五，12；图版七〇，6）。标本房七采：455，泥质岩，黑色，通体磨制，器形规整。镞身细长，分为两段，前锋较长呈三棱形，横剖面呈三角形，后段较短为圆柱形。残铤呈圆柱状。锋尖、刃锋利，铤略残。镞残长 6.2、镞身长 6、镞身径 1 厘米。镞前锋最宽处 1.2 厘米。铤身长 0.2、铤径 0.8 厘米（图一七五，13；图版七〇，7）。标本房七采：451，泥质岩，灰黑色，通体磨制，器型规整。镞

身细长，前段刃锋较短呈三棱形，横剖面呈三角形；后段镞身较长为圆柱形。铤呈圆锥状。全长 8.5、镞身长 6.9、镞身径 1、镞前段刃锋宽 1 厘米。铤长 1.7、铤径 0.7 厘米（图一七五，14；图版七〇，8）。标本房七采：453，泥质岩，黑色，通体磨制，器形规整。镞身细长，分为两段，前段较短呈三棱形，横剖面呈三角形，后段为圆柱形。铤较短呈圆柱状。锋尖、边刃锋利，尖端略残。残长 6.1、镞身长 4.7、镞身径 0.9、镞前锋刃宽 0.9 厘米。铤身长 1.4、铤径 0.8 厘米（图版七一，1）。标本房七采：454，泥质岩，灰色，通体磨制，器形规整。镞身细长，分为两段，前段较长呈三棱形，横剖面呈三角形，后段为圆柱形。铤呈圆柱状。锋尖与铤末端残。残长 7.4、镞身长 7.2、镞身径 0.8、镞前锋刃宽 1 厘米。铤身长 0.2、铤径 0.7 厘米（图版七一，2）。

⑧ 有铤骨镞　6 件。器身分树叶形有铤骨镞和圆锥形有铤骨镞。

树叶形有铤镞　1 件。标本采集：24，骨质呈灰色，通体磨光。镞平面呈柳叶状，横剖面呈四棱形，尖端略钝。铤长于镞身，平面呈长三角状，铤末端略残，横剖面为椭圆形。残长 7.1、镞身长 3.9、宽 1.6、厚 0.7 厘米。铤残长 3.2、最宽 1.2、最厚 0.8 厘米。重 7 克。锋夹角 28°，锋刃角 57°、58°（图一七六，1；图版七一，3）。

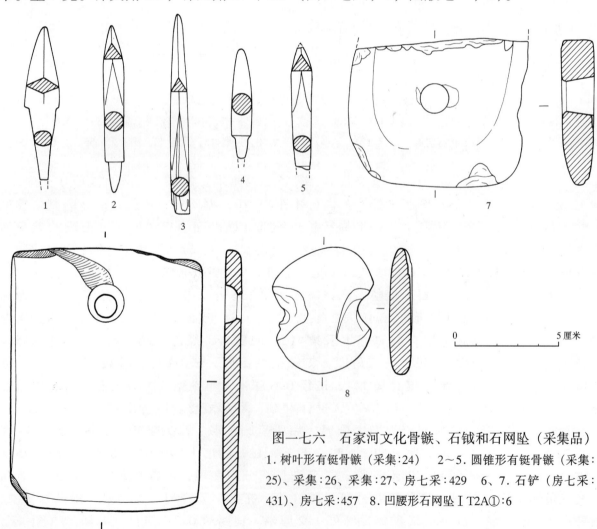

图一七六　石家河文化骨镞、石铖和石网坠（采集品）
1. 树叶形有铤骨镞（采集：24）　2～5. 圆锥形有铤骨镞（采集：25）、采集：26、采集：27、房七采：429　6、7. 石铲（房七采：431）、房七采：457　8. 凹腰形石网坠Ⅰ T2A①：6

　　圆锥形有铤镞　5 件。标本采集:25,骨质呈灰白色,通体磨光。整体似圆锥状,分镞身和铤两部分,镞身平面呈圆柱形,镞前锋较长呈三角形。铤较短呈圆锥形。通长 7.7、镞身长 6.4、直径 0.9 厘米。铤长 1.4、直径 0.6 厘米。重 7 克(图一七六,2;图版七一,4)。标本采集:26,骨质呈灰白色,通体磨光。镞身平面呈圆柱状,横剖面呈圆形。镞锋特长,锋刃为三面磨制而成的三角形,铤残。镞身长 9.2、直径 0.9 厘米。重 7 克(图一七六,3;图版七一,5)。标本采集:27,骨质呈灰色,通体磨光。镞身呈圆锥形,锋尖圆钝,铤较短呈圆锥形,铤末端略残。残长 5.1。镞身长 4、直径 1 厘米。铤残长 1.1、直径 0.6 厘米。重 5 克(图一七六,4;图版七一,6)。标本房七采:429,灰黄色,通体磨制。镞身细长,分两段,前段锋刃较长呈三棱形,横剖面呈三角形,后段镞身为圆柱状,横剖面呈圆形。锋尖、铤残。残长 5.9、镞身长 5.7、镞身径 0.8、镞前锋刃宽 0.9、铤身残长 0.2、铤径 0.5 厘米(图一七六,5;图版七一,7)。标本房七采:430,骨质呈灰白色,通体磨制。镞身分两段,前段呈三棱形,横剖面呈三角形,后段为圆柱状,横剖面呈圆形。近铤呈圆柱状,横剖面呈圆形。锋尖残,铤残。残长 3.9、镞身长 3.9、镞身径 0.9、镞前锋刃宽 0.9 厘米(图版七一,8)。

　　⑨ 凹腰形石网坠　1 件。标本Ⅰ T2A①:6,泥质岩,灰色。素材为一扁平小砾石,在两侧中部相对部位各加工出一个凹缺。全长 6、宽 4.8、厚 1 厘米。重 44 克(图一七六,8;图版七二,3)。

　　(2)手工艺工具和加工工具

　　手工艺工具,全为磨制石器,有凿、手工艺刀和钻等。加工工具亦均为石器,有杵、敲砸器和砺石等。

　　① 石凿　13 件。全为磨制。器形有梯形、长方形、长条形和圭形等。

　　梯形凿　2 件。器形较小,依刃缘平视有梯形直刃凿和梯形弧刃凿。

　　梯形直刃凿　1 件。标本Ⅰ T1F①:51,泥质岩,黑色。平面略呈梯形。柄部平视斜直,刃缘弦长与柄部弦长平行。一面斜刃,刃缘平视为直刃,侧视呈直刃。全长 3.4、宽 2.3、厚 0.5 厘米。柄部弧长 0.8、刃缘弧长 2.1 厘米。重 9 克。刃角 70°(图一七七,1)。

　　梯形弧刃凿　1 件。标本房七采:438,泥质岩,黑色,通体磨制,柄部有破损小疤。平面呈长梯形,柄部平视直,刃缘弦长与柄部弦长不平行,成 9°夹角。两面弧刃,刃缘平视为弧刃,侧视呈弯曲刃。全长 5.4、宽 1.9、厚 0.7 厘米。柄部弧长 1.4、刃缘弧长 1.7 厘米。刃角 59°、64°(图一七七,2;图版七二,4)。

　　长方形凿　9 件。依平面形状可分为长方形直刃凿和长方形弧刃凿。

　　长方形直刃凿　5 件。刃缘平视全为直刃或直刃微弧。标本Ⅱ T2C①:4,泥质岩,灰色。平面略呈长方形。柄部较平直,一面刃缘有正向破损小疤。刃缘弦长与柄部弦长基本平行。两面斜刃,刃缘平视为直刃,侧视呈直刃。全长 4、宽 2.2、厚 0.6 厘米。柄部弧长 1.9、刃缘弧长 2.2 厘米。重 11 克。刃角 64°(图一七七,3)。标本Ⅰ T1F①:48,斜长角闪岩(变质岩),黑色。平面呈长方形,柄部平视弧,刃缘弦长与柄部弦长平行。一面斜刃,刃缘平视为直刃,侧视呈直刃。全长 5、宽 3.8、厚 1.5 厘米。柄部弧长 3.1、刃缘弧长 3.4 厘米。重 61 克。刃角 69°(图一七七,4)。标本采集:96,泥质岩,黑色,通体磨制,平面近长方形,柄部平视弧。刃缘弦长与柄部弦长平行。两面斜刃,刃缘平视为直刃,侧视呈直刃。全长 5.5、宽 3.2、厚 0.9 厘米。柄部弧长 2.1、刃缘弧

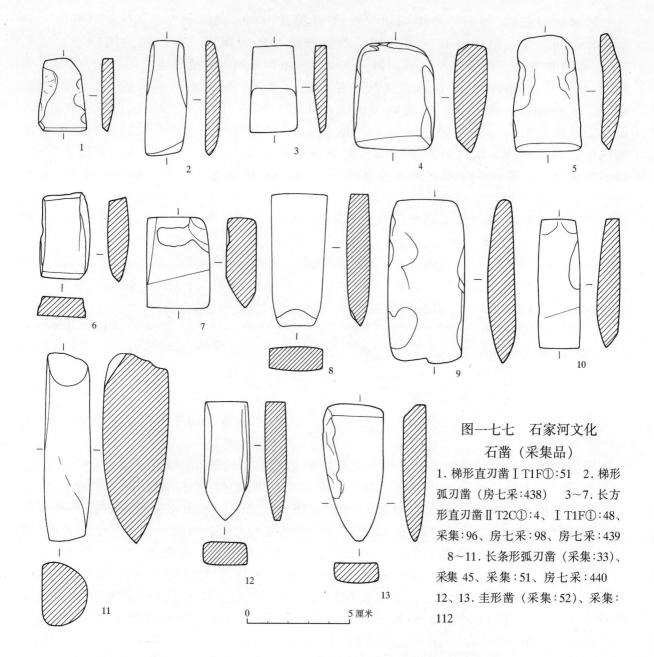

图一七七　石家河文化
石凿（采集品）

1. 梯形直刃凿Ⅰ T1F①：51　2. 梯形弧刃凿（房七采：438）　3～7. 长方形直刃凿Ⅱ T2C①：4、Ⅰ T1F①：48、采集：96、房七采：98、房七采：439　8～11. 长条形弧刃凿（采集：33）、采集45、采集：51、房七采：440　12、13. 圭形凿（采集：52）、采集：112

长 3.1 厘米。重 29 克。刃角 69°（图一七七，5）。标本房七采：98，泥质岩，黑色，通体磨制。平面呈长方形。柄部平视直，刃缘弦长与柄部弦长平行。一面刃，刃缘平视直刃微弧，侧视呈直刃。全长 4、宽 2.4、厚 1.1 厘米。柄部弧长 1.9、刃缘弧长 2.2 厘米。重 20 克。刃角 68°（图一七七，6）。标本房七采：439，泥质岩，灰色。平面呈长方形，柄部平视直，一面柄部有破损小疤，刃缘弦长与柄部弦长平行。两面斜弧刃，刃缘平视直刃微弧，侧视呈直刃。全长 4.3、宽 3.1、厚 1.4 厘米。柄部弧长 2.7、刃缘弧长 2.9 厘米。刃角 65°（图一七七，7）。

长条形弧刃凿　4 件。标本采集：33，泥质岩，黑色。平面呈上宽下渐窄的长条形。柄部平直。刃缘弦长与柄部弦长不平行。一面凹弧刃，刃缘平面为直刃呈微内弧形，侧视呈弧刃。全长 6.2、宽 2.7、厚 1.1 厘米。柄部弧长 2.6、刃缘弧长 1.8 厘米。重 43

克。刀角 64°（图一七七，8；图版七二，5）。标本采集：45。泥质岩，灰色。平面近长条形。柄部平视略弧。刃缘弦长与柄部弦长平行。两面弧刃，刃缘平视直刃微弧，侧视呈直刃。全长 7.6、宽 3.7、厚 1.3 厘米。柄部弧长 2.8、刃缘弧长 3.3 厘米。重 75 克。刀角 55°（图一七七，9）。标本采集：51，细粉砂质泥岩（沉积岩），灰色。平面呈长条形。柄部平直。刃缘弦长与柄部弦长平行。一面刃，刃缘平视直刃微弧，侧视呈直刃。全长 6、宽 2、厚 1.1 厘米。柄部弧长 1.6、刃缘弧长 1.9 厘米。重 9 克。刀角 63°（图一七七，10）。标本房七采：440，石英岩，灰黑色。平面呈长条形。一侧为砾石原来的平面。柄端平视凸弧，略残损，一面柄部略磨成斜状。刃缘弦长与柄部弦长不平行，成 35°夹角。两面弧刃，刃缘平视为弧刃，侧视呈直刃。全长 9、宽 2.2、厚 3 厘米。柄部弧长 2.1、刃缘弧长 1.8 厘米。刀角 68°（图一七七，11；图版七二，6）。

圭形凿　2 件。标本采集：52，条带状硅质岩（沉），黑色。柄部平直。刃缘平视为圭形刃，侧视直刃，形成刃缘的两个面长度分别为 2.1、1.9 厘米。刃缘宽 0.3 厘米。长 5.5、宽 2.3、厚 1 厘米。重 29 克。刀角 82°（图一七七，12；图版七三，1）。标本采集：112，泥质岩，黑色。柄部平视直，刃缘平视为圭形刃，侧视直刃。残长 6.5、宽 3、厚 1.2 厘米。重 38 克。刀角 73°（图一七七，13；图版七三，2）。

②　**石手工艺刀**　4 件。全为通体磨制小石器。平视器形有梯形和长方形。

梯形直刃工艺刀　1 件。标本ⅠT5B①：10，泥质岩，灰色。平面略呈梯形，柄部平视直，刃缘弦长与柄部弦长平行。一面斜刃，刃缘平视为直刃，侧视呈直刃。全长 5.1、宽 3.3、厚 1 厘米。柄部弧长 2.5、刃缘弧长 3.4 厘米。重 38 克。刀角 60°（图一七八，1）。

梯形两刃工艺刀　1 件。标本ⅢT8B①：23，泥质岩，黑色。平面略呈梯形。柄部平视微弧。下部边缘磨有一刃，刃缘弦长与柄部弦长平行。两面弧刃，刃缘平视为斜刃，侧视呈直刃。器身左侧边缘亦磨制加工出一刃，一面斜刃，左侧刃缘与下部刃缘在左角处相交，刃缘平视为斜刃，侧视呈直刃。梯形刀右刃角处有一钻孔。钻孔为一面钻。此刀似原为一横长方形有孔刀，孔右半部使用断失后，在钻孔左侧又加工出一刃缘而成两刃刀。全长 5.5、宽 4.3、厚 1 厘米。柄部弧长 3.3、梯形刃缘弧长 4.2 厘米。刀角 42°。左侧刃缘弧长 5.3 厘米。刀角 40°（图一七八，2；图版七三，3）。

长方形弧刃工艺刀　2 件。标本ⅣT7A①：9，泥质岩，灰色。平面略呈长方形。柄部平视弧。刃缘弦长与柄部弦长平行。一面弧刃，刃缘有使用的破损痕，平视直刃微弧，侧视呈直刃。全长 5.3、宽 3、厚 0.8 厘米。柄部弧长 2.6、刃缘弧长 2.8 厘米。重 26 克。刀角 49°（图一七八，3）。标本采集：50，泥质岩，灰色。平面呈长方形。柄部平视弧。刃缘弦长与柄部弦长平行。一面刃，刃缘平视为弧刃，侧视呈弧刃。全长 3.6、宽 2.6、厚 0.7 厘米。柄部弧长 2.1、刃缘弧长 2.5 厘米。重 12 克。刀角 42°（图一七八，4）。

③　**石钻**　2 件。标本采集：32，细砂岩。灰色。器平面呈粗长圆锥形，通体磨制。柄部平视为弧形，有敲琢的痕迹。刃呈四棱尖状，四面刃缘长 3.3、2.6、2.3、3.1 厘米，宽 1.6、1.4、1.4、1.5 厘米。全长 9.6、宽 2.1、厚 1.9 厘米。重 57 克。刀角 50°、50°（图一七八，5；图版七三，4）。标本房七采：432，泥质岩，黑色，通体磨制。平面略呈细长圆锥状。分为三个部分：钻尖、钻身和钻柄。钻尖呈圆锥状，钻身和钻柄呈圆

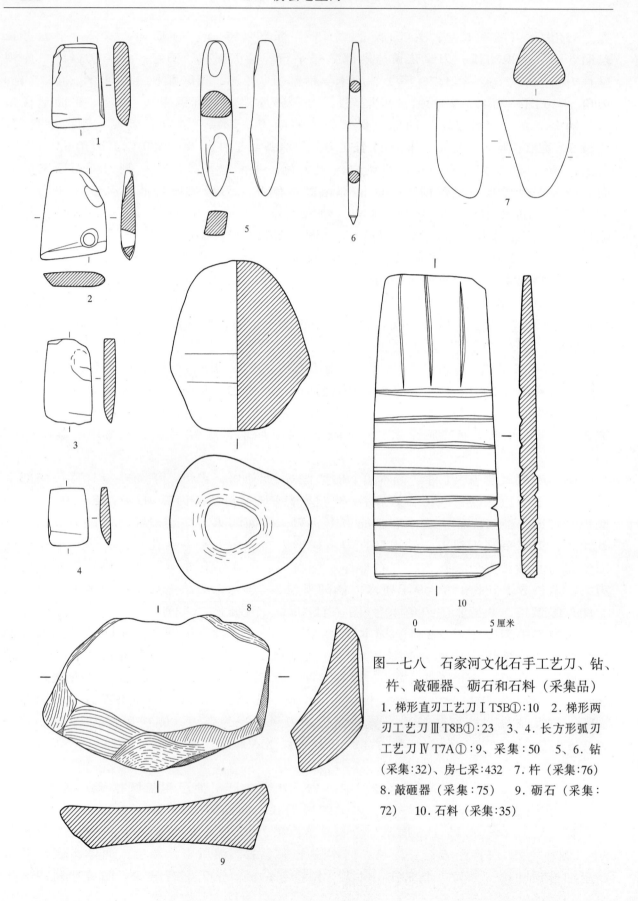

图一七八　石家河文化石手工艺刀、钻、
杵、敲砸器、砺石和石料（采集品）
1.梯形直刃工艺刀 I T5B①:10　2.梯形两
刃工艺刀Ⅲ T8B①:23　3、4.长方形弧刃
工艺刀Ⅳ T7A①:9、采集:50　5、6.钻
（采集:32）、房七采:432　7.杵（采集:76）
8.敲砸器（采集:75）　9.砺石（采集:
72）　10.石料（采集:35）

柱状。全长 11.3、钻尖长 0.6、钻身长 5.6、最大直径 0.8 厘米。钻柄长 5.1、最大径 0.7 厘米（图一七八，6；彩版一五，2）。

④ **石杵**　1件。标本采集:76，变质岩，棕色，通体磨制。平面略呈梯形，侧面略呈长方形，横断面近圆角三角形。一端尖弧且有使用痕迹，另一端平直。全长 6、底宽 4.5、厚 3 厘米。重 125 克（图一七八，7；图版七三，5）。

⑤ **石敲砸器**　1件。标本采集:75，砂岩，灰色，器身近椭圆形，一端宽平，一端窄弧，素材为一磨圆度较好的砾石，弧面上一端有敲琢破损的坑凹疤痕。全长 10.7、宽 8.9、厚 8.1 厘米。重 84 克（图一七八，8）。

⑥ **砺石**　1件。标本采集:72，粉砂质泥岩（沉积岩），灰黄色。一面破裂，一面留有一光滑的凹面。凹面最长 13.5、最宽 7.9 厘米。全长 14.8、宽 9.9、最厚处 4 厘米。重 639 克（图一七八，9）。

⑦ **石料**　1件。半成品。标本采集:35，泥质岩，灰色，通体磨制。平面略呈长方形，扁平。一面上有横竖十道切割的浅凹槽，下部边缘尚留有一道已切割掉一件器料的痕迹，另一面下端上有横向对应切割的四道浅凹槽。应为一块已磨制好正在制作石器的半成品石料。全长 19、宽 8、厚 1 厘米。重 348 克（图一七八，10；彩版一五，3、4）。

⑧ **石球**　1件。标本房七采:457，石英岩，灰白色，平面略呈圆形。表面略有风化，磨圆度好。长 6.5、宽 6.1、厚 4.9 厘米（图版七三，6）。

⑨ **石芯**　1件。标本房七采:456，泥质岩，黑色，通体磨制，为一石器单面钻孔的废料石芯。厚 0.7、直径 0.9～1.1、最宽 1.3 厘米（图版七二，2右1）。

（3）纺织工具

仅有纺织工具中的纺轮一类，全为陶制品。选用陶纺轮 23 件。

陶纺轮　23 件。均为泥质陶。按纺轮平面器形分为两面平面陶纺轮（简称平面陶纺轮）和一平面一弧面陶纺轮（简称弧面直边陶纺轮）。

两面平面纺轮　15 件。依纺轮周边边侧器形又可分为平面直边陶纺轮、平面弧边陶纺轮和平面折边陶纺轮。

平面直边纺轮　2 件。两面平面，边侧呈直边。标本采集:2，泥质灰陶。制作较规整。两面平。边侧为直边。一面有一双行浅篦点纹组成的"乂"形符号似纹饰。手制。直径 4.5、厚 0.8、孔径 0.3 厘米。重 22 克（图一七九，1；图版七四，1）。标本ⅢT2A①:2，泥质褐陶，制作较规整。两面平面，边侧为直边。一面孔心周缘微凸并形成圆台形。素面。直径 3.9、厚 0.7、孔径 0.4 厘米。重 16 克（图一七九，2；图版七四，2）。

平面弧边纺轮　7 件。标本采集:120，泥质红陶，边缘略残，器形较规整。两面平面，边侧为弧边。一面平面有一不太清晰的圆圈纹。直径 3.3、厚 0.7、孔径 0.3 厘米。重 11 克（图一七九，3；图版七四，3）。标本采集:1，泥质红陶，器形较规整。两面平面，周边起棱，边侧为弧边。两平面上各有一由单直线交叉组成的"米"字形划纹。手制。直径 4.2、厚 0.6、孔径 0.3 厘米。重 16 克（图一七九，4；彩版一五，5左）。标本采集:80，泥质灰褐陶。仅残存一半，器形较规整。一面平面，一面凹平面，一面周边边缘略起棱边。边侧为弧边。素面。手制。直径 4.3、厚 0.8、孔径 0.3 厘米。重 12 克（图一七九，5）。标本房七采:406，泥质黑陶，器形规整。两面平面周边缘起棱，边

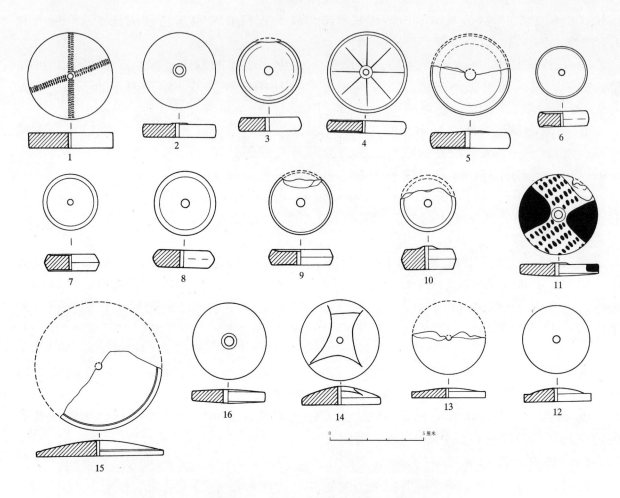

图一七九　石家河文化陶纺轮（采集品）

1、2. 平面直边纺轮（采集:2）、ⅢT2A①:2　3~6. 平面弧边纺轮（采集:120）、采集:1、采集:80、采集:79

7~10. 平面折边纺轮（采集:4）、ⅠT5I①:211、采集:82、采集:102

11~16. 弧面直边纺轮（采集:5）、采集:85、采集:81、采集:6、采集:7、采集:116

侧为弧边。素面。手制。直径 3.5、厚 0.9、孔径 0.3 厘米（图版七四，4）。标本采集:
79，泥质红陶，器形较规整。两面平面，周边边缘起棱，边侧为弧边。素面。手制。直
径 2.7、厚 0.8、孔径 0.2 厘米。重 9 克（图一七九，6；图版七四，5）。标本房七采:
403，泥质黑陶，器形规整。两面平面，边侧为弧边。素面。手制。直径 3.4、厚 0.9、
孔径 0.2 厘米（图版七四，6）。标本房七采:404，泥质褐陶，器形规整。两面平面，周
边边缘略起棱，边侧为弧边。素面。手制。直径 3.7、厚 0.9、孔径 0.3 厘米（图版七
五，1）。

平面折边纺轮　6 件。标本采集:4，泥质灰陶。边缘略破损，器形较规整。两面平
面，两面周边缘略起棱。边侧为折边。素面。手制。直径 3、厚 0.8、孔径 0.3 厘米。重
9 克（图一七九，7）。标本房七采:402，泥质褐陶，器形规整。两面平面，周边缘略起
棱。边侧为折边。素面。手制。直径 3、厚 0.7、孔径 0.2 厘米（图版七五，2）。标本房
七采:405，泥质灰褐陶，器形规整。两面平面，边侧为折边。素面。手制。直径 3.7、

厚 0.5、孔径 0.2 厘米（图版七五，3）。标本ⅠT5I①:211，泥质红陶。器形较规整。两面平面，边侧为折边。素面。手制。直径 3.3、厚 0.9、孔径 0.2 厘米。重 11 克（图一七九，8；图版七五，4）。标本采集:82，泥质黑陶。边缘略破损，制作不规整。两面平面，一平面周边起棱。边侧为折边。素面。手制。直径 3.4、厚 0.8、孔径 0.3 厘米。重 11 克（图一七九，9）。标本采集:102，泥质红陶。残存大半部分，器形较规整。两面平面，边侧视为折边。一面孔心周缘微凸呈圆台形。素面。手制。直径 2.9、厚 1.2、孔径 0.2 厘米。重 10 克（图一七九，10）。

弧面直边纺轮　8 件。直边。标本采集:5，彩陶纺轮。泥质灰陶，边缘略破损，器形较规整。一面平面，一面略呈弧面。边侧为直边。一面孔心周缘微凸呈圆台形。平面上的彩绘呈四等分两两对称分布，一是以红色扁圆形小点四至八个组成一排，每组四排为对称的两组彩色图案。一为呈扇面形对称的红彩衣。直边上也饰有红彩衣。手制。直径 4.2、厚 0.6、孔径 0.4 厘米。重 12 克（图一七九，11；彩版一五，5 中）。标本采集:85，泥质灰陶。边缘略破损，器形较规整。一平面，一弧面周边边缘起棱。边侧直边。素面。手制。直径 3.5、最厚 0.7、孔径 0.4 厘米。重 10 克（图一七九，12）。标本采集:81，泥质黑陶。仅残存一半，器形不规整。一面平面，一面略弧。边侧为直边。素面。手制。直径 3.8、最厚 0.5、孔径 0.2 厘米。重 4 克（图一七九，13）。标本房七采:407，泥质灰褐陶，器形规整。一面平面周边略隆起，一面略弧，边侧为直边。素面。手制。直径 3.7、最厚 0.7、孔径 0.3 厘米（图版七五，5）。标本采集:6，泥质橙红陶，器形较规整。一面平面，一面弧面。边侧为直边。弧面上有一由单弧线型交接组合成近“口”形的凹弧四边形划纹。手制。直径 4.1、最厚 1、孔径 0.4 厘米。重 17 克（图一七九，14；彩版一五，5 右）。标本采集:7，泥质黑陶。仅残存小半部分，器形较大且规整。一面平，另一面呈弧面。边侧为直边。凸弧面边缘上有一周凹弦纹。手制。直径 6.6、最厚 0.8、孔径 0.4 厘米。重 27 克（图一七九，15）。标本采集:116，泥质红陶，保存完整，制作不规整。两面弧面，直边。素面。手制。直径 4 厘米，中孔径 0.5、厚 0.7 厘米。重 13 克（图一七九，16）。标本房七采:408，泥质灰褐陶，器形规整。一面平面，一面略呈弧面，边侧为直边。素面。手制。直径 4.1、最厚 0.8、孔径 0.2 厘米（图版七五，6）。

2. 生活用具

选用陶质生活用具标本 13 件，其中较完整和复原的有 7 件。陶器质地以泥质为主，次为夹砂陶。陶色以橙黄陶、红陶为多，也有灰陶和灰黑陶。陶器以素面居多，纹饰陶有篮纹和附加堆纹等。有的施红色陶衣。陶器制作多较粗糙，仍为手制。大器形仍以慢轮修整，小型器物多采用泥条盘筑法制成。

生活用具可分为炊煮、饮食和盛贮器。现按器类分述如下:

（1）炊煮、饮食和盛贮器

炊煮、饮食、盛贮等生活用器中，已复原及可辨认的器类有釜、鬲、杯、钵、豆、壶和缸。

① **陶小卷沿釜**　1 件。标本采集:42，泥质灰陶。底部残。小卷折沿上仰，侈口，斜弧垂腹，最大腹径在器下部收成大圜底。素面。手制。残高 8、口径 7.8 厘米（图一八〇，1；图版七六，1）。

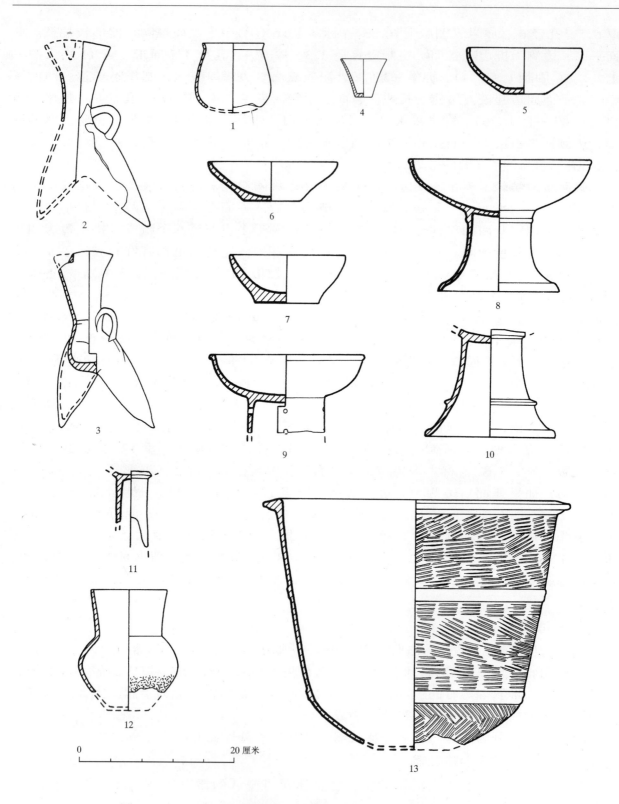

图一八〇　石家河文化陶釜、鬶、杯、钵、豆、壶和缸（采集品）

1.小卷沿釜（采集:42）　2、3.细长颈鬶（采集:30）、房七采:410　4.斜腹杯ⅢT5C②:1　5.薄敞口弧腹钵ⅡT3B

②:1　6、7.薄敞口斜弧腹钵ⅢT2C②:1、ⅡT1E②:5　8、9.斜弧腹浅盘豆（采集:77）、ⅠT1G②:53

10、11.豆圈足ⅡT2C②:13、ⅡT3A②:20　12.长颈鼓腹壶（采集:21）　13.盆形缸ⅡT1E②:2

② **陶细长颈鬶**　2件。皆为瘦体袋足。标本采集：30，泥质褐红陶。口部略残，三袋足残，扁圆形敞口，扁圆形捏流已残，漏斗形细长颈，束腰。腰部与残袋足上端残存一宽带状錾痕。素面。手制。高22.4、口径5、流径2.4厘米（图一八〇，2；图版七六，2）。标本房七采：410，泥质灰黑陶。流、二袋足根残。扁圆形敞口，扁圆形捏流近管状，漏斗形细颈，束腰上与残袋足的上端附一宽带状半环形錾，环錾侧视呈耳状。素面。手制。高22厘米，残口径5.6厘米（图一八〇，3）。

③ **陶斜腹杯**　1件。标本ⅢT5C②：1，泥质红陶。敞口，尖圆唇，斜直腹，小平底。素面。手制。高4.8、口径5.8、底径2.2厘米（图一八〇，4；图版七六，3）。

④ **陶钵**　3件。根据钵的口、腹部变化有薄敞口弧腹钵和薄敞口斜弧腹两种。均为手制，多以泥条盘筑法制成。

薄敞口弧腹钵　1件。标本ⅡT3B②：1，夹砂红褐陶。直口微敛，圆唇，深弧腹下收成平底。胎薄。素面。手制。残高5.6、口径14.8、底径5.6厘米（图一八〇，5；图版七六，4）。

薄敞口斜弧腹钵　2件。标本ⅢT2C②：1，泥质橙黄陶。敞口，尖圆唇，浅斜弧腹，腹下部略斜凹收成大平底。素面。高4.5、口径16.6、底径7.2厘米（图一八〇，6；图版七六，5）。标本ⅡT1E②：5，夹砂红陶。敞口，圆唇，斜弧腹，下腹微凹收成大平底，底较厚。素面。手制。高5.6、口径15、底径8.4厘米（图一八〇，7；图版七六，6）。

⑤ **陶豆**　4件。其中有两件仅存豆圈足。均为泥质陶，手制。皆为浅盘豆。

斜弧腹浅盘豆　2件。标本采集：77，泥质灰陶。敞口，圆唇，带状厚口缘，弧腹盘，圜底，高圈足较粗，圈足跟外撇呈喇叭状。圈足上部饰有一周凸弦纹。手制。高16.2、口径23.2、圈足径15.2厘米（图一八〇，8；图版七七，1）。标本ⅠT1G②：53，泥质灰陶。仅存豆盘及圈足上部。敞口，带状厚口缘，方唇上面有一个凹槽，斜弧盘形腹，高圈足，圈足中下部残。残圈足上残存两个圆形镂孔。手制，泥条盘筑法。残高9.2、口径20厘米（图一八〇，9）。

豆圈足　2件。标本ⅡT2C②：13，泥质灰陶，仅存豆盘底及圈足。残圜形盘底，高圈足上细下粗呈喇叭形，圈足底外撇呈台状。圈足中下部饰一周凸弦纹。残高12.3、圈足径16.4厘米（图一八〇，10）。标本ⅡT3A②：20，泥质红陶。仅存盘底和残圈足。豆盘存残平底，细高圈足呈直筒形，下部残。素面。轮制。残高9.2厘米（图一八〇，11）。

⑥ **陶长颈鼓腹壶**　1件。标本采集：21，泥质黑陶。下腹及底部残。侈口，高斜直颈，弧鼓腹下急收。下腹饰不规则拍印纹。手制。残高12.4、口径9.6厘米（图一八〇，12；图版七七，2）。

⑦ **陶盆形缸**　1件。标本ⅡT1E②：2，夹砂橙黄陶。底部略残。斜直口，平折沿，沿面上有一周凹槽，筒形腹上粗下渐细，下腹急折收。腹表满饰交错篮纹，上下腹各有一周带状附加堆纹。手制。残高30、口径38.5厘米（图一八〇，13；图版七七，3）。

3．其　它

选用标本17件。有手工用具、装饰品、陶塑艺术品和玩具等三大类，质地分陶、石、玉和骨。

（1）手工用具

手工用具全是骨器。有骨匕、骨锥和骨针等。

① **骨匕**　2件。标本房七采:427，素材为动物的一段尺骨，灰黄色，器扁薄。尖端磨制。长15.4、最宽5.3、厚1.4厘米（图一八一，1；彩版一六，1）。标本房七采:428，素材为动物的一段肢骨，灰白色，器扁薄。尖端磨制。长6.2、宽2.8、厚0.9厘米（图版七七，4）。

② **骨锥**　1件。标本房七采:423，灰黄色，通体磨制。残存锥尖部。长条状，横剖面呈圆形。残长3.5、最大径0.4厘米（图版七七，5）。

③ **骨针**　1件。标本房七采:422，素材为一段动物的肋骨，灰白色，通体磨制成扁圆体。尖端略残。扁长条状，尖端有一残孔。残长6.8、宽0.5、厚0.3厘米（图一八一，2；图版七七，6）。

（2）装饰品

装饰品有玉、石、陶和骨制品。器类有骨笄、玉环、石环和陶环。

① **骨笄**　6件。标本采集:23，蛋白石，白色，通体磨光，器形为细长圆柱体，横剖面呈圆形。上下端平。长8.5、直径0.5厘米。重3克（图一八一，3；图版七八，1）。标本采集:22，器身平面呈细扁长条状，大部残。笄尖端残。骨质呈灰白色，通体

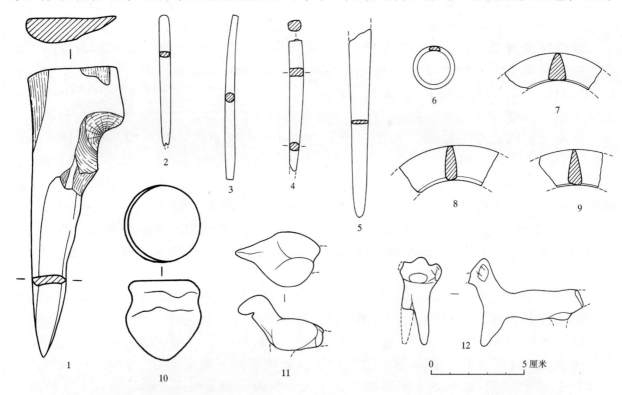

图一八一　石家河文化骨匕、针、笄，玉环，陶环，石环，陶陀螺、鸟和狗（采集品）

1. 骨匕（房七采:427）　2. 骨针（房七采:422）　3～5. 骨笄（采集23）、采集:22、采集:28　6. 玉环Ⅳ T5B①:3

7. 陶环（采集:117）　8、9. 石环（采集:13）、采集:14　10. 陶陀螺（采集:36）　11. 陶鸟（采集:58）

12. 陶狗（采集:57）

磨光。残长 6.7、宽 0.8、厚 0.5 厘米。重 4 克（图一八一，4；图版七八，2）。标本采集:28，器身平面呈细长扁平形，柄部残。骨质呈灰色，通体磨光。残长 9.7、宽 1.2、厚 0.3 厘米。重 4 克（图一八一，5；图版七八，3）。标本房七采:424，骨质呈灰黄色，通体磨制。残存一段。长条状，横剖面呈圆形。残长 4、宽 0.5、厚 0.5 厘米（图版七八，4）。标本房七采:425，骨质呈灰黄色，通体磨制。残存一段。长条状，横剖面呈圆形。残长 2.5、直径 0.4 厘米（图版七八，5）。标本房七采:426，骨质呈淡黄色，通体磨制。尖端残。长条状，横剖面呈圆形。残长 6.9、直径 0.6 厘米（图版七八，6）。

② **玉环**　1 件。标本ⅣT5B①:3，岫玉，白色，磨光。肉径大于好径。好径 1.7、环径 2.2、肉厚 0.2、肉宽 0.6 厘米。重 1 克（图一八一，6；图版七九，1）。

③ **陶环**　1 件。标本采集:117，泥质黑皮陶，褐色胎。仅残存一段，肉横截面呈三角状。手制。残好径 6、环径 8、残段长 4.9、宽 1.5、厚 1 厘米。重 9 克（图一八一，7；图版七九，2）。

④ **石环**　2 件。标本采集:13，环的残段，肉径大于好径。泥质岩，黑色，通体磨光。残存一小段。肉横截面略呈三角状。残长 5.2、好径 6、环径 10、肉厚 0.6、肉宽 1.8 厘米。重 11 克（图一八一，8；图版七九，3）。标本采集:14，环的残段，肉径大于好径。泥质岩，黑色，通体磨光。残存一小段。肉横截面呈三角状。残长 3.3、好径 6、环径 9、肉厚 0.7、肉宽 1.7 厘米。重 6 克（图一八一，9；图版七九，4）。

（3）陶塑艺术品和玩具

① **陶陀螺**　1 件。标本采集:36，泥质红陶。器呈圆锥体形，器中段有一凹槽，下部近尖圆状。素面。手制。通高 4、直径 4 厘米。重 70 克（图一八一，10；图版七九，5）。

② **陶鸟**　1 件。标本采集:58，泥质红陶。鸟身后半部残，鸟头前视伸颈，双翅收敛叠于背上。头部无眼无啄。鸟身残长 4.6、高 3 厘米。重 20 克（图一八一，11；图版七五，6）。

③ **陶狗**　1 件。标本采集:57，泥质红陶。仅残存部分头部、身躯及一条腿。狗昂首呈站立状，头部塑出竖耳和吻部，身体瘦长，圆锥状足。狗身残长 6、高 4.5 厘米。重 24 克（图一八一，12；图版七九，7）。

二、三房湾文化采集品

（一）生活用具和其它

1. 生活用具

选用陶器标本 40 件，其中较完整和能复原的有 29 件。质地以夹砂陶为主，泥质陶次之。陶色仍以灰黑色陶为主，较少红陶、灰陶。陶器以素面为主，纹饰以篮纹多，还有弦纹、附加堆纹、戳印纹、指窝纹、云雷纹、刻划符号和镂孔等。

（1）炊煮、饮食和盛贮器

采集与出土的三房湾文化炊煮、饮食、盛贮器有鼎、鬶、杯、碗、钵、盘、盆、罐、瓮、缸、擂磨盆和器盖等 29 件。其中以杯和罐数量最多。

① **陶宽扁状鼎足**　1 件。标本ⅡT1E②:30，夹砂灰黑陶。足下部残。足宽扁，略外

撇。足内侧呈平面状、外面呈浅凹槽形并有两个竖向脊棱。足面满饰谷粒状戳印纹。足内面刻有一个倒"大"字形符号，为烧好后刻划在器物上的。手制。残高8.8、宽7、厚1.2厘米（图一八二，1、2；彩版一六，2）。

② 陶有扉鬲 1件。标本采集:110，泥质灰陶。仅存三袋足。三袋足呈橄榄状，乳突形足跟略外撇，袋足上附錾残，附錾两侧有扉，扉棱上阴刻云雷纹，足跟上似有植物印纹。手制。残高15.6厘米（图一八二，3、4；彩版一六，3）。

③ 陶小杯 10件。器身多为小型。以细泥陶为多，少夹砂陶。陶色以红陶为主，个别灰色。依腹部变化分为斜腹形杯、喇叭形杯和高圈足杯。均为手制。

斜腹杯 9件。敞口，斜直腹壁。标本房七采:415，泥质红陶。体形较大。敞口，

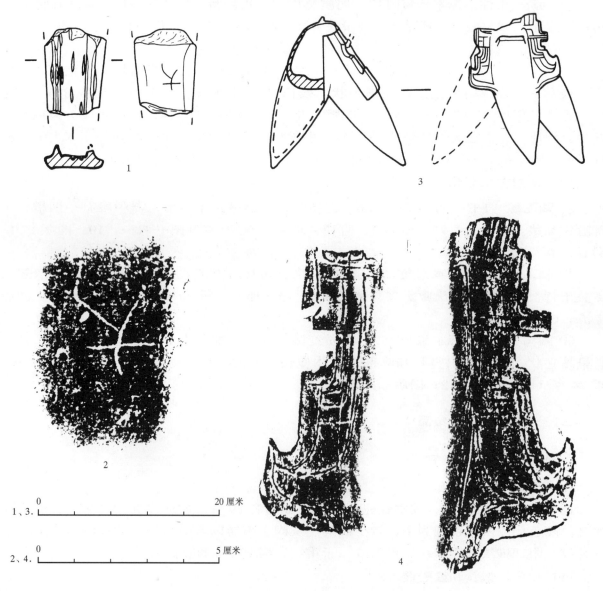

0   20厘米
1、3. |_____|

0   5厘米
2、4. |_____|

图一八二　三房湾文化陶鼎足和有扉鬲（采集品）

1、2. 宽扁状鼎足ⅡT1E②:30和拓本　3、4. 有扉鬲（采集:110）和拓本

圆唇，斜直腹，大平底微内凹。素面。手制。高 14、口径 15.6、底径 7.9 厘米（图一八
三，1；图版八〇，1）。标本房七采:416，泥质红陶。敞口，斜方唇，斜直腹，平底微
凹。素面。手制。高 9.9、口径 10.8、底径 4.2 厘米（图一八三，2；图版八〇，2）。标
本房七采:417，泥质红褐陶。敞口，尖圆唇，斜直腹，平底微内凹。素面。手制。高
6.9、口径 5.8、底径 3.2 厘米（图版八〇，3）。标本 Ⅱ T2A②:2，泥质红陶。敞口，圆
唇，斜直腹，底残。素面。手制。高 12、口径 10、底径 4.6 厘米（图一八三，3；图版
八〇，4）。标本 Ⅱ T1E②:3，夹砂红陶。敞口，圆唇，斜直腹，平底内凹。素面。手制。
高 8.8、口径 9.8、底径 4.4 厘米（图一八三，4；图版八〇，5）。标本采集:29，夹砂红
陶。侈口，略成喇叭形口，尖唇，斜腹壁，近底壁微束，平底微凹。素面。手制。高
8.6、口径 7、底径 3.8 厘米（图一八三，5）。房七采:413，泥质红陶。敞口，尖圆唇，
斜直腹，平底微内凹。杯腹特浅，杯底特厚。素面。手制。高 8.6、口径 6.9、底径 3.7
厘米（图一八三，6；图版八〇，6）。标本采集:19，泥质红陶。厚胎。侈口，尖圆唇，
斜直腹，残底较厚。素面。手制。高 8.8、口径 8.6、底径 4 厘米（图一八三，7；图版
八一，1）。标本采集:119，夹细砂红陶。厚胎。敞口，尖圆唇，斜直腹，平底内凹较深
呈方槽状，底部胎特厚。素面。手制。高 9、口径 8、底径 4 厘米（图一八三，8）。

喇叭形杯　1 件。标本 Ⅱ T4C②:4，夹砂红陶。胎较厚，口沿略残。大喇叭形敞口，
斜直腹壁，平底内凹，似方槽。底部特厚。素面。手制。残高 9.9、底径 3.5 厘米（图
一八三，9）。

高圈足杯　1 件。标本房七采:411，泥质黑陶。口残。斜直深腹上粗下细似漏斗形，
腹中部扁折起突棱，下腹与圈足分界不明显。细高圈足外撇呈喇叭状。素面。手制。残

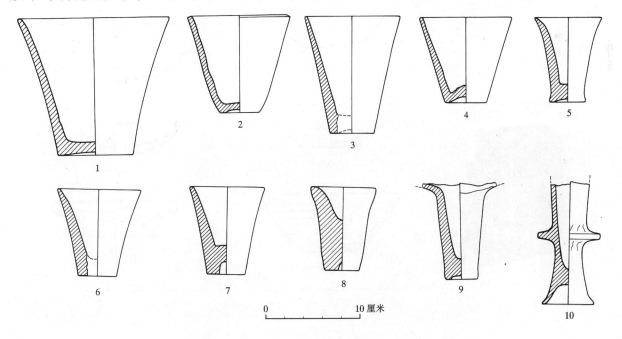

图一八三　三房湾文化陶杯（采集品）

1～8.斜腹杯（房七采:415）、房七采:416、Ⅱ T2A②:2、Ⅱ T1E②:3、采集:29、房七采:413、采集:19、采集:119
9.喇叭形杯 Ⅱ T4C②:4　10.高圈足杯（房七采:411）

高 12.5、足径 5.4 厘米（图一八三，10；图版八一，2）。

④ **陶斜弧腹碗**　2 件。碗腹部皆为斜弧腹。标本ⅡT1E②:4，泥质红陶。厚口缘，圆唇，敞口，深斜弧腹，平底，喇叭状圈足底。器腹外有泥条盘筑痕迹。轮制。高 7.3、口径 21.5、足径 8 厘米（图一八四，1；图版八一，3）。标本ⅡT1A②:1，夹细砂灰黑陶。短平沿略下垂，圆唇，敞口，深斜弧腹，矮直圈足底。器腹外有泥条盘足和轮制痕迹。高 6.5、口径 19.5、足径 7.2 厘米（图一八四，2；图版八一，4）。

⑤ **陶钵**　7 件。依钵的口沿变化分为薄口缘钵和厚口缘钵两种。陶质有粗泥陶和夹细砂的夹砂陶两类。手制，多为泥条盘筑法制成。陶色有黑色、红色、橙黄色和灰色陶。

薄口缘斜弧腹钵　2 件。斜弧腹平底。标本ⅡT4C②:1，泥质橙黄陶。敞口，圆唇，弧腹下收成平底，底部可见刮削痕迹。器底内有五至八道划纹。胎薄。手制。高 7.5、

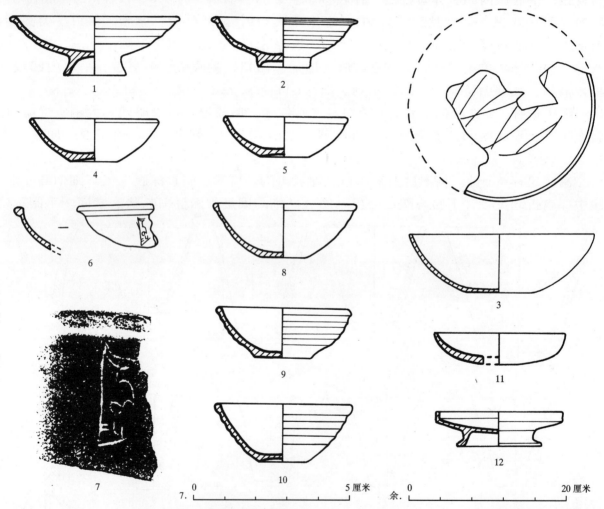

图一八四　三房湾文化陶碗、钵和盘（采集品）

1、2. 斜弧腹碗ⅡT1E②:4、ⅡT1A②:1　3、4. 薄口缘斜弧腹钵ⅡT4C②:1、采集:38　5~10. 厚口缘斜弧腹钵
ⅢT5B②:1、ⅡT1E②:29 和拓本、ⅡT1E②:6、ⅡT1E②:8、ⅡT1E②:9　11. 侈口斜弧腹圈底盘ⅡT1E②:7
12. 直口斜腹圈足盘（采集:78）

口径 24、底径 9.4 厘米（图一八四，3；图版八一，5）。标本采集：38，夹砂黑陶，红胎。敞口，圆唇，斜弧腹，平底微凹。素面。手制。高 5.2、口径 16、底径 6 厘米（图一八四，4）。

厚口缘斜弧腹钵　5 件。标本Ⅲ T5B②：1，夹砂灰褐陶。敞口，圆唇，窄带状厚口缘，浅斜弧腹收成大平底。素面。手制。高 4.8、口径 16、底径 6.4 厘米（图一八四，5；图版八一，6）。标本Ⅱ T1E②：29，泥质黑陶。仅存口与上腹局部。敞口，圆唇，带状厚口缘，斜弧腹以下残。腹上部刻有一竖向"囍"眼纹，似为烧前刻划在器物上的。手制。残高 3.7、口径 22 厘米（图一八四，6、7；彩版一六，4）。标本Ⅱ T1E②：6，泥质红陶。敞口，圆唇，带状厚口缘，深弧腹缓收成平底。素面。器外表面有多道泥条盘筑痕迹。高 6.6、口径 18、底径 6 厘米（图一八四，8；图版八二，1）。标本Ⅱ T1E②：8，夹砂红陶。敞口，圆唇，带状厚口缘，深弧腹缓收成平底，底部有削痕。器内外表面有多道泥条盘筑痕迹。高 6、口径 16.4、底径 7 厘米（图一八四，9；图版八二，2）。标本Ⅱ T1E②：9，夹砂红陶。敞口，圆唇，带状厚口缘，深斜腹微弧下收成平底，底微凹。素面。泥条盘筑法，器外表有多道泥条盘筑痕迹。高 7、口径 17.4、底径 6.4 厘米（图一八四，10；图版八二，3）。

⑥ **陶盘**　2 件。依器形特征分为侈口斜弧腹圜底盘和直口斜腹圈足盘。

侈口斜弧腹圜底盘　1 件。标本Ⅱ T1E②：7，夹砂红陶。大敞口，圆唇，斜弧腹浅圜底。素面。手制。高 3.8、口径 16.4 厘米（图一八四，11；图版八二，4）。

直口斜腹圈足盘　1 件。标本采集：78，泥质红陶。短直口，浅斜腹，圜底，粗矮圈足，足跟外撇成平座。素面。手制。高 4.4、口径 16、足径 10.8 厘米（图一八四，12；图版八二，5）。

⑦ **陶平折沿斜弧腹盆**　1 件。标本采集：131，夹砂灰褐陶。敞口，宽平折沿略下垂，尖圆唇，深弧腹斜壁，凹圜底。腹部满饰粗疏交错篮纹。高 12.2、口径 23.5、底径 6 厘米（图一八五，1；图版八二，6）。

⑧ **陶有领罐**　4 件。其中两件能复原，两件为残器形。陶质多为夹细砂陶。陶色有灰、灰褐和红。口领部位经慢轮加工。有高直领和高斜领两类器形。

高直领溜肩罐　1 件。标本Ⅱ T2A②：19，夹砂红陶。侈口，尖圆唇微卷，高直领，溜肩，斜弧腹，平底。腹部最大径在中部。领部以下至下腹部满饰斜篮纹。手制。高 25、口径 11、腹径 22、底径 7.5 厘米（图一八五，2；图版八三，1）。

高斜领溜肩罐　2 件。标本房七采：420，夹砂灰褐陶。口、领局部残。仅存部分直领，溜肩，斜弧腹，平底微凹。腹部最大径在中部偏上。领部以下至底部满饰网格纹。手制，火候较高。残高 21.2、残颈径 9.7、腹径 19.5、底径 6.5 厘米（图版八三，2）。标本Ⅱ T3C②：1，夹细砂灰陶。侈口，斜直领，方尖唇，溜肩，斜弧腹，下腹急收成小平底。腹部最大径在中部。腹部饰横、斜交错粗篮纹。手制。高 26.8、口径 12、腹径 23.6、底径 7 厘米（图一八五，3；图版八三，3）。

罐底　1 件。标本Ⅰ T1G②：55，泥质红陶。口、领部残。仅存罐腹以下，圆鼓腹，小平底。腹部、底部满饰竖向粗篮纹。手制。残高 16、腹径 20、底径 6 厘米（图一八五，4）。

⑨ **陶瓮**　2 件。依口和领的状况分为小口矮领瓮和子母口瓮。

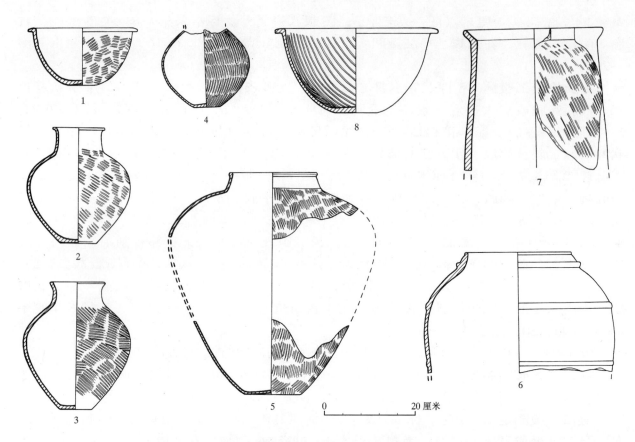

图一八五　三房湾文化陶盆、罐、瓮、缸和擂磨盆（采集品）

1. 平折沿斜弧腹盆（采集：131）　2. 高直领溜肩罐ⅡT2A②：19　3. 高斜领溜肩罐ⅡT3C②：1　4. 罐底ⅠT1G②：55
5. 小口矮领瓮ⅠT1F①：6　6. 子母口瓮（采集：113）　7. 筒形缸（采集：133）　8. 平折沿擂磨盆ⅡT2C②：1

　　小口矮领瓮　1件。标本ⅠT1F①：6，夹砂红陶。仅存口沿及残上腹、残下腹至底部，腹中部残。斜直口微敛，厚缘沿，尖唇，斜直矮领，广弧肩，上腹弧壁，下腹急收成小凹平底，上、下残腹满饰竖斜交错篮纹。复原高47、口径19.8、底径12厘米（图一八五，5；图版八三，4）。

　　子母口瓮　1件。标本采集：113，夹粗砂灰陶。中腹以下残。方唇，子母口，折弧肩，直弧腹。颈上部有一周凸弦纹，肩腹相交处及腹中部各饰有一周宽带附加堆纹。残高24.6、口径23.2厘米（图一八五，6）。

　　⑩ **陶筒形缸**　1件。标本采集：133，夹砂红陶。残存口沿及腹上部分。敞口，仰折沿，沿面略下凹弧，圆唇，筒形腹上细下渐粗，下腹部以下残。腹外饰斜向篮纹。手制，泥条盘筑法。残高30、口径30厘米（图一八五，7）。

　　（2）附　件

　　陶质有泥质和夹砂陶两种，手制。主要有擂磨盆和器盖。

　　① **陶平折沿擂磨盆**　1件。标本ⅡT2C②：1，夹砂红陶。敞口，宽平折沿，方圆唇，弧斜腹，平底。盆内壁有交错竖刻槽。素面。手制。高17.6、口径35.2、底径10厘米（图一八五，8；图版八三，5）。

　　② **陶器盖**　6件。依盖面器形分为圈纽弧面盖和圈纽斜面盖。

圈纽弧面盖　2件。标本采集:118,泥质灰陶。圈纽斜弧壁,覆碗形弧面盖。素面。高6.4、圈纽径5.6、底径15厘米（图一八六,1）。标本ⅡT3A②:1,泥质灰陶。圈纽斜弧壁,覆碗形弧面盖。底缘沿底有一凹弦纹。素面。手制,泥条盘筑法。高6、圈纽径5.6、底径16.2、圈纽径5.3厘米（图一八六,2;图版八三,6）。

圈纽斜面盖　4件。斜面。标本房七采:409,夹砂红褐陶。圈纽斜壁,斜面盖。圈纽中心有一个小孔。素面。手制。高4.2、圈纽径4.4、底径8.4厘米（图一八六,3;图版八四,1）。标本ⅡT1E②:10,泥质灰陶。平实心纽极矮,斜面盖。平顶式握手。素面。手制。高3.4、平纽径5.2、底径10厘米（图一八六,4;图版八四,2）。标本ⅡT1E②:11,泥质黑陶。圈纽极矮,斜面盖。素面,圈纽上有指甲捏痕。高4.6、圈纽径5、底径13.2厘米（图一八六,5;图版八四,3）。标本ⅠT1G①:1,夹砂灰陶。筒状盖纽,斜面盖起台状。素面。高4.8、圈纽径6.2、底径10.4厘米（图一八六,6;图版八

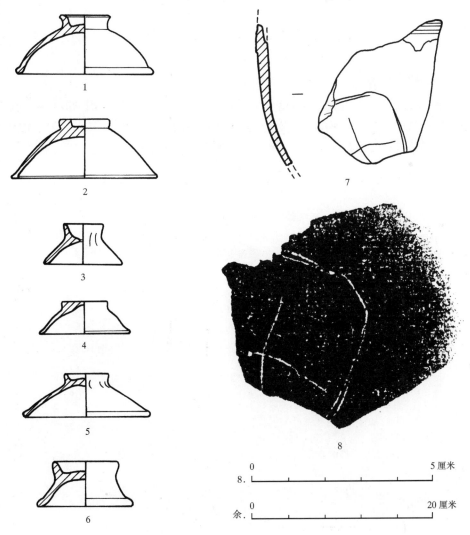

图一八六　三房湾文化陶器盖和刻划符号陶片（采集品）

1、2.圈纽弧面盖（采集:118）、ⅡT3A②:1　3~6.圈纽斜面盖（房七采:409）、ⅡT1E②:10、ⅡT1E②:11、ⅡT1G①:1　7、8.刻划符号陶片ⅡT2C②:6和拓本

四，4）。

2．其　它

刻划符号陶片　1件。标本ⅡT2C②：6，泥质灰黄陶。仅存腹部残片。腹外刻有简单的似"田"字形的符号，线条细而浅，为烧好后刻划在器物上的。手制。陶片长8.5、宽5.4、厚0.5厘米（图一八六，7、8；图版八四，5）。

三、小　结

（一）采集遗物确定文化性质的依据

七里河遗址采集的文化遗物，有的出自扰乱坑，或被破坏了的灰坑里、房基旁，有的出自晚期一层中，有的采自从遗址上挖走的腐殖酸灰烬堆积里。

依据遗址上地层出土的新石器时代石家河文化各期遗物与三房湾文化遗物及邻近丹淅流域青龙泉大寺[①] 及下王岗新石器时代遗址[②]，和汉水中下游邓家湾[③] 及肖家屋脊新石器时代遗址[④] 同期文化遗物与采集的器物进行认真的类比后，确定了这批采集遗物的文化性质。

（二）采集品中的收获

遗址上采集的大批文化遗物，丰富了石家河文化和三房湾文化的实物资料。采集品中的彩陶纺轮、陶塑小鸟、陶塑小狗及能复原大部分器形的细长颈陶鬶，以及几件刻划有"田"、"丫"等符号的陶片和鼎足，填补了地层出土遗物之不足或空缺。

① 中国社会科学院考古研究所：《青龙泉与大寺》，科学出版社，1991年。
② 河南省文物研究所、长江流域规划办公室考古队河南分队：《淅川下王岗》，文物出版社，1989年。
③ 湖北省文物考古研究所等石家河考古队：《邓家湾》，文物出版社，2003年。
④ 湖北省荆州博物馆等石家河考古队：《肖家屋脊》，文物出版社，1999年。

第四章　东周文化遗存

第一节　文化遗迹

　　东周时期的文化遗存，主要分布在发掘区的Ⅰ、Ⅱ象限，仅跨Ⅲ、Ⅳ象限的 A、B 部位（即遗址北部至中心部位），在此范围内，发现房屋建筑残基址 2 座、灰沟 1 段和墓葬 1 座（表一、表二；图一八七）。

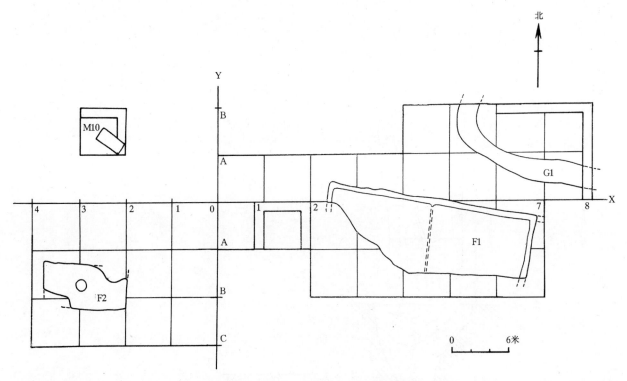

图一八七　东周遗迹分布图

一、灰　沟

　　在Ⅰ象限内的Ⅰ T6A、Ⅰ T7A、Ⅰ T8A、Ⅰ T6B、Ⅰ T7B 等五个探方内，发现从东至西北走向的灰沟一段（G1）（图一八八）。

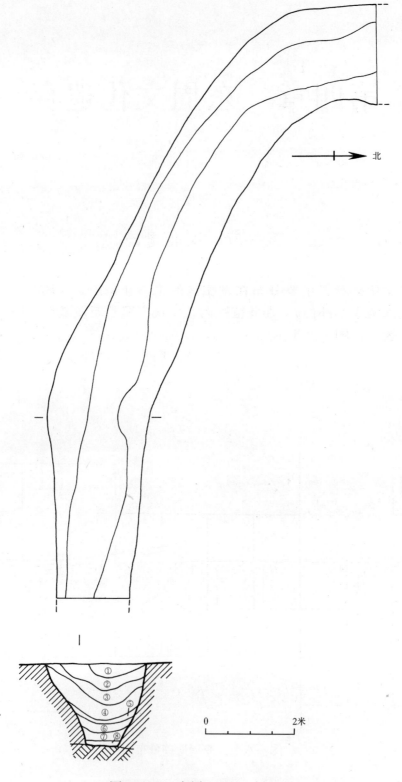

图一八八　东周 G1 平、剖面图

①层，灰黄杂土　②层，灰黑土　③层，黑灰黄土　④层，灰褐色黑土夹红烧土

⑤层，黑灰土　⑥层，灰黑黄土　⑦层，淤积沙土　⑧层，淤积层

G1 叠压于①层下，开口三房湾文化的第③层上，并打破④～⑦层至生土层。灰沟的东、北两端延伸于发掘的探方之外，未继续揭露，其实际长度不明。灰沟平面呈弯曲的长条形，沟口宽窄不一，口宽底窄，呈倒梯形，底部斜平，依地势东南高西北低，沟南壁斜弧，北壁较陡。灰沟已揭出的一段，残长15、沟口宽2.1～2.8、底宽0.5～1.15、沟深1.8米。

G1内堆积从上往下共分8层，出土遗物除少数汉代遗物外，多为东周文化遗物和新石器时代遗物。沟内堆积层以ⅠT8A内的一段为例分述如下（图一八八）：

G1①层，灰黄杂土，厚约0.3米。

G1②层，灰黑土，厚0.15～0.3米。

G1③层，黑灰黄土，厚0.12～0.35米。

以上文化堆积中出有新石器时代的陶片，东周的残铜镞1件以及绳纹陶鬲足，汉代的铁斧、铁锛和铁臿（铁器皆腐朽）等。

G1④层，（此层以下为石家河文化的一段灰沟与东周G1重合而被利用）灰褐色黑土夹红烧土，厚0.25～0.40米。

G1⑤层，黑灰土，厚0.10～0.50米。出土东周的残陶豆、绳纹鬲足等陶片及新石器时代的陶器片

G1⑥层，灰黑黄土，厚0.10～0.20米。出土东周的残陶豆、鬲足和绳纹罐等陶片及新石器时代的陶器片。

G1⑦层，淤积成层的沙土，内含少量的红烧土颗粒，厚0.15～0.20米。出土新石器时代的陶器片，可辨器类有杯、豆和罐等。

G1⑧层，淤积层，泥沙土，厚约0.1米，质松软。内含少量的红烧土颗粒，未见遗物。

灰沟位于遗址东南边缘，分析有可能是条排洪沟，由于发掘时间有限而未予全面揭露。

二、房 址

在发掘区的Ⅰ与Ⅳ、Ⅲ象限内，分别发现东周时期的房屋基址2座（表一八），其中一座为台基式房屋（F1），一座为地面式房屋遗迹（F2）。现分述如下：

（一）台基式房屋遗迹

F1 位于ⅠT3A、ⅠT4A、ⅠT5A、ⅣT3A、ⅣT4A、ⅣT5A、ⅣT6A、ⅣT7A、ⅣT4B、ⅣT5B、ⅣT6B、ⅣT7B等十二个探方之中。叠压在①层下，房屋基址分别坐落在③层和石家河文化二期的F5之上，部分柱子洞打破石家河文化一期后段F8基址的东部和南部。F1东部与南部及居住面已被耕土层破坏（图一八九）。

F1为长方形红烧土台式房屋建筑，现残存基址东西残长22.2、南北残宽7.8米。房屋基址坐落方向为10°，未发现门的遗址，朝向不明。尚残存有北墙基槽、西墙基槽各一段，台基面上残存有中、西两居室、南北向的间隔墙基槽两条。墙基槽皆上宽下窄，呈倒梯形，基槽深0.3～0.35米，槽内填有褐黄土，基槽内残存有直径大小不一的柱子洞18个，从北墙基槽之西的柱子洞向东起计，依顺时针方向编为D1～D18（表一

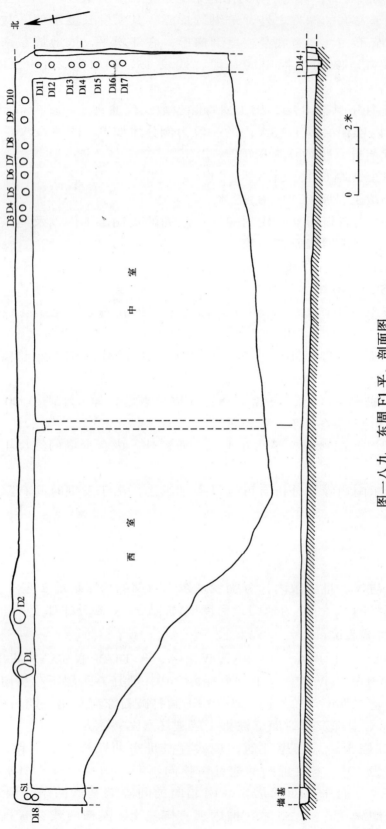

图一八九　东周 F1 平、剖面图

D1～D18. 柱子洞　S1. 石头

九）。残存石础 1 个（S1）。

北墙基槽　即 F1 北外墙基槽，东端被破坏，残长 22.2 米，基槽上宽底略窄，上宽 0.45、下宽 0.4、槽最深处 0.3 米。残存的基槽表面与居住面平齐。基槽内残存柱子洞 10 个（D1～D10），柱子洞平面多为圆形，少量椭圆形，直径多为 0.15～0.45 米、深 0.3～0.55 米。柱子洞间距多为 0.3～1.60 米。柱子洞内填灰褐黄土。

西墙基槽　即 F1 西山墙，基槽南端被破坏，南北残长 2.2、基槽上宽 0.5、下宽 0.4、深 0.3 米。基槽表面与居住面平齐。在西墙基槽与北外墙基槽连接处遗存柱子洞（D18）和石础（S1）各一个。D18 平面为圆形，直径 0.2、深 0.35 米。S1 位于 D18 之北 0.05 米处。石础方形，边长 0.2、厚约 0.1 米，石面经过修整，平面朝上。

中居室　居室南部遭破坏，平面呈不规则长方形，面宽 10.7、残进深 7.35 米。残存建筑面积 74.4 平方米。

东间隔墙基槽　即 F1 中居室的东间隔墙基槽，间隔墙基槽南端被破坏，残长 6.55、上宽 0.5、下宽 0.45、基槽深 0.35 米。间隔墙基上部残存墙体，残高 0.05 米左右。东间隔墙体内残存柱子洞 7 个（D11～D17），柱子洞平面皆为圆形，直径 0.15～0.2、深 0.15～0.55 米。柱子洞间距在 0.3～0.6 米之间。

西间隔墙基槽　为 F1 西居室的东间隔墙基槽，其南部多被严重破坏，基槽残长 0.3、宽 0.25 米。

西居室　西居室的西南部破坏严重，平面为长方形，室内面宽 11、南北残进深 7.6 米。残存面积 32.3 平方米。西居室东面为中居室的西间隔墙基槽，西面即 F1 西山墙。

F1 中、西两居室面积基本相同，居住面皆以红烧土铺筑，红烧土内夹有少量木炭末，红烧土厚 0.1～0.25 米，表面较平整。

F1 是利用了早期石家河文化 F5 和 F8 废墟上的房基，稍作整治，成为平整台基后铺筑一层红烧土台面，然后根据需要开挖墙基槽。每面墙基槽比较规整，基槽中的柱洞大小、间距、柱洞数基本相同，其墙体亦应是分段式木骨泥墙。

（二）地面式房屋遗迹

F2　位于 ⅢT2B、ⅢT3B、ⅢT4B、ⅢT2C、ⅢT3C、ⅢT4C 等六个探方内。叠压在 ①层下，房基分别叠压在 ③层、F4 和 F6 之上。房基东北角和西南角被东汉墓（M37）和晚期活动破坏。现仅残存部分居住面、火塘和柱子洞。房屋建筑为平地起建，保存不好（图一九〇）。

F2 残存的居住面为不规则长方形，东西残长 8.9、南北残宽 4.7 米。残存面积 34.3 平方米。居住面较平整，为褐黄土铺筑，土质较硬且纯，厚约 0.2 米，未见房子墙基槽。残存柱子洞 13 个（D1～D13），其中九个柱子洞位于居住面四周边缘，即东边 1 个（D1）、南边 2 个（D2、D3）、西边 2 个（D5、D6）、北边 4 个（D7～D10）。4 个柱子洞（D4、D11、D12、D13）位于居住面上，其中 D2 与 D11、D12 与 D13 均呈南北向排列。柱子洞平面皆为圆形，直径 0.1～0.17 米，深 0.18 米左右，洞内填灰褐土。

F2 居住面中部，保存一个圆形火塘，直径 1.1、深 0.15 米。火塘内壁斜弧，平底。塘壁及底部有厚 0.04 米的烧烤面，呈灰黑色。火塘内堆积灰烬土，出土周代绳纹陶片。

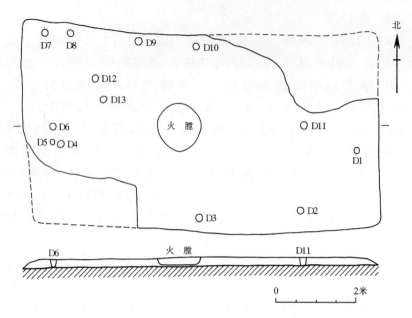

图一九〇　东周 F2 平、剖面图

D1～D13. 柱子洞

表一八

东周房址登记表

单位：米

编号	所在探方	层　位		形　制	尺寸（米）	方向	门道	灶坑	居住面结构	柱洞数量	备注
		上	下								
F1	IT3A IT4A IT5A ⅣT3A ⅣT4A ⅣT5A ⅣT6A ⅣT7A ⅣT4B ⅣT5B ⅣT6B ⅣT7B	①	③	长方形红烧土台基式建筑	残 22.2×7.8	10°			红烧土居住面	18	为分间式房子。被严重破坏。打破F5、F8
F2	ⅢT2B ⅢT3B ⅢT4B ⅢT2C ⅢT3C ⅢT4C	①	③	长方形地面式建筑	残 8.9×4.7		1（圆形）		褐黄土居住面	13	被 M37 严重破坏。

说明：层位栏中，"上"栏仅登记诸叠压、打破该房址的地层或遗迹单位中最早的，"下"栏仅登记被该房址叠压或打破的地层或该遗迹单位中最晚的。

柱洞编号	直径	残深	间距	形制	备注
D1	0.40－0.97	0.45		椭圆形	北墙内
D2	0.45	0.55	1.60	圆形	北墙内
D3	0.2	0.5	11.8	圆形	北墙内
D4	0.2	0.3	0.3	圆形	北墙内
D5	0.21	0.4	0.5	圆形	北墙内
D6	0.2	0.4	0.5	圆形	北墙内
D7	0.2	0.4	0.4	圆形	北墙内
D8	0.18	0.45	0.45	圆形	北墙内
D9	0.2	0.45	1.25	圆形	北墙内
D10	0.22	0.3	0.6	圆形	北墙内
D11	0.15	0.3		圆形	东间隔墙内
D12	0.15	0.35	0.45	圆形	东间隔墙内
D13	0.15	0.4	0.6	圆形	东间隔墙内
D14	0.17	0.45	0.35	圆形	东间隔墙内
D15	0.15	0.5	0.45	圆形	东间隔墙内
D16	0.16	0.5	0.5	圆形	东间隔墙内
D17	0.2	0.55	0.3	圆形	东间隔墙内
D18	0.2	0.35		圆形	西墙内

表一九　东周 F1 柱子洞统计表　　单位：米

说明：1.柱洞（穴）编号从 F1 北墙西起，依顺时针方向开始。2.柱洞间距以相邻两柱洞中心起计算。

三、墓　葬

发现墓葬 1 座（M10）。

M10　位于ⅡT3B 中，开口在②层下③层上，墓底至生土层。墓口距地表深 0.3 米。平面呈长方形，为土坑竖穴墓，墓口下 0.54 米处的墓室周壁有二层台。墓底有棺木葬具腐痕。墓口长 2.71～2.79、宽 1.45～1.56 米，墓底长 2.15、宽 0.87～0.91、深 0.77～

0.82 米。二层台宽 0.13～0.26、高 0.22～0.26 米。墓壁斜直，墓底平坦，为单人一次葬墓。骨架保存不好，仅残存头骨、盆骨及部分下肢骨，墓主人年龄、性别、身高不明。头朝西北，方向为 292°。葬式为仰身直肢。骨架左侧小腿旁，靠近二层台处放置一件猪的髋骨（表二○；图一九一）。

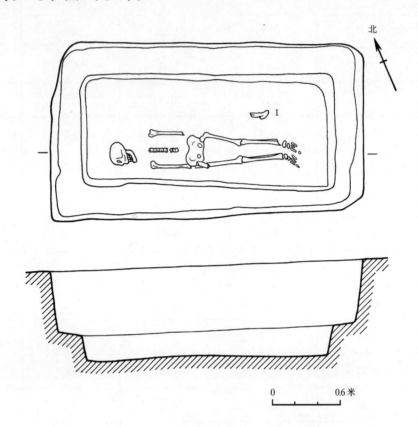

图一九一　东周 M10 平、剖面图
1. 猪髋骨

			层位关系		平面形状	墓口长宽深（米）	墓底长宽（米）	二层台宽高（米）	墓道长宽（米）	头向	葬式	性别	年龄	随葬器物	备注
编号	时代	所在探方	开口	下											
M10	东周	ⅡT3B	③	生土	长方形	2.79×1.56 -0.82	2.15×0.91	0.13～0.26 +0.26		292°	单人仰身直肢			猪髋骨1	
M4	西汉	ⅡT3B	③	生土	不规则长方形	残2.60×1.8 -1.06	残2.2×1.26	0.22～0.35 +0.22		294°	单人仰身直肢				

表二○　　　　　　　东周、汉代墓葬登记表

续表二○

编号	时代	所在探方	层位关系		平面形状	墓口长宽深(米)	墓底长宽(米)	二层台宽高(米)	墓道长宽(米)	头向	葬式	性别	年龄	随葬器物	备注
			开口	下											
M14	西汉	ⅡT3A	③	生土	不规则长方形	2.70×1.45-1.64	2×0.78	0.32~0.36+0.36		285°	单人仰身直肢			陶单錾陶罐1	
M15	西汉	ⅡT3B	③	生土	长方形	2.80×1.48-1.30	2.3×0.98	0.16~0.26+0.70		294°	单人仰身直肢			陶单錾陶罐1	
M16	西汉	ⅡT3A	③	生土	长方形	2.70×1.40-1.58	2.34×1.30			292°	单人仰身直肢			陶单錾陶罐1	
M17	西汉	ⅡT3A	③	生土	长方形	1.84×0.50-1.40				292°/102°	仰身直肢/侧身直肢		1.男 2.女	铜釜1	2人合葬墓
M18	西汉	ⅡT2A	③	生土			2.50×1.80								
M38	西汉	ⅠT1G	③	⑦		残2.75×1.85-0.95								陶鼎1	单人一次葬
M37	东汉	ⅢT3A	②	生土	甲字形	3.10×2.36-1.55	2.97×2.02	0.12~0.15+0.22	5.60×1.48	292°				陶井1、陶有领小罐1、陶小罐1、陶双系罐1、陶矮领罐1、铜镜1、五铢钱5枚	单人一次葬
M39	东汉	ⅠT1G	②	生土		残1.55×0.75-1.60				90°					单人一次葬

说明：一个墓葬跨两个以上探方的，只登记了其中一个。

第二节　文化遗物

选用标本 7 件。其中铜器标本 2 件，陶器标本 5 件。现分述如下：

（一）铜　器

铜镞　2 件。锋尖锐，镞中脊起三棱状刃，刃略作弧状，脊与刃无分界，无后翼。青铜铸造。标本 G1③：1，翼面微凹，脊截面呈三棱状。铤残。镞身长 3、宽 1.1、脊厚 0.6 厘米。锋夹角 28°，锋刃角 60°、60°、60°（图一九二，1）。标本Ⅰ T4I②：19，分镞身和铤两部分，镞身平面呈三棱状，镞身的横剖面呈三角形，锋尖端略残；铤细长圆锥状，横剖面为圆形。残长 6.9、镞身残长 3、宽 1 厘米。铤长 3.9、直径 0.4 厘米。重 9 克。锋夹角 28°，锋刃角 60°（图一九二，2；图版八五，1）。

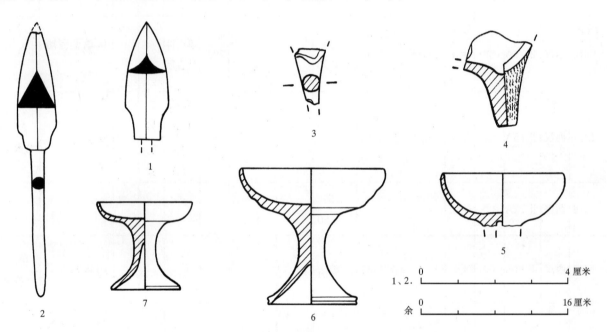

图一九二　东周铜镞，陶鼎足、鬲足和豆
1、2. 铜镞 G1③：1、Ⅰ T4I②：19　3. 鼎足（采集：136）　4. 鬲足 1T3I②：187
5～7. 豆 G1③：1、G1⑥：17、采集：135

（二）陶　器

主要有鼎足、鬲足和豆等。

鼎足　1 件。标本采集：136，夹砂灰白陶，仅存足中段。圆锥状裹足，上粗下渐细，足尖残。残高 5.9 厘米。素面。手制（图一九二，3）。

鬲足　1 件。标本 1T3I②：187，夹砂红褐陶。柱状袋足，足外满饰粗绳纹。残高 8.6 厘米（图一九二，4）。

豆　3 件。标本 G1③：1，泥质灰陶。敞口，深弧腹盘，圈足残缺。残高 5.5、口径 13.2 厘米（图一九二，5）。标本 G1⑥：17，泥质灰陶。敞口，弧腹盘较浅，柄较细，下部外撇成喇叭状座。豆盘腹表有泥条盘痕。素面。高 14、口径 16、圈足径 10 厘米（图一九二，6；图版八五，2）。标本采集：135，泥质灰陶。敞口，浅弧腹盘，细柄下部圈足外撇呈喇叭形。素面。高 9.5、口径 10.2、圈足座径 7.5 厘米（图一九二，7；图版2）。

第三节 小 结

遗址上第②层东周时期文化堆积中的遗迹，不仅打破了其分布范围内第③层的三房湾文化堆积层，亦叠压、打破了不少石家河文化遗迹。

一、东周文化遗存的确定

此时期的文化堆积不厚，文化遗存亦较少，仅以文化层和遗迹中的出土陶片和极少的器物作为断代依据。

遗址上的第②层文化堆积，及部分被东周遗迹打破的第③层中，出土的都是东周时期文化遗物。如在遗址②层的文化堆积里和中部偏南至北部一片范围内③层上的遗迹内出土的陶片中，多是褐红色绳纹陶，与遗迹中出土的陶鬲足、鼎足和陶豆等陶质陶色和器形，都具有东周文化的陶器特点，同时还出有铜镞。至于灰沟上层堆积里与铜镞同出的铁生产工具等，应与最上层的一批汉墓有关，当是汉代墓葬破坏后散存的遗物。

二、文化遗迹相对年代的推断

（一）灰沟 G1 的相对年代

在灰沟 G1 内的第①～③层中，既出有新石器时代的陶器片，又出有战国中晚期的残铜镞 1 件和绳纹陶鬲足，还出有汉代的铁斧、铁锛和铁舌等。其中第③层出土的一件铜镞与江陵九店乙组东周墓出土的 B 型 Ⅱ b 式铜镞相同。因此，灰沟内的第①～③层，应为战国中晚期至汉代的堆积。

灰沟内的第④～⑥层里，出有新石器时代的陶片，又出有东周遗物，其中第⑥层出土的一件陶豆与房县松嘴战国中期 M29：1 的陶豆相似[①]。其中出土的绳纹鬲足，皆与荆州九店东周墓 M153：3 陶鬲之足相似[②]。因此，灰沟内的第④～⑥层，则应是新石器时代壕沟废弃后至战国中期晚段的堆积。

灰沟内的第⑦层中，皆出土新石器时代文化遗物，应是石家河文化二期濠沟开挖后，使用期的文化堆积。

从灰沟 G1 堆积内出土遗物所反映的情况得知，汉代遗物出在灰沟填土的最上层（即灰沟最晚的一期堆积里），应是灰沟废弃后的最晚堆积。遗址上层发现有不少汉代墓葬，似应为汉代在埋葬活动中，有遗弃的铁制工具。沟内③层以下堆积内不见汉代遗物，而灰沟开口于第③层。为此我们将 G1 的年代，断定在东周。灰沟中出土的一件铜

① 湖北省文物考古研究所：《湖北房县松嘴战国两汉墓发掘报告》，《考古学报》1992 年第 2 期。
② 湖北省文物考古研究所：《江陵九店东周墓》，科学出版社，1995 年。

镞器形较晚，G1 的具体年代当在战国晚期。

（二）东周房屋基址的相对年代

两座房屋残基址皆坐落在第③层上。在 F1 残房基和 F2 残房基里，都出土有绳纹陶片，陶片中的鬲足，其器形与 G1 灰沟内所出的陶鬲足相同，结合地层分析 F1、F2 亦均应为战国中晚期建筑。

（三）东周墓葬的相对年代

仅清理一座残土坑竖穴墓。M10 墓穴四周有二层台，且有棺木葬具腐烂痕迹。仅随葬有猪的髋骨，据当地村民讲出土一件破陶罐，说明墓主身份低下，可能是一座平民墓。根据此墓开口层位推断，M10 可能是一座战国墓。

第五章　汉代文化遗存

七里河遗址上层，发现汉代墓葬 9 座，其中西汉墓 7 座（M4、M14、M15、M16、M17、M18、M38），东汉墓 2 座（M37、M39）。

第一节　西汉墓葬

一、概　况

（一）墓葬分布

发现的七座西汉墓，集中分布在遗址西北部，即Ⅱ象限内中心部位偏北；Ⅰ象限内仅发现 1 座，其所在位置亦是西北部位的东缘。具体情况如下：

Ⅰ象限的ⅠT1G 内发现西汉墓 1 座（M38）。

Ⅱ象限内发现西汉墓 6 座，其中 M4 位于ⅡT2B、ⅡT3B 探方内，M14 位于ⅡT3A、ⅡT4A 两个探方内，M15 位于ⅡT3B，M16 位于ⅡT3A、ⅡT4A、ⅢT3A 三探方内，M17 位于ⅡT3A 探方内，M18 位于ⅡT2A、ⅡT3A 探方内。六座墓皆为小型土坑墓，墓葬分布密集，墓与墓之间最近相距 1 米，最远相距 3 米。墓葬排列有序，方向一致（表一、表二、表二〇；图一九三）。

（二）埋葬习俗

七座西汉墓皆为土坑竖穴墓，大多被破坏，除 M18、M38 遭严重破坏等原因而形制不明外，其余五座可归入长方形土坑竖穴墓和不规则长方形土坑竖穴墓。长方形土坑竖穴墓有 M15、M16、M17 三座。不规则长方形土坑竖穴墓有 M4、M14 两座。墓穴方向多为西北向，个别为西南向。墓圹一般长 2.70 米左右，宽 0.5～1.8 米。墓一般深为 1.30 米左右。其中三座墓内发现有二层台。二层台宽 0.16～0.36、高 0.22～0.70 米。墓壁皆斜直，墓底平坦。仅在 M14、M15、M16、M17 四座墓的墓圹内，发现有棺木腐烂痕迹。

七座墓中，仅有 M17 为男女合葬墓，骨架保存较好，可见男为仰身直肢葬，女为侧身直肢葬。其余各墓内骨架多已腐烂，有的尚存骨架残骸，有的仅见腐烂的遗骨痕迹，有的全尸腐烂无痕。葬式、年龄、性别均不明。骨架尚有残骸或有迹可察的，皆为仰身直肢葬，头向多朝西北。仅 M17 为男女合葬墓，男性头向西北、女性头向东南（表二〇）。

七座西汉墓，由于多数墓被扰，仅一座墓里未见随葬品，余六座墓中出土了随葬品。

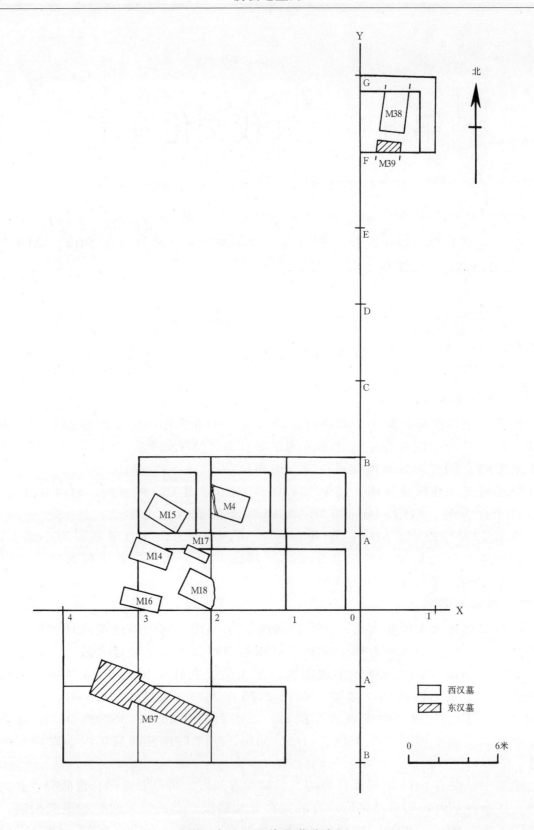

图一九三　汉代墓葬分布图

随葬物的品种较少,均为日常用器,分别放置于墓主人的左右侧或足部。现分别叙述如下:

二、墓　葬

M4　位于ⅡT2B、ⅡT3B探方中,开口在②层下③层上,墓底至生土。墓坑被破坏,残存平面呈不规则长方形,为土坑竖穴墓。墓口残长1.82~2.60、宽1.76~1.8、残深1.06米。墓室周壁有二层台,二层台宽0.22~0.35、高0.22米。墓室底残长2.2、宽1.26米。墓内人骨架已腐烂,观其残迹为仰身直肢葬,头朝西北,方向为294°。年龄、性别、身高不明。随葬品不明(图一九四)。

M14　位于ⅡT3A、ⅡT3B等探方之中,开口在②层下③层上,墓底至生土层。不规则长方形竖穴墓圹。墓口长2.67~2.7、宽1.33~1.45、深1.64米。墓室周壁有二层台,并有棺木腐朽痕迹,应为有棺木葬具墓。二层台宽0.32~0.36、高0.32~0.36米。墓室底亦为长方形,长2、宽0.78米。墓壁较直,底部较平。人骨架保存不好,为仰身直肢葬,头朝西北,方向为285°。骨架的性别、年龄、身高不明。右侧膝盖骨处放置一件灰陶绳纹单鋬罐,左肩部上侧有一堆鸟类肢骨(图一九五)。

M15　位于ⅡT3B探方中,开口在③层,打破③层下的红烧土建筑遗迹,墓底至生土层。墓口距地表深0.23米。为长方形竖穴墓圹。墓口长2.8、宽1.34~1.48、深1.3米。墓室周壁有二层台,并有棺木腐朽痕迹,应为有棺木葬具墓。二层台宽0.16~0.26米,台面至墓底高0.70米。墓底亦为长方形,长2.3、宽0.98米。墓壁较直,墓底平坦。墓内骨架保存不好,仅存有几颗牙齿,人骨架痕迹残长1.70米。葬式为仰身直肢,头朝西北,方向为294°。年龄、性别、身高不明。在骨架右侧有一件灰陶单鋬罐(图一九六)。

M16　位于ⅡT3A、ⅡT4A中,开口在②层下③层上,打破③~④层和石家河一期前段M19,墓底至生土层。长方形竖穴墓圹,墓内有棺木腐朽痕迹,应是有棺木葬具的墓。墓口大底略小。墓口长2.66~2.7、宽1.34~1.4米,墓底长2.32~2.34、宽1.27~1.30、深1.58米。墓壁斜直,墓底平坦。骨架保存不好,为仰身直肢葬,头朝西北,方向为292°。年龄、性别、身高不明。在人骨架左臂侧外放置一件灰陶单鋬釜形罐(图一九七)。

M17　位于ⅡT3A探方内,开口在②层下③层上,打破第③~④层,墓底至生土层。长方形竖穴墓圹,墓内有棺木腐朽痕迹,应是有棺木葬具的墓。墓口长1.84、宽0.44~0.5、深1.4米。墓壁较直,墓底平坦。为双人合葬墓,两具骨架保存较好,分别为一男一女,男性葬式为仰身直肢,女性位于男性左侧,葬式为侧身直肢,并侧向男性。男性头朝西北,方向为292°,女性头朝东南,方向为102°。两者年龄、身高不明。在女性足部放置一件青铜釜(图一九八)。

M18　位于ⅡT2A、ⅡT3A探方中,开口在②层下③层上,墓底叠压打破M11、M20,墓底至生土层。墓圹严重破坏。可能为土坑竖穴墓。墓口长、宽、深不明,仅存墓底,底残长2.5、残宽1.8米。骨架无存,性别、年龄、身高、头向等不明。未发现随葬器物。

M38　位于ⅠT1G探方中,开口在②层下③层上。墓口距地表深0.4米,墓底至⑦层。墓北部延伸探方北隔外未发掘。似为长方形土坑竖穴墓。墓口残长2.55~2.75、宽

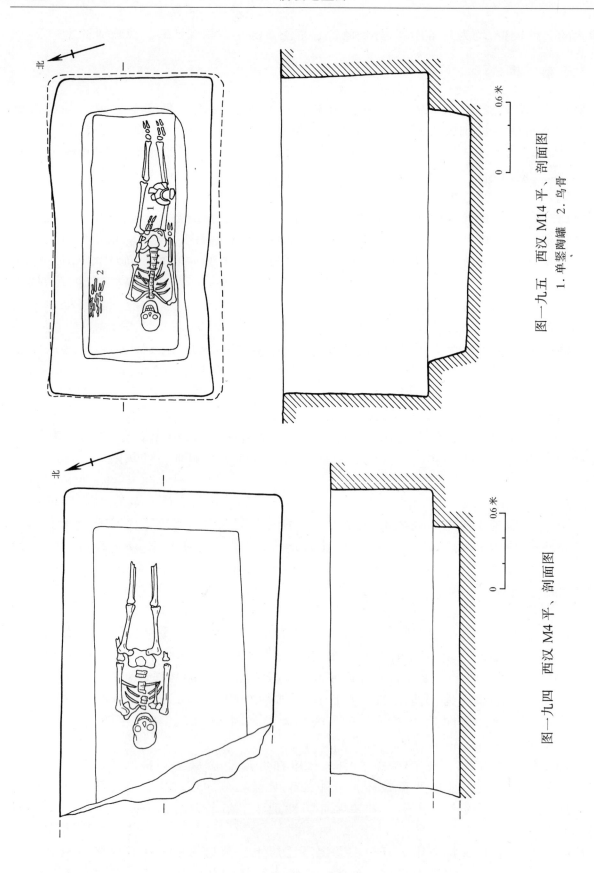

图一九五　西汉 M14 平、剖面图
1. 单錾陶罐　2. 鸟骨

图一九四　西汉 M4 平、剖面图

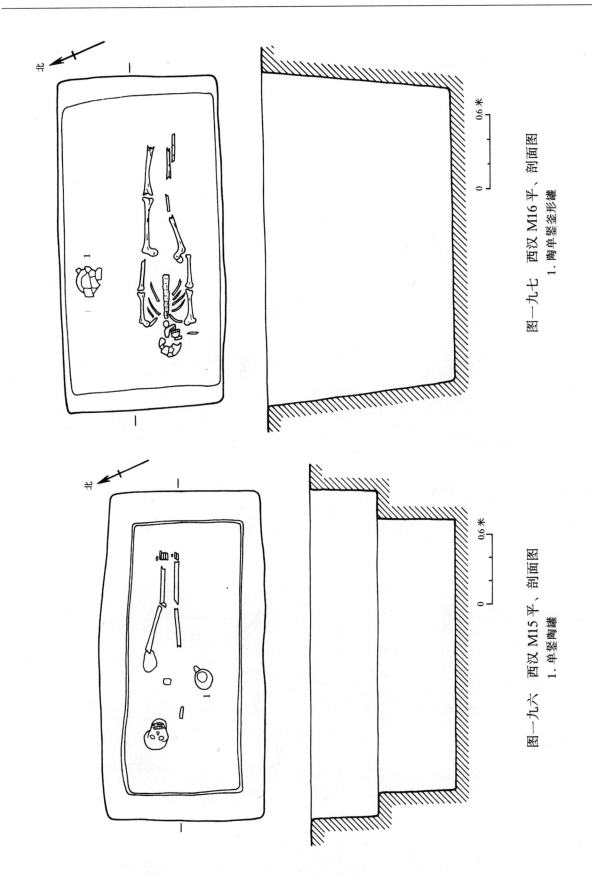

图一九七　西汉 M16 平、剖面图
1. 陶单鋬釜形罐

图一九六　西汉 M15 平、剖面图
1. 单鋬陶罐

1.6~1.85、深 0.95 米。墓周
壁较直，墓底平坦。墓内人
骨架大部分已腐烂。其葬式、
头向不明。骨架性别、年龄、
身高均不明。在人骨架西侧有
一件陶鼎。

三、随葬器物

七座西汉墓大多破坏严
重，一些随葬器物下落不明，
仅存有少量的陶器和铜器，共
计 5 件，陶器有鼎、带柄罐，
铜器有釜。现分述如下：

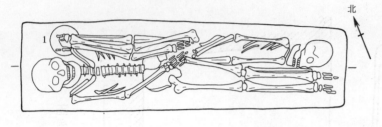

图一九八　西汉 M17 平、剖面图

1. 青铜釜

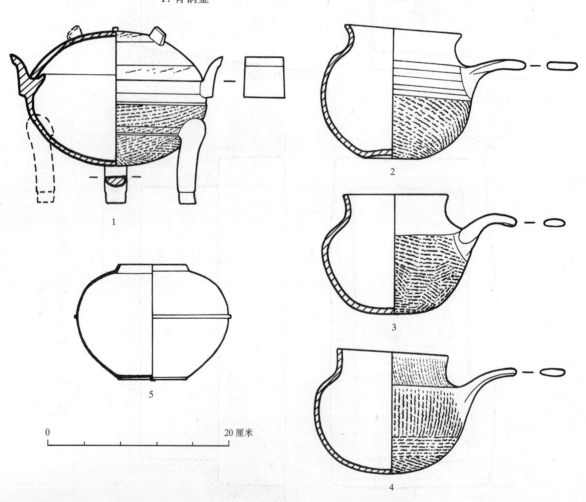

图一九九　西汉墓葬出土陶盖鼎、罐和铜釜
1. 陶双耳盖鼎 M38:1　2~4. 陶单鋬罐 M14:1、M15:1、M16:1　5. 铜釜 M17:1

（一）陶　器

有陶双耳盖鼎和陶单鋬罐等。

陶双耳盖鼎　1件。标本 M38:1，泥质灰陶。子母口，半球形腹，口沿旁附有对称的两个宽扁状耳，耳上部略外卷，三蹄足。有盖，盖亦为半球面形，盖顶部有三个对称的角状纽。腹与底部饰交错浅绳纹，绳纹上压有两周凹弦纹。通高18.8、口径17.6厘米。盖高5.5、盖口径19.2厘米（图一九九，1；图版八五，3）。

陶单鋬罐　3件。凹平底或圜底，形如单鋬釜。标本 M14:1，夹砂灰陶。侈口，矮束颈，鼓腹，凹圜底。腹上部一侧有弯弧状鋬。上腹部饰6～7周凸弦纹，下腹部与器底饰斜向绳纹。高13.7、口径12.6、腹径16、底径6.8厘米（图一九九，2；图版八五，4）。标本 M15:1，夹砂褐灰陶。侈口，矮束颈，鼓腹，圜平底，腹上部一侧有弯弧状鋬。腹部与器底满饰交错绳纹。高12.4、口径11.6、腹径16、底径6.4厘米（图一九九，3；图版八五，5）。标本 M16:1，夹砂灰陶。形如釜，直口微侈，矮束颈，鼓腹，圜底。腹上部一侧有弯弧状鋬。颈部与上腹部满饰竖向绳纹，下腹与底部分别饰横向绳纹和斜向绳纹。高12.5、口径12、腹径16.5厘米（图一九九，4；图版八五，6）。

（二）铜　器

铜釜　1件。标本 M17:1，保存完好，缺失釜上之甑。敛口，矮斜颈，圆肩，鼓腹，矮圈足，凹平底。腹部有一周凸箍，器凹底中部有一凸棱。器表灰绿色。通高12、口径7.6、腹径16.6、圈足径7.6、壁厚0.2厘米（图一九九，5；图版八五，7）。

四、小　结

（一）西汉墓相对年代的推断

发现的七座西汉墓，皆无打破关系，其中有六座墓分布比较集中。墓圹皆较狭小，墓中多有棺木腐朽痕迹。因墓葬多被破坏，随葬器物可能多有流失，因此墓内仅存的随葬器物数量均不多，皆为日常用器。从仅存部分随葬器物特征观察，七座墓存在早晚关系，M14、M15、M16 三座墓，似早于其它几座墓，M38 似早于M37。M14、M15、M16 三墓中，出土的单鋬罐，其器形近同，其中M16:1 单鋬罐底呈圜状，近似釜形。三件单鋬罐为灰色或褐灰色陶，拍印绳纹密且浅，火候较高。其陶系、纹饰都保持东周特点。其中 M15 的一件单鋬罐，若陶罐上无柄，其造型与重庆市临江支路西汉初年 M5 出土的绳纹陶釜相似[1]。亦与房县松嘴西汉 M35:1 的陶单耳釜相似[2]。通过对三座墓中单柄罐（釜）的陶色、纹饰、质地等的观察及器形类比，其造型基本相似，因此以上三座墓的相对年代，当在秦至西汉初年。

M38 出土一件陶鼎，其器形与房县松嘴西汉 M9:1 的 CⅡ式陶鼎相同[3]，其相对年代当在西汉前期。

M17 疑为夫妻合葬墓。夫妻合葬的兴起，始于武帝元狩之年。该墓出土的一件青铜釜，虽缺失釜上部套合的甑，而铜釜与湖北蕲春付家山西汉 M6:10 套合的青铜甑釜之釜

---

① 《重庆市临江支路西汉墓》，《三峡考古之发现》，湖北科学技术出版社，1997年。

② 湖北省文物考古研究所：《湖北房县松嘴战国两汉墓发掘报告》，《考古学报》1992年第2期。

③ 湖北省文物考古研究所：《湖北房县松嘴战国两汉墓发掘报告》，《考古学报》1992年第2期。

造型相似，因此，该墓的年代最晚在西汉晚期（当约哀帝、平帝时期）[①]。

M4 与 M37 两座墓虽未发现完整随葬器物，但从墓葬结构及根据抢救发掘出土的陶器残片分析，应为西汉之墓。

（二）墓主身份及墓区分析

汉代埋葬习俗已在变革。西汉初年的墓葬，东周时期随葬礼器的传统，已趋衰落，礼器已经消失，日常用器增多，是埋葬上崇尚"事死如生"的反映。七里河的这批汉墓，虽有棺木葬具朽痕，均属小型墓。随葬品不多且器物一般，反映出的墓主生前生活皆很贫困或生活状况一般，均应是一般庶民之墓。

观察这批汉墓分布情况，有六座西汉墓分布比较集中，且排列有序，无打破关系，墓向与头向基本一致，墓地似有过规划，入葬时间在西汉前期至西汉晚期或延至东汉初年，随葬器物的种类及放置位置大多比较一致。推测较为集中的六座西汉墓，可能为一家族墓地。

第二节　东汉墓葬

东汉墓仅发现 2 座（M37、M39）。Ⅰ象限内的 M39 为一座长方形土坑竖穴墓；Ⅲ象限内的 M37 是一座有墓道的甲字形墓（表二〇）。

一、墓　葬

M37　位于ⅢT3A、ⅢT4A、ⅢT3B、ⅢT4B 四个探方之中，开口于①层下②层上，打破早期的建筑遗迹，墓底至生土层。墓口距地表深 0.2 米，墓平面呈甲字形，长方形墓圹东边有长方形斜坡墓道。墓道斜长 5.6 米，斜坡坡度为 15°，宽 1.44～1.48、深 1.55 米。墓圹平面长 2.88～3.1、宽 2.2～2.36 米；墓底长 2.76～2.97、宽 1.8～2.02、深 1.55 米。墓室内近墓底处除墓道方位外，余三面周边有较窄的二层台，台宽 0.12～0.15、高 0.22 米。墓周壁较直，墓底平坦。为单人葬，骨架大部分腐烂保存不好，仅残存部分肢骨和几颗牙齿。性别、年龄、身高均不明。头向为 292°。葬式不明。随葬器物有 11 件：分别放在人骨架左侧和脚下。其中冥器中的陶井 1 件、有领小罐 1 件（放置于陶井内）、小罐 1 件，皆放在头部右侧。陶双系罐 1 件、陶矮领罐 1 件，皆放在人骨架足下右侧。铜镜（日光镜）1 件、铜五铢钱 5 枚放在足下。该墓中还出土陶灶等残片（图二〇〇）。

M39　位于ⅠT1G 探方内，开口于①层下②层上，墓底至生土层。墓南部延伸探方外大部分未发掘。墓口距地表深 0.1 米。为平面呈长方形的土坑竖穴墓，南北向。墓口残长 1.55、宽 0.75、深 1.6 米。人骨架已腐烂，葬式不明。随葬器物不明。填土中出有陶仓残片。

---

①　黄州市博物馆等：《罗州城与汉墓》，科学出版社，2000 年。

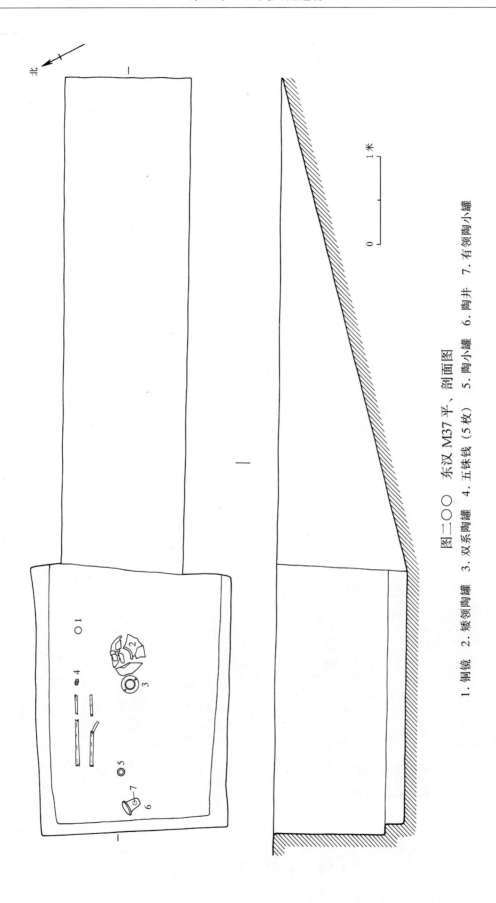

图二〇〇　东汉 M37 平、剖面图

1. 铜镜　2. 矮领陶罐　3. 双系陶罐　4. 五铢钱（5 枚）　5. 陶小罐　6. 陶井　7. 有领陶小罐

二、随葬器物

M37 随葬器物有陶器、陶冥器和铜器，共计 11 件，可分日常用器和冥器两类。

（一）陶　器

矮领罐　1 件。标本 M37：2，夹砂灰陶。矮直领，鼓腹，凹弧底。上腹部饰竖向绳纹且以七周凹弦纹分隔。下腹部与器底皆饰竖向和斜向的交错绳纹。通高 24、口径 17.7、腹径 30、底径 11 厘米（图二〇一，1；图版八六，1）。

双系罐　1 件。标本 M37：3，泥质灰陶。仰折沿，矮直领，鼓腹，大凹平底，肩部有两个对称的系。上腹部饰 5～7 周弦纹，下腹部与器底饰斜向和竖向的交错绳纹。高 19.2、口径 12、腹径 20、底径 9 厘米（图二〇一，2；图版八六，2）。

（二）陶冥器

陶井　1 件。标本 M37：6，夹砂橙黄陶。直口，宽平沿，筒形腹，厚平底。素面。高 10.8、口径 12.7、底径 7.2 厘米（图二〇一，3；图版八六，5）。

有领小罐　1 件。标本 M37：7，夹砂橙黄陶。侈口，斜矮领，扁鼓腹，平底。素面。

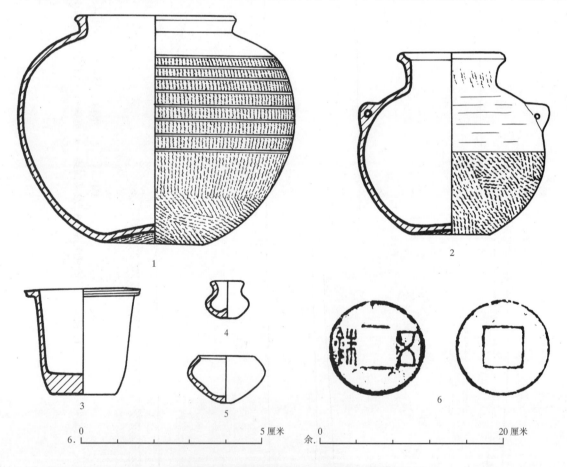

图二〇一　东汉墓葬出土陶罐和陶井

1. 矮领罐 M37：2　2. 双系罐 M37：3　3. 陶井 M37：6　4. 有领小罐 M37：7

5. 陶小罐 M37：5　6. 铜五铢钱 M37：4-1

高 4、口径 3.6、腹径 4.8、底径 2 厘米（图二〇一，4；图版八六，6）。

陶小罐　1 件。标本 M37：5，夹砂橙黄陶。敛口，溜肩，扁鼓腹下急收成尖平底。素面。高 5、口径 6.2、腹径 8.4、底径 1.2 厘米（图二〇一，5；图版八六，7）。

（三）铜　器

铜镜　1 件。标本 M37：1，为日光镜。圆纽，圆座，座外饰内向十二连弧纹一周，再外为两道辐射纹夹铭文带一周。素缘。铭文非篆非隶，铭文内容为"见日之光，天下大明"。每字之间以"⊙"和"❖"字符号顺次相隔。镜通体呈灰黑色并浮以锈绿斑。直径 7.8、缘厚 0.35 厘米（图版八六，3）

铜五铢钱　5 枚（M37：4-1~5）。标本 M37：4-1~4，钱锈呈灰绿或墨绿色，相互粘连，锈蚀严重。钱缘有凸起的周廓，正方形穿，背面有穿廓，钱面有"五铢"二字。"五铢"二字宽肥圆柔，笔画较粗且浅，"五"字交股弯曲，上下两横不出头。"金"字头呈三角形。"朱"字之头微高于"金"旁，"朱"旁上横圆折，上下对应，中间直笔。钱径 2.3~2.4、廓径 2.5~2.6、穿径 0.9~1、廓厚 0.1~0.11 厘米（图二〇一，6；图版八六，4）。

三、小　结

（一）东汉墓相对年代的推断

M37 出土了一件日光镜，镜面内区上铸有环绕的变形篆体铭文为："见日之光，天下大明"，该镜形如鄂州市鄂钢第 73 号墓出土的铜镜[①]。日光镜主要流行于西汉武帝后至王莽时期。另外出土的五枚五铢钱，钱较轻薄，钱径皆在 25、厚约 1 毫米。"五铢"两字宽肥圆润，笔画较粗且浅，"五"字交股弯曲，上下两横不出头。"金"字头呈三角状，较西汉五铢金旁稍大。"朱"旁上横圆折，上下对应，中间直笔较长。此钱形如东汉初年"建武五铢"[②]。

陶器中有领罐（冥器）与房县松嘴东汉墓 M7：3 出土的汲水小罐相同，小罐（冥器）与房县松嘴东汉墓 M2：7 出土小盂相同，矮领罐与宜昌前坪东汉墓 M111 出土的 Ⅱ 型 Ⅱ 式罐及前坪东汉墓 M109 出土的陶罐相似[③]。双系罐与房县松嘴东汉 M18：1 的 A 型双耳罐相似[④]。

该墓虽随葬有西汉中晚期的日光镜，但大部分随葬品颇具西汉晚期至东汉初年的特征，因此该墓的年代可能为东汉初年。

M39 虽然随葬遗物不明，但墓底填土中出有陶仓残片，该墓的年代可能为东汉。

（二）墓主身份及墓区分析

M37 带墓道的甲字形墓，较其它墓略大，但在东汉墓中也是墓葬规格一般的，随葬器物虽有十一件，但亦不见东汉墓常见的陶仓和禽兽动物等成套模型明器，够不上庄园生活的反映。墓主人身份，也只能是一般较为富裕的平民。

① 湖北省博物馆、鄂州市博物馆：《鄂城汉三国六朝铜镜》，文物出版社，1986 年。
② 唐石父主编：《中国古钱币》第 112 页，上海古籍出版社，2001 年。
③ 湖北省博物馆：《1978 年宜昌前坪汉墓发掘》见《三峡考古之发现》，湖北科学技术出版社，1997 年。
④ 湖北省文物考古研究所：《湖北房县松嘴战国两汉墓发掘报告》、《考古学报》1992 年第 2 期。

　　观察 M37 分布位置，它与六座西汉墓分布在一起，位于其南，且排列有序，无打破关系，墓向与头向与西汉六座家族墓基本一致，墓地似曾有过规划，该墓入葬时间在西汉晚期或至东汉初年，推测该墓主人与六座西汉墓主同属一个家族。

第六章 结 语

七里河遗址的发掘，首次揭开了房县地区的新石器时代文化面貌，也是这一区域内古文化遗址考古发掘的开端，填补了武当山南麓至神农架区这一大片区域内新石器时代考古的空白。汉水中上游南岸七里河遗址石家河文化中的诸多新发现，增添了我们对石家河文化内涵的新认识。

第一节 七里河遗址新石器文化的年代

为测定七里河遗址石家河文化和三房湾文化的年代，我们在遗址上取了四个木炭标本。它们分别取自石家河文化一期、石家河文化二期和三房湾文化的各层位中。

由中国社会科学院考古研究所碳十四实验室，测定的七里河遗址碳十四年代数据有四个[①]。它们分别是：

标本 ZK552（F8 北部台边下木炭）距今 4380 ± 120（2430BC）、4260 ± 120（2310BC）年，树轮校正年代 3028～2667BC（距今 4978～4617 年）。

标本 ZK551（F8 红烧土南墙下木炭）距今 4600 ± 180（2650BC）、4470 ± 180（2520BC）年，树轮校正年代 3380～2910BC（距今 5330～4860 年）。

标本 ZK550（1T7B④a 木炭）距今 4130 ± 90（2180BC）、4010 ± 90（2060BC）年，树轮校正年代 2855～2461BC（距今 4805～4411 年）。

标本 ZK549（1T7A③a 木炭）距今 4390 ± 200（2440BC）、4270 ± 200（2320BC）年，树轮校正年代 3264～2600BC（距今 5214～4550 年）。

下面拟对以上四个标本碳十四测定年代数据做一些讨论。

标本 ZK551、ZK552，分别取自 F8 红烧土南墙下与基槽下，和 F8 北面台基边下的⑥、⑦层。F8 坐落在⑥a 层上（即石家河文化一期前段的文化堆积之上）。取自 F8 基址下⑥、⑦层的两个木炭标本，ZK551 树轮校正年代为距今 5330～4860 年，显然偏早，当舍弃；ZK552 树轮校正年代为距今 4978～4617 年，石家河一期前段绝对年代应为最后的一个数据，即距今 4600 年左右。

标本 ZK550、ZK549，分别取自 1T7A③a 层和 1T7B④a 层。此两探方内有一条东周时期的大灰沟穿过，灰沟开口于第③层，打破③、④层，底部已伸至石家河文化一期后

---

① 中国社会科学院考古研究所：《中国考古学中碳十四年代数据集——1965～1981 年》，第 89～90 页，文物出版社，1983 年。

段的第⑤层。据了解，此两木炭标本，均取自东周灰沟旁的堆积里，分析灰沟旁的③、④层堆积，当是周人挖沟时翻动过的倒装地层，即是沟底部翻上来的早期堆积层。ZK550 树轮校正年代为距今 4805～4411 年，ZK549 树轮校正年代为距今 5214～4550 年，恰好都是石家河文化一期后段的年代数据，石家河文化一期后段的绝对年代，应在距今 4500 年左右，不晚于距今 4411 年。

总观七里河遗址石家河文化一期的文化面貌，与肖家屋脊遗址的石家河文化早期以及青龙泉遗址（三期）的石家河文化年代基本相当。肖家屋脊石家河文化早期碳十四年代数据，最早的一个年代中树轮校正年代为距今 4560±80 年[1]。青龙泉石家河文化（即青龙泉三期）碳十四测定年代中树轮校正年代为距今 4501 年左右[2]。根据七里河遗址碳十四测定年代数据，石家河文化一期前、后段的准确年代，应是距今 4600～4500 年左右。

观察七里河遗址石家河文化二期的文化面貌，与肖家屋脊遗址石家河文化早期偏晚的 H42 碳十四测定年代距今 4285±100 年基本相当[3]。七里河的石家河文化二期绝对年代，应为距今 4200 年左右。

七里河的三房湾文化，是遗址上第③层新石器时代最晚的文化遗存，它是在本土文化的基础上，融合了从北方南下的河南龙山文化晚期煤山类型等文化因素的一支考古文化。煤山一期文化遗存，经碳十四测定的树轮校正年代为 2290±160BC 即距今 4100 年左右。七里河的三房湾文化，应与煤山一期文化遗存的年代基本相当[4]。它与肖家屋脊三房湾文化中（发掘报告将其归入了石家河文化晚期）最晚的 H98 碳十四测定年代距今 4135±70 年相近[5]；鄂西石板巷子遗址的三房湾文化（发掘报告称为石板巷子文化），其碳十四年代数据中的树轮校正年代为 2190～1930BC 即距今 4140～3880 年[6]。七里河遗址三房湾文化的绝对年代，当在距今 4100 年左右。

根据以上碳十四测定年代推算，七里河遗址新石器文化的绝对年代，上限为距今 4600 年，下限为距今 4100 年左右，遗址内的新石器时代文化延续时间为 500 年左右。

第二节　七里河遗址石家河文化及其地域特色

七里河遗址的石家河文化，除有江汉地区石家河文化的共性特征外，表现在它的生活用器、房屋建筑和墓葬葬俗上，都具有明显别于其它石家河文化类型的自身特色。

一、七里河遗址石家河文化陶器地域特点及两期的器形分期与发展

七里河遗址的石家河文化陶器，多为灰黑陶，不见江汉地区石家河文化中的浅灰

① 湖北省荆州博物馆等石家河考古队：《肖家屋脊》第 348 页，文物出版社，1999 年。
② 中国社会科学院考古研究所：《中国考古学中碳十四年代数据集——1965～1981 年》，第 89 页，文物出版社，1983 年。
③ 湖北省荆州博物馆等石家河考古队：《肖家屋脊》第 348 页，文物出版社，1999 年。
④ 中国社会科学院考古研究所：《中国考古学中碳十四年代数据集——1965～1981 年》，第 75 页，文物出版社，1983 年。
⑤ 湖北省荆州博物馆等石家河考古队：《肖家屋脊》第 348 页，文物出版社，1999 年。
⑥ 中国社会科学院考古研究所：《中国考古学中碳十四年代数据集——1965～1991 年》，第 183 页，文物出版社，1991 年。

色，较少橙黄、橙红陶（这里的橙黄、橙红陶均微带灰色），极少黑陶。纹饰以篮纹为多，较少网格纹，有少量的弦纹、附加堆纹、镂孔和极少的戳印纹。器形中多见平底器，以罐、盆、钵和杯为主体，较少圈足器，出土的鼎足很多且器形繁复。这里石家河文化中出土的擂磨盆，多于漏斗形澄滤器。

七里河遗址石家河文化的罐类器较多，有小口罐、子母口罐、折沿罐和有领罐等。折沿罐多于有领罐，折沿罐中有穿系折沿罐和钩系折沿罐，还有较少的小罐。石家河文化一期中的杯多为薄胎斜腹或喇叭口形平底小杯，其中有极少彩陶杯。一期前段与以上杯同出的有薄胎筒形杯，一期后段与以上杯同出的有薄胎钵形小杯、钵形有流杯、单把杯、厚胎束腰形平底杯和盂形高圈足杯等。石家河文化二期中斜腹小杯数量减少，斜腹杯胎壁增厚多呈大平底，喇叭口小杯有的演变为厚胎大侈口筒腹凹平底小杯，钵形有流小杯演变为圈足有流杯，新出现壶形小杯。器形中极少碗，较多钵。一期中遗存有极少的双腹器（碗、豆），但器壁较厚，同出钵形豆、折腹深盘豆。石家河文化二期少见钵形豆，多为浅盘豆，豆的圈足亦逐渐比一期的矮。漏斗形澄滤器在石家河文化一期中，上半部漏斗宽且深，石家河文化二期澄滤器的上半部漏斗变浅、筒腹变粗；石家河文化之后的三房湾文化，澄滤器的漏斗口部起带状棱成厚缘。

七里河遗址石家河文化中，钵形平底或圈足带流杯、壶形小杯、穿系和钩系折沿罐、子母口罐、尖圜底篮纹陶臼、由上下两层大卷云纹与大圆镂孔组合而成的器座等一批器形，不见于石家河文化的其它类型。

二、七里河遗址石家河文化一期中地穴式房屋

七里河遗址石家河文化一期前段的十座房屋遗迹中，有四座是穴式房屋，其中三座浅穴式，一座为半地穴式。

一座椭圆形大型地穴式房屋F21，室内面积达30余平方米，穴室内空高度（从穴室口至居住面底部）约1.40米左右。东北壁出入口处设置有五级台阶，台阶坡度所占面积长为1.42米。室内将食物储存与炊事活动安排在东区，起卧居室活动安排在西区，西区面积大于东区，西区居住地面也略高于东区。穴室口南北两面周边地面，均铺筑有一片室外的平坦地坪，当为户（穴室）外的活动场地。

从考古资料中了解，穴式房屋流行于黄河流域的仰韶文化时期，延续时间似已至龙山文化早中期。在长江中游石家河文化的时空范围里，出现较多的穴式房屋，却是罕见。

龙山文化的地穴式房屋，结构似较七里河遗址穴式房屋复杂，穴室内有壁龛等设置，一般多为中小型，少有大型的。关中地区的客省庄吕字形半地穴式房屋，双间式面积亦未超过22平方米[①]。山东王因遗址的大汶口文化早期，一座大型的近椭圆形半地穴式房屋F3，面积为27.984平方米，穴室口至底深（即穴室高）1.08米，有斜坡状门道，室内未发现分区现象[②]。北辛文化和大汶口文化都发现有较多的浅穴式和半地穴式

---

① 中国社会科学院考古研究所编：《新中国的考古发现和研究》4、黄河中游龙山文化的社会经济形态，第83页，文物出版社，1984年。

② 中国社会科学院考古研究所：《山东王因》叁、大汶口文化遗存，第75页，科学出版社，2000年。

房屋遗迹，面积都不大①。其室内面积和居室高度均不及七里河 F21。七里河遗址石家河文化 F21，可能是迄今考古发现中最大的一座地穴式房屋建筑。

三、七里河遗址石家河文化的埋葬特点

（一）石家河文化氏族流行二次葬葬俗

七里河的石家河文化二十四座墓葬中，即有十五座墓属二次葬，总计迁葬人数达 29 人（尚有部分骨架腐朽者情况不明）。二次葬是对死者尸体和遗骨分别进行两次或两次以上处理的葬俗（多是先将尸体进行假埋，让肉体腐烂仅存骨架，然后再将遗骨正式土葬）。七里河遗址发现的十五座石家河文化二次葬墓中，有六座是二次多人合葬墓，九座为单人二次葬墓。

1．石家河文化二次合葬墓

遗址里六座二次多人合葬墓，都发现于石家河文化一期前段，均为东西向长方形土坑墓。墓中骨架有的腐朽，骨骼保存情况不一。合葬人数不等，多者达 10 人，少者仅有 3 人。

合葬于同一墓穴的死者，他（她）们相互间应有着亲密的关系。新石器时代的二次合葬，起源流行于母系氏族社会阶段。按照母系氏族的传统原则，儿童进入墓地并与成人合葬，是违背母系氏族制的基本原则的。石家河文化早已进入了父系氏族社会，七里河遗址石家河文化的二次合葬墓，在同一墓穴的多人合葬中，则是不同辈分、不同性别的男女老少合葬在一起，年龄有 60 高龄者与 30~40 岁中年的男男女女偕 4~5 岁的幼辈子女合葬，当是家族性质的二次合葬（见表一一）。进入父系氏族社会后的二次葬，从文献记载中了解，目的大约有两种，其中的合葬是为了达到家人死后还团聚在一起。如《三国志·魏志·东夷列传》："东沃沮……其葬作大木椁，长十余丈，开一头为户。新死者皆假埋之，才使复形，皮肉尽，乃取骨于椁中，举家皆共一椁"。七里河遗址中石家河文化氏族的二次合葬，应亦是为了达到其家族成员死后尚能团聚一起"举家皆共一椁"的目的。

石家河文化一期出现二次合葬，反映出七里河聚落址上，已进入父系制社会的石家河文化氏族，在葬俗上仍保留有母系社会的二次合葬遗俗。

2．石家河文化墓葬中单人二次葬

遗址里的单人二次葬，分别发现于石家河文化一、二期的九座墓葬中。据文献记载，实行二次葬的另一思想意识，是对死者怀有关爱和敬畏感。认为肉体属于人世间，灵魂可以脱离肉体而不死，必须实行洗骨葬亲，才能使祖先灵魂到达另一世界；或不致留在人间为祸作祟。如《墨子·卷六·节葬下》："楚之南有炎人国者，其亲戚死，朽其肉而弃之，然后埋其骨，乃成为孝子"；《梁书·卷五十二·顾宪之传》："顾宪之……除衡阳内史……土俗，山民有病，辄云先亡为祸，皆开冢剖棺，水洗枯骨，名为除祟"。七里河遗址石家河文化氏族流行二次葬葬俗，其单人二次葬，亦当与以上文献记载的前者或后者的意识行为有关。

---

① 山东省文物考古研究所：《大汶口续集》大汶口遗址第二、三次发掘报告，科学出版社，1997 年。

二次葬和二次合葬的葬俗，无疑都是受原始古老的灵魂不死观念所支配，都应源自对灵魂不死观念的崇拜。七里河以二次葬为主的一批石家河文化墓葬，当是遗址上石家河文化氏族崇尚灵魂不死信念的反映。

3. 石家河文化墓葬中的葬式及二次合葬所反映的男性社会地位

遗址上石家河文化氏族的墓葬中，无论是一次葬或是迁葬的死者，能看出葬式的全为仰身直肢葬；绝大多数死者的头向，为头朝西面向东，也许他（她）们生前多来自七里河聚落址的东方。其中仅有三个迁葬者是头朝东面向西，分别在三座二次合葬墓中，还有二座单人迁葬墓的死者是头朝南面向北，后五个死者，生前或许是来自西方和北方（表一一）。

遗址里几座骨骼个体保存较好的，石家河文化二次合葬墓中可以看出，多数二次合葬墓中，都有一个个体是一次性原葬，如：M1 的十人中，北第二人（男）为原葬，余九人是迁葬；M11 的四人中，北第二人（男）为原葬，余二人迁葬，一人情况不明；M30 的五人中，北第二人为原葬（性别不明），余四人是迁葬；M19 的七人全为迁葬，但此合葬墓中，唯有北第二个迁葬者（男）是头朝东、面向西；M33 中的三人全为迁葬，骨架均保存不好，性别不明（见表一一）。

值得提出的是，分别在 M1、M11 和 M30 中的三个原葬者，已知性别的两个都是男性，推想，M30 北面第二个（骨骼腐朽）性别难辨的原葬者，也应是男性；三个原葬者均安葬在北面的第二个排位，显然，原葬的死者是二次合葬中的主要人物。而 M19 中的遗骨全是迁葬，北面的第二个死者也是男性，但却是此二次合葬墓中唯一的一个头朝东、面向西的死者，可能另有原因。从原葬者安葬的统一排位上看，合葬墓中的排位似也有一定葬规。七里河遗址石家河文化二次合葬中，原葬者均是男性、男性多于女性等葬俗，也反映出石家河文化氏族以男性为主，男性地位高于女性的社会现象。

关于我国新石器时代二次合葬，王仁湘同志曾作过专题研究，据他综合研究认为："从现有材料看，二次合葬主要发现在黄河流域，而黄河中游地区为其分布的中心"。"在发现二次合葬的众多文化类型中，以仰韶文化所见二次合葬最多"，"仰韶文化中流行二次合葬的年代，当在公元前 4000 年以前的几百年时间内"[①]。七里河遗址的石家河文化二次多人合葬墓，已远远超出了其流行的时间范围，可算是二次合葬葬俗延续时间最晚的一例了。房县所处地理位置，正是黄河流域仰韶文化和龙山文化分布的边缘区，七里河遗址石家河文化的半地穴式房屋和二次多人合葬墓，究其源头，无疑都应来自黄河流域的仰韶文化和龙山文化。

（二）石家河文化墓葬中殉猪葬俗

1. 石家河文化葬俗中的殉猪意识

七里河的石家河文化墓葬中，比较流行殉葬猪下颌骨。在二十四座石家河文化墓葬中，除三座被破坏的残墓外，有十二座墓中有随葬物，余九座墓没见任何随葬物（其中一座是小孩墓）。引人注目的是，有随葬物的十二座墓中，仅两座墓只随葬有器物，没见猪下颌骨。而有十座墓殉葬猪下颌骨（其中两座伴有三或四件生活用器）。如 M19 的

---

① 王仁湘：《我国新石器时代的二次合葬及其社会性质》，《考古与文物》1982 年第 3 期。

七人合葬中，随葬三件小红陶杯和猪下颌骨；M3 的单人迁葬墓中，随葬有一件石斧、一件陶釜、一件陶钵和猪下颌骨，此墓可算是这批石家河文化墓葬中随葬器物较多的。其中有八座墓没随葬器物仅殉有猪下颌骨（其中两座伴有鹿角或鹿下颌骨）。

　　石家河文化六座二次合葬墓中，四座殉有猪下颌骨。M1 的十人合葬中，殉葬三副猪下颌骨和一副鹿下颌骨；M19 的七人合葬中，随葬有三副猪下颌骨和三个小红陶杯；M33 的三人合葬中，殉葬三副猪下颌骨；而 M11 合葬四人，却只殉有一副猪下颌骨。两墓殉葬猪下颌骨的数量反差如此之大，不知何故。（表一一）。看来二次合葬中，不管被葬的死者数是多少，殉葬猪下颌骨的数量多未超过三副。可能自古以来都是以"三"为多吧！M40 的单人一次葬中，殉葬猪上、下颌骨各一副，还另加鹿角一段。其中原因亦不得而知。另五座单人葬墓中，都各殉有一副猪下颌骨。

　　从以上情况可以看出，七里河遗址上的石家河文化氏族，有殉葬猪的习俗。关于殉葬猪的看法，过去多认为猪代表财富，殉葬猪骨的多寡，是显示死者生前占有财富的象征。七里河遗址的石家河文化墓中，普遍只殉葬一副猪下颌骨的现象（合葬墓也没超过三副猪下颌骨），似很难与显示死者生前占有财富相联系。王仁湘同志对此持不同看法。他在所撰《新石器时代葬猪的宗教意义》一文中认为，"埋葬习俗属于意识形态的范畴"，"猪在一定的历史条件下被人们认作了'护卫灵'，而被人们认为可以通达神明的猪头、猪颌骨，则纯是原始巫术一种道具"，"以猪为祭牲，在我国民族志资料中可以见到不少例证"，"用猪头、猪颌骨随葬，确确实实是对死者灵魂的一种护卫"[1]。我们认为，用宗教信仰的观点，解释七里河遗址石家河文化墓中普遍随葬猪颌骨的现象，比较合理。如随葬有猪的十座墓中，八座墓里只随葬了猪颌骨，却没有器物，仅有两座墓同时伴有极少器物。表现出的现象似乎说明，对于被葬的死者来说，其亲属即使是贫穷的无一物随葬，但也得尽可能地给死者殉葬一副能通达神明的猪颌骨作"护卫灵"，护卫已逝亲人的灵魂。墓中普遍殉葬猪下颌骨的现象，可能即是七里河遗址上石家河文化氏族信奉猪颌骨可以通达神明的宗教意识在葬俗中的反映。

2．殉有猪颌骨墓中的特有现象

　　M41 的一个 16 岁男性单人一次葬中，殉葬乳猪的下颌骨一副，还殉有一具人颅骨。分析这具人颅骨，有可能就是此墓主猎头俘获的战利品；另在 M40 的一个男性单人一次葬中的尸体上，缺失人头骨，墓中殉葬两副猪上下颌骨、一段鹿角。此男子可能是被异族猎头致死，其亲属给予了两副猪颌骨殉葬，可能是对逝者灵魂的安抚和加倍的护卫；M3 的一具男性头部有三处砍痕，此墓虽只随葬三件器物加一副猪下颌骨，却是遗址上新石器时代墓葬中随葬品最多的。分析该墓男子可能是战斗中的有功者。

第三节　七里河遗址石家河文化氏族的经济生活与社会习俗

一、七里河遗址石家河文化氏族的经济生活

　　七里河聚落址，南面倚着山冈，西面紧临七里河，东、北两面是开阔的河谷阶地，

---

① 　王仁湘：《新石器时代葬猪的宗教意义——原始宗教文化遗存探讨札记》，《文物》1981 年第 2 期。

依山傍水有利于开展渔、猎活动，大片的河谷阶地，为进行农业生产提供了条件。

（一）各期文化遗物反映出的经济生活状况

遗址中石家河文化的石制生产工具很多，其中不乏小型生产工具。生产工具中以石斧最多，农业生产工具中有石锛、石锄、石铲、石刀、穿孔石刀和极少石镰；还有不少石网坠，较多的石制、骨制箭镞和石球等渔猎工具。从出土的生产工具可以看出，七里河聚落址上石家河文化氏族的农业生产并不很发达，较多的小型石制工具，应是复合生产工具。复合生产工具，多适用于采集，说明此时还需辅以采集经济的收入。陶生活用器中较多的擂磨器和澄滤器等加工器具，当是采集所获块茎类植物加工食品的需要。

一定数量的石、骨渔猎工具说明，其经济生活来源中的渔猎所获，亦占有一定分量。

石家河文化的墓葬里多殉有猪下颌骨，还发现了一个葬狗的土坑和小陶塑狗等遗迹、遗物，说明此时猪可能是其主要饲养对象，当时的养猪饲料不一定是农业产品，有可能是打捞水草或采集野菜等野生植物为饲料；狗亦是饲养的对象，可能是当时人们狩猎的帮手。

总观其经济来源，虽以农业生产为主，但农业收入似远不能解决生活之需要，还需依靠大量的渔猎生产，并辅之以采集经济的收入，才能满足经济生活的需求。出土有一定数量的陶制手工业生产工具陶纺轮，其纺织业的原料，也可能多是来源于野生的麻类植物。

由于生产力的发展，经济收入的递增，七里河遗址的石家河文化二期陶生活用器中的罐、瓮类盛贮器和擂磨盆等加工器具，明显较石家河文化一期增多。从陶生活用器中大型储藏器和加工器具的增加，可以看出石家河文化氏族的生活水平已较前略有提高。

（二）房屋建筑遗存是生活水平的写照

遗址上的石家河文化氏族，随着生活水平的提高，氏族人口不断增加，石家河文化一期后段至二期的住房，较一期前段有了很大改善，此时的住房，不仅全为地面建筑，且台式房屋建筑也有所增加，房屋的结构和建筑面积都相应有所扩大，与一期前段的地穴式窝棚住房相比反差很大。一期后段四开间的台式建筑 F8，红烧土台基长宽 19.60×12.50 米，住房建筑面积达 245 平方米。屋后筑有红烧土护墙，东西两面铺有红烧土散水，四室外建有前廊，走廊上开有三个门通外，门前均分别设有门道，门道都置有雨篷，屋外门前还铺筑有大片户外的红烧土活动场地，其建筑面积之大、建筑结构之复杂，可谓石家河文化早期房屋建筑之最。

透过遗址上石家河文化一期前段部分先民最初居住如此简陋的穴式窝棚房屋，可见石家河文化氏族迁居七里河聚落址的滥觞期，生活艰苦情景之一斑。石家河文化氏族的住房，一期前段的穴式建筑短暂消失，地面式、台基式房屋建筑面积渐有扩大，数量不断增多，且建筑结构也渐趋多样化、复杂化，向高级阶段发展。居住条件不断的改善反映了七里河遗址石家河文化氏族，通过艰苦奋斗、辛勤劳作，经济生活水平不断提高的进程。

二、七里河遗址上石家河文化氏族生前的古老习俗

从七里河的一批石家河文化墓葬中，不仅揭露出了当时流行的埋葬习俗，同时也反映出不少石家河文化氏族先民生前的社会习俗。遗址上的石家河文化墓葬虽不算多，仅二十余座，但墓葬中反映出的许多特殊现象，却都是耐人寻思的问题。

（一）石家河文化墓葬中男、女拔牙现象的探讨

1976年，在七里河遗址发掘的石家河文化墓葬中，大部分人骨保存较好。经武汉医学院吴海涛、张昌贤两位医学专家鉴定发现，有四座墓里的死者有拔牙现象，其中两座是二次合葬墓，另两座分别为单人一次葬和单人二次葬墓。四座墓中的死者，生前曾经拔过牙的计有十二个个体，他（她）们所拔之牙多为左右上颌外侧门齿或左右上颌外侧门齿和犬齿①。同年，中国科学院古脊椎动物与古人类研究所张振标先生，也曾去七里河遗址作过考察。远古的拔牙风俗，在长江中游的新石器时代遗址中还是首次发现。拔牙风俗，曾是新石器时代活动于我国东南各省的一些氏族部落较为普遍流行的一种古老风俗。考古所知，在我国的山东大汶口、西夏侯、野店，福建昙石山，江苏邳县大墩子，广东佛山县阌石河岩、广东增城县金兰寺，上海崧泽，云南元谋县大墩子和河南淅川下王岗等新石器时代遗址中，都曾有过拔牙习俗的发现。拔牙男女拔牙时的年龄多在青春期前后，约在19～21岁之间②。

我国古代文献中记载的拔牙风俗，最早见于《山海经·海外南经》，其中记述有"羿与凿齿战于寿华之野，羿射杀之。在昆仑麓东，羿持弓矢，凿齿持盾……"。据了解，拔牙是一种古老的民族风俗。在某种共同信念的制约下，拔牙风俗一度普遍流行于不少民族之中，是一种分布很广的民族风俗。对于古今凿齿族的拔牙风俗，古人类学家张振标、韩康信、潘其风等几位先生，都曾作过研究，分别写过文章。韩康信、潘其风两位专家，根据民族学考察和古文献记载，在《我国拔牙风俗源流及其意义》一文中说：拔牙的原因"分婚姻、成丁、服丧、族别、美容、装饰、避邪、身份等"。显然，七里河遗址石家河文化先民生前的拔牙行为，也不外乎以上的某种原因。韩、潘两专家在该文中，对七里河遗址石家河文化的拔牙形态等，谈了不少看法。文中在研究拔牙形态中说"拔牙形态……不管时代早晚，普遍流行的是拔除一对上颌侧门齿……这种形态占全部明确拔牙形态（433）的大约92.8%……曾经是整个中国东南一大部分原始居民所共有"。"比较注目的形态是……除了照例拔掉一对上颌侧门齿外，还兼拔去一对上犬齿（该文的图二，3）……这种形态在湖北房县七里河遗址石家河文化（该文中屈家岭文化有误——笔者注）12例拔牙个体中见到2例（其余10例单拔一对上颌侧门齿）"，"拔去犬齿的形态……仅集中出现于汉水以南的一个石家河文化遗址中（指七里河遗址——笔者），同时继续保持着比它更普遍的拔除上侧门齿的形式，这两种拔牙形态共存的现象，在我国现代少数民族中（如台湾）也存在，……我国现代少数民族的拔牙习俗，特别是拔去上犬齿，和（七里河遗址上——笔者加）石家河文化居民的同类习俗之间的关系是意味深长的"；文中初步设想拔牙风俗的几个传流方向的第（1）个传流方向中说："拔牙风俗在早期大汶口文化中发生以后，可能向西沿黄河——长江之间传播到江汉地区的石家河文化……"第（4）个传流方向中说："史籍记载的西南地区僚族和仡佬族的拔牙

① 本报告附录一：吴海涛、张昌贤《湖北房县七里河遗址新石器时代人骨研究报告》。
② 张振标：《古代的凿齿民——中国新石器时代的拔牙风俗》，《江汉考古》总第3期（增印本）。

风俗很可能沿袭了石家河文化居民的拔牙古风"[①]。韩、潘两位专家的研究，帮助我们了解了七里河遗址石家河文化拔牙形态的特点，以及对汉水以南这一区域内石家河文化拔牙习俗源流的探讨。

巧合的是，正当我们在撰写《房县七里河》发掘报告结语，探讨石家河文化的拔牙习俗之际，《中国文物报》于 2007 年 7 月 13 日的考古版内，发表了一篇题为《台湾邹族和邵族的拔牙风俗及其对考古学的启示》的文章，文中报道了"上世纪 30 年代对台湾高山南、北邹族和台湾日月潭邵族拔牙风俗的调查资料"。调查者说：高山邹族拔牙是为了'美容'；日月潭邵族拔牙却是一种宗教行为，即'丰年祭'时举行拔牙仪式。拔牙"邹族是用绳子拔的，邵族是敲的；邹族多拔除上颚犬齿和侧门齿共四颗，邵族一般只凿去上颚的两个犬齿；邹族有的地方只给男人拔牙，有的地方则男女都拔，邵族男、女都拔，但好哭的女孩子则还要多凿去下颚两个犬齿；邹族拔牙的年龄多在 15 或 20 岁左右，邵族则在 8～13 岁之间"[②]。台湾高山邹族拔除四颗齿的两种拔牙形态，让我们看到了七里河遗址石家河文化二次合葬拔牙个体中，同时具有两种拔牙形态，除拔掉一对上颌侧门齿外，还兼拔去一对上犬齿，共拔去四颗齿的特殊拔牙形态的流向。从此文中，我们也看到了今天还存在的生动的拔牙特殊风俗。

（二）遗址里石家河文化中猎头遗迹的分析

在石家河文化一期前段的 M41 墓中，M40 墓中，F22 穴室里，H10 灰坑中和石家河文化二期的 Y1 残窑址内都发现有猎头遗迹。其现象分别是：

M41 墓中的一个 16 岁男性单人一次葬中，随葬乳猪下颌骨一副，还殉有一个人颅骨。分析这个人颅骨，即有可能就是此墓主生前猎头所获的战利品。

M40 墓中的一个男性单人一次葬中的尸体上，缺失人头骨的现象，分析此男子的头是生前被异族人猎走的。

F22 是一座面积仅 4.42 平方米的浅穴式房屋，穴室内居住面为灰黄土，穴室南部边缘出口处有一级高 0.20 米的台阶，台阶下的一小片红烧土上，放置有一个成年人的颅骨。此现象不像是房子奠基所为，似在此房屋废弃后，因某种原因的行为。

H10 为一不规则形锅底状浅灰坑，坑内填满灰烬土，在坑口下 0.12 米的灰烬土中，不规则地放着一个已破碎的成年人颅骨。

Y1 火膛南面的近椭圆形火口内，放置一个成年人的完整颅骨。

以上四处遗迹现象的特点是，或仅有人的颅骨而未见其它骨骼，或尸体缺失颅骨。其中 F22 和 Y1 两处人颅骨，虽均放置在非正式埋葬的地方，但也不像是一般的乱葬。观其现象应是猎头习俗的遗迹。

猎头是原始先民的一种古老习俗。也"是原始宗教祭祀中的一种最高献祭，但人们对猎到的人头怀着敬意感，反过来又把所猎的人头作为祭祀的对象"，"对人头的祭祀最后形成两种意义，一是祈求人头保护人们平安，生产丰收；二是请求被猎的人头能饶恕猎者和猎者村寨群众"，"龙山文化的先民们曾有猎头的习俗，先是砍头作为供奉神的牺

---

① 韩康信、潘其风：《我国拔牙风俗的源流及其意义》，《考古》1981 年第 2 期 64 页。
② 葛人：《台湾邹族和邵族的拔牙风俗及其对考古学的启示》，《中国文物报》2007 年 7 月 13 日第 7 版。

牲，随后又利用其头盖骨加工成具有特殊意义的头盖杯"①。如龙山文化遗址"邯郸涧沟的一个半地穴室的坑内，在一个烧灶的周围，放着四个人的头盖骨。这可能是一种猎头祭祀的习俗"②。从民族学资料中了解，西盟佤族在新中国成立前的宗教活动中，就有"砍人头祭谷（即猎头）习俗"。"祭祀人头分集体和个体两种形式"，但不管是哪种形式，供奉过的人头最后都应交给窝朗（族长），送进木鼓房的供人头架上③。

在新中国成立前的西盟佤族猎头习俗启示下，七里河遗址中石家河文化一期前段的F22浅穴式房屋的穴室内和H10灰坑里，两处猎头遗迹现象产生的原因可能是：七里河遗址上石家河文化氏族在一期后段的时间里，穴式房屋全部消失，穴式房子里的居民已由东北面渐向南移，迁移到了遗址中心地势较高的地面建房。可能是由于居住地的转移、住房的搬迁，则将已经供奉过神明的牺牲——人头，一起遗弃在旧的居室和住地废弃的窖穴里了。F22的户主在迁出原住室时，将其所猎人头，供奉在穴室出入口台阶前已铺垫好的小红烧土矮台上，这一有意的行为告诉我们，户主似曾向其所猎人头作过祈祷和告别的祭祀仪式。此遗迹现象，与以上所述的邯郸涧沟半地穴室内祭祀猎头的遗迹现象，十分相似。

二期Y1残窑室下火膛东南火口内的人头遗迹，亦应是石家河文化猎头习俗的遗迹。石家河文化后期，由于华夏与苗蛮集团之间频繁战争的作用，带来了不同族别文化势力的消长，北面南下的中原煤山、王湾类型的龙山文化，通过汉水流域大量渗入江汉地区，首先冲击了汉水中上游和丹江流域这一区域的石家河文化。透过遗址上新石器时代第三期文化遗存，已是石家河文化遭到中原煤山、王湾等类型龙山文化撞击后发生突变的三房湾文化④。分析石家河文化二期Y1残窑址上的人头遗迹，即有可能是在北方华夏集团强大政治势力的驱使下，七里河遗址中的一部分石家河文化氏族的居民（首先是那些上层人物）不得已向西转移，在匆忙撤走之际，将已供奉过神明的牺牲——人头，利用居住区北面废弃的窑上红烧土，为祈求所猎的人头保护迁移的氏族成员们永远平安，曾进行过祈祷和告别祭祀仪式留下的遗迹。

七里河遗址发现的许多人颅骨遗迹现象说明，在汉水中上游以南区域内的石家河文化氏族，也是一个有着猎头习俗的氏族。

新石器时代的拔牙和猎头风俗，在我国东南各省的新石器时代遗址中都曾有过发现。既出现"拔牙风俗"，又具有"猎头习俗"的新石器时代遗址，目前尚未见到有类似的考古报道。七里河遗址的石家河文化中"拔牙"和"猎头"两种古老风俗遗迹共存的现象，不仅是江汉地区石家河文化中的首次发现，在史前遗址中亦属罕见。

石家河文化正处在龙山时代，随着私有制的发展和当地猎头风俗的盛行，在氏族间的冲突无法解决时，则依仗于武力的战争应是频繁的；战胜者或将俘虏当作劳力奴役使用，或当即将俘虏处死，有的俘虏身首异处、砍手断足或被活埋的事常有之；如"河北邯郸涧沟龙山文化遗址里，一个废弃的水井中埋有五层人骨架，男女老少均有，有的作

① 蔡葵：《解放前云南西盟佤族的概况——兼谈对龙山文化的一些看法》，《史前研究》1984年第3期第97～98页。
② 中国社会科学院考古研究所编：《新中国的考古发现和研究》，文物出版社，1984年，第85页。
③ 蔡葵：《解放前云南西盟佤族的概况——兼谈对龙山文化的一些看法》，《史前研究》1984年第3期，第97～98页。
④ 王劲：《后石家河文化定名的思考》，《江汉考古》2007年第1期。

挣扎状"①。在龙山文化的不少遗址中的灰坑里,都曾发现乱葬现象,有身首异处的人骨架,也有人骨与兽骨乱葬在一起的。这些死者生前多数是被胜利者杀害的俘虏,或生前是被虏奴役使用,死后就乱扔在垃圾坑里或随意挖坑埋葬了之。七里河遗址石家河文化二期 M28 墓内的一个成年死者,其尸体上的掌、指骨和踝、趾骨均被砍去断缺无存,墓中无一随葬物,应是被胜利者砍手断足而惨死的俘虏,或是被俘后奴役使用过的俘虏遗骨。

第四节 七里河遗址的三房湾文化与历史传说

房县相传曾是夏人活动的区域。夏的纪年在公元前 21 世纪,即距今 4000 余年。七里河遗址的第三期文化遗存——三房湾文化,其碳十四测定年代为距今 4100 年左右,江汉地区三房湾文化中,年代最晚的石板巷子类型,碳十四测定年代为距今 4140~3880 年之间,说明三房湾文化已进入夏的纪年。前面已经阐明,三房湾文化不是由江汉地区的石家河文化直接发展来的,而是由本土文化融汇中原南下的龙山文化晚期煤山等类型文化因素形成的一支文化遗存。七里河遗址上正在发展期的石家河文化骤然消失,而代之以三房湾文化,显然是与华夏族征服三苗沿汉水流域向南推进的政治势力是分不开的。

《吕氏春秋·召类篇》内说:"尧战于丹水之浦以服南蛮";《竹书纪年》载:"尧五十八载,放子朱于丹水(即今丹江),故名丹朱",又载有:"唐尧一百年,帝徙于陶,帝子丹朱避舜于房陵,舜让弗克,遂封于房为虞宾,是为房子国";《路史》载:"尧生子朱,嚣讼漫游而朋淫,帝悲之,使出就丹。帝崩,虞氏国之于房"。从以上文献记载结合考古发现看,丹水流域在尧战于丹水之后,即已被中原占领,此时的房县,当亦成为夏人的活动区域,应是可信的。丹朱既能流放到丹水,则已说明汉水中上游一带,早已在华夏集团控制的政治势力范围之内。七里河遗址里的石家河文化,顿时被突然出现的已进入夏纪年的三房湾文化所取代,也证明了这一点。七里河遗址里考古学文化的突变,正与"尧与有苗战于丹水之蒲"(《六韬》),"尧伐丹水"(《论衡·儒增篇》)等古史记载,及"虞氏国之于房"的史实相印证。

《尚书·益稷》中说:"由于丹朱的骄奢,尧把他流放到丹水,把帝位禅让给了舜。丹朱不服,在丹水之滨与尧大战一场,大败。丹朱无地自容,跳南海而死,其子孙在南海建立了驩朱国,又叫驩兜国"②。根据以上情况分析,丹朱死后,其子孙即从丹水(即丹江)一带的房,迁居南海建立了驩兜国。七里河新石器时代聚落址,随着三房湾文化的很快萧条而荒芜,可能与房子国的消亡有关。

---

① 北京大学等考古发掘队:《1957 年邯郸发掘简报》,《考古》1959 年第 10 期。
② 王德有、陈战国主编:《中国文化百科》,第 472 页,吉林人民出版社,1991 年。

附录一

湖北房县七里河遗址新石器时代人骨研究报告

吴海涛　张昌贤

（华中科技大学武汉医学院解剖教研室）

　　本文所报告的材料，为湖北省博物馆考古队 1976 年于湖北房县七里河遗址第一次发掘的新石器时代墓葬内出土的人骨，共 30 具，计小孩 4 具，成人 26 具，多数骨架保存完整。除少数骨架系原葬外，其余均为迁葬（二次葬），但每副骨架的骨骼位置仍大致符合解剖关系，相互间界线清楚，互不相混。其中 M11：2，M11：3，M11：4 的骨架上半部为后期墓葬打破，头骨已缺，个别长骨上留有几处刀痕。由于骨架要原地保存，未能全部取出测量，因此在三十具骨架中选择了较完整的颅骨 3 副，下颌骨 20 个，并对部分长骨进行了测量和观察。现分析如下：

一、年龄和性别

　　年龄的估计和鉴定主要依据臼齿功能磨耗[1]、颅骨骨缝及耻骨联合的年龄变化[2] 等综合判定；性别则根据骨盆、颅骨和四肢骨的特征鉴定，并经过中国科学院古脊椎动物与古人类研究所的有关专家核实。现将三十具骨架的年龄、性别、身高及葬式等资料数据列成表一：

表　一　　　　　　　　　房县七里河人骨性别年龄身高登记表

墓号与人骨号	性　别	年龄范围（岁）	身高（米）	备　　注
M1：1	？	4～5		迁葬
M1：2	男	36～40	1.65	原葬。已拔外侧门齿
M1：3	女	56～60	1.64	迁葬。上外侧门齿可能已拔除
M1：4	男	36～40	1.72	迁葬。两上外侧门齿已拔
M1：5	男	31～35	1.66	迁葬。已拔外侧门齿。多了一个额骨
M1：6	？	5～10		迁葬
M1：7	女	56～60	1.68	迁葬。已拔除外侧门齿
M1：8	女	36～40	1.61	迁葬。已拔除外侧门齿

---

[1] 吴汝康、柏慧英《华北人颅骨臼齿磨耗的年龄变化》，《古生物及古人类》第四卷第二期，第 217～222 页。

[2] Tood，T·W《Age changds in the pubie Bone Am· J·Phys，Anthrop、Vo1》，3·1920.

续表一

墓号与人骨号	性　别	年龄范围（岁）	身高（米）	备　注
M1∶9	男	41～45	1.71	迁葬
M1∶10	?	3～5		迁葬
M2	?	7～8		迁葬
M3	男	35～40	1.69	迁葬
M5	女	51～55	1.64	两外侧门齿已拔
M6	女	36～40	?	没有上颌骨
M7	女	成年人	1.65	原葬。墓西部遭破坏，缺颅骨、颈椎等骨
M8	女	36～40	1.58	原葬
M11∶1	男	51～55	1.74	迁葬
M11∶2	男	成年人	1.64	原葬。头部被后期墓打破
M11∶3	男	成年人	1.63	原葬。上部为后期墓打破，缺颅骨，右手被扭反放，长骨上有几处刀痕
M11∶4	?	?		只有几片碎骨
M12	?	?		迁葬。骨架破碎
M13	?	?		迁葬。骨架破碎，部分完整骨骼光滑细长
M19∶1	男	41～45	1.73	迁葬。右犬齿可能拔除
M19∶2	男	36～40	1.69	迁葬。外侧门齿、犬齿皆拔。头向东
M19∶3	男	56～60	1.63	迁葬。已拔外侧门齿
M19∶4	男	36～40	1.66	迁葬。肱、胫骨特大，可能非此人原骨
M19∶5	男	31～35	1.75	迁葬。已拔外侧门齿
M19∶6	男	51～55		迁葬
M19∶7	女	成年人	1.69	迁葬。缺颅骨，长骨细腻很长
M20	男	31～35	1.76	迁葬。已拔外侧门齿

　　根据表一所述三十具骨架中，性别无法判定者 7 例，其中小孩 4 例（M1∶1、M1∶6、M1∶10、M2），骨架严重破损缺失者 3 例（M11∶4、M12、M13）。年龄无法判定者 7 例，均为骨架严重缺失者。在已能判定性别的二十三例中，男性 15 例，女性 8 例。现将能判定年龄的二十三例按年龄分组列成表：

表　二　　　　　　　　　　　　　　七里河人骨年龄分组表

年龄组（岁）	总例数（23）	%	男（13）	%	女（6）	%
初生～10	4	17.40				
11～20						
21～30						
31～35	3	13.04	3	23.08		
36～40	8	34.78	5	38.46	3	50.00
41～45	2	8.70	2	15.38		
46～55	3	13.04	2	15.38	1	16.66
56～60	3	13.04	1	7.70	2	33.34

从表二可以看出，新石器时代七里河人多死于壮、中年（31～45岁）13人，占56.52%。死于中、老年者（46～60岁）亦有较高比例，占26.08%。女性36～40年龄组死亡率达50%。根据颜訚的观察，陕西华县和山东大汶口新石器时代人也多死于壮年和中年[1]；大墩子遗址第一次发掘出土的人骨年龄也大多是40～50岁[2]。另根据韩康信等的报告，化石人类的寿命比新石器时代人类为短[3]。旧石器早期的尼人，旧石器晚期和中期时代的人类寿命很少超过50岁。新石器时代人活到中、老年的明显增加，但仍大多死于壮、中年，这和表二反映的情况完全一致，其原因显然与当时的社会生活条件较差、对疾病的认识不足有关。许多学者[4]都曾指出，原始时期和历史早期的人在40岁以前的两性死亡率，女性明显高于男性，其原因之一是与部分女性死于孕产期有关。现将新石器时代青壮年期间死亡率情况列表说明如下：

表　三　　　　　　　　　　新石器时代青壮年死亡情况比较

组别	七里河	大汶口	西夏侯	大墩子
例数	13	26	15	130
百分率	56.52%	70.2%	57.69%	65.3%
年龄范围（岁）	31～45	20～40	21～44	24～55

从表三中可以看出，七里河的青壮年期间的死亡率与西夏侯的基本相当。

二、身长的估计

本文对七里河二十副骨架的长骨进行了测量，其中男性14副（M1：2、4、5、9，M11：1、2、3，M19：1～5，M20，M3），女性6副（M1：3、7、8，M19：7，M5，M8）。

---

① 颜訚《华县新石器时代人骨的研究》，《考古学报》1962年2期，85～104页。
② 韩康信等：《江苏邳县大墩子新石器时代人骨的研究》，《考古学报》1974年第2期，第125～141页。
③ 韩康信等：《江苏邳县大墩子新石器时代人骨的研究》，《考古学报》1974年第2期，第125～141页。
④ 韩康信等：《江苏邳县大墩子新石器时代人骨的研究》，《考古学报》1974年第2期，第125～141页。

采用特罗得和格莱塞 (M·Troffer1G·C·Glesser) 公式进行推算[1]，求出蒙古人种的身长。计算时使用股骨和胫骨的最大长之和，其公式如下：

$$身高 = 1.22 (股骨长 + 胫骨长) + 70.37$$

根据此公式计算出七里河人骨平均身长 1.67 米，男性：1.69 米，女性：1.64 米。较大汶口组 (1.72) 和西夏侯组 (1.71) 的身长为小，但上述两组均未剔除其年龄矫正的数字。与韩康信等[2] 报告的沈阳郑家洼子的两具青铜器时代人骨的身长 (M651：1·683，M659：1·642) 接近。

三、拔牙及头骨变形

由于墓内颅骨破碎比较严重和使骨架尽量保持原来位置，因此，很多骨骼无法仔细观察和测量，但颅骨仍能清楚看出有明显的枕部畸形，即头后部显著偏平。从表六可以看出七里河颅骨与现代蒙古人种相比较，则头长显著减少，但头高和头宽却显著增大；若与新石器时代其他各组相比较，则各径均比较接近。根据韩康信等同志的报告，枕成畸形属新石器时代人类头骨上非常明显的特征，据调查在我国海南岛东南部的汉族中也具有这种头后部扁平的畸形。根据颜訚报告人工畸形头的分布几遍于全世界[3]。Martin，估计了简单的枕部畸形头的纵径可缩短 5～30 毫米，宽径可增加 20 毫米，高度可增加 1～5 毫米[4]。这种畸形的造成可能与婴儿出生后多仰卧于硬的枕器上有关。

马丁在人类学一书中记述[5]，牙的人工畸形常常存在于黑人、马来亚人、南太平洋与美洲的一些民族中。变形的牙组多属于上颌的切牙和尖牙，采用磨、敲、拔方式进行。我国古书中《淮南子·坠形训》记载："凡海外三十六国……自西南至东南方……凿齿民。……自东南至东北有……黑齿民……"。颜訚认为"凿齿"可能是拔牙的习俗。现将七里河人骨的拔牙情况列表于下 (表四、表五)：

表 四　　　　　　七里河人骨拔牙的性别分析（上颌）

性 别	男（13人）		女（5人）	
	未拔牙	已拔牙	未拔牙	已拔牙
出现率	5	8	1	4
	38.46%	61.54%	20.00%	80.00%

[1] 颜訚：《西夏侯新石器时代人骨的研究报告》，《考古学报》1973 第 2 期，第 91～126 页。

[2] 韩康信等：《沈阳郑家洼子的两具青铜器时代人骨》，《考古学报》1975 第 1 期，第 157 页。

[3] 颜訚：《大汶口新石器时代人骨的研究报告》，《考古学报》1978 第 1 期，第 91～122 页。

[4] 颜訚：《大汶口新石器时代人骨的研究报告》，《考古学报》1978 第 1 期，第 91～122 页。

[5] Roudolf Martin：《Lehrbuch des Anthropo-logie 2 nd ed Jena》1928.

表 五　　　　　　　　　　　七里河人骨拔牙组的分析（上颌）

性　别	男				女			
牙　组	犬　牙	侧切牙	侧切牙	犬　牙	犬　牙	侧切牙	侧切牙	犬　牙
出现率	2	8	8	2		4	4	
	15.40%	61.54%	61.54%	15.40%		80.00%	80.00%	

　　根据表四、五，七里河新石器时代人类的拔牙风俗，在下颌骨上我们没有发现一例。所拔的牙均为上颌侧切牙和部分犬牙，我们对已拔去牙的上颌骨进行了仔细的观察，看不出是由牙病引起的，其牙槽完全愈合，留有一定距离的空隙，像这么多的个体生前缺少上颌侧切牙和部分犬牙，只能是生前的拔牙习惯产生的。在拔去侧切牙的性别上，女多于男（男：61.54%，女：80.00%），颜闿[①] 对大汶口新石器时代人骨拔牙的性别分析中，亦报告为女多于男（男：64%，女：80.00%），与本文的统计数字基本一致。关于拔牙的最早时间，在本文的资料中无法说明，因所发掘的骨骼均为 30 岁以上的成人（部分幼儿除外），一般认为拔牙时间多在青春期前后。

　　我们对七里河骨架进行观察时，发现迁葬的骨骼中，出现搬迁错误的情况，如 M1：5 骨架中，发现两个完整的额骨，多出一个额骨；M19：4 的骨架中，肱骨特别粗大，其长度为 35.0 厘米，较同体骨架中之胫骨（34.5 厘米）尚长 0.5 厘米，而对侧（右侧）肱骨却相对较小。以上两种情况，其他学者未见类似报告。

四、颅骨的测量

（一）颅　骨

　　根据表六、七、八所列头骨项目对比，七里河新石器时代人颅在宽度（154 毫米）及高度（141.33 毫米）方面，均较亚洲蒙古人种的新石器时代各组别和现代人种的数值为大，但头长却相应的比较小（175 毫米）。头指数（87.99 毫米）和头长高指数（80.75 毫米）均较对比组的指数为高，但头宽高指数（91.91 毫米）却较对比组的指数为小。这种情况的产生，是由于颅的枕部畸形所引起的。枕部畸形的颅骨即枕部特别扁平，则颅的长径变短，横径和垂直径（高）显著增加。我们根据马丁[②] 所记述的枕部畸形时，所引起的颅骨各径（颅长、宽、高）变异值的平均值加以校正，则头长：190.00 毫米，头宽：144.00 毫米，头高：133.87 毫米。如将校正后的绝对值和有关指数与各对比组别的绝对值和有关指数相比较，则落于其变异范围之内，或非常接近校正后的七里河人颅属于中颅型和正颅型。面指数（50.71 毫米）和垂直颅面指数（52.66 毫米—校正后的指数）均落于亚洲蒙古人和新石器时代各组的变异范围之内，属中上面型。鼻指数（50.50 毫米）及眶指数（左：84.21 毫米，右：85.45 毫米）属于中鼻型和高眶型。故新石器时代七里河组人颅的特征，基本上属于蒙古人种。

　　①　颜闿：《大汶口新石器时代人骨的研究报告》，《考古学报》1978 第 1 期，第 91～122 页。
　　②　Roudolf Martin：《Lehrbuch des Anthropo-logie 2 nd ed Jena》1928 年。

表　六　　　　　　　　七里河组颅骨与亚洲蒙古人的比较　　　　　　　　单位：毫米

组别 / 项目	七里河	西伯利亚蒙古人种	北极蒙古人种	东亚蒙古人种	南亚蒙古人种	上、下限变异范围
头长	175	174.9~192.7	180.7~192.4	175.0~182.2	169.9~181.3	169.9~192.7
头宽	154	144.4~151.5	134.3~142.6	137.6~143.9	137.9~143.9	134.3~151.5
头高	141.33	127.1~132.4	132.9~141.1	135.3~140.2	134.4~137.8	127.1~141.1
最小额宽	97.33	90.6~95.8	94.2~96.9	89.0~93.7	89.7~95.4	89.0~96.9
上面高	70.5	72.1~77.6	74.0~79.4	70.2~76.6	66.1~71.5	66.1~77.6
颧宽	139	138.2~144.0	137.9~144.8	131.3~136.0	131.5~136.3	131.3~144.8
头指数	87.99*	75.4~85.9	69.8~79.0	76.9~81.5	76.9~83.3	69.8~85.9
头长高指数	80.75*	67.4~73.5	72.6~75.2	74.3~80.1	76.5~79.5	67.4~80.1
头宽高指数	91.91*	85.2~91.7	93.3~102.8	94.4~100.3	95.0~101.3	85.2~102.8
面指数	50.71	51.4~55.0	51.3~56.6	51.7~56.8	49.9~53.3	49.9~56.8
垂直颅面指数	50.22*	55.8~59.2	53.0~58.4	52.0~54.9	48.0~52.5	48.0~59.2
眶指数	左 84.21 右 85.45	79.3~85.7	81.4~84.9	80.7~85.0	78.2~81.0	78.2~85.7
鼻指数	50.5	45.0~50.7	42.6~47.6	45.2~50.2	50.3~55.5	42.6~55.5

此表中蒙古人种的数据摘自《考古学报》1976 年第 1 期第 126 页表一。

　*根据马丁估计畸形头颅有关各径校正值：头长 190.00，头宽：144.00，头高：133.87，头指数 75.78，头长高指数：70.42，头宽高指数 92.96，垂直颅面指数 52.66，横颅面指数 95.86，额宽指数 67.58。

表　七　　　　　　　七里河组颅骨与新石器时代各组别比较表　　　　　　　单位：毫米

体　征	七里河组	印度支那组	昙石山组（颜）	大汶口组（颜）	华县组（颜）	宝鸡组（颜）	半坡组（颜）	甘肃河南组（BLACK）	对比组平均值变异范围
1 头长	175	177	189.7	181.11	178.84	180.22	180.8	181.65	177.0~189.7
8 头宽	154	135	139.2⊕	145.7	140.69	143.28	138.9	137	135.0~145.7
17 头高	141	138.5	141.3	142.89	144.30	141.55	138.8	136.8	136.8~144.30
9 最小额宽	97.33	97	91	91.46	94.25	93.29	93.1	92.3	91.0~97.0
45 颧宽	138	136.5	135.6	140.56	133.86	137.13	130.5	130.7	130.5~140.56
48 上面高	70.5	66.5	68	74.84	75.23	72.66	75.9	74.8	66.5~75.90
52 眶高左右	32.0 31.5	34.5	33.4 33.8	35.23 35.05	33.50 33.05	34.2 33.90	34.3	33.8	33.4~35.28 33.05~35.05
51 眶宽左右	39.0 37.20	41.5	43.3 42.2	43.07 42.82	42.88 44.92	40.47 43.50	42.40 42.80	45	40.47~43.3 41.50~45.0

续表七

体　征	七里河组	印度支那组	昙石山组（颜）	大汶口组（颜）	华县组（颜）	宝鸡组（颜）	半坡组（颜）	甘肃河南组（BLACK）	对比组平均值变异范围
55 鼻高	52.5	51	51.9	54.72	53.51	53.13	55.5	55	51.0～55.5
54 鼻宽	26.5	29.5	29.5	27.45	28.52	29.29	27.1	25.6	25.6～29.5
8:1 头指数	87.99*	76.48	73.4	78.71	78.5	79.34	78.38	74.96	73.4～79.43
17:1 头长高指数	80.75*	78.25⊕	93.8	78.9	80.48	78.73	76.32⊕	75.31⊕	73.8～80.43
17:8 头宽高指数	91.91*	102.59	99.5	98.07	103.9	98.8	99.35⊕	99.85⊕	98.07～103.9
48:17 垂直颅面指数	50.42*	48.01⊕	48.1	51.37	53.06	52.01	54.68	54.67	48.1～54.68
45:8 横颅面指数	89.61⊕*	101.11⊕	97.41⊕	93.65⊕	95.15⊕	95.75	93.95	95.4	93.65～101.11
9:8 颧宽指数	62.98⊕*	71.85⊕	65.37⊕	63.2⊕	66.99	65.12	67.02	67.37	63.20～71.85
48:45 面指数	50.71	48.89	50.2	54.31	57.79	53.49	51.28	56.48	48.89～57.79
45:55 鼻指数	50.5	58.49	57	49.45	53.04	52.5	50	47.33	47.33～59.49
52:51 眶指数左右	84.21 / 85.45	83.15	77.1 / 80.0	81.83 / 81.94	77.96 / 77.02	78.30 / 77.98	82.11 / 82.14	75.02	77.10～82.11 / 77.02～83.15

1.“⊕”为平均值计算求得。2.（颜）：指颜间。

表　八　　　　　　七里河组颅骨与现代人各组别对比表　　　　　　单位：毫米

体　征	七里河组	抚顺组	华北组	朝鲜组（上田）	朝鲜组（岛五郎）	蒙古人组	蒙古人组（HRDLICKA）	华南组	对比组平均值变异范围
1 头长	175	180.8	178.5	176.7	175	184.4	184.4	179.9	175～184.5
8 头宽	154	139.7	138.2	142.6	142.4	151.5	151.9	140.9	130.9～151.5
17 头高	141	139.2	137.2	138.4	140	131.5	131.8	137.8	131.8～140.0
9 最小额宽	97.33	90.8	89.4			92.4	93.1		91.5	89.4～93.1
45 颧宽	138	134.3	132.7			143.44		132.6	132.6～143.44
48 上面高	70.5	76.2	75.3	76.6	73.9	75.8	79.1	73.82	73.82～79.7
52 左右眶高	32.00 / 31.50	35.6 / 35.5	35.5	35.5	34.9	35.8	36.1	34.6	35.6～36.1 / 34.6～38.8
51 左右眶宽	38.00 / 37.00	42.6 / 42.9	44	42.4	43.3	43.3		42.1	42.10～42.6 / 42.4～44.0
55 鼻高	52.5	55.1	55.3	53.4	53.6	56.5	56.4	52.6	52.6～56.5
54 鼻宽	26.5	25.7	25	26	25.7	27.4	27.4	25.25	25.0～27.4
8:1 头指数	87.99*	77.3	77.56	80.7	81.5	82	81.94	78.75	77.3～82.0

续表八

体 征	七里河组	抚顺组	华北组	朝鲜组（上田）	朝鲜组（岛五郎）	蒙古人组	蒙古人组（HRDLICKA）	华南组	对比组平均值变异范围
17:1 头长高指数	80.75*	77.1	77.02	78.5	80.1	71.4	71.48	77.02	77.02～80.1
17:8 头宽高指数	91.91*	100	99.53	97.3	98.5	87.2	87.23	97.8	87.2～100.0
48:17 垂直颅面指数	50.22*	54.74	54.88	54.9	52.4	57.7	60.02	53.6	52.4～60.02
45:8 横颅面指数	89.61*	96.13	96.02			94.65			94.10～96.13
9:8 额宽指数	62.98*	64.99	64.68		64.88	61.45		64.13	61.45～64.99
48:45 面指数	50.71	56.8	56.8			53		55.67	53.0～56.80
45:55 鼻指数	50.5	46.9	45.33	48.6	48.2	49.3	48.59	49.4	45.33～49.40
52:51 眶指数左右	84.21 85.45	83.7 83.0	80.7	84	80.8	80.9			80.8～84.0

根据表七的二十二项基本体征中，七里河组与新石器时代各组相比较，七里河组有六项（头宽、颅宽、上面高、眶宽（右）、垂直颅面指数、横颅面指数）与宝鸡组接近；有五项（头长、眶高（左）、鼻高、头长高指数、面指数）与昙石山接近；其次有三项分别与甘肃组和印支组接近，距其他组别较远。因此，房县七里河新石器时代人骨与宝鸡组最接近。

根据表八的二十二项体征，七里河组与现代蒙古人种各组别相比较，有五项（头长、最小额宽、头宽高指数、横颅面指数、面指数）与蒙古组（yebok camooB）接近；有5项（颅宽、眶高（左）、头指数、头长高指数、眶指数）与抚顺组接近；另有五项（上面高、眶高（右）、眶宽（左）、鼻高（右）、鼻指数、眶指数）与华南组接近；其次有四项与朝鲜组接近；距其他组别较远。综上述，房县七里河新石器时代人骨属蒙古人种，与新石器时代的宝鸡组，现代蒙古人种的蒙古组在形态体质上关系较为密切。

（二）下颌骨

根据表九，七里河新石器时代人下颌骨八项测量值与新石器时代各组相比较，除角间径（男：108.11毫米；女：105.33毫米）略高于对比组的上限外，其他各项体征均落于对比组变异范围之内或非常接近。另外根据表一〇，七里河人下颌角间径，男女都相当显著的大于我国现代人各组别，因此可以推测七里河新石器时代人面下部比较宽大。

根据表九，七里河组与其他新石器时代组别相比较，其体征与西夏侯组较接近（7项），其次是大汶口组、华县A组和半坡组（各两项）。

根据表一〇，七里河组与现代人各组别相比较，在共同具有的四个体征中（髁间径、角间径、颏联合高、下颌角），七里河组与抚顺组比较接近（男女相同）。

根据表一一，七里河组下颌体粗壮指数（M_1、M_2）男为 56.34，女为 64.11，女大于男，这与新石器时代各组下颌粗壮指数女大于男的规律完全一致①，这是由于两性在 M1、M2 个体中，下颌体的厚度基本接近，但 M1、M2 中的下颌体的高度，则男性较女性为大。七里河下颌粗壮指数如与新石器各组相比，则与大汶口组最接近。

表　九　　　　　　　　七里河组下颌骨与其他新石器时代各组别对比表　　　　　　单位：毫米

组别 项目	七里河	大汶口	西夏侯	华县组 A	华县组 B	宝鸡	半坡	平均值变异范围
髁间径	男 124.50 女 124.66	132.42 126.46	133.24 125.96	118.5	118.6	127.38	121.53 117.16	118.0～133.24 117.2～125.96
角间径	男 108.11 女 105.33	107.75 98.63	107.44 100.96	96.5	101.6	102.92	106.15 92.20	96.5～107.75 92.2～100.96
颏联合高	男 33.77 女 33.00	36.28 33.79	36.60 35.22	31.9	34.3	34.17	34.00 31.81	31.9～36.60 31.81～35.22
下颌体高 M₁、M₂	男 30.90 女 30.90	32.41 27.84	30.45 28.19	30.92	31.3	30.89	29.9	29.9～32.41 27.84～28.19
下颌体厚 M₁、M₂	男 17.32 女 18.40	17.09 16.94	16.10 16.81	18.50 19.00	17.3	18.06	12.9	12.90～18.5 16.94～19.0
下颌支最小宽	男 35.14 女 36.00	37.64 35.62	37.30 36.66	37.04 40.00	38.85	38.95	36.58 37.03	36.58～38.95 35.62～40.00
下颌支高	男 64.33 女 60.06		60.60 58.00					
下颌角	男 119.54 女 119.66		118.92 118.40					

此表九中其他各组数据摘自《考古学报》1974 年第 2 期 130 页表六。

表一〇　　　　　　　　七里河组下颌骨测量与现代人组比较表　　　　　　单位：毫米

组别 项目	七里河组	抚顺组	华北组 （小金井）	北京组 （黑伯勒）	福建组 （哈弗罗）	海南岛组 （哈弗罗）	平均值变异范围
髁间径	男 124.50 女 124.66	123.4 117.8		121.63 110.50	121.9	122.5	121.6～123.4 110.5～117.8
角间径	男 108.11 女 105.33	104.20 98.20	99.8	102.60 96.30	101	99.6	99.6～104.2 96.3～98.2
颏联合高	男 33.77 女 33.00	34.0 31.8	34.3	35.2 30.5	32.9	30.7	30.7～35.2 30.5～31.8

---

① 韩康信等：《江苏邳县大墩子新石器时代人骨的研究》，《考古学报》1974 年第 2 期，第 125～141 页。

续表一〇

组　别　　　　　　　　项　目	七里河组	抚顺组	华北组（小金井）	北京组（黑伯勒）	福建组（哈弗罗）	海南岛组（哈弗罗）	平均值变异范围
下颌体高 M_1、M_2	男 30.9 女 30.2	28.00 25.50					
下颌体厚 M_1、M_2	男 17.32 女 18.40	15.80 15.80					
下颌支最小宽	男 35.14 女 36.0	34.50 33.90			34.40	33.2	33.2～34.5
下颌支高	男：64.33 女 60.66						
下颌角	男：119.54° 女：119.66°	120.5° 120.7°	123.90° 127.3°	118.0° 129.2°	121.03°	122.12°	118.0°～123.9° 120.1°～129.2°

此表中其他各组数据摘自《考古学报》1974 年第 2 期 130 页表七。

表一一　　　　　　　　　下颌骨粗壮指数比较表（M_1、M_2 平面）

组　别　　　性　别	七里河组	大汶口组	大墩子组	西夏侯组	侯家庄殷代组	北阴阳营组	绣球近代组
男	56.34	58.8	51.8	54	54.4	54	53.8
女	64.11	61.3	54.8	61.7	58	57.3	57.2

此表中其他各组数据摘自《考古学报》1974 年 2 期 128 页表四。

本文报告的二十例下颌骨中，仅有两例属典型的"摇椅型"，出现率为 10%，与新石器时代其他组别（西夏侯：35%，大墩子：14%）相差较远，与现代云南组（10%）较符合，与玻里尼西亚组（50%）相距甚远。

在二十例下颌骨中，出现明显的牙槽病者有三例（M1：3、8，M5），占 15%。三例均为较严重的齿槽脓肿，其中有两例（M1：3、M5）已形成漏管。病变均位于第一或二前磨牙处，值得注意的是这三例全为女性。

本文对十八个下颌骨的颏形进行了观察和分析，其中方形者 9 例，占 50%；圆形者 6 例，占 33%；尖形者 3 例，占 17%。男性方形者多于女性，圆形尖形者，男女无明显的规律性。

四、小　结

本文对 1976 年发掘的湖北房县七里河遗址新石器时代人骨共 30 具（其中小孩 4 例，成人 23 例，男：15 例，女：8 例）进行了观察及测量，得出初步结果如下：

（一）新石器时代人多死于中、壮年（56.52%），中、老年死亡率亦有较高比例。成人身长中，男性：1.69 米，女性：1.64 米。

（二）颅骨有明显的枕部畸形，拔牙出现率男性：61.54%，女性：80%，多数为侧切牙及少数犬牙，拔牙时间推测多在青春期前后。

（三）根据颅骨测量，各项数值说明七里河新石器时代人属于蒙古人种，与新石器时代的宝鸡组，现代蒙古人种的蒙古组最接近。

（四）七里河组有"摇椅型"下颌骨，出现率为10％，有下颌牙槽脓肿，出现率为15％，均位于第一或第二前磨牙处，均为女性。下颌颏形多呈方形（50％），其次为圆形（33％）和尖形（17％）。

附记：武汉大学人民医院教授、硕士研究生导师孙圣荣，拨冗审阅了报告，谨致谢忱。

附录二

七里河遗址石家河文化房屋遗迹复原研究

李德喜

（湖北省古建筑保护中心研究员）

陈树祥

（湖北省文物考古研究所副研究员）

地处长江中游的江汉地区，保存着极其丰富的古代物质文化遗存，近几十年来的考古发掘，揭开了江汉地区古代物质文化的宝库。早在旧石器时代，这里就遗留有人类活动的遗迹。新石器时代，以湖北西南为中心的城背溪文化、大溪文化，沿鄂西北汉水两岸的仰韶文化和集中于江汉平原以蛋壳彩陶闻名于世的屈家岭文化，以及相当于龙山文化时期的石家河文化显现出江汉地区远古人类文化嬗变历程的繁盛景象。

一、房县七里河遗址房屋

房县七里河遗址位于鄂西北武当山脉南麓与神农架北麓之间由河流作用形成的二级台地上，是一处以石家河文化为主要文化内涵的遗址。石家河文化是长江中游新石器时代晚期的一支考古学文化，房县七里河遗址石家河文化遗迹相当丰富，在发掘的 1864 平方米的范围内，共发现房屋基址 21 座（见下表），其中石家河文化一期前段 10 座；一期后段 4 座；二期房屋基址 7 座。但由于多数房屋基址保存得不太完整，给复原研究带来了困难。现仅就保存较好的几座房屋基迹，参考江汉地区和各地同时代的房屋遗迹，结合远古人类的生活实际，进行复原研究①。

七里河石家河文化房屋遗址一览表

序号	期 别	房 址	平面形状	形 制	居住面	尺寸（米）（长×宽-深）	备 注
01	一期前段	F7	椭圆形	浅穴式	白灰土	2.7×2.2~0.28	居住面、柱洞、门道和灶台等
02	一期前段	F10	不明	地面式	灰黄土	残 6.5×6.7	居住面、墙基槽、柱洞和火塘等
03	一期前段	F12	不明	台基式	白灰土	残 7.4×4.0	居住面和柱洞等
04	一期前段	F13	不明	地面式	灰白土	残 7.6×4.0	居住面、柱洞和火塘等
05	一期前段	F15	不明	地面式	黄灰土	残 6.0×4.0	居住面、墙基槽和柱洞等
06	一期前段	F16	不明	地面式	黄灰土	残 7.5×4.0	居住面和柱洞等
07	一期前段	F19	不明	地面式	黄土	残 9.0×4.0	居住面、墙基槽、火塘和柱洞等

① 见本书第三章第一节。

续表

序号	期别	房址	平面形状	形制	居住面	尺寸（米）（长×宽－深）	备注
08	一期前段	F21	椭圆形	半地穴式	灰黄土	残9.8×3.5－1.48	室内台阶、居住面、柱洞和火塘等
09	一期前段	F22	椭圆形	浅穴式	灰黄土	残3.1×1.8－0.55	室内台阶、居住面、柱洞及生产和生活用具
10	一期前段	F23	椭圆形	浅穴式	白灰土	残2.05×1.44－0.30	居住面和柱洞等
11	一期后段	F8	长方形	台基式	红烧土	19.6×12.50	居住面、墙基槽、柱洞、门道、前廊、防水墙和散水等
12	一期后段	F9		台基式	白灰土	残7.0×3.25	居住面和柱洞等
13	一期后段	F18		台基式	黄土	残7.1×3.45	居住面、柱洞和窖穴等
14	一期后段	F20		台基式	红烧土	残11.0×2.8	居住面、墙基槽和柱洞等
15	二期	F3	长方形	地面式	褐黄土	残12.5×1.9	居住面和柱洞等
16	二期	F4	长方形	台基式	红黄土	残9.1×3.0	居住面、墙基槽、柱洞、石础、火塘和生活用具等
17	二期	F5	长方形	台基式	灰黄土	残7.25×6.6	居住面、墙基槽、柱洞、石础和火塘等
18	二期	F6	长方形	台基式	红烧土	残12.3×5.2	居住面、柱洞、火塘和生活用具等
19	二期	F11		地面式	红烧土		残存基址局部
20	二期	F14		台基式	红烧土	残2.2×2.6	居住面和墙基槽
21	二期	F17	圆角方形	地面式	白灰土	残3.5×3.1	居住面、柱洞、石础、火塘和生活用具等

例1　房县七里河F7

七里河遗址石家河文化一期前段F7，是一座浅地穴式房屋遗迹，坐落于生黄土之上。平面近似椭圆形，浅穴室东西长径为2.70、南北短径为2.20、深约0.28米，面积约4.70平方米。门道位于房屋的西面，门道外端已遭破坏。门道南北宽0.80、残长0.10米。门道打破原生地面0.07米左右，高于居住面0.15米左右。房屋周边保存柱洞3个，呈三角形排列，间距1.40～1.80米。柱洞为圆形，直径为0.12～0.26、深0.10～0.18米。室内东边设有灶台，平面呈弧边长方形，低于室外原生地面0.08、高于居住面0.10、南北长0.80、东西宽0.40米，台面略呈斜坡状，东高西低（图一）。

房屋的穴壁、居住面、灶台台面和门道两壁皆涂有厚0.06～0.10米的白灰面，白灰面质地较硬。

根据现存遗迹分析，这是一座椭圆形浅穴式房屋。平面复原布局为：门向西，有门道，门道上应有门槛，并设雨篷。门槛和雨篷的设施，主要目的是为了扩大室内使用空间，也为防止雨水不灌进室内。

根据房屋遗迹保存有柱洞3个，推测其构架呈三角形排列，推测三个柱子倾斜交于居住面上的中心点上，用藤葛或竹篾绳索绑扎，形成三角状的立柱主体骨架，其周身再用竹片或树枝横竖交错安装，用藤葛或竹篾绳索绑扎，形成原始窝棚式框架屋顶。其上再覆以茅草或稻草，而成为近圆锥体式草屋面，屋顶内部抹白灰面（图二）。穴壁和居住面皆抹白灰土，形成白灰面居住面。

例2 房县七里河F23

七里河遗址 F23 是石家河文化一期前段房屋，为浅穴式房屋，平面近似椭圆形，穴室口部长径为 2.05、短径 1.44、穴室深约 0.30 米。居住面平坦，居室

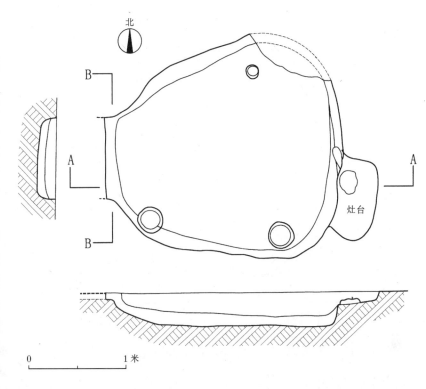

图一 石家河文化一期前段 F7 平、剖面图

图二 石家河文化一期前段 F7 复原透视图

面略小于口径，呈椭圆形，面积 2.40 平方米。居住面中部偏东残存柱洞 1 个（D1），柱洞为圆形，直径 0.22、深 0.15 米。柱子洞内填灰黑斑土。穴室周壁、居住面皆涂有厚 0.02 米的白灰面。穴室周边未见出入口遗迹，方向不明（图三）。F23 废弃后，即沦为

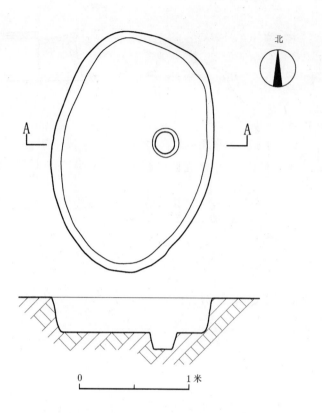

北

图三　石家河文化一期前段 F23 平、剖面图

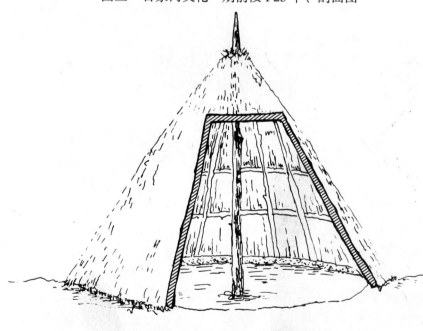

图四　石家河文化一期前段 F23 复原透视图

生活废弃物的垃圾坑。

根据现存遗迹分析，这是一座近似椭圆形浅穴式房屋。根据当时七里河遗址南高北低的地形特征，分析该建筑的出入口应设在东边。

根据房屋居住面中部偏东残存柱洞 1 个，直径 0.22 米，穴壁周围尚未发现柱洞，说明此房屋顶为攒尖顶。推测周围用木材一端斜搭在居住面的柱子上，一端搁在穴壁周围，柱上用藤葛或竹篾绳索绑扎，周围再用竹片或树枝横竖作为房顶的骨架，再用藤葛或竹篾绳索绑扎，形成原始攒尖顶屋顶，其上覆以茅草或稻草而成为草屋面（图四）。屋顶内部抹白灰面。穴壁和居住面皆抹白灰面，形成白灰面居住面。

例 3　房县七里河 F21

七里河 F21 是石家河文化一期前段房屋，为半地穴式房屋。穴室平面呈不规则椭圆形，室口约大于居住面，近似鞋底状，长径为 9.80、短径 2.50 ～ 3.50、深 1.20 ～ 1.48 米。保存较完好。房屋内尚存柱洞 8 个，其中七个柱子洞分别位于室内南边和北面地面上，一个柱子洞位于居住面中部。

出入口设在北壁偏东部，穴室内保存有五级台阶。台阶垂直高度为 1.20、台基斜长为 1.42 米。每级台阶的台面不甚规整，形状和大小不一，分别为长方形、梯形、椭圆形和三角形。

室内遗存有火塘和生活遗迹。

火塘：位于居住面东南部，为不规则椭圆凹坑，火塘壁面遗存有红烧土夹木炭屑，壁质较硬。火塘长径 3.05、短径 0.96、深约 0.15、壁厚约 0.05 米。

食物储藏区：位于火塘北部，为不规则椭圆凹坑，长径 2.72、短径 1.36、低于居住面 0.20 米左右，表面有一层较薄的有机物腐蚀后（可能为粮食腐蚀）形成的绿灰土层，厚约 0.02 米（图五）。

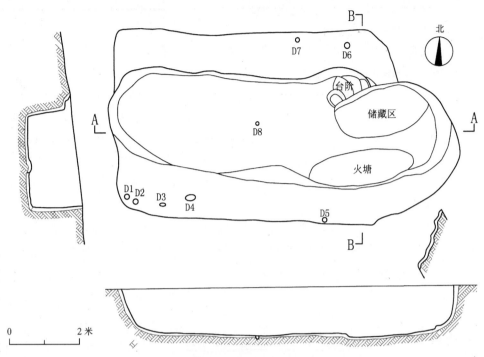

·图五　石家河文化一期前段 F21 平、剖面

根据现存遗迹进行复原分析，这是一座长椭圆形半地穴式房屋，深 1.20~1.48 米。门设在北壁东部，与室内五级台阶连接，便于出入和上下。

图六　石家河文化一期前段 F21 复原透视图

其构架应是：根据房屋遗迹保存有柱洞 8 个，呈不规律排列，其中有一个柱洞位于室内居住面中部（可能两端还有柱子，已被破坏）。推测中心柱上架脊檩，脊檩搁在两端柱子上，檩前端伸出柱外，形成屋脊，南、北两边的柱子与脊檩交汇，再用藤葛或竹篾绳索绑扎，形成南北两坡屋面；根据此房为椭圆形平面，东西柱子应与中心柱子相交，东西南北用竹片或树枝横竖排列，作为房顶的骨架，并用藤葛或竹篾绳索绑扎，形成原始的窝棚式屋顶，其上覆以茅草或稻草（图六）。东西两侧的茅草式的山墙上及北

屋面上可能开有窗子。穴壁内部涂抹黄白色土壁面，形成墙壁。

例4 房县七里河 F8

七里河 F8 为石家河文化一期后段房屋，是一座长方形红烧土台基式房屋。台基高于当时四周地面 0.30～0.60 米，坐南朝北。平面呈长方形，面阔四室，东西长 18.57 米（墙体中心至中心的距离），进深一间，南北宽 5.75 米（墙体中心至中心的距离），房屋前檐（北）设有前廊，前廊宽约 1 米（墙体中心至中心的距离）。红烧土铺筑地面，呈南高北低斜坡状。廊外设有间距基本相同、长宽基本相等、形制相同的南北向三个门道。房屋四周墙壁和室内间隔墙为木骨泥墙，残存有墙基槽，基槽内残存有柱洞 103 个，墙基四周有红烧土构筑的斜坡散水，在门道外（北面）遗存有用红烧土铺筑的室外活动场地（图七）。

根据现存遗迹平面分析，这是一座长方形红烧土台基式房屋，坐南朝北，室内用间隔墙将房屋分成四间。前檐有一米左右的斜坡檐廊，廊外设有三个门道，长 1.50～1.60、宽 1.45～1.50、门净宽 1.20～1.25 米。门道两侧遗存有小柱洞，当是架设雨篷的（图八）。

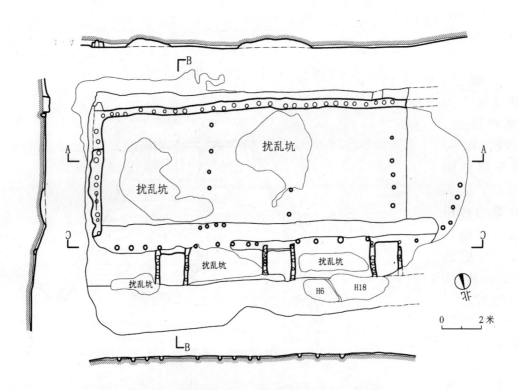

图七 石家河文化一期后段 F8 平、剖面

其构架应是：根据房屋墙基内发现大小不同的 103 个柱洞，从柱洞的排列来看，柱洞未形成柱网布局。台基四周铺设红烧土块斜坡散水。屋面前檐带前廊，并设有三个雨篷。墙体为木骨泥墙，为了室内采光，前廊的墙体可能不高，也可能只设有木骨泥栏杆（图九）。屋盖结构大致是在前后檐柱上安放檐檩，中心柱上架脊檩，脊檩伸出柱外，用藤葛或竹篾绳索绑扎，南北架椽木交于脊檩上，椽间用树枝、竹竿、芦苇纵横绑扎（图一〇、一一），上铺茅草或稻草，而成为草屋面。内部抹白灰面，形成墙壁（图一二）。

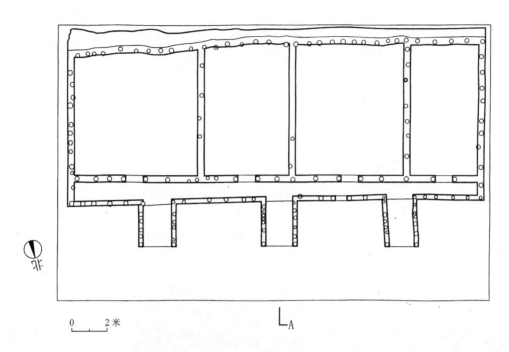

图八　石家河文化一期后段 F8 平面复原图

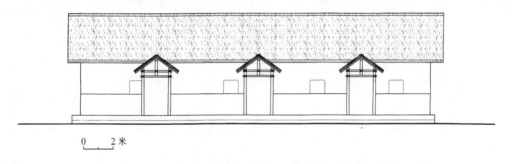

图九　石家河文化一期后段 F8 北立面复原图

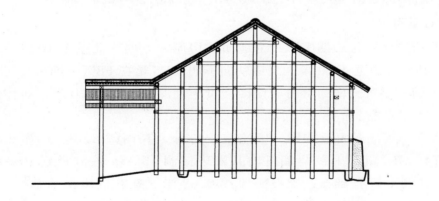

图一〇　石家河文化一期后段 F8 西立面复原纵剖图

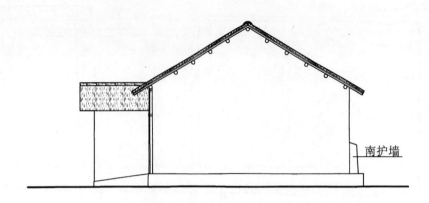

图一一　石家河文化一期后段 F8 西立面复原图

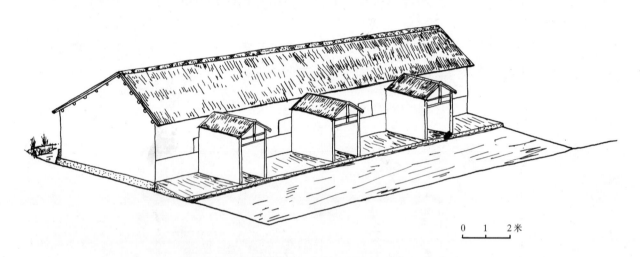

图一二　石家河文化一期后段 F8 复原透视图

　　值得注意的是 F8 由于地势南高北低，房屋紧靠山坡，为了更好地保护好房屋，在倚南墙外（后檐墙），用红烧土加筑了一道与南墙并列的平行墙体。墙南侧立面较陡，墙面已遭破坏，墙体残长 16.40、宽 0.30～0.90、残高 0.20～0.40 米。

例 5　房县七里河 F5

　　七里河 F5 是石家河文化二期房屋，为地面式房屋，方向为北偏东 10 度。平面长方形，南北残长 7.25、东西宽 6.60 米。门道朝向不明。F5 是在 F8（一期后段房屋）废弃后，在 F8 台基上铺一层黄土作为室内居住面，黄土面厚 0.10～0.20 米，居住面高于室外四周活动面 0.25 米左右。

　　F5 仅存有西室一间，平面近方形，以墙壁中心计，其面阔 6.70、进深 6 米，面积40.20 平方米。西、南、北墙和间隔墙基内共发现柱洞 15 个，柱洞径 0.10～0.40、深0.20～0.45 米，柱洞下皆有础石，础石头厚约 0.08 米。残存墙基槽，基槽上宽下窄，呈倒梯形，基槽宽 0.30～0.35、深 0.25～0.40 米。西室居住面为黄土，较平坦，质地坚硬。

　　西室西南角遗存灶坑 1 个，平面呈瓢形，长 0.60、宽 0.40、深约 0.20 米。灶坑内壁呈弧状，坑壁及底部为红烧土。

这是一座石家河文化二期的地面式房屋。据现存遗迹分析，此房平面至少有两间。根据墙体内遗存的柱洞，墙体应为木骨泥墙和承重墙结构，木骨泥墙基做法是先挖墙基槽，再在墙基内立柱，然后用竖排竹片或树枝作为墙体骨架，用藤葛或竹篾绳索绑扎，两面抹泥，形成木骨泥墙。承重墙是先挖墙基槽后，再用黄色黏土垒筑墙壁。

其构架应是：南墙、西墙遗留的柱洞位于一直线上，但没有规律；东墙（室内间墙）、北墙、东墙为承重墙结构。推测屋盖为人字形两坡悬山顶，北墙上搁檐檩，南墙檐檩搁在柱子上，前、后架大叉手椽木交于中心支承脊檩，椽间填以树枝、竹竿、芦苇纵横绑扎，上覆茅草或稻草而成为草屋面。内部抹白灰面，形成墙壁。

二、基本分析

（一）室内高程演变

七里河遗址石家河文化一、二两期的房屋建筑遗迹表现出了明显的继承和发展关系，同时又吸收了周边其它原始建筑文化因素。人们居住趋势由地下居住发展到地上居住，经历了半地穴式→平地起建→台式建筑的发展进程。

石家河文化处于原始社会末期，随着工具的改进，技术的提高，产品逐渐增多。私有观念的出现，氏族内部分配不均，可能出现了两极分化，反映在住房上也出现了质量高低的差别。这从前列表中可以看出，第一期半地穴式房屋占15％，地面式房屋占40％，台基式房屋占45％；第二期地面式房屋占45％，台基式房屋占55％，半地穴式房屋已基本绝迹。

石家河文化的房屋室内地面一般高于室外地面0.1～0.4米左右。如七里河F5，室内地面高于室外地面0.25米。又如七里河F8，室内地面高于室外地面0.3～0.6米（平均高度0.45米），台基四周铺设散水。石家河文化一期也保留有浅穴式、半地穴式房屋，这时期浅穴式、半地穴式窝棚、地面式房屋同时存在，但这不是营造技术的倒退，而是贫富分化及特权阶层在建筑上的反映。

半地穴式房屋修筑皆较为讲究，均在房屋的一侧修筑有出入的台阶。台阶数量与居住面的深度有关联，坑浅的修筑一级台阶，坑深的多达五级台阶。如F7和F22房址虽为浅穴式，分别在居住面西边和南边修筑了一级台阶，以便出入。F21，为半地穴式房屋，深1.2～1.48米，在北侧穴边修筑了五级台阶。

提高室内地面，不仅是为了适应多雨潮湿的气候条件，更重要的是原始先民在与危害健康甚至致命的潮湿斗争中，总结经验教训的结果。同时也是工程技术的进步。所以《墨子》有"室高，足以辟润湿"的追述。石家河文化的考古材料，说明了史前居住建筑已采用了各种防潮措施。

（二）平面类型

石家河文化的居住建筑平面形状可归纳为以下几种类型：

Ⅰ型，浅穴式与半地穴式圆形或椭圆形房屋。

Ⅱ型，地面式圆角方形房屋。

Ⅲ型，地面式长方形房屋。

Ⅳ型，台基式长方形房屋。

以上四种类型的平面，从新石器时代早期一直延续发展至原始社会的始末。在平面组合上，由单间向双间、多间的发展，这是同人类生产力进步相符的。因为任何时期的建筑都不可能脱离社会发展而独立存在，建筑的发展是人们生活的需要，同时也是生产力发展的实际反映。

随着私有制的出现，贫富差别日益悬殊，家庭住房出现了优劣差别，在房县七里河发现了椭圆形浅穴式和半地穴式房屋，这些房屋面积狭小，皆为单间。也发现了大型长方形台基式多间房屋。如房县七里河 F8 建在 0.45 米的土台基上，居住面积约 130 平方米，四周铺设散水，前檐建有前廊和雨篷，这类房屋可能是氏族首领的住房。

（三）构造技术

七里河遗址石家河文化一期流行浅穴式、半地穴式、地面式房屋，一期后段开始在平地修建房屋，大量布置柱穴，立柱建房，开始了地面居住。石家河文化一期后段，半地穴式房子消失，平地建房逐渐减少，台基式房屋基址开始逐渐流行。使用红烧土或黄色土铺筑房屋基址，形成台式房屋居住面，居室面积显著增大，出现多间居室和套间，部分墙体用红烧土构筑。木构件出现了柱、檩、长椽、斜梁及大叉手屋架，节点主要靠绑扎，墙体为木骨泥墙和承重墙，基本形成了"下为台基，中为柱身，上为屋盖"的原始建筑。现以当时工程技术方面的主要成就，分述如下：

·地坪：室内地坪有两种：1. 自然地坪，就是把原来高低不平的地面用烧土块或泥土垫平，稍加修整，作为房屋地坪，这种做法较原始。2. 利用坚硬黄土、灰黄土和红烧土块铺垫，一般厚 0.1～0.4 米，以便巩固地基，这是较先进的做法。如房县七里河 F8 和 F10。不管是哪一种房基，都在垫层上抹一层细泥或白灰面，如房县七里河 F23，居住面皆抹有一层白灰面，使居住面更平整，光滑。

·墙基、墙体：墙基的普遍做法是先挖宽 0.2～0.4、深 0.2～0.4 米的基槽，内填褐黄色土，如房县七里河 F5、房县七里河 F14。

墙体构造可分为木骨泥墙和承重荷载墙，不管是木骨泥墙和承重荷载墙，均采用红烧土、硬黄土、黏土掺草筋泥垒筑而成。墙体外用较纯净的细泥抹面。为防止墙面开裂，可能在细泥中有的还羼入一些稻壳、稻草截段和植物茎叶[1]，使墙面更加牢固。为防止雨水侵蚀墙面，有的在木骨泥墙外筑有护墙。如房县七里河 F8 坐南面北，地势南高北低，为了保护好房屋不受雨水的侵蚀，就在南墙外又垒筑了一段红烧土护墙，来保护房屋的安全。

·柱基、立柱：柱基的构造有三种：1. 柱洞底部夯实；2. 柱洞底部用石块作为暗柱础；3. 柱子下设明础；其目的都是在于支撑屋顶重量。

立柱主要是木柱，可能还有竹柱[2]。立柱的数量和间距不等，大小也不一致。一般承重的立柱采用较大的圆木，墙体骨架一般采用较小的木柱或竹柱和竹片。其构造是：1. 在墙基槽内挖洞立柱，原土回填，无特殊处理；2. 柱洞回填时有黄褐色土、灰褐土、褐灰土和灰黄土等。

---

① 李德喜：《江汉地区史前住房概说》，《华中建筑》，2007 年（7），增刊。
② 李文杰：《大溪文化房屋的建筑形式和工程做法》，《考古与文物》，1986 年 4 期。

·屋盖：房屋支承结构有两种：1. 檐柱上架檩，屋架采用椽木悬臂交接以提供顶部支点的结构方式，这正是大叉手屋架的启蒙，如房县七里河 F8 所示；2. 柱上和墙上安放檐檩，在檩条上绑扎椽木，如房县七里河 F5 等房屋。椽木（斜梁）和檩条上均采用树枝、竹片、芦苇和植物茎叶密集排列，上用茅草或稻草覆盖，形成草屋顶。这种建筑技术在《诗经》中就有描述："迨之未阴雨，彻彼桑土，绸缪牖户……"，就是说在未下阴雨时，用桑根植物条子之类，捆绑一下茅草，免得被大风刮走或松散漏雨，即成语所说的"未雨绸缪"。

屋顶的形式有圆锥形和两面坡。从屋顶结构上看，原始先民们已经掌握了用木杆件架设空间的技术，并有低矮的台基，直立的墙体，倾斜的屋盖，技术上已解决了承重构件与横向构件的结合（主要是绑扎），虽然 1972 年在浙江余姚县河姆渡遗址中，发现了距今 7000～6000 年前母系氏族繁荣阶段的"干阑"式建筑遗址，保存有数以千计的木构构件。最令人惊异的是，木构件榫卯多达十几种[①]。但湖北地区到目前为止，仍未发现真正意义上的（新石器时代）"干阑"式建筑，只有在鄂西三峡地区大溪文化和屈家岭文化遗址中发现了类似今天恩施地区吊脚楼形式的房屋遗迹[②]，但它不是真正的"干栏"式建筑。

·防水、防潮：房县七里河房屋的防水和防潮，早期防潮主要是用红烧土块垫平地面，作为一种防潮手段。晚期一般用红烧土、黄褐色土、灰褐土、褐灰土和灰黄土垫高居住面 0.1～0.4 米，形成台基，在室内地面上抹一层细泥或白灰面。推测当时的寝卧之处主要还是依靠较厚的树叶、茅草和皮毛之类的垫层。

·门道、雨篷：门道、雨篷的设施，其主要目的，一是为了扩大室内使用空间，二是防止雨水不灌进室内。江汉地区早在大溪文化宜都红花套遗址中，就发现有雨篷房屋。如宜都红花套 F302，房屋就设有雨篷。红花套 F302，是一座圆形半地穴式房屋。门向西，有门道，门道上设有雨篷[③]。房县七里河 F8 房屋的北面设有三个门道，门道两侧都有一排柱洞，推测为木骨泥墙。地面为红烧土块铺筑的斜坡面，门道上应设有雨篷。这种做法应是后世深宅大院门楼和门房的雏形。

·散水：房县七里河 F8 房屋东、北、西三面台基边缘，有用红烧土碎块铺设厚 0.05～0.10 米的斜坡散水。其东西两面散水宽 0.30 米左右，北面宽 1.7、厚 0.05～0.1 米，土质坚硬。散水的铺设在江汉地区今天广大农村，还有使用碎砖乱瓦铺设散水的，可见它源远流长。散水的铺设在一定程度上解决了原始建筑墙体的防潮问题。

三、结　语

石家河文化的房屋继承了江汉地区大溪文化和屈家岭文化房屋的特点：其一，建房采用了承重墙和木骨泥墙交互使用的方法；其二，采用了柱础技术，但仍流行木骨泥墙和承重墙。建筑最大的特点是：室内地面普遍提高，墙体四周铺设斜坡散水，柱子的设

---

① 浙江文管会：《浙江河姆渡遗址第一期发掘报告》，《考古学报》，1978 年；《浙江河姆渡遗址第二期发掘的主要收获》，《文物》，1980 年 5 期。

② 杨华：《三峡地区古人类房屋遗迹的考古发现与研究》，《中华文化论坛》，2001 年 2 期。

③ 李文杰：《大溪文化房屋的建筑形式和工程做法》，《考古与文物》，1986 年 4 期。

置明显减少，雨篷设施增多。但仍有圆形半地穴式房屋，长方形单间地面式房屋，其工程技术较前期有了显著的改进。如七里河遗址石家河文化各期房屋基址都集中位于遗址中心部位，尤其不同时期的人们在建造房屋时倾向性地使用前人居住或废弃的房屋地基，反映了房屋建筑选址理念的趋同性。在所发掘的石家河文化时期的建筑遗迹中，这种现象表现在所揭露的房屋基址早晚叠压关系比较普遍，并延伸到东周。

在七里河遗址所发掘区范围中，房屋的叠压关系十分清楚的就有多组：如 F1（东周）→F5（石二期）→F8（石一后）→F21（石一前）；F9（石一后）→F10（石一前）；F14（石二期）→F19（石一前）；F3（石二期）→F8（石一后）；F2（东周）→F6（石二期）→F18（石一后）→F12（石一前）等，其中 F1、F5、F8 这三个不同时期房基的方向不仅一致，而且晚期的房屋基址和柱穴与下层早期的房基局部呈现三重合、叠压、打破的复杂关系。

石家河文化的原始先民们为了适应多雨潮湿的地理环境，建造房屋时特别注意了防雨、防潮、滤水、遮风御寒等措施，其中最主要的是提高室内地坪，用火烧烤居住面和墙面。

原始先民们使用笨重的石器和骨器等工具，因地制宜，就地取材，因材而用，建造了许多独具地方风格的房屋建筑，孕育着中国古典建筑木框架和砖石结构的两大体系，无论在工程营造技术和建筑空间组织设计上奠定了坚实的基础。

本文仅对房县七里河遗址石家河文化的居住房屋进行了初步研究。由于房屋遗址大多数保存不太完整，破坏严重，给复原研究带来了困难，加之资料不足，水平有限，难免有不实之处，敬请专家同仁多予赐教。

（复原图绘制：李德喜、陈晨）

编 后 记

本报告包括了 1976 年、1977 年和 1978 年三次发掘的全部资料,报告分为六章。报告提纲集体讨论确定后,由编写组分工集体编写完成。报告主编王劲、陈树祥。

全书各章节的具体编写分工是:第一章由林邦存执笔;第二章由王劲、陈树祥执笔;第三章第一节一、二和第二节一由陈树祥执笔;第三章第一节三之(一)～(三)中的 1、(四),第二节二之(一)、(四)由冯小波(现为中国科学院古脊椎与古人类研究所博士后)执笔;第三章第一节三之(一)～(三)中的 2、3,第二节二之(二)、(三)由冯小波、冯务建执笔;第三章第三节由冯小波、陈树祥执笔;第四章、第五章由陈树祥执笔;第六章由王劲、陈树祥执笔。外文提要翻译何晓琳,外文校改者田成方。初稿完成后,王劲、陈树祥进行了补充,并修改定稿。

报告中的各类遗迹图与遗迹关系图、遗迹分布图和探方位置图等田野考古制图,均为陈树祥测绘;器物底图由陈树祥、祝银华、冯务建绘制;器物墨线图由曾令斌、冯务建描绘;唐斑为部分器物图的统一比例付出了艰辛的劳动。器物修复由邓蔚兰承担。拓片由冯务建制作。先后参加田野考古摄影的有潘炳元、何兆华、郝勤建;全书器物照相由郝勤建和雷力拍摄。

报告的编写过程中,自始至终得到本所领导及诸多同仁的关心和全力支持,王红星所长拨冗审定本报告的编写提纲,关心和解决编写、出版经费;孟华平副所长亲临七里河发掘资料整理室,关心报告编写工作计划,对报告初稿提了很好的修改意见,并协助解决描图中出现的难题。报告插图和图版等编排操作时,李桃元副所长给予了具体辅导,付出了不少辛劳。实物资料整理期间,得到了胡雅丽同志的热心帮助。报告编写过程中的诸多编务工作得到了我所陈丽新、余汉卿、韩楚文、唐宁、彭霞、余乐、田晴、冯少龙、李想生、丁华、李汉生、纪云莲等同仁的热情相助。三次田野发掘中和为编写报告赴房县补充、核对资料期间,得到了房县文化局与房县博物馆领导及同仁在行政事务上的热情帮助和支持。

本报告的编写出版,得到了湖北省文物局领导的关心与支持。国家文物局的关怀和大力支持,使报告能得以顺利出版。

文物出版社资深编审楼宇栋先生,对报告的编写质量极为关心,从报告编写提纲的拟定,到对图版、线图的要求等诸多方面,不辞辛劳,及时地给予具体指导。

在此,一并致以最诚挚的谢意。

编写组　2008 年 5 月

Fangxian Qilihe

(ABSTRACT)

Fangxian County is situated on the southern bank of the upper and middle reaches of the Hanjiang River, in the mountain region of northwestern Hubei Province and to the southeast of Yunyang Area. The County is in a basin and surrounded by high mountains. It is high in the south and east, flat in the north and west within borders. The flat and hills are 17. 1% in the area while others are mountains. There are 1261 rivers in the county. The two tributaries of the Hanjiang River, the Zhuhe River and Nanhe River, flows through the northwest and southeast part of the county. The northern part of the county is Wudang Mountain area, with an elevation of 800 − 1000 meters; while the southern part is Wushan Mountain area, with an elevation of over 1000 meters. The middle part are hills with an elevation of over 400 − 600 meters. The center of the area is the Chengguan Town and the Malanhe River valley which is the most developed area of the country in agriculture.

With the Qilihe River on its west, north slope of Wushan Mountain which is Phoenix hill Erlanggang on its south, vast and mild river valley terrace on its north, the place where the Qilihe site of ancient culture lies is the south edge of the flat central county, seven-li to the west of Fangxian County. The Malanhe River, a river across the county, floats east-west from north of the sites while Qilihe runs around west of the sites and meet together to the north with the Malanhe River. The east branch of the Malanhe River mixes with the Nanhe River, the tributary of the Hanjiang River in the county. The element where the site lies has mountains and rivers by its sides, windless with ample sunshine, rich seaweeds and abundant products, which provides predominant material conditions for human existence and development.

The site, with an elevation of 400 − 500 meters, lies on a hummock on the east bank of the Qilihe River. There are hills to the south while the valley bench to the north, west and east. The site is about 40000 square meters at present.

The site was discovered in 1958 in the culture relic census. The site experienced archaeological excavations three times in 1976, 1977 and 1978. The largest square of excavations was made by Grade 76 students of Archaeology Department, Wuhan University in 1977. It is totally 1864 square meters in three excavations.

The Qilihe site is a settlement of primitive society. The main part is of the Neolithic Period which the cultural relics of the Eastern Zhou Dynasty lay above. The tombs of the Eastern Zhou and the Han Dynasty lay at the top in the northern part of the site.

The ogygian relics, lying at the middle and lower part, is Shijiahe Culture and Sanfang-wan Culture during the last Neolithic Period(4100 − 4600 years till now) in the area between the Yangtze River and the Hanjiang River. It is rich in cultural relics. We discovered 21 house ruins, 18 ash-bins, 1 kiln and 24 tombs of Shijiahe Culture; 1 ash-bin and 6 tombs of San-fangwan Culture; 1 ditch, 2 house ruins and 1 tomb of the Eastern Zhou Dynasty and 9 tombs of the Han Dynasty.

The Shijiahe Culture in the Qilihe site not only possesses the common features of its kind in area between the Yangtze River and the Hanjiang River, but also more importantly holds some significant geographical characteristics of this area. There are many stone-made tools in the Shijiahe Culture of the area. As regards the makings of the pottery of daily use, the grey-black pottery were used mostly, and the orange-yellow and the orange-red pottery are used less; while the use of the light-grey pottery in the plain between the Yangtze River and the Hanjiang River has never been found. As regards the shape of the vessels, the flat-bottom vessel makes the greater part while the ring-foot vessel makes the less . The building of the house also re-flects geographical characteristics. Some of them are first found in the Shijiahe Culture, for ex-ample, the crypt house in the first phase of Shijiahe Culture, especially the crypt house of large scale and the building with stages and several rooms which contain front stoops and many doors or other building structures outside. In burial customs, the graves are mostly quadratic buried. In the first phase of Shijiahe Culture , the family are quadratical buried while regarding the male as originally buried. The custom of common using of jaw bones in tombs, the heading-hunting remaining and the exelcymosis appearance has never been found in other types of Shiji-ahe Culture. The new founding has its own characteristics which are obviously distinguished from the other types of the Shijiahe Culutre. In the Shijiahe Culture in the Qilihe site, the phenomenon of head-hunting and the exelcymosis is rarely observed in other Neolithic Period sites. It is no doubt that the founding of the ancient customs provides information for the ex-ploration on the ancestors' family of the Shijiahe Culture to the south of the Hanjiang River.

The stone-made tools are of middle or small size of Shijiahe Culture relics. The food-pro-cessing implements are of the majority in the pottery. It reveals that while the agriculture is developing, the income of gathering still occupies an important place in economics of Shijiahe Culture.

The excavation of the Qilihe site reveals the features of the Neolithic Period in Fangxian County for the first time. It is also the beginning of the site-excavation in the scale. It bridges the awful gap of the Neolithic Period archaeology from south Wudangshan Mountain to Shen-longjia, to the south of the Hanjiang River. The Shijiahe Culture relics in the site increase our knowledge about Shijiahe Culture by showing us many relics which are not discovered in other Shijiahe Culture sites in the area between the Yangtze River and the Hanjiang River.

It is said that the Xia people ever lived in Fangxian County. The Chu Shu Chi Nien records that, "*Tang Yao lasted* 100 *years*, *and moved to Tao. Danzhu, the son of the Em-peror, lived in Fangling as a shelter. The Emperor, Shun, invested Danzhu as YUBIN. It is the beginning of the nation of Fang.*" The relics of Sanfangwan Culture in the site, which move down to the south from the central plains, is in the count of years of the Xia Dynasty (the Radiocarbon C14 Date of Sanfangwan Culture is around 4100 years till now). As the combination of the culture originated from the Central Plains and that of Jianghan region during the same period, Sanfangwan Culture has provided material data to support the legend that Xia people had ever been lived in present Fangxian region in prehistory times.

房县七里河遗址全景（北—南）

1. 王劲（左）、冯小波（右）、陈树祥（中）在工作室

2. 王劲（中）、冯小波（右）、陈树祥（左）在整理间

房县七里河发掘报告编写小组在工作

1. 斜直腹小平底杯 I T5I ⑦：4

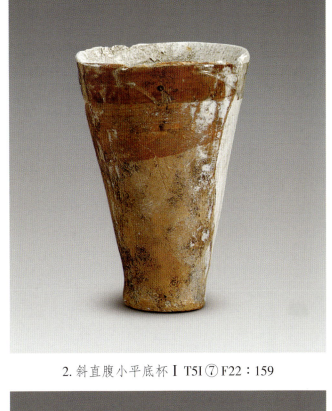

2. 斜直腹小平底杯 I T5I ⑦ F22：159

3. 斜直腹小平底杯 I T5I ⑦：3

4. 斜直腹凹底杯 I T3I ⑦ H10：70

石家河文化一期前段陶斜直腹杯

1. ⅠT5A⑥a：16　2. ⅠT5Ⅰ⑦：213　3. ⅠT5Ⅰ⑦：214　4. ⅠT5Ⅰ⑦F22：215
5. ⅠT5Ⅰ⑥a：216　6. ⅠT3Ⅰ⑦：169　7. ⅠT5Ⅰ⑦：212

石家河文化一期前段彩陶杯残片

1. 石钻 I T3I⑤aH8：84

2. 罐形鼎 I T3I⑤aH8：16

3. 喇叭形杯 M32：1

石家河文化一期后段石钻，陶罐形鼎和喇叭形杯

1. Ⅰ T5I⑤a：17　2. Ⅰ T4A⑤a：12　3. Ⅰ T5I⑤：217　4. Ⅲ T5A⑤a：14
5. Ⅰ T3I⑤b：168　6. Ⅰ T3I⑤a：170　7. Ⅲ T5A⑤a：13

石家河文化一期后段彩陶杯残片

1. 石家河文化一期后段钩系折沿罐 Ⅰ T4B⑤a：10

2. 石家河文化一期后段陶臼 Ⅰ T7B⑤a：1

3. 石家河文化二期有铤三刃边骨镞 Ⅰ T5I④bH11：144

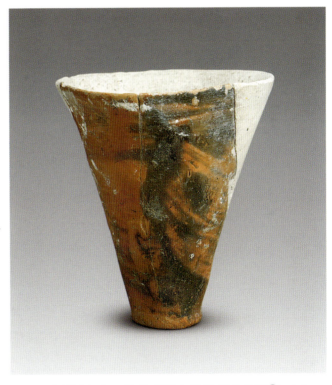

4. 石家河文化二期斜直腹小平底杯 Ⅰ T4I④a：6

石家河文化一期后段陶罐、臼和石家河文化二期骨镞、彩陶小平底杯

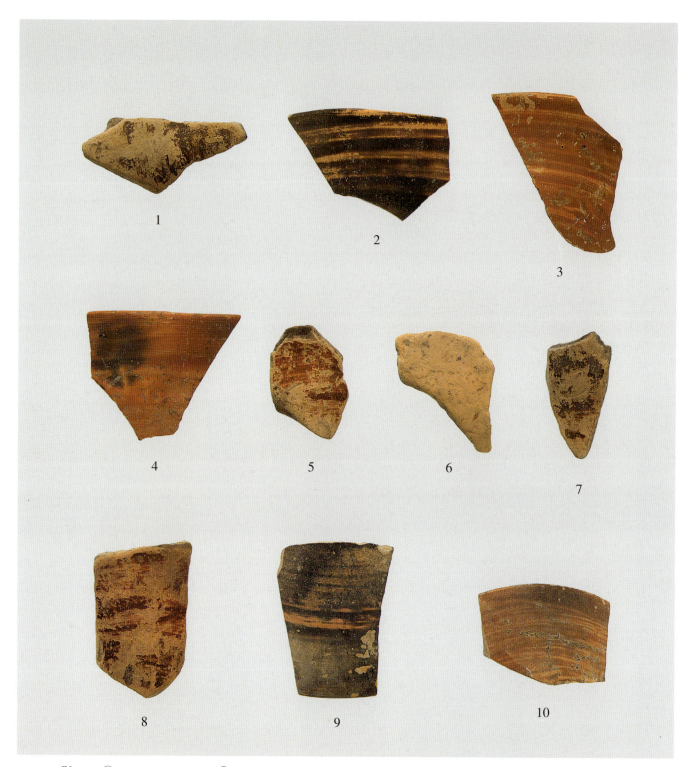

1. Ⅳ T2A ④ b：12　2. Ⅰ T4B ④ aH6：21　3. Ⅰ T4A ④ aH18：13　4. Ⅱ T1E ④：29　5. Ⅳ T2A ④ b：13
6. Ⅳ T2A ④ b：15　7. Ⅳ T2A ④ b：14　8. Ⅳ T2A ④ b：11　9. Ⅱ T1E ④：27　10. Ⅱ T1E ④：26

石家河文化二期彩陶杯残片

1. 壶形杯Ⅲ T6A④b：3

2. 盂形高圈足杯Ⅱ T1E④：28

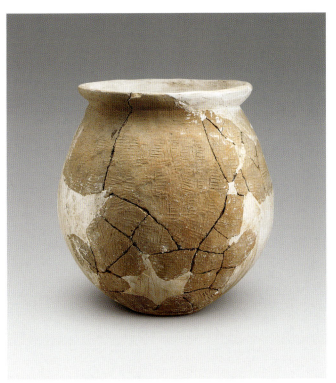

3. 盘口弧腹罐Ⅱ T1A④：10

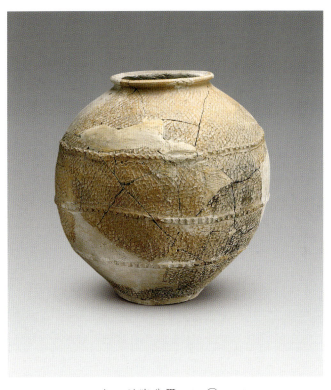

4. 小口弧腹瓮Ⅲ T6A④a：2

石家河文化二期陶杯、罐和瓮

彩版一〇（X′）

石家河文化二期陶器座 I T8B④a：1

1. 喇叭形纽斜面器盖Ⅰ T4B④c：3

2. 刻划符号陶片Ⅱ T3C④：13

3. 石璧Ⅰ T1F④a：18

石家河文化二期陶器盖、陶片和石璧

1. 盘形鼎Ⅱ T1E③：1

2. 大卷折沿釜Ⅱ T1A③b：15

3. 尖圜底甑Ⅱ T5E③：1

4. 尖圜底甑Ⅱ T5E③：1俯视

5. 高颈有扉鬶鋬Ⅲ T5B③b：41

三房湾文化陶鼎、釜、甑和鬶鋬

三房湾文化陶薄缘敞口斜腹钵（Ⅰ T3I ③ b：167）刻划符号

1. 仰折沿罐 M7：1

2. 桶形罐 II T3C③：8

3. 高直领溜肩罐 I T1G③H13：6

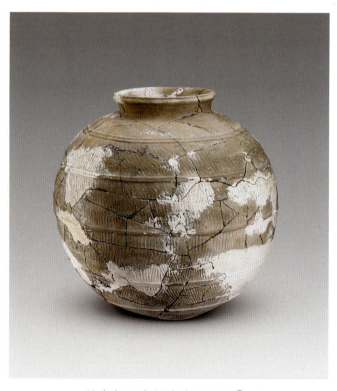

4. 矮直领弧肩鼓腹瓮 II T2C③：2

三房湾文化陶罐和瓮

1. 树叶形无铤石镞（采集：62）、树叶形有铤石镞
（采集：53）

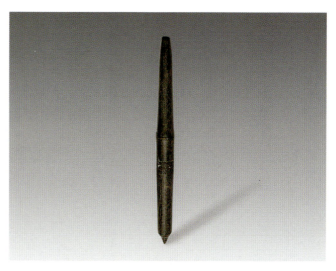

2. 石钻（房七采：432）

3. 石料（采集：35）

4. 石料（采集：35）另一面

5. 平面弧边陶纺轮（采集：1）、弧面直边陶纺轮（采集：5）、弧面直边陶纺轮（采集：6）

石家河文化采集品

1. 石家河文化骨匕（房七采：427）

2. 三房湾文化陶宽扁状鼎足（ⅡT1E②：30）

3. 三房湾文化陶有扉鬶（采集：110）

4. 三房湾文化陶厚口缘斜弧腹钵（ⅡT1E②：29）

石家河文化和三房湾文化采集品

1. 鄂博考古人员与武汉大学76级考古专业师生在工地合影　第一排左起：崔新社、刘华才、吴泽明、向绪成、王红星、李龙章、阎频；第二排左起：陈树祥、胡雅丽、全锦云、冯少龙、杨范中、闫一然、王劲、朱德君、余秀翠、丁美华；第三排左起：李宏柱、杜国柱、朱吉平、张潮、吴晓松、邓辉、孙绘、王然、周厚强、院文清、徐梦林

2. 羊鼻岭遗址调查中考古人员涉水情况（前后顺序为：徐梦林、余秀翠、张潮、吴晓松、王红星）

房县七里河遗址第二次发掘时考古队员在遗址上留影，同时对羊鼻岭遗址进行了调查

房县七里河遗址发掘探方（北—南）

1. F21 全景（西—东）

2. F21（考古人员工作照：左
   为李桃元、右为陈树祥）

石家河文化一期前段 F21

石家河文化一期后段 F8 全景（北一南）

1. F8中门道（北—南）

2. F8东墙基槽柱子洞（南—北）

3. F8（考古人员工作照：左为全锦云、中为余秀翠、
右为王劲）

4. F8南墙基槽柱子洞与南护墙（西—东）

石家河文化一期后段 F8

石家河文化二期 F5 西墙基槽柱础石（北—南）

1. Y1 与 H12 叠压打破关系（南—北）

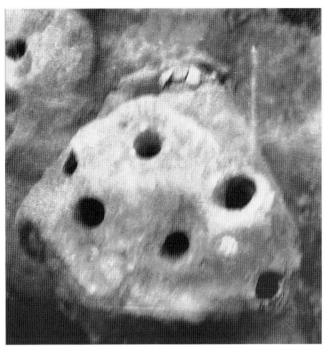

2. Y1 窑室箅孔（俯视）

3. Y1 投薪口与窑壁坍塌堆积（西北—东南）

4. Y1 火膛东边火门内的头骨（东南—西北）

石家河文化二期 Y1

图版八（VIII）

1. M11（东—西）

2. M19（东—西）

石家河文化一期前段 M11 和 M19

1. M40 (西—东)

2. M20 (北—南)

石家河文化一期前段 M40 和 M20

石家河文化一期后段 M1 的一～一〇号人骨架（北—南）

1. 石家河文化一期后段 M30（北—南）

2. 石家河文化二期 M25（东—西）

3. 石家河文化二期 M24（东—西）

石家河文化一期后段和二期墓葬

1. 梯形弧刃斧Ⅲ T8C⑥：8

2. 长方形直刃斧Ⅲ T8C⑥：9

3. 方形直刃斧Ⅰ T7A⑦：4

4. 方形弧刃斧Ⅰ T5I⑦F22：14

5. 梯形直刃刀Ⅲ T8C⑥：20

6. 长方形直刃刀Ⅰ T5I⑥b：73

石家河文化一期前段石斧和刀

1. 长方形有孔刀Ⅰ T3I⑥：87

2. 长方形有孔三刃刀Ⅰ T3I⑥：86

3. 树叶形镞Ⅰ T1F⑥a：41

4. 锛形凿Ⅰ T5I⑥a：181

5. 圭形凿Ⅰ T5I⑥a：160

6. 圭形凿Ⅰ T3B⑥：8

石家河文化一期前段石刀、镞和凿

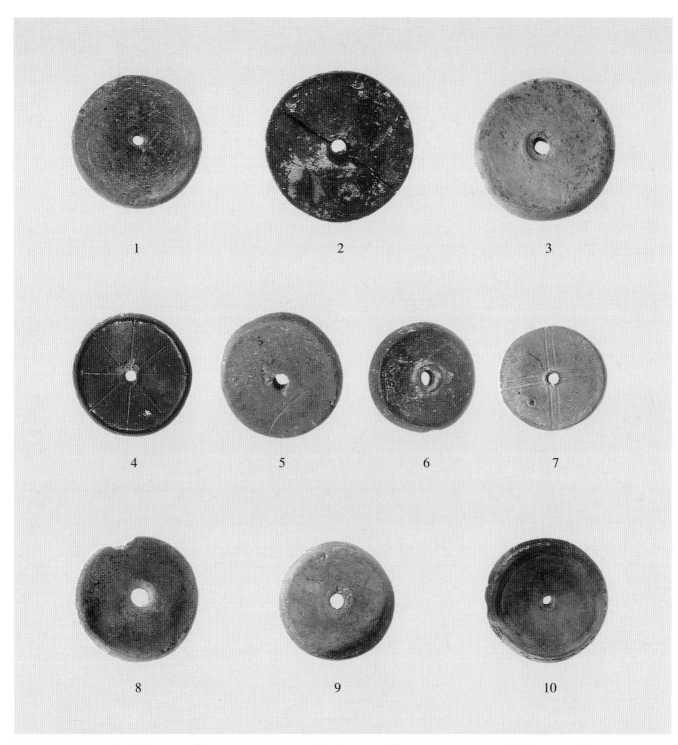

1.平面弧边纺轮ⅠT1G⑥a：31　2.平面弧边纺轮ⅠT1F⑥c：29　3.平面弧边纺轮ⅠT5I⑥a：54
4.平面弧边纺轮ⅠT5I⑦F22：8　5.平面弧边纺轮ⅠT1G⑥a：30　6.平面折边纺轮ⅠT3I⑥：181
7.平面折边纺轮ⅠT3I⑥：172　8.平面折边纺轮ⅠT5I⑥a：53　9.平面折边纺轮ⅠT5I⑦：9
10.平面折边纺轮ⅠT5I⑥a：55

石家河文化一期前段陶纺轮

1. 盆形圈足甑 I T5I ⑦：2

2. 细长颈鬶 I T5I ⑦ F22：1

3. 喇叭形凹底杯 M19：1~3

4. 喇叭形凹底杯 I T5I ⑦ F22：6、I T5I ⑦ F22：212

5. 斜直腹凹底杯 III T7J ⑥：11

石家河文化一期前段陶甑、鬶和杯

1. 斜弧腹碗 I T5I⑦F22：7

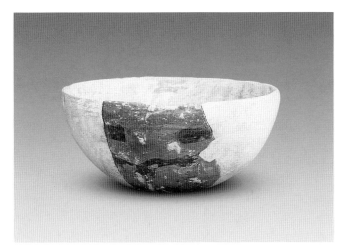

2. 斜弧腹钵 I T4A⑥a：4

3. 斜弧腹钵 I T1F⑥a：27

4. 斜弧腹钵 I T1F⑥a：28

5. 斜弧腹钵 I T5I⑦：41

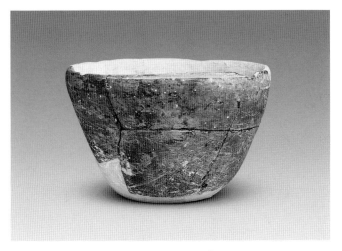

6. 斜直腹钵 I T4I⑥：20

石家河文化一期前段陶碗和钵

1. 陶盘 IT5I⑦：155

2. 陶平折沿盆Ⅰ T5I⑦：10

3. 陶圈形纽器盖Ⅰ T5I⑦：12

4. 陶盅形纽器盖Ⅰ T5I⑦：11

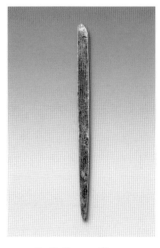

5. 骨针Ⅰ T5I⑥a：74

6. 骨笄Ⅰ T1G⑥a：33

7. 陶环Ⅲ T8B⑥：20

石家文化一期前段陶盆、器盖、环，骨针和笄

1. 梯形直刃斧Ⅳ T4A⑤：2

2. 方形斧Ⅲ T1B⑤a：8

3. 锛Ⅰ T5I⑤a：125

4. 锄1件Ⅰ T4B⑤a：19

5. 梯形直刃刀Ⅰ T4B⑤a：16

6. 梯形斜直刃刀Ⅰ T5I⑤a：180

石家河文化一期后段石斧、锛、锄和刀

1. 梯形弧刃刀Ⅰ T8A⑤：9

2. 长方形弧刃刀Ⅲ T8C⑤：10

3. 梯形有孔直刃刀Ⅰ T3I⑤aH8：88

4. 梯形有孔弧刃刀Ⅰ T4B⑤c：18

5. 有孔骨刀Ⅰ T5I⑤a：98

石家河文化一期后段石刀

1. 骨镞 I T4A⑤：3

2. 石斧形凿 III T5B⑤a：23

3. 石锛形凿 IV T4B⑤：1

4. 石锛形凿 I T3I⑤H8：79

5. 石芯 I T4B⑤c：11

6. 石芯 I T1F⑤a：47

石家河文化一期后段骨镞，石凿和石芯

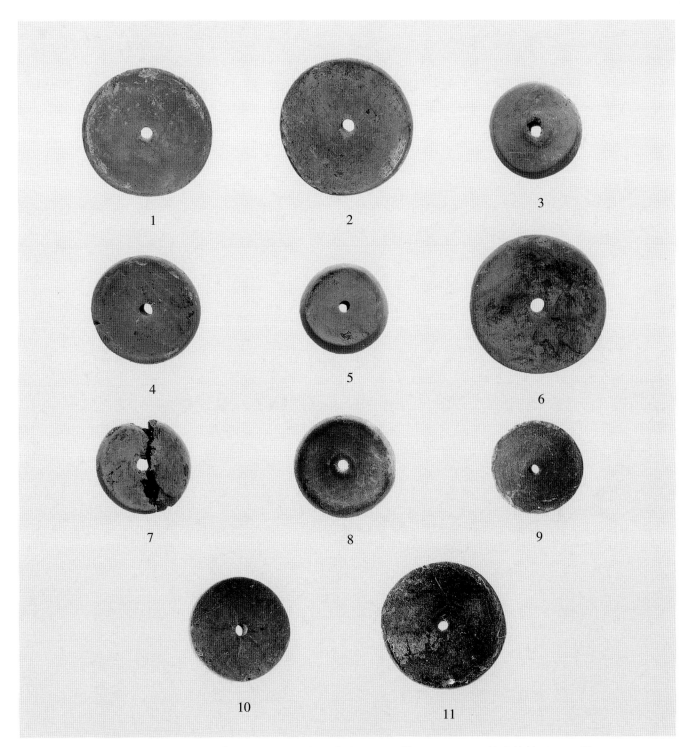

1. 平面直边纺轮Ⅳ T7B⑤：1　2. 平面直边纺轮Ⅰ T8A⑤：3　3. 平面折边纺轮Ⅲ T5A⑤：5
4. 平面折边纺轮Ⅲ T5A⑤：6　5. 平面折边纺轮Ⅲ T8B⑤a：14　6. 平面折边纺轮Ⅳ T4A⑤：3
7. 平面弧边纺轮Ⅰ T1F⑤a：21　8. 平面弧边纺轮Ⅲ T7J⑤：8　9. 单弧面直边纺轮Ⅰ T3I⑤aH8：180
10. 单弧面直边纺轮Ⅰ T5I⑤a：92　11. 双弧面直边纺轮Ⅰ T3I⑤a：174

石家河文化一期后段陶纺轮

1. 卷沿釜 M3：1

2. 细长颈鬶Ⅰ T3I⑤aH8：35

3. 喇叭形杯Ⅰ T6A⑤：8

4. 喇叭形杯Ⅳ T6B⑤：5

5. 斜腹杯Ⅰ T4B⑤a：9

6. 斜腹杯Ⅰ T5I⑤a：77

7. 斜腹杯Ⅲ T5B⑤a：15

石家河文化一期后段陶釜、鬶和杯

1. 斜腹杯Ⅰ T5I⑤a：78

2. 束腰形杯Ⅰ T5I⑤a：79

3. 钵形斜直腹杯Ⅰ T4B⑤c：1

4. 钵形斜折腹杯Ⅲ T5A⑤：4

5. 有流杯Ⅰ T5I⑤a：81

6. 单把杯Ⅰ T5I⑤a：80

石家河文化一期后段陶杯

1. 弧腹碗Ⅰ T2B⑤a：1

2. 弧腹碗Ⅰ T2A⑤H1：11

3. 斜弧腹碗Ⅰ T3I⑤aH8：19

4. 斜弧腹碗Ⅰ T3I⑤aH8：20

5. 斜弧腹碗Ⅰ T3I⑤aH8：21

6. 敞口弧腹钵Ⅰ T4B⑤d：7

石家河文化一期后段陶碗和钵

1. 敞口弧腹钵Ⅰ T1F⑤a：20

2. 敞口斜弧腹钵 M3：2

3. 直口弧腹钵Ⅰ T5I⑤a：76

4. 敛口斜弧腹钵Ⅰ T1G⑤：17

5. 浅盘豆Ⅰ T5I⑤a：87

6. 敞口厚缘盆Ⅰ T4B⑤a：6

石家河文化一期后段陶钵、豆和盆

1. 敞口厚缘盆 I T1F⑤a：19

2. 宽仰折沿罐 I T4B⑤d：12

3. 仰折沿起棱罐 I T3I⑤aH8：22

4. 折沿小罐 I T3I⑤a：28

5. 盘口罐 I T3I⑤aH8：26

6. 平折沿擂磨盆 I T3I⑤aH8：17

石家河文化一期后段陶盆、罐和擂磨盆

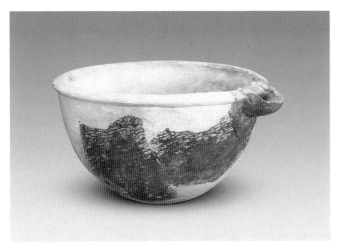

1. 有流擂磨盆Ⅱ T6E⑤：4

2. 有流擂磨盆 IT4B⑤a：8

3. 漏斗形澄滤器Ⅲ T8B⑤b：15

4. 圈纽斜弧面器盖Ⅰ T3I⑤aH8：18

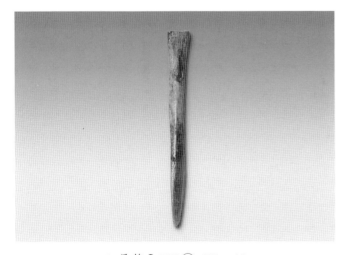

5. 骨笄Ⅰ T3I⑤aH8：48

6. 残陶鸟Ⅰ T1F⑤a：53

石家河文化一期后段陶擂磨盆、澄滤器、器盖、鸟和骨笄

1. 梯形直刃斧Ⅲ T7J④c：7

2. 梯形直刃斧Ⅲ T8C④a：13

3. 梯形直刃斧Ⅰ T5I④b：142

4. 梯形直刃斧Ⅳ T1A④a：1

5. 梯形直刃斧Ⅲ T8B④a：12

6. 梯形弧刃斧Ⅲ T1A④a：1

石家河文化二期石斧

1. 梯形弧刃斧Ⅲ T8B④a：27

2. 梯形弧刃斧Ⅰ T5I④d：186

3. 长方形直刃斧Ⅲ T8C④b：16

4. 长方形直刃斧Ⅲ T8C④a：12

5. 长方形直刃斧Ⅰ T5I④d：143

6. 长方形弧刃斧Ⅰ T5B④c：13

石家河文化二期石斧

1. 长方形弧刃斧Ⅱ T3I④：6

2. 长方形直刃锛Ⅰ T5B④c：19

3. 长方形弧刃锛Ⅲ T8C④b：11

4. 长方形弧刃锛Ⅰ T2A④a：7

5. 锄Ⅰ T5I④d：172

6. 铲Ⅲ T1B④：5

石家河文化二期石斧、锛、锄和铲

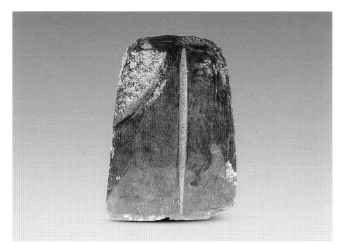

1. 梯形直刃刀 Ⅲ T2B④：3

2. 梯形直刃刀 Ⅲ T2B④：4

3. 梯形直刃刀 Ⅲ T6A④a：21

4. 长方形直刃刀 Ⅰ T5I④bH11：187

5. 长方形直刃刀 Ⅰ T2B④a：4

6. 长方形直刃刀 Ⅳ T3A④：7

石家河文化二期石刀

1. 长方形直刃刀Ⅲ T6A ④a：12

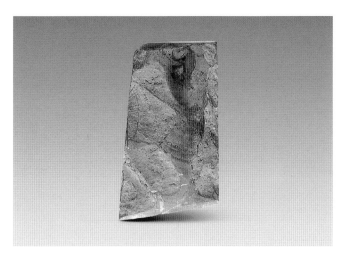

2. 长方形斜刃刀Ⅲ T8C ④a：32

3. 横长方形刀Ⅲ T7J ④c：12

4. 长方形有孔直刃刀Ⅰ T4I ④a：15

5. 长方形有孔直刃刀Ⅳ T7A ④：5

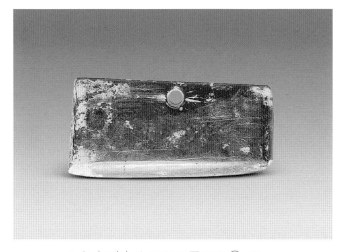

6. 长方形有孔两刃刀Ⅲ T2B ④H3：4

石家河文化二期石刀

1. 三角形镞 Ⅰ T1F④a：46 2. 三角形镞 Ⅲ T8C④b：30 3. 三角形镞 Ⅲ T6A④a：14
4. 三角形镞 Ⅲ T8C④b：3 5. 三角形镞 Ⅰ T5I④d：169 6. 柳叶形镞 Ⅰ T5I④b：171
7. 柳叶形镞 Ⅲ T8C④a：18 8. 有铤五刃边镞 Ⅲ T6A④a：11 9. 有铤四刃边镞 Ⅲ T7J④c：13
10. 有铤三刃边镞 Ⅳ T3A④：5

石家河文化二期石镞

1. 凹腰形网坠Ⅰ T5I ④ d：177

2. 凹腰形网坠Ⅰ T5I ④ d：206

3. 凹腰形网坠Ⅰ T5I ④ d：178

4. 两凹腰形网坠Ⅰ T5I ④ d：175

5. 凹槽形网坠Ⅰ T3B ④ a：9

6. 长方锛形直刃凿Ⅰ T5I ④ a：161

7. 长方锛形直刃凿Ⅲ T8C ④ a：27

石家河文化二期石网坠和凿

1. 长条锛形弧刃凿Ⅳ T2A④a：6　　2. 长条锛形弧刃凿Ⅳ T2A④a：4　　3. 圭形凿Ⅲ T6A④a：20
4. 圭形凿Ⅲ T8C④b：19　　5. 圭形凿Ⅰ T3A④：7　　6. 圭形凿Ⅰ T4A④a：10　　7. 圭形两刃凿Ⅳ T7A④：6

石家河文化二期石凿

1. 梯形直刃工艺刀Ⅲ T6A④a：17

2. 长方形直刃工艺刀Ⅰ T4B④a：15

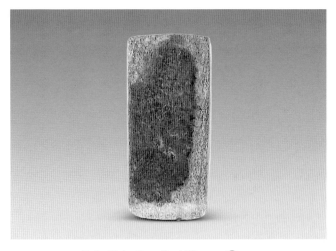

3. 长方形直刃工艺刀Ⅲ T6A④a：13

4. 长方形弧刃工艺刀Ⅱ T3I④：7

5. 砺石Ⅰ T5I④c：184

6. 石芯Ⅰ T5I④a：179

石家河文化二期石刀、砺石和石芯

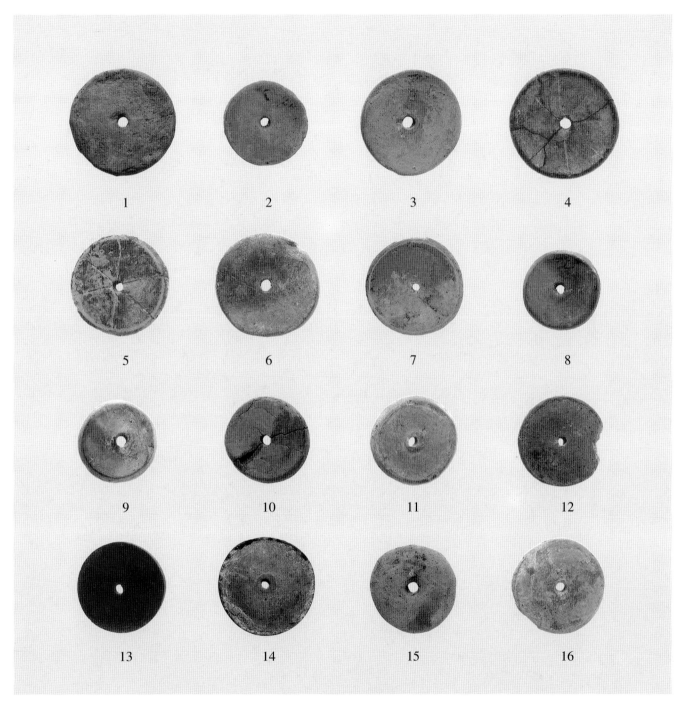

1. 平面直边形纺轮Ⅲ T3C④：1　　2. 平面直边形纺轮Ⅳ T3A④：3　　3. 平面直边形纺轮Ⅳ T5A④：1
4. 平面弧边形纺轮Ⅰ T5I④c：105　　5. 平面弧边形纺轮Ⅲ T4C④：3　　6. 平面弧边形纺轮Ⅳ T3A④：2
7. 平面弧边形纺轮Ⅳ T3A④：4　　8. 平面折边形纺轮Ⅰ T4B④c：4　　9. 平面折边形纺轮Ⅱ T3I④a：2
10. 平面折边形纺轮Ⅲ T7J④a：3　　11. 平面折边形纺轮Ⅲ T7J④a：6　　12. 弧面直边形纺轮Ⅰ T3I④a：173
13. 弧面直边形纺轮Ⅰ T3I④a：176　　14. 弧面直边形纺轮Ⅱ T3I④：3　　15. 弧面直边形纺轮Ⅲ T5A④：2
16. 弧面直边形纺轮Ⅲ T8C④a：4

石家河文化二期陶纺轮

1. 卷沿釜Ⅱ T3A ④：3

2. 斜直腹小平底杯ⅠT1F ④ a：8

3. 斜直腹大平底杯Ⅱ T1E ④：414

4. 斜直腹大平底杯Ⅲ T8C ④ a：1

5. 斜直腹大平底杯Ⅰ T4I ④ a：78

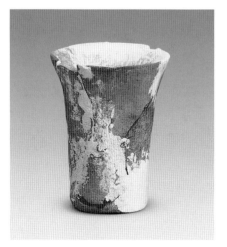

6. 束腰形杯Ⅲ T5A ④：1

7. 束腰形杯Ⅲ T5A ④：3

石家河文化二期陶釜和杯

1. 斜弧腹碗 I T5B④a：4

2. 薄缘敞口弧腹钵 I T4I④a：5

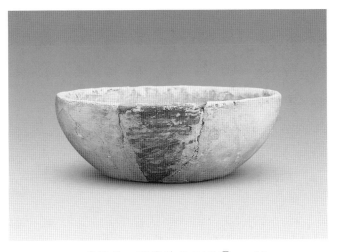

3. 薄缘敞口弧腹钵 I T1G④a：12

4. 薄缘敛口弧腹钵 III T3A④b：2

5. 薄缘敞口斜弧腹钵 I T5I④d：107

6. 薄缘敞口斜弧腹钵 I T1G④c：14

石家河文化二期陶碗和钵

1.薄缘敞口斜弧腹钵 Ⅰ T5I④d：110

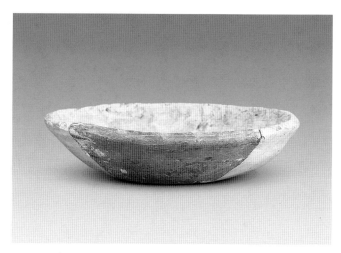

2.薄缘敛口斜弧腹钵 Ⅰ T5I④d：108

3.薄缘敛口斜弧腹钵 Ⅳ T5C④a：1

4.厚缘敞口弧腹钵 Ⅰ T1F④a：10

5.厚缘敛口弧腹钵 Ⅰ T4I④a：4

6.厚缘敞口斜弧腹钵 Ⅰ T3I④a：49

石家河文化二期陶钵

1. 厚缘敞口斜弧腹钵 I T5I④c：109

2. 厚缘敞口斜弧腹钵 I T5I④d：111

3. 厚缘敞口斜弧腹钵 I T5I④b：106

4. 子母口钵 I T4I④a：3

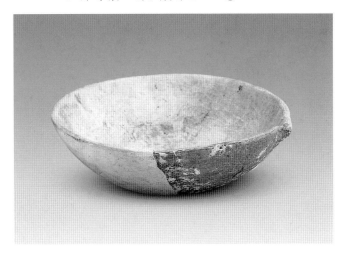

5. 有流钵 II T1C④：1

6. 有流钵 I T1G④b：13

石家河文化二期陶钵

1. 圈足盘 I T5I④a：103

2. 浅弧腹小盘 I T1B④：12

3. 浅弧腹小盘 I T1B④：17

4. 浅弧腹小盘 I T1B④：5

5. 浅弧腹小盘 I T5I④b：107

6. 斜弧腹钵形豆 I T1F④a：9

石家河文化二期陶盘和豆

1. 折腹钵形豆Ⅱ T1E④：200

2. 厚口缘斜弧腹浅盘豆Ⅲ T7J④c：2

3. 厚口缘斜弧腹浅盘豆Ⅲ T5B④：34

4. 厚口缘斜弧腹浅盘豆Ⅰ T5I④b：157

5. 筒形豆圈足Ⅰ T2B④a：5

6. 卷沿盆Ⅲ T8B④a：3

石家河文化二期陶豆、豆圈足和盆

1. 仰折沿盆Ⅰ T3B④a∶1

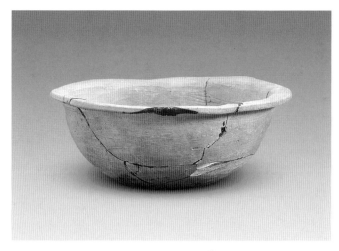

2. 平折沿盆Ⅰ T6B④a∶1

3. 平折沿盆Ⅰ T4I④a∶1

4. 平折沿盆Ⅱ T1E④∶20

5. 平折沿盆Ⅰ T5I④b∶100

6. 卷沿弧腹罐Ⅱ T3I④∶10

石家河文化二期陶盆和罐

1. 仰折沿弧腹罐 I T5I ④ a：99

2. 仰折沿弧腹罐 IV T5A ④ a：2

3. 仰折沿弧腹罐 I T5B ④ a：17

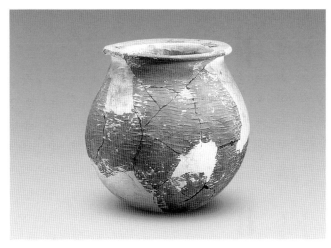

4. 仰折沿弧腹罐 III T8B ④ c：2

5. 平折沿垂腹罐 III T3A ④ b：4

6. 仰折沿起棱垂腹罐 II T4C ④：2

石家河文化二期陶罐

1. 钩系折沿垂腹罐Ⅰ T5B④a：5

2. 盘口弧腹罐Ⅲ T8C④b：2

3. 卷沿小罐Ⅲ T1B④：1

4. 高直领罐Ⅲ T5B④：10

5. 小口弧腹瓮Ⅰ T2A④a：4

6. 盆形折腹缸Ⅳ T2A④：1

石家河文化二期陶罐、瓮和缸

1. 平折沿斜弧腹擂磨盆Ⅳ T3A ④：1

2. 漏斗形澄滤器Ⅰ T5I ④d：101

3. 器座Ⅰ T3A ④：5

4. 圈纽弧面器盖Ⅲ T2B ④：2

5. 圈纽弧面器盖Ⅰ T4I ④a：16

6. 圈纽弧面器盖Ⅰ T5I ④c：104

石家河文化二期陶擂磨盆、澄滤器、器座和器盖

1. 陶圈钮弧面器盖Ⅲ T3A④a：1

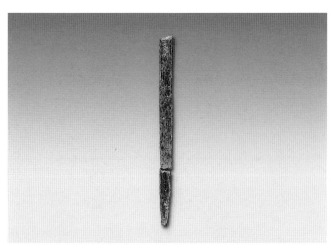

2. 骨笄Ⅲ T8C④b：28

3. 骨笄Ⅱ T3I④：4

4. 陶环Ⅰ T2A④a：3

5. 石环Ⅲ T1B④：6

6. 石环Ⅲ T1B④：3

石家河文化二期陶器盖，骨笄，陶环和石环

1. 梯形直刃斧Ⅰ T3I③a：78

2. 梯形直刃斧Ⅲ T2B③a：1

3. 梯形弧刃斧Ⅱ T5A③：1

4. 长方形直刃斧Ⅰ T1F③a：37

5. 长方形直刃斧Ⅳ T1A③：3

6. 长方形直刃斧Ⅲ T5B③c：30

三房湾文化石斧

1. 长方形弧刃斧Ⅲ T6A③：19

2. 长方形圆弧刃斧Ⅰ T5A③：12

3. 方形直刃斧Ⅱ T3I③：5

4. 方形斜直刃斧Ⅲ T5B③c：25

5. 梯形直刃锛Ⅰ T3I③a：94

6. 梯形直刃锛Ⅲ T3B③：4

三房湾文化石斧和锛

1. 长方形直刃锛Ⅱ T5A③：2

2. 凹腰锄Ⅲ T4B③：2

3. 铲Ⅳ T6A③：2

4. 梯形直刃刀Ⅳ T1A③：2

5. 梯形直刃刀Ⅲ T1A③a：3

6. 梯形直刃刀Ⅳ T7A③：4

三房湾文化石锛、锄、铲和刀

1. 梯形直刃刀 I T2B③：2

2. 梯形直刃刀 I T3I③a：65

3. 梯形斜刃刀 I T1G③：35

4. 长方形直刃刀 Ⅲ T3B③：11

5. 长方形直刃刀 Ⅳ T2A③：7

6. 长方形斜弧刃刀 I T6A③：2

三房湾文化石刀

1. 长方形有孔直刃刀Ⅳ T6A③：3　2. 长方形有孔直刃刀Ⅲ T3B③：9　3. 长方形有孔直刃刀Ⅲ T1A③a：4
4. 长方形有孔直刃刀Ⅰ T1B③：6　5. 柳叶形镞Ⅲ T3B③：8　6. 长树叶形镞Ⅱ T3I③：8
7. 长三边形有铤镞Ⅰ T3I③b：76　8. 四边形有铤镞Ⅰ T1G③：39　9. 凹腰形网坠Ⅰ T3I③a：92

三房湾文化石刀、镞和网坠

1. 锛形直刃凿Ⅰ T2B③：3

2. 锛形直刃凿Ⅰ T3B③：4

3. 锛形直刃凿Ⅰ T3I③a：81

4. 锛形直刃凿Ⅲ T3D③：5

5. 圭形凿Ⅲ T3B③：5

6. 圭形凿Ⅲ T3B③：6

三房湾文化石凿

1. 长方形直刃工艺刀 I T3I③a：80

2. 长方形弧刃工艺刀 III T8C③：28

3. 长方形弧刃工艺刀 I T3A③：10

4. 长方形弧刃工艺刀 I T2A③：5

5. 长方形斜刃工艺刀 IV T5B③：1

6. 长方形斜刃工艺刀 III T5A③：9

三房湾文化石刀

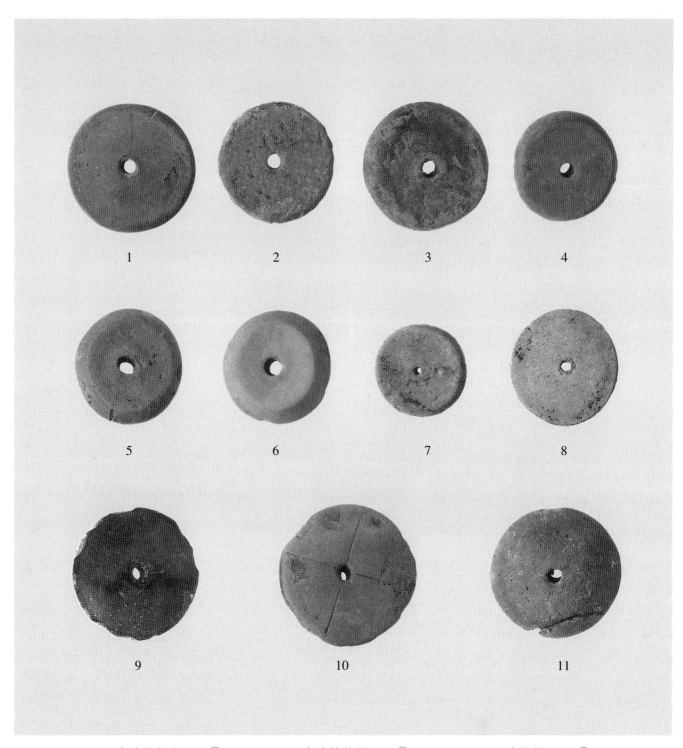

1.平面直边纺轮ⅠT1F③a：2　2.平面直边纺轮Ⅲ T5B③a：9　3.平面弧边纺轮IT1B③：2
4.平面折边纺轮IT3A③：3　5.平面折边纺轮ⅠT4B③：2　6.平面折边纺轮ⅠT5B③：1
7.平面折边纺轮ⅠT6A③：1　8.单弧面直边纺轮ⅠT1F③a：1　9.单弧面直边纺轮ⅠT1G③：3
10.单弧面直边纺轮ⅠT5B③：2　11.单弧面弧边纺轮Ⅲ T7J③b：1

三房湾文化陶纺轮

1. 残陶拍Ⅲ T4B③：1

2. 小卷折沿釜Ⅲ T5B③b：7

3. 大卷折沿釜Ⅱ T1A③a：8

4. 粗矮颈鬶Ⅲ T5B③b：8

5. 喇叭形杯Ⅲ T4C③a：1

6. 斜腹杯Ⅰ T5B③：15

三房湾文化陶拍、釜、鬶和杯

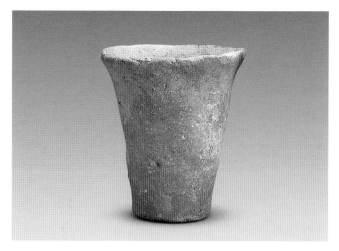

1. 斜腹杯Ⅰ T4B③：1

2. 钵形杯Ⅰ T3A③：2

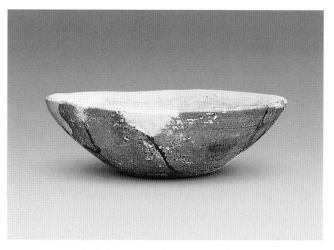

3. 薄缘敞口斜弧腹钵Ⅲ T4C③b：2

4. 薄缘敞口斜弧腹钵Ⅲ T5B③a：5

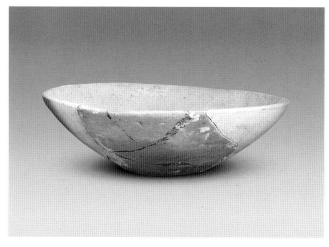

5. 薄缘敞口斜弧腹钵Ⅱ T1E③：13

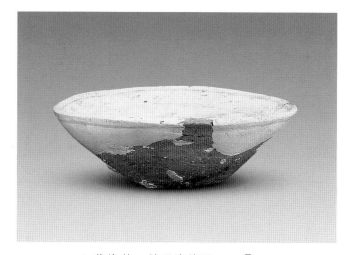

6. 薄缘敞口斜弧腹钵Ⅲ T3D③：1

三房湾文化陶杯和钵

1. 薄缘直口折腹钵Ⅱ T2D③：4

2. 厚缘敞口弧腹钵Ⅰ T8B③b：1

3. 厚缘敞口弧腹钵Ⅲ T5B③a：28

4. 厚缘敞口弧腹钵Ⅲ T6A③：1

5. 厚缘敞口弧腹钵Ⅲ T2C③：2

6. 厚缘敞口斜腹钵Ⅰ T1G③：1

三房湾文化陶钵

1. 厚缘敞口斜腹钵 Ⅱ T1E③：12

2. 厚缘敞口斜腹钵 Ⅰ T3I③b：54

3. 厚缘敞口斜腹钵 Ⅰ T3I③a：55

4. 厚缘敞口斜腹钵 M7：2

5. 厚缘敞口斜腹钵 M8：2

6. 碗 Ⅱ T2C③：3

三房湾文化陶钵和碗

1. 厚口缘弧腹豆Ⅱ T2A③：3

2. 厚口缘折腹豆Ⅱ T2D③：2

3. 敞口斜折腹假圈足盘Ⅰ T8A③a：18

4. 敞口斜弧腹平底盘Ⅱ T3C③：3

5. 平折沿折腹粗圈足盘Ⅰ T1G③：2

6. 平折沿斜弧腹粗圈足盘Ⅱ T3C③：2

三房湾文化陶豆和盘

1. 平折沿斜弧腹粗圈足盘Ⅱ T1A③a：3

2. 敞口斜弧腹粗圈足盘Ⅲ T8B③：1

3. 平折沿深腹盆Ⅰ T1B③：1

4. 平折沿深腹盆Ⅰ T4I③a：11

5. 平折沿深腹盆Ⅲ T3B③：17

6. 仰折沿罐 M8：3

三房湾文化陶盘、盆和罐

1. 仰折沿罐 M8：1

2. 盘口罐 I T3A③：1

3. 盘口罐 II T1A③b：7

4. 盘口罐 II T1A③b：9

5. 鼓腹罐 II T1A③a：202

6. 残瓮 II T1A③a：10

三房湾文化陶罐和瓮

1. 残筒形缸 I T8B③a：2

2. 有流擂磨盆 III T5B③a：6

3. 残漏斗形澄滤器 II T3C③：8

4. 残漏斗形澄滤器 II T3C③：11

5. 漏斗形澄滤器 II T2D③：26

6. 圈纽斜弧面器盖 II T1A③a：4

三房湾文化陶缸、擂磨盆、澄滤器和器盖

1. 圈纽斜弧面器盖Ⅱ T1A③a：5

2. 圈纽斜弧面器盖Ⅱ T3C③：360

3. 圈纽斜直面器盖Ⅲ T5B③b：2

4. 圈纽斜直面器盖Ⅲ T5B③a：3

5. 圈纽斜直面器盖Ⅲ T5B③a：4

6. 圈纽斜直面器盖Ⅱ T2D③：5

三房湾文化陶器盖

1. 圈纽斜直面器盖 Ⅱ T3C ③：5

2. 圈纽斜直面器盖 Ⅱ T1E ③：14

3. 直壁形器座 Ⅰ T5B ③：4

4. 斜直壁形器座上部 Ⅳ T2A ③：2

5. 刻划符号陶片 Ⅱ T2D ③：7

6. 石饰件 Ⅰ T5B ③：3

三房湾文化陶器盖、器座，刻划符号陶片和石饰件

1. 梯形直刃斧（房七采：437）

2. 梯形直刃斧（房七采：433）

3. 梯形弧刃斧（采集：67）

4. 长方形直刃斧Ⅳ T7A①：2

5. 长方形弧刃斧Ⅰ T5I①：149

6. 长方形直刃锛Ⅰ T3B①：11

石家河文化石斧和锛（采集品）

1. 锄 Ⅰ T1F①：42

2. 铲（采集：31）

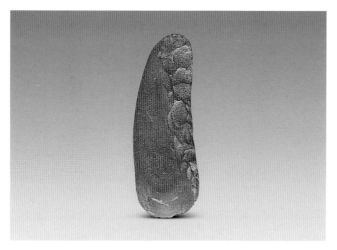

3. 斧、镰两用器（采集：37）

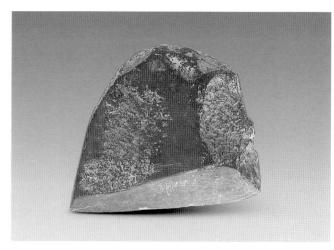

4. 梯形直刃刀 Ⅰ T5A①：13

5. 长方形直刃刀（房七采：443）

6. 长方形直刃刀（房七采：445）

石家河文化石锄、铲、镰和刀（采集品）

1. 长方形直刃刀 I T5B①：21　　2. 长方形直刃刀（采集：49）　　3. 长方形有孔直刃石刀（采集：34）
4. 长方形有孔直刃石刀（房七采：447）　　5. 长方形有孔直刃石刀（房七采：448）
6. 长方形有孔弧刃石刀（房七采：446）　　7. 长方形有孔弯凹刃石刀（采集：41）

石家河文化石刀（采集品）

图版七〇（LXX）

1. 树叶形有铤镞（房七采：450）　2. 圆锥状有铤镞（采集：12）　3. 圆锥状有铤镞（采集：10）
4. 圆锥状有铤镞（采集：8）　5. 圆锥状有铤镞（采集：16）　6. 圆锥状有铤镞（采集：11）
7. 圆锥状有铤镞（房七采：455）　8. 圆锥状有铤镞（房七采：451）

石家河文化石镞（采集品）

1. 圆锥状有铤石镞（房七采：453）　2. 圆锥状有铤石镞（房七采：454）　3. 树叶形有铤骨镞（采集：24）

4. 圆锥形有铤骨镞（采集：25）　5. 圆锥形有铤骨镞（采集：26）　6. 圆锥形有铤骨镞（采集：27）

7. 圆锥形有铤骨镞（房七采：429）　8. 圆锥形有铤骨镞（房七采：430）

石家河文化石镞和骨镞（采集品）

1. 钺（房七采：431）

2. 钺（房七采：457）

3. 网坠 I T2A①：6

4. 梯形弧刃凿（房七采：438）

5. 长条形弧刃凿（采集：33）

6. 长条形弧刃凿（房七采：440）

石家河文化石钺、网坠和凿（采集品）

1. 圭形凿（采集：52）

2. 圭形凿（采集：112）

3. 梯形两刃工艺刀Ⅲ T8B①：23

4. 钻（采集：32）

5. 杵（采集：76）

6. 球（房七采：457）

石家河文化石凿、刀、钻、杵和球（采集品）

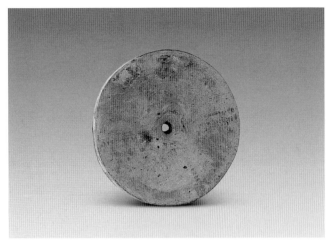

1. 平面直边纺轮（采集：2）

2. 平面直边纺轮 III T2A ①：2

3. 平面弧边纺轮（采集：120）

4. 平面弧边纺轮（房七采：406）

5. 平面弧边纺轮（采集：79）

6. 平面弧边纺轮（房七采：403）

石家河文化陶纺轮（采集品）

1. 平面弧边纺轮（房七采：404）

2. 平面折边纺轮（房七采：402）

3. 平面折边纺轮（房七采：405）

4. 平面折边纺轮ⅠT5I①：211

5. 弧面直边纺轮（房七采：407）

6. 弧面直边纺轮（房七采：408）

石家河文化陶纺轮（采集品）

1. 小卷沿釜（采集：42）

2. 细长颈鬶（采集：30）

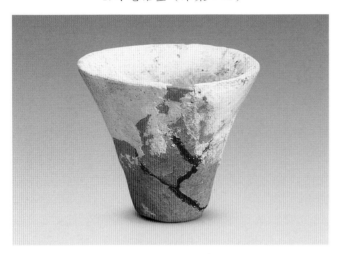

3. 斜腹杯Ⅲ T5C②：1

4. 薄敞口弧腹钵Ⅱ T3B②：1

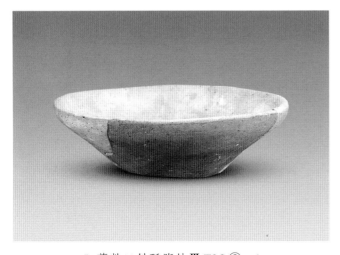

5. 薄敞口斜弧腹钵Ⅲ T2C②：1

6. 薄敞口斜弧腹钵Ⅱ T1E②：5

石家河文化陶釜、鬶、杯和钵（采集品）

1. 斜弧腹浅盘豆（采集：77）

2. 长颈鼓腹壶（采集：21）

3. 盆形缸Ⅱ T1E②：2

4. 残骨匕（房七采：428）

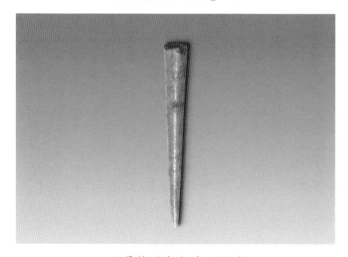

5. 骨锥（房七采：423）

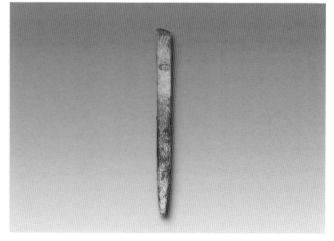

6. 骨针（房七采：422）

石家河文化陶豆、壶、缸，骨匕、锥和针（采集品）

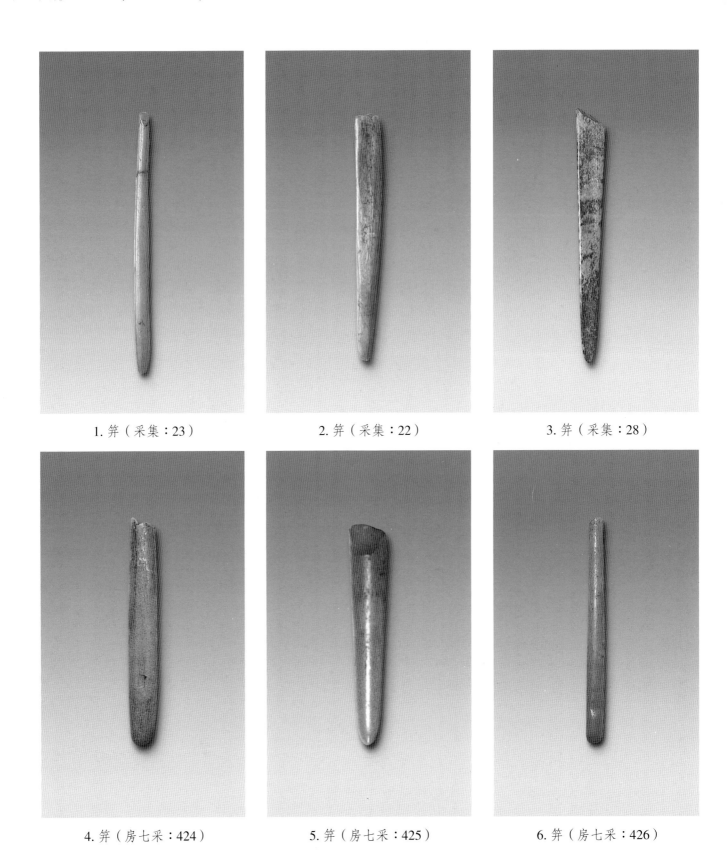

1. 笄（采集：23）　　　2. 笄（采集：22）　　　3. 笄（采集：28）

4. 笄（房七采：424）　　5. 笄（房七采：425）　　6. 笄（房七采：426）

石家河文化骨笄（采集品）

1. 玉环 Ⅳ T5B ①：3

2. 陶环（采集：117）

3. 石环（采集：13）

4. 石环（采集：14）

5. 陶陀螺（采集：36）

6. 陶鸟（采集：58）

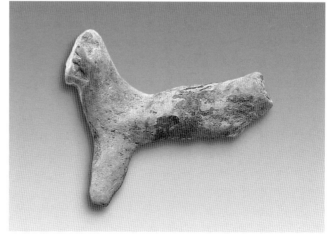

7. 残陶狗（采集：57）

石家河文化玉环，陶环，石环，陶陀螺、鸟和狗（采集品）

1. 斜腹杯（房七采：415）

2. 斜腹杯（房七采：416）

3. 斜腹杯（房七采：417）

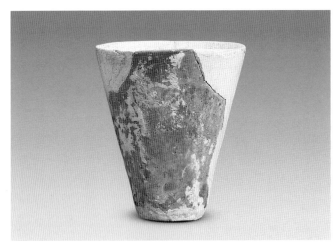

4. 斜腹杯Ⅱ T2A②：2

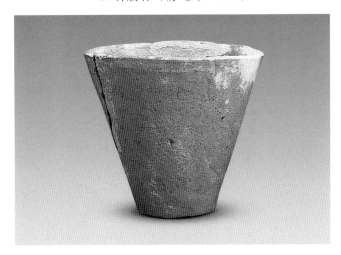

5. 斜腹杯Ⅱ T1E②：3

6. 斜腹杯（房七采：413）

三房湾文化陶杯（采集品）

1. 斜腹杯（采集：19）

2. 残高圈足杯（房七采：411）

3. 斜弧腹碗Ⅱ T1E②：4

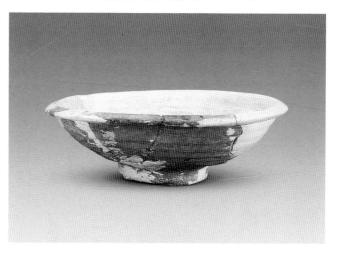

4. 斜弧腹碗Ⅱ T1A②：1

5. 薄口缘斜弧腹钵Ⅱ T4C②：1

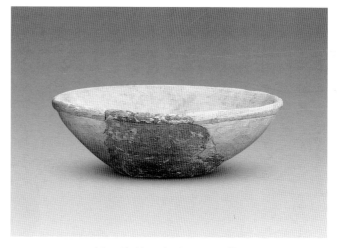

6. 厚口缘斜弧腹钵Ⅲ T5B②：1

三房湾文化陶杯、碗和钵（采集品）

1. 厚口缘斜弧腹钵Ⅱ T1E②：6

2. 厚口缘斜弧腹钵Ⅱ T1E②：8

3. 厚口缘斜弧腹钵Ⅱ T1E②：9

4. 侈口斜弧腹圜底盘Ⅱ T1E②：7

5. 直口斜腹圈足盘（采集：78）

6. 平折沿斜弧腹盆（采集：131）

三房湾文化陶钵、盘和盆（采集品）

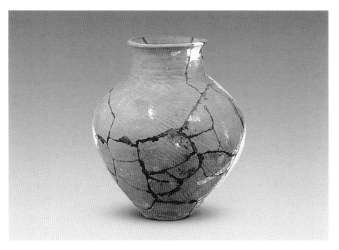

1. 高直领溜肩罐Ⅱ T2A②：19

2. 残高斜领溜肩罐（房七采：420）

3. 高斜领罐Ⅱ T3C②：1

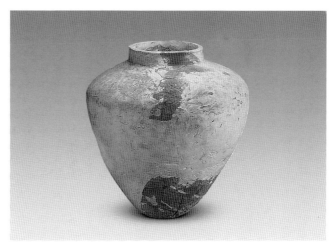

4. 小口矮领瓮Ⅰ T1F①：6

5. 平折沿擂磨盆Ⅱ T2C②：1

6. 圈钮弧面盖Ⅱ T3A②：1

三房湾文化陶罐、瓮、擂磨盆和器盖（采集品）

1. 圈纽斜面盖（房七采：409）

2. 圈纽斜面盖Ⅱ T1E②：10

3. 圈纽斜面盖Ⅱ T1E②：11

4. 圈纽斜面盖Ⅱ T1G①：1

5. 刻划符号陶片Ⅱ T2C②：6

三房湾文化陶器盖和刻划符号陶片（采集品）

1. 东周铜镞 I T4I ② : 19

2. 东周陶豆 G1 ⑥ : 17

3. 西汉陶双耳盖鼎 M38 : 1

4. 西汉陶单柄罐 M14 : 1

5. 西汉陶单柄罐 M15 : 1

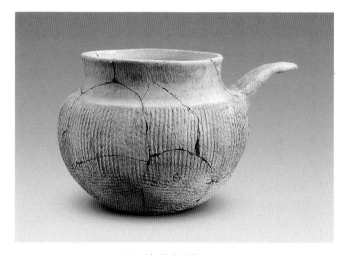

6. 西汉陶单柄罐 M16 : 1

7. 西汉铜釜 M17 : 1

东周铜镞、陶豆，西汉陶鼎、罐和铜釜

1. 陶矮领罐 M37：2

2. 陶双系罐 M37：3

3. 铜镜 M37：1

4. 铜五铢钱 M37：4－1～4

5. 陶井 M37：6

6. 陶有领小罐 M37：7　7. 陶小罐 M37：5

东汉陶罐，铜镜和铜五铢钱，陶井和罐